论注册会计师行业建设

陈毓圭 著

中国财经出版传媒集团
中国财政经济出版社
·北京·

图书在版编目（CIP）数据

论注册会计师行业建设 / 陈毓圭著. --北京：中国财政经济出版社，2024.8（2024.11重印）
ISBN 978-7-5223-2098-4

Ⅰ. ①论… Ⅱ. ①陈… Ⅲ. ①注册会计师业－行业管理－研究－中国 Ⅳ. ①F233.2

中国国家版本馆CIP数据核字（2023）第048748号

责任编辑：蔡丽兰　郁东敏　　责任印制：党　辉
封面设计：尹秋羡　　责任校对：胡永立

论注册会计师行业建设
LUN ZHUCE KUAIJISHI HANGYE JIANSHE

中国财政经济出版社 出版
URL：http：//www. cfeph. cn
E-mail：cfeph@ cfeph. cn

社址：北京市海淀区阜成路甲28号　邮政编码：100142
营销中心电话：010-88191522
天猫网店：中国财政经济出版社旗舰店
网址：https：//zgczjjcbs. tmall. com
北京联兴盛业印刷股份有限公司印刷　各地新华书店经销
成品尺寸：148mm × 210mm　32开　16.25印张　462 000字
2024年8月第1版　2024年11月北京第2次印刷
定价：98.00元
ISBN978-7-5223-2098-4
（图书出现印装问题，本社负责调换，电话：010-88190548）
本社图书质量投诉电话：010-88190744
打击盗版举报热线：010-88191661　QQ：2242791300

前　言

这本书收录了本人在注册会计师行业工作期间的报告、讲话、演讲、发言、讲课的部分文稿，其中有些是在证监会工作期间形成的。

编书的想法，在2020年秋天就有了。2020年是注册会计师行业恢复重建40年，有朋友建议我就40年这个题目写一些纪念文字，当时就想到编个文集，并且很快完成了收集材料的工作，因为当时还有岗位工作要做，两头不好兼顾，只好搁置一边。去年年底退出工作岗位，在休整了半年之后，就捡起了编书的工作。呈现在朋友们面前的这本书，就是过去半年选编工作的成果。

值得一提的是，当年做这些文稿的时候，应当说态度是认真的，现在回过头来再看一遍，发现仍然有不少可以改进的地方。这次选编文集，使我有机会对过去这些文字再推敲一次，每一篇文稿都有改订，甚至较大的改订，其中有几篇是经过改写的。当然，所有的改订和改写，都没有改变当时表达的观点。

2022年已经是注册会计师行业恢复重建42年了。作为陪伴这个行业走过一段不算短的路程、贴近考察过这42年行业历史的我来说，心里充满感慨。情不自禁，我要对注册会计师行业恢复重建42年走过的曲折而辉煌的历程表达深情纪念，向注册会计师行业的几代建设者表示崇高敬意。

关于书名。《论注册会计师行业建设》这个书名，有三个关键词。其中的“注册会计师行业”，不需要多讲。这里着重讲一下“论”和“建设”这两个关键词。

这本书不是学术著作，而是工作研究、制度研究、政策研究、战略和策略研究，所以，书名里的“论”，显然不是理论之“论”，而是议论、评论、讨论、争论之“论”，当然也是论证之“论”。

把书名中的“建设”一词，替换成“发展”也是可以的。我这里用“建设”这个词，更想表达——注册会计师行业就像一座已经成型但是仍然处在建设中的大厦，还不完美，但已经高耸站立，它有今天感人的面貌，是设计师们一笔一划画出来的，是工人们一梁一柱、一砖一石建起来的，它承载着几代人的光荣和梦想，凝聚着千百万人的智慧和汗水，折射着改革开放时代中国人民伟大的主体精神和创造精神。

关于结构和内容。本书采用章节的结构，论题为章，文稿为节。在选编过程中，力求使全书和各章体现出一定的系统性。如果读者朋友觉得这本书已经呈现出专著的模样，我将感到欣慰。

正如目录所展示的，全书十章。

第一章，注册会计师行业的初心与使命，讨论的是注册会计师行业的价值和意义。

第二章，注册会计师行业建设的目标与路径，讨论的是注册会计师行业建设的方法论，也就是建设什么、朝哪个方向建设、怎样建设等问题。

第三章至第九章共七章，讨论的是注册会计师行业各个领域的建设。这七章的设置，并不意味着注册会计师行业建设就是这七个领域，更不表明这是注册会计师行业建设领域的理论建构，而是基于实践逻辑和成书结构的考虑，比如，行业发展战略体系是我认识的行业建设体系的一个子系统，而战略往往是针对特定的职能工作的，为避免话题重复和分散叙述，就没有专章讨论战略体系问题，而是结合行业建设的职能工作分别阐述，人才战略在职业化建设章中讨论，新业务拓展战略放在做强做大战略章中讨论，信息化战略在信息化建设章中讨论，职业标准国际趋同战略在职业标准建设章中讨论。第二章“注册会计师行业建设十大体系”一节，可以看作是对注册会计师行业建设领域更为系统的表述。

第十章，是对注册会计师行业建设历史经验的总结，以及历史经验对今天的启示。

各章的导言是在选编工作完成后加写的。希望这些导言能够对读者朋友理解各章的主题有所帮助。

在各章的最后，提供了答记者问和参考材料索引两个附录，其目的与加写导言是一样的。

书中出现多个源自国外 / 境外的名词、国际组织的名称以及国外 / 境外人名，其对应的英文拼写，不标注在正文中，另提供《名词 名称 人名中英文对照表》，作为附录放在书末。

书中表达的思想观点，是基于学习、观察、思考和实践。学习难免浅薄，观察难免盲点，思考难免谬误，实践难免反复。人生有涯而知无涯。我热切地期待注册会计师行业内外朋友们的批评和指正，因为我知道，任何的事业，都是在认识又认识、否定之否定、实践再实践的循环往复中达到新的进步的。

陈毓圭

二零二二年十二月三十一日

目录

第一章

注册会计师行业——初心与使命

认同、坚持和发扬核心价值，

心中就有理想，精神就有自信，

行动就有坚守。

导　言

一个行业的兴衰成败，离不开大时代。

每个行业都有自己的核心价值，找准核心价值与时代主题的契合点，是走向成功的起点。

注册会计师行业在改革开放的号角声中起步，紧跟社会主义市场经济发展进程成长。就幸运地处在改革开放伟大时代而言，注册会计师行业与其他各行各业没有什么不同，需要注册会计师行业思考的问题是，这个行业独特的核心价值是什么。

回顾和总结注册会计师行业恢复重建以来走过的道路，考察和认识注册会计师行业作用于经济社会生活的路径，我们不难理解这个行业在国家建设这个时代主题下所展示的核心价值，这就是：

- 注册会计师独立审计是市场监督体系重要的制度安排
- 注册会计师专业服务是高端服务业的重要门类
- 注册会计师行业是社会管理创新的重要力量
- 注册会计师队伍是新的社会阶层人士的重要代表
- 注册会计师行业国际合作是民间外交的重要补充
- 注册会计师行业党建是社会组织党建的重要探索

认同、坚持和发扬以上这些核心价值，在服务国家建设“五位一体”总体布局和“四个全面”战略布局宏伟事业中展其长、使其力、立其功，是注册会计师行业的政治责任、社会责任和道义责任，无疑应当成为这个行业牢牢坚守的初心和使命。

核心价值不是抽象的，而是具体的。说它具体，就在于，核心价值具有鲜明的实践性，无时无刻不在接受实践的检验。认同、坚持和发扬核心价值，心中就有理想，精神就有自信，行动就有坚守；认同、坚持和发扬核心价值，就会更加理解诚信执业才是立身之本，就会更加明白专业精进才是核心竞争力；认同、坚持和发扬核心价值，才能在得失进退之间不踌躇、不纠结、不彷徨，始终把公众利益放在第一位，也才能明白，背离了服务公众利益这个宗旨，个人的利益、机构的利益、行业的利益也是无以保全的。

本章阐述的注册会计师行业与国家建设、与国家治理现代化、与社会管理创新、与中小投资者保护、与企业“走出去”、与内地香港经贸合作、与“一带一路”倡议诸问题，旨在说明，注册会计师日常的执业实践，就是展示注册会计师行业核心价值的实践，就是坚守服务国家建设这个初心和使命的实践。

（2022 年 7 月 15 日）

第一节
注册会计师行业与国家建设

建设注册会计师行业，首先要解决这个行业的定性和定位问题，也就是回答这个行业对于国家建设事业的核心价值。正所谓，不忘初心，方能行稳致远。

一、注册会计师独立审计是市场监督体系重要的制度安排

在所有权与经营权两权分离的情况下，经理人有义务提交财务报告，出资人依据财务报告对经理人问责，投资者依据财务报告进行投资决策。为了保证财务报告的真实可靠，需要由注册会计师作为独立的第三方对财务报告进行审计。注册会计师独立审计的法定地位由《注册会计师法》确立，注册会计师独立审计的鉴证作用为《公司法》《证券法》《证券投资基金法》《期货和衍生品法》等一系列法律法规落实。独立审计作为注册会计师行业的核心业务，显著地具有市场监督制度的属性。

为适应改革开放的需要，注册会计师独立审计制度得以恢复，从服务于外商投资企业起步，进而替代政府部门对“国营企业”财务报告的审核职能，直到全面服务资本市场和国民经济各个领域，实现了对国际通行的注册会计师独立审计制度的全面借鉴和有效实践。

二、注册会计师专业服务是高端服务业的重要门类

高端服务业的充分发展是经济发展高质量的重要标志。随着经济社会发展和人民生活水平的改善，高端服务业所扮演的角色越来越重要。发展

高端服务业，不仅是经济社会发展的必然趋势，也是经济社会可持续发展的必然要求。

独立审计是注册会计师的传统服务领域。注册会计师独立审计所必备的专业知识、职业技能、道德规则等职业特征，为注册会计师提供管理咨询服务奠定了职业基础，管理咨询与独立审计已经成为注册会计师行业并行的两个服务领域。在发达经济体，注册会计师专业服务占到GDP的0.5%–1%，在中国，注册会计师专业服务还只占到GDP的0.1%左右。看中国的数据，要考虑两个不可比因素。一是收费水平相对较低，相对于发达经济体，我国包括注册会计师专业服务在内的专业服务定价严重偏低。二是专业服务市场分割，有些通常属于注册会计师专业服务性质的业务，另有职业资质认定和执业资格准入。综合以上这两个因素，按可比口径计算，中国注册会计师专业服务对GDP的贡献接近发达经济体。

随着技术进步和市场需求的变化，注册会计师专业服务格局正在发生两个积极的变化。一是独立审计的技术现代化，注册会计师独立审计运用信息技术、智能技术、网络技术等现代技术，正在显著地提高注册会计师独立审计的质量和效率。二是管理咨询的内容现代化，注册会计师以其独特的专业知识结构和职业品牌，越来越多地为市场所倚重，成为决策者的外脑。适应经济、政治、社会、文化、生态建设各方面的需要，注册会计师专业服务已经扩展到立法司法、组织治理、环境保护、社会福利、公共卫生等诸多领域。注册会计师专业服务的内涵和外延不断拓展，标志着注册会计师行业已经成为高端服务业的重要门类，在经济高质量发展中起着示范作用。

三、注册会计师行业是社会管理创新的重要力量

社会建设与经济建设同步推进，是国家建设事业的崭新命题，标志着对国家建设规律认识的深化。社会管理创新是推进社会建设的动力之源。社会管理创新的重点是改变政府包办社会事务的局面，正视经济发展和社

会成长带来的社会管理的真空，聚焦企业、机构、公民在社会生活中的痛点，发挥行业自治、社团自治、社区自治、社群自治的功能，发挥契约机制、市场机制、协商机制在社会管理中的作用。

注册会计师协会作为行业组织承担了行业管理和服务功能，是注册会计师行业服务社会管理创新的成功实践。注册会计师协会承担着面向 200 多万考生的考试工作，十几万注册会计师的注册和培训工作，近 20 万非执业会员的培训和行为规范工作，近万家会计师事务所的日常管理和质量监督工作，教科书规模的职业标准的建设工作，与国际和国外会计职业组织的交流合作工作。

如同成千上万家企业的财务报告由政府部门来核查在实践上不可行一样，注册会计师行业的管理服务直接由政府部门来办也是不可行的。实践证明，把注册会计师行业事务交给行业组织来办，是走得通的社会管理新路。这里所讲的行业组织，当然不仅是指行业组织的行政机构，更不只是行业组织的办事人员，而是以注册会计师和广大会员为主体、公众利益代表广泛参与的治理机制。相对于这一要求，固然还有许多工作要做，但是已经迈出了关键的一步，党的领导、法律授权、民主管理、政府监督的治理机制已经成型。

注册会计师独立审计发挥监督功能，已经在多个领域服务于社会管理创新，也展示了巨大的潜在能量。规模庞大的公共部门和公共资源是中国特色社会主义的本质特征。针对医院、学校、学术机构、社团、基金、道路、机场、矿藏、库坝、河流、森林等公共组织和公共资源，需要创新管理机制，建立以公共管理原则为基础的现代会计制度、综合财务报告制度和注册会计师独立审计制度。这里举一个老百姓生活中的例子。房地产行业的发展和居民住房条件的极大改善是改革开放成果的重要标志。“有房住”显然不是“居者有其屋”的单一内涵，与住房相配套的高质量的物业服务已经成为有房者“住得好”的新需求。如同出资人自己监督经理人在专业能力上不可行一样，业主直接监督物业也存在资源不足的矛盾。我们高兴地看到，在不少物业小区，已经成功地把注册会计师独立审计引入对物业服务的监督。循此思路，注册会计师行业以其独特的职业价值，在承接政府转移职能和外包服务、填补社会管理和服务空白、理顺社会管理关系等方面，都有着广阔的空间。

四、注册会计师队伍是新的社会阶层人士的重要代表

改革开放以来，我国出现了由私营企业、外资企业的管理人员和技术人员、社会组织从业人员、自由职业人员等组成的新的社会阶层，在国家建设各个领域发挥着重要作用。经济建设上，他们掌握着 10 万亿元以上的资本，直接或间接地贡献全国 1/3 的税收；政治建设上，他们积极参政议政，反映民情民意，对国家政治生活的参与和影响都不断增强；文化建设上，他们为社会主义思想文化提供了积极、健康的成分；社会建设上，他们广泛吸收劳动力，拓宽就业渠道，热心参与公益和扶贫事业，在推动社会进步中发挥了重要作用。

以法定准入、职业标准、继续教育、监督执纪等制度为支撑，注册会计师队伍已经成为一支高度组织化的人才群体，成为新的社会阶层人士的重要代表。在经济建设方面，注册会计师以其独立审计功能发挥着用市场力量解决市场问题的作用，为改善治理、提升管理作出贡献，以其对信息质量的鉴证作用为资源有效配置作出贡献；在文化建设方面，注册会计师职业行为以其严格的职业道德约束走在诚信建设和合规守法的前列；在政治建设方面，注册会计师以其处于经济社会生活第一线的优势，敏感地传递着社情民意，发挥着参政议政的作用。

五、注册会计师行业党建是社会组织党建的重要探索

社会组织党建工作，对于引领社会组织正确发展方向，保证党的路线

方针政策在社会组织落实，对于贯彻全面从严治党要求，实现党的工作全覆盖，对于扩大党在社会组织的影响力，增强党的阶级基础、扩大党的群众基础、夯实党的执政基础，都具有重要意义。注册会计师行业积极推进行业党的建设，立足行业实际，率先探索实践，建立了适合行业特点的党的组织体系和党的工作体系，走出一条党建与业务结合、党建引领行业发展正确政治方向的路子，注册会计师行业党建工作被誉为社会组织党建的一面旗帜，成为社会组织党建的有效探索。

2008 年，中央要求以律师、会计师行业为突破口，加强社会组织党建工作。注册会计师行业按照中央要求，着力发挥其在财政部门党组领导下、自上而下的行业组织体系和完备的业务管理体系的优势，探索创建了“条块结合、充分发挥行业党组织作用”的行业党建管理体制。在条上组建全国行业党委、省级及部分地市级行业党组织，在各级财政部门党组的领导和指导下，充分发挥行业指导作用，系统推进行业党建工作；在块上紧紧依靠地方党委的领导，寻求组织部门、党工委等部门的支持指导，形成了条块结合的党建工作体制，使行业党建工作有人负责、有人落实，做到了上下一盘棋。在健全体制的基础上，在所有有党员的会计师事务所建立了党组织，向所有无党员的会计师事务所派出党建工作指导员或联络员，实现并持续推进党的组织和党的工作在行业的“全覆盖”。把会计师事务所党组织隶属关系和行业党员组织关系全部接转到行业内，实现了“双理顺”。着眼于夯实基层基础，着力抓会计师事务所党组织书记队伍建设，抓行业党员教育管理，探索会计师事务所党组织的功能定位，总结和提炼会计师事务所支部工作法，整顿软弱涣散会计师事务所党组织，使基层党组织成为落实党的路线方针政策和各项工作任务的坚强战斗堡垒。在推进行业党建工作中，以行业党建引领事业发展的正确方向，围绕体制、机制、制度、网络、诚信、人才队伍、国际化发展等方面开展主题年活动，把行业党建与行业发展的中心工作有机结合起来，在促进行业党建一年一个重点、一年一个台阶的同时，以党建为动力破解制约行业科学发展的突出问题，把党的优势转化为发展优势。

（在中国注册会计师行业党委扩大会上的发言，2018年12月27日）

第二节
注册会计师行业与国家治理现代化

按照国家治理现代化的要求认识和建设注册会计师行业，为我们深入推进注册会计师行业建设提供了新的动力。对照国家治理现代化的要求，注册会计师行业至少有三个层面的任务，一是发挥注册会计师行业在国家治理现代化中的作用；二是会计师事务所的治理；三是行业组织的治理。其中，做好会计师事务所和行业组织的治理，是注册会计师行业服务国家治理现代化的基础条件。

一、注册会计师独立审计制度的治理价值

我们过去讲注册会计师行业的重要性，强调比较多的是界定经济责任、规范经济秩序、引导资源配置，以上这些主要是从管理层面来认识的，它关注的是效率、效果、效益问题。对照国家治理现代化的要求，我们不难看到注册会计师独立审计制度作为注册会计师行业核心业务的治理价值。

治理，有公司治理、机构治理、国家治理等不同层次。只要是由人组成的组织，就都有治理这个课题。相对于管理侧重效率、效果、效益不同，治理关注的是权利与义务、权力与责任，治理所要解决的，是授权、用权、任免、制衡这类问题。权利与义务平衡，权力与责任相称，是好的治理，反之就是不好的治理。要达到好的治理，关键是问责。这是因为，权利与

义务相平衡，权力与责任相对称，不能停留在口头上和概念上，而是要建立在可操作的问责制度上。注册会计师独立审计制度与会计制度一道，是问责制度的要素。

二、注册会计师独立审计制度在改革开放进程中有效地发挥了治理功能

注册会计师独立审计制度伴随着改革开放的历程发挥着服务公司治理、机构治理和国家治理的功能。20世纪90年代初，正是伴随证券市场的创立，建立了上市公司的财务报告披露制度和独立审计制度，配合了上市公司的治理体系建设，支持了上市公司的规范发展。20世纪90年代中期，财政部门把直接审核国有企业决算，改由注册会计师独立审计，促进改善了国有企业的治理，为国有企业建立现代企业制度和改制上市，提供了必要准备。这两大标志性事件，是注册会计师独立审计制度服务于上市公司和国有企业治理体系建设，进而服务于国家治理的成功实践。

推进国家治理现代化，需要进一步解决权利与义务平衡、权力与责任对称的问题。党的十八届三中全会在论述财税改革时，部署实施全面规范公开透明的预算制度，实质上就是发挥会计制度、独立审计制度、财务报告披露制度在推进国家治理现代化中的作用。

三、着力改善注册会计师行业的治理

在发挥注册会计师独立审计制度在国家治理现代化中的作用的同时，要高度重视注册会计师行业的治理，其中主要是会计师事务所的治理和注册会计师行业组织的治理。

第一，按照“人合”的要求改进会计师事务所的治理。会计师事务所作为专业机构，其核心资本不是财务资本，而是知识资本。要从会计师事务所知识资本的定位出发，深化对会计师事务所治理的认识，改善会计师事务所的治理，也就是，要确立注册会计师的主体地位，尊重注册会计师

的专业权威，落实注册会计师的专业责任。

第二，以自我提高、自我约束为核心改进行业组织的治理。注册会计师协会作为行业组织，健全的治理是实现其行业管理和服务职能，进而发挥服务国家治理作用的首要一步。经过长期的探索，注册会计师协会的治理结构已经成形，这就是党的领导、法律授权、政府监督、民主管理“四位一体”。应当在这个框架之下，坚持会员为中心，深化会员参与决策、参与管理、参与监督的制度、程序和方法，自己的短处自己知道，自己的问题自己解决，自己的成长自己用力，自己的利益自己维护。这是民主管理优势的集中体现。

四、在推进会计师事务所治理和行业组织治理的同时推进注册会计师职业成长

注册会计师是行业治理的主体。注册会计师职业成长和成熟，是会计师事务所治理和行业组织治理的主体条件。有职业判断能力，有职业道德担当，是注册会计师队伍成长成熟的标志。为此要做好两个方面的工作。

第一，以职业判断能力为核心提高注册会计师专业胜任能力。注册会计师是专家，专家区别于非专家，形式上看，是有法定的注册会计师证书，本质上其实是有职业判断能力，职业判断能力是注册会计师的核心能力，要以职业判断能力为核心提高注册会计师专业胜任能力。

第二，以独立性为核心提高注册会计师职业道德水平。高标准的职业道德是注册会计师行业核心价值的重要来源。独立性是注册会计师职业道德的核心，是注册会计师独立审计的灵魂。随着会计师事务所做强做大、非审计业务和咨询业务的拓展，注册会计师的独立性问题变得越来越尖锐了。要在维护独立性、坚持独立性、保障独立性上下更大的功夫，不断提高注册会计师的职业道德水平。

总之，为国家治理现代化服务是注册会计师行业新的政治任务和新的

发展机遇，国家治理理论为注册会计师行业科学发展、更好地服务国家建设提供了新指导、新动力。

（在“推进国家治理 释放管理会计新动力”
大型研讨会的主题演讲，2014 年 7 月 18 日）

第三节
注册会计师行业与社会管理创新

党中央高度重视新的社会阶层和新的社会组织建设，要求以注册会计师行业为“突破口”，探索加强对社会组织规范引导的方式和途径，形成党委和政府与社会组织互补互动的社会管理体系。注册会计师行业不辱使命、先行先试，在社会组织服务社会管理创新方面进行了探索。

一、发挥注册会计师独立审计的鉴证作用，探索经济监督的新途径

监督是社会管理的重要一环。法律法规的遵循，经济责任的落实，社会义务的履行，经济政策的实施，公共资源的分配，信息质量的鉴别，等等，都离不开监督。

在计划经济条件下，权责结构相对简单，最直接、最快见效的监督形式，就是行政监督。随着改革开放的推进，特别是市场经济体制的建立，行政监督这种单一的监督形式就显得很不够了。通过认定注册会计师的职业资质和执业资格，赋予其一定的监督责任，通过市场机制实现供需衔接，节省了监督成本，责任也更加容易归集。注册会计师独立审计，是维护市场经济秩序、促进市场公平的重要力量。注册会计师不仅是社会管理不可或缺的重要参与者，更是社会管理创新的自觉实践者和重要推动者。注册

会计师行业恢复重建的实践生动地说明了这一点。

1980 年 9 月，《中外合资经营企业所得税法》出台，财政部于同年 12 月发布实施细则，明确了建立会计顾问处制度，赋予注册会计师对中外合资经营企业纳税申报的查核功能。这样做，既体现了用国际通行做法管理中外合资经营企业的要求，同时也改变了只由税务机关审查税务申报表的传统做法。这是财政部门在纳税申报领域进行监督创新的最早尝试。

1992 年 9 月，国务院《全民所有制工业企业转换经营机制条例》规定，全民所有制工业企业对外投资设立企业，不再由政府部门审批，有关部门应当根据会计师事务所的验资证明，出具认可企业自行立项的文件；企业工资、奖金的分配应接受有关部门的监督，但对于有条件的企业，可以由会计师事务所审核，政府有关部门不再实施直接监督；企业年度财务会计报表，应报政府有关部门审批，但对于有条件的企业，经会计师事务所审查后，只需报政府有关部门审核。

1996 年 4 月，国务院颁布《关于整顿会计工作秩序、进一步提高会计工作质量的通知》，要求在加强行政监督的同时，加强社会会计监督，充分发挥会计师事务所等社会中介机构的作用，依法实行企业年度会计报表审计制度。

1998 年 10 月，财政部发布《国有企业年度会计报表注册会计师审计暂行办法》，其中规定，除个别行业（企业）外，从 1998 年起企业年度会计报表，不再实行审批制度，其年度会计报表，应在规定时间委托注册会计师审计。这标志着国有企业注册会计师独立审计制度的全面建成。

2009 年 10 月，国务院办公厅转发财政部《关于加快发展我国注册会计师行业的若干意见》（国办发 56 号文件），明确指出要将医院等医疗卫生机构、大中专院校以及基金会等非营利组织的财务报表纳入注册会计师审计范围。财政部、卫生部（现为国家卫生健康委员会）等五部委联合发布的《关于完善政府卫生投入政策的意见》中明确，要发挥会计师事务所的审计监督作用。

此外，上市公司年报审计、清产核资、破产清算、经营业绩考核审计、离任经济责任审计、企业注册资本验证、基建工程预决算审计等等，诸多领域的审计鉴证工作，也都实现了注册会计师独立审计制度。注册会计师独立审计制度已经成为经济监督重要的制度安排，成为政府职能转变的有力依托。

在加强和创新社会管理的新形势下，注册会计师行业作为担负经济监督职能的经济鉴证类中介行业，应当认真总结参与经济监督的经验和实践，以维护公众利益为宗旨，坚持诚信建设这条主线，不断提高专业素质和执业能力，为进一步探索社会监督的新途径发挥更大的作用。

二、发挥注协的管理功能，探索中介行业民主管理的新通道

行业组织作为新的社会组织，既是沟通政府、企业和市场的桥梁纽带，同时也是多元利益的协调机构，其重要特征就是民主决策、民主管理、民主监督。发挥行业组织的管理功能，是实现社会管理创新的重要支撑。国际经验表明，依托行业组织进行行业民主管理，有利于促进行业的发展，也有利于提高管理效率和降低管理成本。

注册会计师协会是在财政部门党组领导下开展行业管理和服务的法定组织，承担着《注册会计师法》赋予的职能、财政部门委托和交办的职能、章程规定的职能。注册会计师协会成立以后，就一直得到各级财政部门党组的重视、支持和信任，支持注协建设和发挥行业管理作用。各级注协也不负信任，开拓进取，在人才评价、标准制定、市场准入、诚信建设，以及行业规划和行业立法等方面，开展了大量富有成效的工作，取得了一系列工作成果。

按照国务院的要求，在财政部门的直接指导下，在各中介行业中率先组织实施会计师事务所脱钩改制工作，改变由党政部门和机关事业单位发

起成立会计师事务所的做法，把会计师事务所改造成为由注册会计师发起、独立承担民事责任的专业机构，有效地转变了经营机制，极大地解放了行业生产力。

制订诚信建设纲要，全面规划行业诚信建设工作，支持社会信用体系建设。建立诚信信息监控体系，披露会计师事务所和注册会计师的全部执业信息，接受公众监督。

组织实施包括行业人才战略、职业标准国际趋同战略、会计师事务所做强做大战略在内的行业发展战略，推动会计师事务所做强做大做出去。

建立执业质量检查制度和行业惩戒制度，五年一个周期对会计师事务所进行执业质量检查，其中，证券期货业务资格会计师事务所每三年一个周期，督促帮助会计师事务所提高审计质量。

总结行业管理规律，探索行业组织治理机制，增强了注册会计师协会的决策能力和执行能力。

加强和创新社会管理，需要进一步发挥行业组织的市场管理功能、监督检查功能和服务协调功能，充分发挥其民主决策、民主管理、民主监督的优势。一是发展和完善以会员为中心的完整的行业管理和服务职能，持续履行好既定职能，拓展行业管理服务新的领域和新的内容；二是建立和完善行业管理的决策体系，研究和探索行业民主管理的运行机制，建立和完善会员代表大会、理事会和专门委员会为主体的行业管理组织制度和工作制度，发挥民主决策的优势，开辟和丰富会员参与行业重大事项研究决策的渠道，增强注协民主管理的功能，为行业管理决策提供组织保障；三是加强秘书处的建设，包括队伍建设、专业建设和作风建设，不断提高行业管理和服务工作的执行力。

三、以行业组织为主体开展对外交流与合作，探索国际合作的新方式

注册会计师行业是一个国际化程度最高的行业之一，行业组织的对外

交流、国际合作向来是一个国家或者地区拓展国际发展空间、拓宽国际事务参与渠道、丰富国际合作覆盖领域的重要方式。这种“行业外交”的广泛性、灵活性和稳定性，使之成为民间外交的典型形态，有时甚至成为政府沟通国际组织和国际社会的有效途径。在 WTO 谈判中，在单边、多边谈判中，在各经济领域的国际合作中，行业组织的声音有相当的分量，行业组织与政府谈判代表相互配合，构成国际谈判中和谐的二重奏。

广泛深入开展国际会计交流与合作，是注册会计师行业建设的一条基本经验。中国注册会计师协会成立以后，积极开展多种形式的国际交流与合作，取得了显著成绩。

加入亚太会计师联合会和国际会计师联合会，并在其中担任主席和理事以及专门委员会的委员，担任国际财务报告准则基金会受托人，等等，有效地参与了行业政策的协调和国际标准的制定。

在人才培养、行业管理等行业建设的众多领域，与境外和国际会计职业组织交流互访、学习借鉴。各国会计职业组织、国际会计公司积极支持注协的人才培养和考试、培训等领域的工作，展示了中国会计行业和会计市场的巨大吸引力以及行业组织对外交流的主动性。

与 50 多个境外职业组织建立了友好交往关系，每年平均接待国际和境外职业组织、国际会计公司及其他境外组织的来访组团 70 多批次，派出出访团组 20 多个，增进了国际社会对中国经济和中国会计行业的了解。

积极参与 WTO 以及其他双边多边谈判，为商务部门主持的服务贸易谈判提供了高质量的研究意见和建议。

与国际审计准则制定机构进行有效的交流和合作，实现中国审计准则与国际审计准则的持续全面趋同，促进了国际趋同项目的进程，得到国际会计师联合会和世界银行等国际组织的高度肯定。

加强和创新社会管理，需要进一步发挥社会组织在国际交流合作中的作用，探索以社会组织为主体开展国际交流合作的新方式。注册会计师行业要认真总结国际交流合作的经验，深入研究行业的国际合作战略，主动地、有针对性地开展国际交流活动，不断探索国际合作的新途径、新形式、新机遇，在合作对象、机构建设、人才建设、国际趋同等方面进一步拓展和深化，把中国注册会计师行业的国际化引向深入，助推行业做强做大走出去，为服务中国企业走出去战略和深化对外交流合作做出新的贡献。

四、按条条组建行业党的组织，探索社会组织党建的新体制

党组织覆盖全社会、延伸到最基层，是加强党对社会管理工作的领导的重要条件。随着改革开放的深入和市场经济的发展，在计划经济条件下形成的社会结构发生了全方位、根本性的变化，特别是涌现了大量的新的社会组织。新的社会组织，其主体性明显增强、依附性逐步减弱；从业人员思想意识、价值取向、道德观念多元多样，“雇佣”意识强，归属感弱，流动性大。这些变化使得党的传统组织方式难以覆盖到这些新生社会力量。巩固党的执政基础和执政地位，实现党对社会管理工作的领导，就要在辨识新的社会组织的特征、尊重新的社会组织的运行规律的同时，推进党的组织和工作的全覆盖，切实发挥党对新的社会组织的领导作用。

注册会计师行业在各级党委组织部门和财政部门党组的重视和支持下，对行业党建工作的新途径、新思路进行了积极有益的探索，并取得一系列创新成果，得到党中央的充分肯定和高度评价。

第一，创建党建工作新体制。2009 年 10 月，在中央组织部的指导下，财政部党组批准成立中国注册会计师行业党委，除西藏外，全国 30 个省区市均成立了行业党组织，在长期以来实行属地管理的党建体制基础上，创建了“条块结合、充分发挥行业党组织作用”的新体制。同时，行业党组织书记由同级财政部门分管领导担任，依托注协开展行业党建工作，使财政系统的领导力量与注协系统的组织力量有机结合起来，形成了“抓行业，行业抓”的有效工作局面。

第二，实现党的组织和工作在行业全覆盖。针对会计师事务所规模差异较大、分支机构较多、员工流动大等特点，探索党委建在行业、支部建在所里、小组建在项目上的组织制度，通过向无党员的会计师事务所派出党建工作指导员，实现党的组织和工作在行业的全覆盖，将3.3万名党员组织关系结转到行业党组织。

第三，建立健全行业党员教育培训体系。创建中央党校注册会计师行业骨干进修班；将党课教育纳入从业人员后续教育；举办党员远程培训班，对行业所有党员进行轮训。组织开展先进基层党组织、优秀党务工作者、优秀党员、优秀注册会计师、支持党建工作党外合伙人评选活动，激发行业党建活力。

第四，创建行业创先争优科学机制。为避免行业党建工作“两张皮”“一阵风”等问题，在创先争优活动中建立会计师事务所综合评价指标体系，结合党建和业务，对会计师事务所和从业人员进行全面评价，帮助会计师事务所和从业人员找到定位、找出差距、找准方向，通过开展对标提升活动，形成“指标导引，自动比动”的行业创先争优机制，形成行业党组织活动长效机制。

第五，建立党建与业务相结合的行业科学发展制度。把党的建设与健全行业基础性管理制度有机融合起来，全面推进新型行业管理和服务制度、会计师事务所治理制度、改革创新的行业党建制度三大类型制度建设，向行业工作各个环节注入党的建设的制度基因，以社会主义核心价值观引导行业科学发展，更好服务社会管理。

在加强和创新社会管理的新形势下，要进一步探索基层党组织的功能定位，建立健全行业工青妇群众组织，充分发挥其政治引领、凝聚人心、促进发展、维护员工合法利益的作用，提高行业各级组织在党组织领导下的民主管理能力，实现党的领导在行业的全覆盖，发挥行业在社会管理中的协同作用。

（载《瞭望新闻周刊》，2011年第28期）

第四节
注册会计师行业与中小投资者保护

服务公众利益，是注册会计师行业的出发点，是注册会计师独立审计的出发点。为中小投资者服务，是注册会计师行业服务公众利益的典型表现。

一、注册会计师独立审计服务证券市场的努力

中国注册会计师独立审计制度是适应改革开放的需要发展起来的。注册会计师行业得以快速成长，是在20世纪90年代以后，也是在证券市场创设之后。证券市场为注册会计师行业发展提供了巨大动力。

我们认识到，注册会计师独立审计是市场监督体系重要的制度安排，是市场诚信链条的重要一环。诚信是注册会计师行业的基石，独立性是注册会计师独立审计的灵魂。

基于这些认识，注册会计师行业持续推进诚信建设，积极服务证券市场，实现了一系列的制度建设和制度创新。其中主要有，建立了与国际审计标准趋同的审计准则体系，按照中国审计准则出具的审计报告与按照国际审计准则出具的审计报告，所达到的保证程度是一样的；建立了系统风险导向的执业质量检查制度，每三年对证券期货业务特许资格会计师事务所检查一遍；把上市公司年报审计作为行业监管的重点，建立年报审计的事前、事中、事后监管体系，年报审计开始前，发通知提示风险，年报审计期间，针对风险客户进行约谈，年报审计后，有针对性地进行执业质量检查；把会计师事务所的变更，也就是“炒鱿鱼、接下家”，作为年报审

计监管的突破口，哪家上市公司临时更换了会计师事务所，哪家会计师事务所接了下家，注协就紧盯不放，这方面工作已经坚持了 15 年；建立了注册会计师行业诚信信息监控系统，向公众披露会计师事务所和注册会计师的基本信息和诚信信息。

以上这些制度的有效实施，促进了注册会计师审计质量稳步提高，起到了包括保护中小投资者在内的各类投资者权益的作用。

二、注册会计师独立审计要为中小投资者服好务

在国际上，会计审计标准没有专门针对中小投资者保护的条文。会计的基本立场是真实和公允，独立审计的基本立场是独立、客观和公正，一视同仁，没有针对某一类投资者的会计审计标准。我们认识到，在中国证券市场上，无论是中小投资者群体的规模，还是中小投资者处理信息的专业能力以及识别风险、防范风险的能力，都有其特殊性。应当在坚持真实、公允地反映，独立、客观、公正地审计的同时，考虑中小投资者保护的特别问题和特殊需要，热情地、创造性地工作。

围绕中小投资者保护这一重大任务，应当怎样做才能更好地发挥注册会计师独立审计的作用呢？

第一，要提升中小投资者对选聘会计师事务所的话语权。如何选聘会计师事务所，直接影响到注册会计师的独立性。如果选聘会计师事务所的权力集中在大股东、管理层或其他什么人手里，注册会计师的独立性就会受到不应有的损害。要改进会计师事务所的选聘办法，赋予中小股东对选聘会计师事务所的发言权。

第二，在中小投资者教育中，增设会计审计课程。会计审计信息是投资决策的重要信息，会计责任和审计责任分别是公司和注册会计师对投资者的责任。中小投资者无论是投资决策，还是权益维护，都离不开会计审计知识。中注协有意愿配合中小投资者服务中心，义务开展中小投资者会

计审计知识的普及工作。

第三，为中小投资者接受会计审计信息提供更多的便利。我们注意到，年报审计期间，信息集中披露，中小投资者没有能力在这样短的时间内进行信息处理；中小投资者进入上市公司年报数据库，成本过高。作为中小投资者重要的信息来源，上市公司官方网站提供年报信息的栏目不固定、版面不稳定，甚至出现乱码、乱序，不便于认读。建议在广泛征集中小投资者意见的基础上，对上市公司网站披露年报信息作出规范，至少应当要求固定栏目，便于搜索；提供历年数据，便于比较；改进年度的披露格式，提高年报信息的可读性。

第四，改进年报会计审计信息的文字语言。会计审计信息无疑受到专业语言的限制，往往需要有一定的专业知识基础才能读得懂。但是，这一点也不意味着会计审计信息成为中小投资者面前的“天书”。立足中小投资者保护的要求，我们应当努力改进会计审计标准以及财务报告和审计报告的文字语言。只要本着为投资者服务，为中小投资者服务的宗旨，使会计审计标准、财务报告、审计报告的文字语言，既达到专业的严谨，又便于投资者认读，是有空间的。

（在中证中小投资者服务中心“首届中小投资者服务论坛”的主旨演讲，2018 年 9 月 26 日）

第五节
注册会计师行业与中国企业“走出去”

实施更加积极主动的开放战略，坚持“引进来”和“走出去”相结合，利用外资和对外投资并重，安全高效地利用两个市场、两种资源，是

“十二五”规划纲要的重大部署。

中国企业“走出去”开展跨国直接投资，主动利用外部市场和资源，以“走出去”促发展、促改革、促创新，延伸价值链、提高附加值，培育以技术、品牌、质量、服务为核心的国际合作与竞争新优势，是顺利实现“十二五”规划目标的重要任务。

一、中国企业“走出去”，任重道远，需要专业服务机构提供更好的服务

随着“走出去”战略的深入实施，中国企业“走出去”取得重要进展。2010 年，我国境内投资者对全球 129 个国家和地区的 3 125 家境外企业进行了直接投资，累计实现非金融类对外直接投资 590 亿美元。截至 2010 年底，中国企业投资设立的境外企业超过 1.5 万家，非金融类对外直接投资存量 2 588 亿美元，境外企业资产总额超过 1 万亿美元。2010 年，我国对外承包工程业务完成营业额 922 亿美元，截至 2010 年底对外承包工程累计完成营业额 4 356 亿美元，签订合同额 6 994 亿美元。这一切，大大提高了中国企业利用国内国际两个市场、两种资源的能力，促进了中国经济与世界经济的互动，促进了世界经济的复苏和发展。

也要看到，中国企业“走出去”并非坦途。前一阵，部分企业相继披露海外投资失败的信息；中国赴美上市的一些企业曝出信息披露方面的问题，致使中国概念股遭遇集体做空。这些案例表明，中国企业“走出去”，需要更加熟悉跨国经营规则和国际惯例，需要提升“走出去”的质量，提高在国际环境下投资经营的能力。

第一，需要加强对投资目的地经济社会环境和投资项目的深入了解。在中国经济日益全球化的新形势下，企业往往急于“走出去”，缺乏有效的、可靠的、便利的途径和渠道，对投资目的地的经济社会环境、资本市场和法律制度等没有作充分了解，对投资项目没有进行深入调研，对“走出去”的复杂性估计不足，仅仅凭借在国内发展的习惯和经验办事。中国

中铁的波兰高速公路项目被业主方终止，并面临巨额索赔，重要原因之一就是急于打开欧盟市场，在对目标市场缺乏深入了解的情况下低价竞标，对项目的复杂性严重估计不足。

第二，需要树立全面风险管理理念，健全风险管理机制。企业“走出去”面临许多风险，比如政治风险、安全风险、环境风险、法律风险、汇率风险、市场风险、劳工风险、资金风险、合同风险等等，“走出去”企业风险管理的复杂性可见一斑。这就要求企业提高预测和判断风险的能力。仅仅依靠企业的风险管理部门和工作人员，往往只关注了看得见的那部分风险，忽视了其中的隐性风险，导致有时候即使看起来是一个微不足道的事情，也可能会产生预料之外的严重后果。上海汽车当年并购韩国双龙，就是因为缺乏对韩国劳动关系法律的了解而使合资企业险些流产。

第三，需要进一步加强海外资产监管。由于历史原因及境外国家或地区的法律制度和国情上的差异，中国企业特别是国有企业到境外投资采取的方式多种多样，境外企业普遍存在产权关系复杂、变通操作多、管理不规范等问题。由于母公司对海外经营资产和资产管理者缺乏有效的约束、考核和监管机制，不少境外企业存在决策失误、债务沉重、经营亏损等问题。除了中航油、中信泰富海外巨亏事件，中国铁建的沙特轻轨项目也面临高达 40 多亿元的亏损。

企业“走出去”是一个复杂的系统工程，在当前日益复杂的国际经济社会环境下，仅仅依靠企业单一力量“走出去”是远远不够的，特别是上述问题的有效解决，需要依赖各种专业服务和支持力量。如果把“走出去”企业比喻为一艘航空母舰，那么包括会计师事务所、律师事务所、投资银行等在内的中介机构就是护卫舰、补给船，为母舰保驾护航。中国概念股在美国遭遇诚信危机，境外中介机构固然难辞其咎，但并不是说企业不需要中介机构的服务，恰恰说明，企业“走出去”迫切需要信誉过硬、服务优质的中介机构。作为为企业提供服务的重要力量，中国注册会计师行业愿意为中国企业“走出去”保驾护航。

二、注册会计师行业是为企业“走出去”提供支持和服务的重要力量

第一，注册会计师行业积极推动做强做大和国际化发展，服务企业“走出去”的能力得到大幅提升。2005 年以来，注册会计师行业持续实施做强做大战略，把国际化发展作为做强做大战略的标志性目标，同时实施人才战略、国际趋同战略，有效地提高了服务企业“走出去”的能力。经过几年的努力，培养了一批具有国际水平和国际职业资质的注册会计师高端人才队伍；建立起与国际准则持续趋同的会计审计准则体系；实现审计监管体系与欧盟等效；引导、促进会计师事务所向特殊普通合伙转制；设立中注协香港地区办事处。以上这些工作，显著提高了注册会计师行业服务中国企业“走出去”能力。

第二，注册会计师行业服务企业“走出去”，得到了国家政策的扶持。注册会计师的审计鉴证服务，是企业“走出去”境外融资的必要条件，也是“走出去”企业有效管理境外资产，维护境外资产安全和保值增值的重要手段。注册会计师为“走出去”企业提供战略规划、环境分析、兼并重组、风险管理、内部控制、税务筹划等专业服务，可以有效提高企业战略管理、财务管理和资本运作的水平。同时，还可以利用加入国际会计网络的资源和优势，为“走出去”企业更好地融入当地经济社会提供所需要的专业支持等。中央有关部门深刻认识到注册会计师行业服务企业“走出去”的优势，给予了积极支持。

2007 年，在中注协协调推动下，商务部牵头九部委，联合出台支持会计师事务所扩大服务出口的若干意见，鼓励和支持中国注册会计师行业发挥信息引导、国际鉴证、战略咨询等作用，支持和服务中国企业“走出去”。2009 年，国务院办公厅转发财政部《关于加快发展我国注册会计师行业的若干意见》，要求注册会计师行业为我国企业进入国际市场提供会

计、税务、管理咨询等综合性服务。前不久，国资委发布《中央企业境外国有资产监督管理暂行办法》，要求加强海外企业资产管理，并明确要求境外企业应当通过法定程序聘请具有资质的外部审计机构对年度财务报告进行审计。

第三，注册会计师行业服务和支持企业“走出去”，已有许多成功的经验。12 家大型会计师事务所获得 H 股审计资格，便捷了注册会计师为内地企业在香港上市服务；有 49 家具有证券资格的会计师事务所在香港或其他境外地区设立分支机构、成员机构或联系机构 64 家；21 家会计师事务所加入国际会计网络。他们为中国企业“走出去”提供海外上市投融资审计、企业集团境外分支机构延伸审计、管理咨询、税务服务、会计外包、中外会计标准转换、境外工程承包相关鉴证和咨询等专业服务。中石油等数家大型央企多次聘请会计师事务所到海外项目投资地进行海外资产和财务审计。2009 年兖州煤业并购澳洲能源企业时，委托会计师事务所完成信息系统和财务报表的对接，使得并购顺利进行。部分大型内地会计师事务所海外业务收入已经占到会计师事务所业务总收入的 15%–20%。

要清醒地认识到，注册会计师服务离“走出去”企业客户的需求还有较大差距，要更好地服务企业“走出去”，还面临一些挑战，需要突破一些瓶颈。比如，部分会计师事务所治理机制不够完善，人才尚不能完全满足需要，会计师事务所品牌叫得还不够响，网络分布还不够全，等等，同时还面临着各国法律制度差异、跨境监管争议等问题。这些问题，已经得到普遍重视，正在积极采取措施加以解决。

三、以服务企业“走出去”为导向，深入实施注册会计师行业做强做大战略，更好地为企业“走出去”提供支持和服务

现代服务业发展水平的高低是衡量经济社会发展水平和竞争力的重要指标。大力发展包括注册会计师行业在内的现代高端服务业，是促进各

类型企业健康发展，在更高层次和更广领域内参与国际竞争的重要条件。“十二五”规划纲要提出，要大力发展会计审计等专业服务，为实施“走出去”战略提供指导和服务。围绕服务更加主动的开放战略，着力提升服务企业“走出去”的能力，为中国企业“走出去”和中国经济国际化发展保驾护航，既是“十二五”期间注册会计师行业的重大使命，更是注册会计师行业自身实现跨越式发展的战略选择。

更好地服务和支持中国企业“走出去”，还有很多工作要做，要进一步总结成功经验，密切关注企业“走出去”的新进展，进一步提升注册会计师行业对于服务企业“走出去”的价值。

第一，把更好地服务企业“走出去”作为行业发展五年规划的重大战略安排。即将公布的注册会计师行业发展五年规划，在对接国家“十二五”规划、延续行业发展政策的基础上，提出了“十二五”时期行业发展的指导思想、基本原则、发展目标和发展措施。其中，把服务企业“走出去”作为持续不变的行业承诺和战略选择，对加快推进行业“走出去”作出重点部署，鼓励和扶持大型会计师事务所在世界各主要经济体布局服务网络，建立业务机构，做到品牌标识统一、资源信息共享、质量监控一体、管理运营高效，全面提高会计师事务所服务企业“走出去”的水平。

第二，深入实施行业发展战略，进一步提升服务企业“走出去”的能力。在深入实施人才战略、国际趋同战略和做强做大战略的基础上，注册会计师行业已经启动实施了信息化战略和新业务拓展战略，建立了指导未来五年行业发展的战略体系。下一步要加快推进国际化人才培养工程，着力打造具有国际资质、使用国际语言、具有国际视野、熟悉国际规则，能够为“走出去”企业提供更加优质服务的高端人才；与我国香港地区签署审计准则的动态等效协议以及职业道德守则的等效协议，继续推进审计准则与欧盟等发达国家和地区等效的谈判，为行业“走出去”扫清监管障碍；继续推进会计师事务所组织形式向特殊普通合伙转制，加强会计师事务所治理机制建设，鼓励会计师事务所加入国际网络或自主发展国际网络，着重培育10家左右能够服务中国企业“走出去”战略、提供跨国经营综合服务的国际化会计师事务所；集中行业资源推进信息化建设，实现会计师事务 所专业服务信息化、综合管理信息化、服务网络信息化、支持系统信息化和资源处理信息化，提高为“走出去”企业开展信息化和网络化服务的能 力；大力拓展新业务领域，提高会计师事务所非审计服务的供给和质量，有效满足“走出去”企业对战略规划、风险控制、资产管理、税务筹划等 增值服务的需求。

第三，加强会计师事务所品牌建设，提高中国会计师事务所的国际认可度。注册会计师行业是专家行业，品牌在塑造市场公信力、认可度方面具有举足轻重的地位。经过这些年行业发展战略的实施，服务企业“走出去”已经取得了积极进展，但是离国际品牌尚有一定差距，国际市场的竞争力有待进一步提升。要在诚信建设、专业建设的基础上进一步搞好品牌建设，用品牌建设整合诚信建设和专业建设的成果，用品牌塑造国际市场竞争优势。增强会计师事务所的品牌意识，深化品牌就是竞争力、品牌就是生产力的重要认识，用品牌建设引导会计师事务所各项建设工作；加大品牌建设的投入，组建专业队伍，将品牌树立与业务拓展有机结合起来；开展品牌推举，通过改革会计师事务所综合评价体系等措施，助推品牌建设；注重品牌维护，通过改革执业质量检查制度，加强行业监管，将品牌维护与职业道德、执业质量和服务能力统一起来。

第四，加强行业与企业和市场之间的互动，为企业“走出去”提供更加主动的服务。依赖专业机构的专业服务，是提升企业发展质量的可靠手段。搭建行业与企业界沟通交流的平台，通过供需双方深入、直接的沟通，推介、宣传专业服务的理念，用主动供给激发企业和市场的专业服务外包的意识，推动双方找到合作的交集，更好地服务和支持企业“走出去”。

（在“ACCA 2011 年年会——中国企业走出去的机遇与挑战”的主题演讲，2011 年 7 月 11 日。原题《深入实施注册会计师行业国际化战略 为中国企业“走出去”保驾护航》）

第六节 注册会计师行业与内地香港经贸合作

改革开放以来，中国香港地区在中国改革与发展中扮演着举足轻重的角色，其中，作为香港地区“三大”专业服务业之一的会计服务，为内地和香港地区经济共同发展和相互融合提供了有力的支持。

一、内地与香港地区经济的深度融合离不开会计服务的支持与保障

香港是自由港，是东亚重要的国际金融中心。2012 年，香港连续第 18 年被评为全球最自由经济体，其金融地位排名世界第三。内地和香港经贸合作，不仅带动了香港经济的全面增长，也对内地进一步开放、优化经济结构起到积极作用。自 2003 年以来，陆续签署实施的《内地与香港关于建立更紧密经贸关系的安排》以及 9 个补充协议，将内地与香港更紧密联系在一起。

经过多年的努力，内地和香港经济的融合达到了新的高度，内地与香港的发展已形成相互促进、密不可分的关系。一方面，内地是香港最大的贸易伙伴，香港对内地的贸易依存度已经超过美国、日本和欧盟的总和；内地也是香港最大的直接投资来源地；香港作为航运中心的地位得以保持，也与内地密切相关。另一方面，香港是内地最大的外商直接投资来源地、境外融资中心、转口贸易平台和第五大贸易伙伴、第三大出口市场。

进一步深化香港地区与内地的经济交流和合作，离不开政策的支持，离不开良好的经济环境和投资环境，同时也离不开会计服务等专业服务的支持和保障。

第一，经济政策的制定和落实，需要全面把握经济形势。《内地与香港关于建立更紧密经贸关系的安排》使得内地对香港的开放程度远超内地现行的经贸政策，更高于内地签署的其他自贸协议。2011年，国家“十二五”规划提出，“支持香港发展成为离岸人民币业务中心、国际资产管理中心……巩固和提升香港国际金融、贸易、航运中心的地位，增强金融中心的全球影响力。”2012年9月，中国人民银行、中国银监会等五部委联合出台的《金融业发展和改革“十二五”规划》进一步强调，“支持香港成为离岸人民币业务中心和国际资产管理中心，巩固和提升香港国际金融中心地位。”推动上述政策的进一步贯彻落实，需要有金融经济信息的充分支持，其中，会计信息无疑是特别重要的。

第二，加强内地香港的经济治理、防范金融风险，需要更为优化的投资环境和经济环境。内地香港经济贸易的进一步深化，也使得两地的资源流动更加频繁、经济联系更加密切。据统计，进出口贸易方面，2012年，内地与香港进出口贸易总额为3 415亿美元，较2003年翻了两番；金融方面，截至2013年2月底，有15家香港银行在内地设立了8家独资银行和15家分行；证券市场方面，来自内地的上市公司数量已经占港交所上市公司总数的4成以上，总市值占5成以上，成交额占6成以上。高质量的会计审计质量，对于建立和完善公司治理机制和风险防范体系，及时识别和防范风险，保持金融稳定，优化投资环境和经济环境，特别重要。

第三，推动内地香港经贸融合，需要会计行业等专业服务的保驾护航。内地对原产于香港的产品征收零关税的品种已经达到14大类1 633种，几乎覆盖了所有的香港产品；按照世贸组织的服务贸易标准，内地对香港服务贸易开放的门类已达149个，占其160个类别的93.1%。在内地与香港经济日益融合的新形势下，不管是内地企业以香港为桥头堡“走出去”，还是港资企业或其他境外企业通过香港“走进来”开辟内地市场，都需要对投资目的地的经济社会情况、资本市场和法律环境等进行充分的了解，对投资项目进行深入调查，对投资风险进行预测和判断。会计行业为港资企业“走进来”和内地企业“走出去”提供的审计鉴证服务，不仅是企业融资的必要条件，也是企业有效地进行资产管理的重要手段；注册会计师提供的战略规划、环境分析、兼并重组、风险管理、内部控制、税务筹划等增值服务，更可以有效提高两地经贸合作企业的战略管理、财务管理和资本运作水平，有效地推动两地经贸合作与交流。

二、会计服务合作开内地与香港服务贸易合作的先河

2003 年签署的《内地与香港关于建立更紧密经贸关系的安排》第一阶段协议的政策是，在服务贸易领域，内地对香港放宽包括管理咨询、法律、会计等服务行业的准入；2013 年签署的《内地与香港关于建立更紧密经贸关系的安排》补充协议九，加大在会计、教育、银行、旅游、证券等方面开放的深度。回顾历史，内地与香港在会计领域的合作一直是走在前头的，在市场相互开放、职业标准互认、发展经验共享、专业信息互通、合作机制安排等诸多方面，有许多成功的实践，特别是《内地与香港关于建立更紧密经贸关系的安排》的实施，促进形成了内地与香港会计行业兼容、融合、共赢的格局。

第一，制度安排奠定内地香港会计行业交流合作的基础。改革开放初期，为了用国际通行做法管理中外合资企业，1980 年 12 月全国人大发布所得税法实施细则，建立会计顾问处，赋予注册会计师对中外合资企业纳税申报的核账功能。自 1993 年起，财政部先后出台《港澳台地区会计师事务所来内地临时执行审计业务的暂行规定》《境外会计师事务所常驻代表机构管理暂行办法》和《中外合作会计师事务所管理暂行办法》等一系

列的规定，有效促进了内地与香港会计行业的交流与合作。

2003年以来，随着实施《内地与香港关于建立更紧密经贸关系的安排》及其系列补充协议，两地会计行业进一步开辟合作空间。自2003年起，财政部先后公布六条规定，持续规范和放宽对境外会计师事务所在内地临时执业的规定，其中，财政部在2011年公布《境外会计师事务所在中国内地临时执行审计业务暂行规定》，把香港会计师事务所在内地临时开展审计业务时申请的《临时执行业务许可证》有效期延长至五年。2012年，《关于适当简化港澳会计师事务所来内地临时执行审计业务申请材料的通知》，简化了对香港会计师事务所来内地临时执业申报材料的要求。为进一步落实《内地与香港关于建立更紧密经贸关系的安排》补充协议九，财政部2012年批复同意、于2013年1月在深圳实施《香港特别行政区会计专业人士担任前海深港现代服务业合作区会计师事务所合伙人暂行办法》，就取得中国内地注册会计师资格的香港专业人员担任深圳前海深港现代服务业合作区会计师事务所合伙人的有关程序、条件、实施时间等进行了规范。这些政策措施贯彻了中央惠港政策导向、支持了香港会计行业发展、便利了香港会计师事务所来内地临时执业，有利于加强内地与香港会计服务业的深入合作，促进两地会计行业共赢。

第二，内地香港经贸交流与会计行业的交流互生互促。1980年，香港与内地合作创办的全国第一家中外合资企业——中国航空食品有限公司成立，开启了内地引进外资兴办三资企业，以及内地与香港经贸合作的序幕。自1981年起，已经在香港设立机构的国际“四大”先后在内地设立办事处或常驻代表机构，并于1992年起逐步在内地成立了中外合作会计师事务所，在中国改革开放进程中发挥了重要作用。随着两地经贸合作的深入，两地会计行业的交流与合作也日渐频繁。2005年，信永中和会计师事务所与有28年历史的香港何锡麟会计师行合并，迈出了内地注册会计师行业依托香港“走出去”的第一步。为鼓励内地企业在港融资，减轻内地企业赴港上市成本，进一步促进香港资本市场的繁荣，同时推动两地会计行业加强合作实现共赢，两地于 2009 年 8 月签署《关于内地与香港在对方上市的公司可选择以本地会计准则编制并由本地会计师事务所审计财务报表的建议架构》，明确 H 股企业和在内地上市的香港企业，可以选择以本地会计准则编制并由本地会计师事务所提供审计服务，有 12 家内地会计师事务所获准从事 H 股企业审计业务，到 2013 年，为 48 家香港上市公司提供了年报审计服务，46 家具有证券资格的会计师事务所在香港或其他境外地区设立分支机构、成员机构或联系机构 30 余家。

第三，会计行业发展的内生需求推动两地会计行业交流合作的进一步深化。内地与香港的会计行业的交流合作，几乎涉及行业工作的各个方面，是全方位的交流合作。

- 在会员服务方面。香港是中注协发展境外会员的一个重要平台，中注协在香港的非执业会员已经发展到 149 人。2010 年以前，中注协一直委托香港协进会协助办理中注协香港会员申请入会、年检和培训工作，并在香港宣传推介内地注册会计师行业。为更好地服务中注协在港会员，2010 年，中注协在香港成立了第一家海外会员服务机构——中国注册会计师协会会员服务有限公司，在香港代表中注协开展包括考试、入会申请、注册、年检、继续教育等工作，以更好地履行为在港会员服务的职能。

- 在注册会计师考试方面。自 1991 年内地设立注册会计师考试制度以来，借鉴包括香港会计师公会等在内的境外职业组织的考试组织和管理经验，对内地注册会计师考试制度进行了 3 次大的改革。1994 年起，向港澳台地区居民及外国籍公民开放了内地注册会计师考试。为服务境外考生，与香港会计师公会合作举办考试培训班，鼓励和帮助在港考生了解内地考试情况；1999 年在香港设立了注册会计师考试考场，并依托香港考试及评核局组织实施内地注册会计师考试。为进一步推动内地注册会计师考试的国际化进程，积极与香港会计师公会开展考试互惠研究和磋商工作，双方于 2005 年 5 月签订《内地与香港注册会计师部分考试科目相互豁免实施协议》，此后还就有关内容进行了补充修订。目前，中国香港会计专业人士参加内地注册会计师考试科目已豁免 4 科。截至 2011 年 7 月 1 日，中注协豁免香港公会会员考试人数 1 206 人，香港会计师公会豁免中注协会员人数 503 人。

• 在职业标准国际趋同方面。1995 年，中注协制定独立审计准则时成立了外方及港澳台地区专家咨询组，其成员大多数是来自香港会计师公会及国际会计公司的专家，为我国审计准则的研究制定提供咨询服务。2006 年，中注协与香港会计师公会开展了关于内地与香港审计准则等效认同的谈判工作；2007 年，中国内地与中国香港签署了联合声明，实现了两地审计准则的等效互认；2011 年，签署审计准则持续等效联合声明，确认新修订的内地审计准则与完成“明晰化项目”后的香港审计准则实现持续等效；同年，又签署了职业道德准则等效联合声明，确认内地与香港会计师职业道德守则实现等效。香港对内地审计准则和职业道德守则的认同为内地审计准则和职业道德标准的国际趋同起了重要的带动和示范作用。在 2012 年举办的海峡两岸及港澳地区会计师行业交流研讨会上，海峡两岸暨香港、澳门的会计师行业就统一《国际审计准则》《国际会计师职业道德守则》中文译本达成共识，于次年完成。

• 在人才培养方面。20 世纪 80 年代，香港会计同行就已经开始协助内地开展会计行业人才培养工作。1988 年，中注协刚一成立，就派出首批境外培训团赴香港进行为期 1 个月的培训，由香港会计师公会组织香港会计行业的专家为内地同行培训授课。2006 年，中注协与香港会计师公会签署合作备忘录，双方确定用 10 年左右的时间，为中注协培养约 1 500 名具有香港会计师专业资格的注册会计师，到 2013 年，已经有 419 名注册会计师获得香港会计师公会会员资格。2007 年，签署《香港会计师公会中国注册会计师协会注册会计师专业资格课程奖学金项目备忘录》，合作培养具有香港会计师公会会员资质的注册会计师，中注协对其中 18 名注册会计师给予资金奖励。中注协 2006 年启动注册会计师专业方向学生境外实习项目，到 2013 年已经选派 330 名学生赴港实习，占实习学生总数的 54.3%；在注册会计师专业方向核心课程教师培训项目方面，安排了两次在港培训，数次邀请香港的同行专家到内地授课。

第四，内地香港会计行业相互倚重推动中国会计行业做强做大“走出去”。2006 年起，两地会计行业联合台湾地区及澳门特别行政区会计师组织每年轮流承办海峡两岸暨香港、澳门会计师行业研讨会，开展会计审计热点问题的探讨和交流。2013 年 9 月，内地在青海承办以“文化·品牌”为题的第八届研讨会。内地与香港互派访问团组，进行定期访问交流，中注协年均接待香港访问团组 4 次以上。中注协承办了 3 届中国（香港）国际服务贸易洽谈会会计服务分论坛，积极组织内地会计师事务所赴港交流，鼓励会计师事务所在香港设立分支机构或者联系机构，共同服务香港企业，合力开拓海外市场。2012 年，首届“京交会”上，香港华人会计师公会与深圳注协签订合作协议；同年 6 月，中注协与香港会计师公会签署两会国际事务沟通与合作备忘录，确定进一步加强两会在国际事务方面的交流和协作，增强中国会计行业在国际上的整体影响力。

三、加强两地会计行业的沟通交流，为深化两地经贸合作奠定坚实基础

内地正在大力推进以转变经济发展方式和经济结构战略性调整为主攻方向的经济转型，在大力发展内地香港经贸合作的同时，启动了深圳前海经济区的建设，为内地和香港进一步深化经贸合作提供了新的发展机遇，也为两地会计行业的共同发展开拓了新的前景。两地会计行业应当紧紧抓住机遇，加强交流与合作，为进一步深化两地经贸合作作出贡献。

第一，以《内地与香港关于建立更紧密经贸关系的安排》实施和深圳前海经济区建设为契机，进一步加强两地会计行业的交流与合作。内地

与香港在会计服务领域的合作已取得一定成效，如何进一步发展内地注册会计师行业、如何发展内地证券市场与高端服务业，香港无疑是一个示范。要在已有的交流合作的基础上，以《内地与香港关于建立更紧密经贸关系的安排》和深圳前海经济区建设为契机，进一步研究两地会计服务的特点和需求，进一步加强两地会计行业的交流与合作。在职业标准国际趋同方面，要密切跟踪国际标准的制定、修订进展，动态更新海峡两岸和香港澳门通用的国际标准中文版，共享资源和信息，推动国际标准在中国“落地生根”；合作组织课题调研，探讨如何培养注册会计师的职业判断意识，提高职业判断能力。在人才培养方面，中注协可定期组团访问香港同行，学习先进的经验和理念；同时，可考虑签署会员后续教育合作备忘录，为双方会员参加对方的培训课程及学时互认提供便利。在行业监管方面，双方可以相互借鉴好的做法和经验，进一步探讨双方合作监管的可能性和领域，推动监管合作备忘录的签署，保证监管的及时性和有效性，节约监管成本。

第二，发挥香港桥头堡的战略作用，推动行业做强做大“走出去”。内地会计行业要进一步借鉴香港会计行业发展的经验，倚重香港作为国际金融中心带动内地金融和会计发展的作用，鼓励两地在会计师事务所在机构层面的合作，进一步发挥香港作为内地会计师事务所“走出去”的路径优势，为内地更好地利用外资和国际市场提供高端服务。

第三，加强驻港联络处的建设，服务好境外会员。中注协驻港办成立以来，在增强在港会员对中注协的认同感、增进在港会员之间的交流、帮助会员提升专业技能等方面开展了富有成效的工作。要进一步加强与香港会计师公会等香港同行，以及与在港的其他境外职业组织的联系和沟通，学习会员服务与管理方面的经验，提升为会员服务的能力；进一步发展在港以及其他地区的境外会员，加强对内地注册会计师行业的推介，扩大内地注册会计师行业的影响力；进一步延伸中注协服务会员的触角，为内地会计师事务所在香港开展业务，搭建平台、牵线搭桥。

（载《紫荆》，2013 年第 10 期）

第七节
注册会计师行业与“一带一路”倡议

2013 年秋天，习近平主席在哈萨克斯坦和印度尼西亚提出“一带一路”倡议。今年 5 月，“一带一路”国际合作高峰论坛在北京成功举办。今天，“一带一路”已经成为国际话语体系中的高频词，“一带一路”建设逐渐从理念转化为行动、从愿景转变为现实。正如习近平主席在刚刚结束的金砖国家领导人第九次会晤时指出的，共建“一带一路”倡议将为各国实现合作共赢搭建起新的平台，为落实 2030 年可持续发展议程创造新的机遇。

“一带一路”倡议的实施，惠及各参与国的人民，同样也惠及各参与国的注册会计师们；“一带一路”倡议的实施，需要参与国人民热情投入，同样也需要注册会计师们热情投入。这就是我所理解的这次高峰论坛活动的意义所在。

一、“一带一路”建设需要会计专业服务跟进

会计审计信息是经济贸易和金融投资重要的决策资源，会计职业和会计专业服务从来都是经济金融体系不可或缺的要素，“一带一路”建设离不开会计专业服务的跟进参与。“一带一路”建设，需要交通、电力、通信、能源这些硬件基础设施的建设，也需要会计审计评估法律这些软件基础设施的建设。产业和经济是有结构规律的，某一个产业或者某几个产业并不

能够独立地支撑一个经济体系，只有经济结构合理、产业配套到位，才有经济体系的有效运转和高效产出，“一带一路”建设无疑将带动参与国家的产业投资和经济成长，也必将促进包括会计专业服务在内的各类服务业的发展。以上这几条，就是我所理解的会计专业服务之于“一带一路”建设的意义。

二、注册会计师行业怎样服务“一带一路”建设

在“一带一路”建设的宏伟事业中，注册会计师们应当做些什么呢：

第一，在国际会计审计标准的框架下，推进“一带一路”参与国的会计审计标准建设。会计审计信息是国际通用的商业语言，这一国际通用商业语言能否有效发挥作用，前提是会计审计标准的协调，否则，这套商业语言就不能够通用，就会阻碍沟通的效率，就会影响贸易畅通和资金融通。我们应当在国际会计审计标准的框架下携手推进“一带一路”参与国的会计审计标准建设，为“一带一路”建设提供商业语言上的便利。

第二，发挥会计专业服务促进“一带一路”投资、支持经济有效增长的作用。会计专业服务的信息功能，发挥着引导投资的作用；会计专业服务的咨询功能，发挥着发现机会、识别风险、整合资源的作用；会计专业服务的外包功能，发挥着深化分工、提高效率的作用，等等。会计专业服务对于促进投资、支持经济增长的这些作用是显而易见的，应当在“一带一路”建设中给予更多重视。

第三，按照职业化要求，推进“一带一路”建设参与国的会计行业的建设。注册会计师是一个专家职业，会计服务是专业服务，会计审计工作的专业特性要求我们围绕职业化把会计行业建设好。会计行业的职业化建设，除上述会计审计标准的建设外，还需要职业准入制度的建设、继续教育制度的建设、行业监管制度的建设、会计职业组织的建设。会计行业的职业化建设将为发挥会计专业服务在“一带一路”建设中的作用提供基础

保障。

第四，会计职业要主动加强与国际组织的联系，增进会计专业服务贡献于“一带一路”建设的活力。“一带一路”倡议的实施是覆盖100多个国家的国际大合作，联合国大会、联合国安理会重要决议纳入“一带一路”建设内容，亚投行、新开发银行、丝路基金、“16+1”金融控股公司等金融机制更是为金融合作提供了坚实支撑。会计职业是一个国际化的职业，会计职业在国际层面的合作将为发挥会计专业服务的功能作用注入活力。我们期望，相关国际组织在支持“一带一路”建设的方案、措施和项目安排中能够更多借重会计职业的力量，并支持会计专业服务的发展。会计职业也要主动加强与国际组织的联系，热情参与，增进互动，更多地为“一带一路”建设贡献智慧和力量。

在过去10多年的时间里，中国注册会计师行业把国际化作为会计师事务所做强做大的标志，积极实施行业发展战略体系，其中，坚定推进并实现中国会计审计标准的国际趋同，热情支持会计师事务所加入国际会计网络、在境外发展成员所，包括在“一带一路”建设参与国发展成员所、建立相应的专业服务合作机制，积极鼓励注册会计师服务中国企业和中国资本走出去，包括服务于中国企业在“一带一路”建设参与国的投资。要紧密跟踪“一带一路”建设的进程，敏感回应“一带一路”建设对会计专业服务的需求，完善政策，加大投入，不遗余力。

参与“一带一路”建设，发挥会计专业服务促进“一带一路”建设的作用，既是会计职业履行社会责任热忱担当的具体体现，同时也是会计职业发展的难得机遇。我们要精诚合作，携手共进，为“一带一路”倡议这一造福人类的事业，作出会计职业应有的贡献。

（在“一带一路”国际投资高峰论坛上的致辞，2017年9月8日）

附录一 答记者问

答记者问

（2010年3月5日）

话　　题　注册会计师行业贯彻落实国务院办公厅转发财政部《关于加快发展我国注册会计师行业的若干意见》（国办 56 号文件）

新闻标题　《因地制宜 真抓实干 把国办 56 号文件落到实处》

国办 56 号文件发布，已经十个月了，中注协制定实施意见也已经快半年了。国办 56 号文件的实施进展怎样？成效如何？还要做哪些努力？行业内外普遍关注。

问：国办 56 号文件发布实施已经十个月了，注册会计师行业贯彻落实的情况如何？

答：国办 56 号文件发布实施以来，各级政府高度重视，全国注册会计师行业积极行动起来，各地根据注册会计师行业和经济社会发展的实际情况，因地制宜，因势利导，突出特色，力求将国办 56 号文件精神落到实处。全国上下已经形成了一个重视、支持和推动注册会计师行业发展的良好氛围。概括起来，可以归纳为几个特点，一是各级政府高度重视。或发文或讲话或指示，部署落实文件精神，二是出台了一大批含金量很高的扶持政策，三是注协在推动行业发展中的作用得到进一步体现，四是广大会计师事务所、注册会计师和从业人员极大地激发了干事创业的热情，五是学习实践科学发展观活动圆满完成和正在开展的创先争优活动为贯彻落实国办 56 号文件提供了巨大的政治动力和组织保证。

问：各级注协都非常重视国办 56 号文件的贯彻落实工作，提出了大量具体举措，并在逐步贯彻落实。下一步中注协在贯彻落实国办 56 号文件方面有何打算？

答：贯彻落实国办 56 号文件，是行业当前及今后一段时间的中心任务。为了将国办 56 号文件切实落到实处，中注协研究起草了《实施意见》。《实施意见》紧紧围绕国办 56 号文件精神，以及当前会计师事务所学习实践科学发展观活动梳理的有关问题，提出了 10 大类 78 项具体措施，内容包括支持和引导会计师事务所做强做大、做精做专，积极推动会计师事务所国际化发展，大力拓展注册会计师业务领域，进一步深化行业人才战略，进一步完善考试制度、提升考试质量，严格注册审批和完善会员管理制度，深化行业监管、提高监管效能，加强行业诚信建设，加强注协自身建设，进一步加强行业党的建设等方面。同时，中注协还将这 78 项具体措施进一步分工落实到关部室，明确责任，实时推进。

我们将认真践行干实事、使实劲、求实效的精神，扎实将各项措施落到实处，有效推进行业科学发展。目前，各项贯彻落实工作正在积极、有序地向前推进。一是将新业务领域拓展作为贯彻国办 56 号文件的重要突破口，积极推进拓展注册会计师新业务领域的各项工作。二是加强行业监管，认真开展会计师事务所执业质量的检查，制定会计师事务所综合评价办法，探索实行会计师事务所分级分类监管。三是修订审计准则，实现与国际准则的持续全面趋同，积极推动新一轮国际趋同的等效谈判。四是贯彻落实国家人才发展规划纲要的精神，修订完善行业人才“三十条”，进一步加强行业人才培养工作。五是进一步深化、完善和丰富促进措施，为会计师事务所做强做大走出去提供有力的支持、帮助和引导，指导中小会计师事务所做精做专。六是完善考试制度，开展考试科目互惠研究及磋商工作。七是深入开展行业创先争优活动，继续加强行业党建工作，利用创先争优活动推进行业各项措施的出台和实施。八是加强行业宣传，树立行业正面形象。九是积极筹备和组织召开中注协第五次全国会员代表大会，总结本届理事会的工作成果和行业建设经验，对新一届理事会工作提出意见和建议。其中，以国办 56 号文件为指导，进一步明确下一阶段行业发展的指导思想和工作目标。十是指导和督促各地，注协积极行动，真抓实干，切实把已经出台的实施意见落到实处。同时，希望其他地区注协认真学习研究、参考借鉴，积极参与到本地区实施意见的起草过程中，增强本地区拟出台政策措施的科学性、针对性和实效性，推动本地区实施意见的尽快出台。

问：拓展注册会计师业务领域是国办 56 号文件规划的行业发展五大目标之一，中注协将新业务拓展作为行业贯彻落实国办 56 号文件的突破口。请问目前拓展注册会计师新业务领域的情况如何？下一步有哪些具体措施？

答：拓展注册会计师行业服务领域，是服务经济社会发展大局、促进经济发展方式转变的需要，是贯彻落实国办 56 号文件精神、实现行业跨越式发展的需要，同时也是增强行业服务能力、实现行业转型升级、改善行业竞争环境的重要途径。我们注意到，各地陆续出台政策文件，支持注册会计师行业拓展新业务的努力，各地注协高度重视新业务领域拓展工作，工作很投入，有不少的创意。中注协日前发出《关于印发〈各地注协认领新业务领域拓展重点推动项目表〉的通知》，公布了各地认领的新业务拓展重点推动项目，要求各地切实将新业务拓展工作做出成效。全国各省、自治区、直辖市注协，包括深圳注协，认领新业务拓展重点推动项目共 115 项，覆盖了《注册会计师业务指导目录（2010 年）》中除执行商定程序业务外的大部分领域，涉及政府部门地区发展战略咨询、医疗卫生体制改革、文化教育改革、科技投入管理、企业内部控制审计和咨询、财政投资绩效评价、农村集体经济会计服务等各个方面。

中注协下一步将在着力推动解决制约行业发展的各项矛盾和问题，如市场分割、资格林立等问题的同时，积极推进新业务领域的拓展工作。8 月中旬举办以“拓展注册会计师新业务领域，服务我国经济发展方式转变”为主题的第四届注册会计师论坛；今年年底以前推出一批新业务领域拓展示范基地和试点，磋商完成一批重点推动项目的多方合作框架协议，等等。为激励和推动各地新业务领域拓展工作取得实效，中注协将对各地新业务领域拓展工作的做法、进展和成效进行跟踪、推广、考核和评价，对重点推动项目和示范基地建设取得实际成效、注册会计师和广大从业人员得到实惠、行业成长明显的省份，将给予奖励。

附录二　参考材料索引

1. 《国务院办公厅转发财政部〈关于加快发展我国注册会计师行业若干意见〉的通知》，国办发【2009】56号，2009年10月3日
2. 《关于贯彻落实国务院办公厅转发财政部〈关于加快发展我国注册会计师行业若干意见〉的实施意见》，中国注册会计师协会，会协【2010】13号，2010年2月12日
3. 《最高人民法院关于审理企业破产案件指定管理人的规定》，最高人民法院，法释【2007】8号，2007年4月12日
4. 《关于当前经济形势下服务经济发展大局 促进行业平稳发展的意见》，中国注册会计师协会，会协【2009】26号，2009年4月7日
5. 《关于注册会计师行业积极做好医药卫生体制改革专业服务工作的指导意见》，中国注册会计师协会，会协【2010】5号，2010年1月26日
6. 《财政部 民政部关于加强和完善基金会注册会计师审计制度的通知》，财政部，财会【2011】23号，2011年12月26日
7. 《财政部 国资委关于会计师事务所承担中央企业财务决算审计有关问题的通知》，财政部，财会【2011】24号，2011年12月29日
8. 《关于提升注册会计师行业服务金融业发展能力的通知》，中国注册会计师协会，会协【2013】57号，2013年8月8日
9. 《加入世贸组织与我国注册会计师行业建设和发展战略研究报告》，李杰、蔡晓峰等，载《注册会计师注册资产评估师行业发展研究》，中国注册会计师协会编，经济科学出版社，2003年
10. 《同流合污还是中流砥柱——对中国注册会计师上市公司审计效果的深度分析》，刘峰、陈杰平、苏锡嘉、单喆敏研究小组，载《中国注册会计师行业发展研究资

料 2006—2007》，中国注册会计师协会编，经济科学出版社，2008 年
11. 《中国会计行业服务贸易发展报告 2011》，白晓红执笔，载《中国注册会计师行业发展研究资料 2012》，中国注册会计师协会编，经济科学出版社，2013 年
12. 《独立审计师在资本市场中的角色》，芮怀涟，王诗仪，载《中国注册会计师行业发展研究资料 2013》，中国注册会计师协会编，经济科学出版社，2014 年

第二章
注册会计师行业建设
——目标与路径

科学地制定、持续地实施行业发展战略体系，

已经成为中国特色社会主义理论

在注册会计师行业的成功实践。

导　言

基于对注册会计师行业内部结构和实践要求的认识，本章第一节提出了注册会计师行业建设十大体系这个命题。建成十大体系，无疑是注册会计师行业建设要达到的总体目标，这就是：

- 以服务经济社会发展为导向的鉴证和咨询服务体系
- 以专业胜任能力为导向的考试评价体系
- 以严把“门槛”为导向的注册准入体系
- 以国际趋同为导向的职业标准体系
- 以终身学习为导向的继续教育体系
- 以执业质量为导向的监督检查体系
- 以“走出去”为导向的国际合作体系
- 以做强做大为导向的发展战略体系
- 以政治保证为导向的党建工作体系
- 以服务监督管理协调为导向的行业组织体系

行业建设的路径，回答的是怎样建设、怎样实现目标的方法论问题。

• 行业建设要坚持目标导向。要在行业建设总体目标的引导下，对标经济社会发展形势、发展战略和发展进程，科学地设定阶段性目标，分阶段实现。搞不清楚总体目标，阶段性目标就没有基准，没有阶段性目标，总体目标就难免沦为空谈。

• 行业建设应当“以人为本”。人是行动的主体，人是责任的承载，人是利益的归属。注册会计师和广大从业人员是行业建设的主体力量，要尊重、激发和依靠注册会计师和广大从业人员的创造精神和发展热情。

• 行业建设要坚持“两手抓”。一手抓党建，一手抓业务，一手抓发展，一手抓监管，一手抓行业建设，一手抓注协建设，用好用足行业建设的动力资源和政策工具。

• 行业建设要抓主要矛盾。行业建设各个领域，无疑应当齐头并进。更要看到，行业建设各个领域的发展程度难免有差异，补齐短板，就是抓主要矛盾。也要看到，有些领域对其他领域的约束性和牵制性更突出，抓重点，就是抓主要矛盾。

• 行业建设要有“合力”意识。注册会计师行业是经济社会大系统的一个子系统，注册会计师行业建设有赖于经济社会环境的整体进步。要推动行业立法和法制创新，为行业建设创造有利的法治环境；要推进监管创新和政策创新，为行业建设创造有利的监管环境和政策环境；要加强与公众的沟通和交流，增进公众对注册会计师行业的认知，为行业建设创造有利的舆论环境和市场环境。

（2022年7月17日）

第一节
注册会计师行业建设十大体系

注册会计师行业建设十大体系这个命题，既回答注册会计师行业建设“建设什么”的问题，同时也指出了注册会计师行业建设的总体目标，即“形成体系”。这十大体系的大部分已经成形，有待进一步完善，有些还需要作长期而艰巨的努力，后者也正是提出行业建设十大体系这个命题的意义所在。

一、以服务经济社会发展为导向的鉴证和服务体系

基于审计鉴证和咨询服务这两个基本功能，注册会计师行业已经初步建立起以审计鉴证业务为核心、咨询业务为新的拓展、会计服务示范基地创新探索为支点、全面服务经济社会发展的鉴证和服务体系，在支持经济结构调整、社会管理创新和政府职能转变等各方面发挥着重要作用。

注册会计师行业的服务对象从最初主要为“三资”企业提供纳税申报、资本验证、审查账目、外汇收支报表审查等业务，发展到为所有企业提供财务报表审计业务，服务于国有企业、上市公司、股份有限公司，以及政府部门、医院、高校、社会团体等非营利组织，注册会计师服务的企业、行政事业单位超过 350 万家。

注册会计师行业的服务内容从传统的审计鉴证拓展到包括内部控制制度设计、会计服务外包、管理咨询、税务代理等咨询服务业务。同时，持续跟进生态环保节能事业、资本市场和金融领域改革、政府购买会计服务等领域的改革和服务需求，开发了碳排放审计、高新技术企业认定等新型

审计鉴证服务，提供外汇年检、海关稽查、国有资产监督管理等专业服务，注册会计师行业服务经济社会发展领域不断拓展和深化。

二、以专业胜任能力为导向的考试评价体系

注册会计师全国统一考试是行业人才评价选拔的中心环节，在引导专业人才成长、评价会计人才资质、选拔充实行业人才队伍等方面发挥着基础性作用。

注册会计师考试以《注册会计师法》《注册会计师全国统一考试办法》为依据，以《中国注册会计师胜任能力指南》《职业会计师国际教育准则》为指导，持续推进考试基本制度、考试组织管理体系和考试质量保证体系的建设。其中，考试基本制度主要解决考试机构、报考条件、考试科目等基本问题，考试组织管理体系主要解决考试方式、考试纪律、阅卷规则、考试安全等问题，考试质量保证体系主要解决怎么考、考什么的问题。2009 年 1 月公布的《注册会计师考试制度改革方案》指出，以《中国注册会计师胜任能力指南》和《职业会计师国际教育准则》为指导，提升考试理念、充实考试内容、完善考试方式，建立起符合终身学习理念和充分体现胜任能力评价要求的考试制度，促进中国注册会计师胜任能力和执业水平的提高，使中国注册会计师考试制度与国际普遍认可的注册会计师考试制度相趋同，将中国注册会计师考试打造成中国注册会计师走向国际的“通行证”。在以上方案指导下，考试制度改革取得显著成效，以“6+1”考试科目体系的实施为标志，完成了基本制度改革的任务，以实施机考为标志完成了组织管理体系改革任务，接下来要深化推进考试质量保证体系的改革，全面实现改革方案提出的各项改革任务，完成改革目标。

三、以严把“门槛”为导向的注册准入体系

对注册会计师实施注册和任职资格检查，是《注册会计师法》规定的

准入程序，是保持注册会计师基本素质和执业水平的必要措施。

围绕贯彻落实《注册会计师法》，已经建立了注册会计师注册、任职资格检查、会计师事务所审批、境外会计师事务所临时执业等一系列管理制度，建立起以《注册会计师法》为中心，包括注册会计师注册、管理和检查等环节，完整评价注册会计师胜任能力的注册准入体系。在此基础上，建立了以“注册”为枢纽的行业诚信信息监控体系，全面记录会员执业经历、任职资格、执业质量、惩戒奖励等信息并向公众披露，提高了行业管理的透明度。

四、以国际趋同为导向的职业标准体系

高质量的职业标准体系，是注册会计师行业诚信执业的技术基础，是行业规范化、专业化发展的“龙头”，是衡量注册会计师执业质量的权威标准。注册会计师职业标准体系包括以审计准则为核心的执业标准、以职业道德守则为载体的职业道德标准、以规范会计师事务所风险控制为目的的质量控制标准。

推进并保持职业标准持续全面趋同，是注册会计师行业国际化发展的技术支撑，也是服务中国经济国际化发展的必然要求。中国注册会计师职业标准已经实现与香港审计准则和职业道德守则的等效互认，并得到了国内外的充分肯定和认可。国际审计与鉴证准则理事会、世界银行对此给予高度评价，认为“中国改进会计审计准则和实务质量的战略已成为良好典范，可供其他国家效仿”。国际会计师联合会对中国将国际审计准则融入中国审计准则并持续动态趋同的积极立场给予高度赞赏和肯定。审计准则体系实现与国际审计准则的趋同，使我国注册会计师行业与国外同行处于同一技术平台，为会计师事务所做强做大和“走出去”奠定了坚实的基础。

五、以终身学习为导向的继续教育体系

注册会计师以智力资本、专业知识和实务经验为基础为公众提供专业

服务。开展继续教育，持续保持并不断提高专业知识水平和执业能力，实现“要我学”向“我要学”的理念转变，对于加强行业人才队伍建设具有重大意义。注册会计师行业继续教育体系包括制度基础、培养模式与培训组织三方面。

第一，以保持注册会计师胜任能力为导向的制度基础。其中，《关于加强注册会计师行业人才培养工作的指导意见》（人才培养“三十条”）全面指导行业人才工作，《中国注册会计师胜任能力指南》确立了注册会计师教育、考试、培训等方面的具体目标和实现途径，《中国注册会计师继续教育制度》及其补充规定规范了注册会计师参加继续教育培训的学时规定、培训方式与评价标准，《中国注册会计师协会非执业会员继续教育暂行办法》结合国际通行做法制定了非执业会员继续教育的申报、组织与认证的程序框架。

第二，“分阶段、分层次”的注册会计师行业人才培养模式。开展以保持胜任能力为目标的注册会计师继续教育培训，重点组织开展行业领军（后备）人才和国际化人才培养，推动高等院校注册会计师专业方向建设，积累行业人才的后备力量。

第三，“自主培养与联合培养相结合”的行业人才培养组织体系。各级注协组织开展注册会计师继续教育、领军（后备）人才培训和非执业会员继续教育，符合条件的会计师事务所自主开展内部培训，北京、上海、厦门3所国家会计学院作为联合培养基地开展面向行业领军（后备）人才和会计师事务所骨干的高端培训，与境外会计职业组织联合开展高端人才培训。行业继续教育培训方式主要有远程（视频）教育培训班、面授培训班、研讨班、研修班等形式，全国31个省、自治区、直辖市注协开通远程教育网络。与英格兰及威尔士特许会计师协会、澳洲会计师公会、香港会计师公会合作，分别实施特许会计师培养项目、国际培训项目、资质认定项目等联合培养项目。19所高等院校设立注册会计师专业方向，面向注册会计师专业方向院校选拔优秀学生赴境外实习。

六、以执业质量为导向的监督检查体系

执业质量是注册会计师行业生存发展的生命线。加强诚信教育和诚信约束，开展执业质量检查，对于提高注册会计师职业道德水平和执业质量至关重要。

注册会计师行业已经构建起以上市公司年报审计质量为重点的年报审计监管路径，以教育提高和惩戒警示为目标的会计师事务所执业质量检查、惩戒和申诉制度，以“注册”为枢纽的行业诚信信息监控体系，以专业胜任能力为导向的任职资格检查制度，行业监管体系日趋完善。其中，会计师事务所执业质量检查以贯彻落实风险导向的监管理念为核心，将执业质量检查工作重心定位在系统风险检查，对证券期货业务资格会计师事务所每 3 年检查一遍，对其他会计师事务所每 5 年检查一遍，采用以“周期性、独立监管、风险导向检查路径”为特征的系统风险检查方法，实现了与国际监管制度的趋同。2011 年，欧盟委员会通过决议，认可中国审计监管制度与欧盟等效。

七、以“走出去”为导向的国际合作体系

注册会计师行业高度重视国际交流与合作，积极打造注册会计师行业国际合作交流平台，利用国际资源、借鉴国际经验推动行业发展，为行业发展战略实施和国际化发展创造有利条件，助推行业“走出去”，形成了多层次、多方式参与国际事务、开展国际交流的国际合作体系。

中注协积极参与国际事务，提升中国注册会计师行业在国际会计师行业的地位和话语权。中注协先后于 1996 年和 1997 年加入亚太会计师联合会和国际会计师联合会，并持续担任其理事或推荐代表在其任职。国际会计师联合会、亚太会计师联合会、国际审计与鉴证准则理事会、国际会计

师职业道德准则理事会、中小会计师事务所委员会等国际和区域性会计职业组织均有中国代表任职，积极参与重大国际会计审计事务决策和国际规则的制定。

中注协与主要国家和地区会计职业组织建立了密切的交流关系和互访关系。截至2013年底，中注协与50多家境外会计职业组织建立友好交往关系，并先后与其中20多家签署30余项合作协议和备忘录。积极推动会计师事务所“走出去”。19家会计师事务所加入国际会计公司，70家会计师事务所在境外设立分支机构、成员机构或联系机构。

八、以做强做大为导向的发展战略体系

行业发展五大战略是实现行业跨越发展的重大战略安排，是“十二五”时期行业工作的重大任务，其中，做强做大战略是主体战略，人才培养战略、职业标准国际趋同战略、新业务拓展战略、行业信息化战略是支撑性战略。

制定实施支持会计师事务所做强做大的意见，推动大型会计师事务所做强做大走向国际，实行品牌化经营；发布规范发展中小会计师事务所的意见，推动中小会计师事务所做精做专，形成差异化发展格局，减少会计师事务所业务同质化竞争压力，促进其规范发展，诚信经营。与此同时，实施人才培养战略，为做强做大提供人才支撑；实施职业标准国际趋同战略，为做强做大“走出去”消除技术障碍；实施新业务拓展战略，为做强做大提供市场支持；推进信息化战略，用信息技术全面装备注册会计师行业。

九、以政治保证为导向的党建工作体系

党的领导是行业健康发展的坚强政治保障。在财政部党组领导下，行业党委全面推进行业党建工作，坚持党建与业务齐抓共推，创建了“条块

结合、充分发挥行业党组织作用”的行业党建工作管理体制，较快实现了行业党的组织和工作“全覆盖”，探索加强社会组织党建工作的新路子。

从2009年开始，行业党委围绕体制、机制、制度、网络、诚信等建设持续开展主题年活动，在破解党建与业务结合难题、克服党建和业务建设薄弱环节、提高党建与业务建设水平等方面取得成效。截至2013年年底，各省（区、市）以及经济较发达、会计师事务所和从业党员较多的199个地市均成立了行业党委或党总支，全国有会计师事务所党组织3 361家，党员37 722人。

十、以服务、监督、管理、协调为导向的行业组织体系

注册会计师协会作为注册会计师行业法定管理机构，充分发挥其在行业管理中的重要作用，是社会管理体制的重大创新。经过多年的探索，已经形成法律授权、政府监督、民主管理、党建保障“四位一体”的治理结构，理事会和常务理事会发挥对行业重大事项的民主决策和管理职能，保障会员主体地位和参与民主管理的权利。注册会计师协会在财政部门党组领导下开展行业管理和服务，承担《注册会计师法》赋予的职能、财政部门党组委托职能、章程规定的职能。各级注协坚持服务、监督、管理、协调的办会宗旨，坚持为注册会计师服务与为公众服务的统一，坚持行业管理与行业服务的统一，坚持党的领导与民主管理的统一，积极拓展管理服务领域，提升管理服务效能，加大协调推动力度，形成了强有力的行业组织体系。

（载《中国注册会计师行业发展报告2014》，
与常志安、鲁冰合作，立信会计出版社，2014年）

第二节
注册会计师行业建设要坚持以人为本

党的十八大报告主题恢宏，立意高远，通篇闪耀着马克思主义以人为本的思想光辉。报告当中，“人民”一词出现 145 次，“以人为本”出现 5 次，凸显了党中央把以人为本作为一切工作的出发点、作为科学发展观核心立场的坚定承诺，具有深刻的真理性、强烈的现实性、长远的指导性，应当成为推进注册会计师行业发展的根本遵循。

一、把以人为本作为注册会计师行业发展的出发点

坚持以人为本，就是要以实现人民的全面发展为最终目标，从人民群众根本利益出发谋发展、促发展，不仅体现在人民物质生活条件改善和生活水平提高上，也体现在人民精神生活的丰富和思想道德素质的提高上；坚持以人为本，就是要以人民的力量为促进发展的根本动力，在激发动力、保护动力、珍惜动力、涵养动力上多做文章；坚持以人为本，就是要尊重人民在建设和发展中的主体地位，不仅给人民群众带来实惠，还让人民群众自己创造实惠，不仅让人民群众做蛋糕，还让人民群众有权分蛋糕；让人民感到幸福，而不是“被幸福”。

全面落实以人为本的要求，就要在工作思路上树立以人为本，把人民群众答应不答应、高兴不高兴，作为一切工作的出发点和落脚点，发挥党的优良传统和独特优势，凝聚群众的智慧和力量，实现群众的根本利益。要在政策制定上体现以人为本，在法律法规的制定和调整、方案规划的编制过程中，始终坚持尊重群众主体地位，顺应群众创造热情，给群众表达

主张、参与管理、合理选择提供更广阔空间。要在体制制度上保障以人为本，不断改进和完善制度机制，切实形成保障人民的知情权、参与权、表达权、监督权的体制和制度。要在业务工作上坚持以人为本，在开展业务、基层调研、交流访谈等各项工作中，善于掌握和运用科学的工作方法，使各项工作更加全面、及时、广泛和深入，切实回应人民群众利益诉求。

二、在注册会计师行业建设中如何做到以人为本

注册会计师行业作为高端服务业的重要代表，作为推进社会管理创新的重要力量，服务着全国 350 万家企事业单位，服务于经济、政治、文化、社会、生态文明建设等各个领域。中注协承担着法律赋予、财政部门党组委托、协会章程规定的行业管理职能，服务着 60 万名考生、30 万名注册会计师和从业人员、10 多万名非执业会员，以及 8 000 多家会计师事务所。如何为注册会计师行业服务好，为广大注册会计师和考生服务好，把公众利益维护好，把会员的主体精神激发好，把行业固有的“人本”原则坚持好、发展好，中注协深感责任重大。党的十八大报告强调把以人为本作为核心立场，为中注协更加有效地履行行业管理职能、更加充分地发挥行业功能作用，指明了方向，提供了准绳。具体说来，要做好以下工作。

第一，倚重市场力量，推动行业科学发展。市场力量是人民群众自主选择的重要体现。党的十八大报告强调，深化经济体制改革的核心是要处理好政府与市场的关系。这意味着更加尊重市场规律，给人民群众更多选择的机会，更大程度、更广范围发挥市场机制的作用。中注协要在注册会计师行业工作实践中，认真落实发挥市场在资源配置中的基础性作用的要求，进一步激发会计师事务所和注册会计师的主体精神，坚持把管理和服务与市场机制结合，通过市场需求、市场拓展，引导行业的发展；建立行业信息公开机制，通过市场评价、民事责任追究等，使会计师事务所在市场和公众的监督下不断矫正自己的执业行为。

第二，完善民主决策，激发自主管理动力。民主决策是创新社会管理和推进协商民主的内在要求，是以人为本在行业管理上的重要体现。党的十八大报告强调，必须坚持人民主体地位，发挥人民主人翁精神，发展更加广泛、更加充分、更加健全的人民民主。中注协要不断健全行业民主管理制度，完善包括代表大会制度、理事会制度、专门（专业）委员会制度等在内的民主管理机制，发展和完善以会员为中心的行业管理和服务职能，进一步探索行业自我管理的运行机制，增强自我管理功能，激发行业自我管理动力。

第三，重视人才培养，提升自我发展能力。注册会计师专业素质的提高，是注册会计师行业自主发展的主体条件。党的十八大报告强调，要尊重劳动、尊重知识、尊重人才、尊重创造，加快确立人才优先发展战略布局，造就规模宏大、素质优良的人才队伍，推动我国由人才大国迈向人才强国。中注协要牢固坚持诚信建设这条主线，深化职业道德建设，注重人才专业素质的提升；更加重视人才发展体制改革和政策创新，深化行业领军人才培养工作，统筹推进各类人才建设，造就一支素质优良的注册会计师人才队伍。

第四，深化服务指导，优化行业发展条件。改进和优化管理方式是激发会员主体精神的必要条件。党的十八大报告强调，加强基层社会管理和服务体系建设，强化企事业单位、人民团体在社会管理和服务中的职责，引导社会组织健康有序发展，充分发挥群众参与社会管理的基础作用。中注协要更加注重处理好行业管理与服务的关系、面上指导与发挥会员主体精神的关系，更多地通过发布指南、指引、指导目录等形式，在专业指导上下更大的工夫；不断推进政策和制度的完善，在优化执业环境上下更大的工夫，为充分发扬注册会计师主体精神创造更好的条件。

第五，强化制度保障，明确主体权利和责任。制度具有根本性、全局性、长远性，注册会计师主体精神的发扬需要制度的保障。党的十八大报告强调，要把制度建设摆在突出位置，并对落实“以人为本”、保障人民主体地位、接受监督等方面提出了一系列体制和制度要求。注协要在深刻认识行业发展规律的基础上，按照以人为本的要求，促进完善法律和规章，创新、优化制度和规则，进一步明确注册会计师、会计师事务所、监督部门、客户等各行为主体的权责边界，属于注册会计师应有的主体权利应当落实到位，应由注册会计师承担的职业责任应当归属准确，增强广大注册会计师的行为预期，促进提高注册会计师自我开拓能力和自我约束能力，使其真正成为行业发展的主体力量。

（载《中国财经报》，2013 年 2 月 21 日。
原题《在注册会计师行业发展中坚持以人为本》）

第三节
抓住主题主线 实践好注册会计师行业建设的辩证法

新的一年做些什么，大家都在思考。回答“做些什么”固然重要，理清楚“怎样去做”同样重要。今年的工作不是去年的简单重复，也不仅仅是比去年多走几步，而是要在提高认识、把握规律、掌握方法的基础上去做，要抓住主题和主线，实践好行业工作的辩证法，使各项工作有质的提升。

一、抓住主题主线，把握行业发展正确方向

服务国家建设是中央领导对行业提出的新期望，是经济社会发展对行业的新期待，是行业贯彻落实科学发展观、实现行业科学发展的新要求。紧紧围绕经济社会发展这个中心和大局，行业发展就找到前进的目标和方向。党的十七大提出按照中国特色社会主义事业总体布局，全面推进经济

建设、政治建设、文化建设、社会建设。党的十七届四中、五中、六中全会从加强党的建设、转变经济发展方式、加强和创新社会管理、建设社会主义文化等方面，对经济、政治、文化、社会四位一体发展作出具体部署。这要求注册会计师行业认真研究新形势，明确新任务，着眼于全面服务经济、政治、文化、社会四位一体的发展格局，为国家建设各项事业的全面推进作贡献。

服务国家建设，既是注册会计师行业社会责任、公民责任、政治责任所在，也是注册会计师行业持续健康发展的活水源泉。注册会计师行业要围绕服务国家建设这个主题，在服务国家建设的追求和实践中，不断开拓注册会计师行业服务经济建设、政治建设、文化建设和社会建设的新境界。

注册会计师行业作为专业服务行业，注册会计师审计作为市场监督体系重要的制度安排，承担着构建市场功能、引导资金合理流动和资源有效配置的职能，是维护市场经济秩序、保障市场公平公正公开品质的重要力量。注册会计师在财务报告审计、企业注册资本验证、清产核资、破产清算、经营业绩考核审计、离任审计、基建工程预决算审核、所得税汇算清缴、社保资金审计、基金会审计诸领域，在深化对外开放、规范资本市场发展、引导资源合理配置诸方面，都发挥了不可替代的作用。

围绕服务国家建设这个主题，注册会计师行业要深入分析国家经济社会发展战略重点、经济结构调整重点、企业转型升级重点，深入分析各级政府、部门、企业、单位方方面面的专业服务需求，不断拓展注册会计师新型业务，从审计领域向非审计领域拓展，从国内市场向国际市场拓展，加强会计服务示范基地建设，为国家发展战略和区域经济发展提供专业服务。

注册会计师行业作为社会组织党的建设的“试验田”，创新行业党的建设体制、机制和制度，探索社会组织党的建设，服务着国家政治建设。中央要求统筹推进会计师行业等领域党建工作，以会计师行业为突破口，积极探索加强社会组织基层党建工作，以点带面实现社会组织党的建设的突破。2009年以来，在党中央的关怀下，注册会计师行业通过“创体制、建机制、强制度、筑网络”的党建四部曲，创新行业党建体制，实现党的组织在行业全覆盖，建立起改革创新的行业党建制度体系，得到中央领导的肯定，被誉为“社会组织党建的一大成果”。围绕行业发展主题，注册会计师行业应当继续探索和完善行业党建工作领导和管理体制，从制度层面探索会计师事务所党组织的功能定位，切实加强会计师事务所基层组织建设，全面推进行业参政议政和党群共建工作。

注册会计师由于自身的专业服务属性和审计监督属性，注册会计师协会作为承担行业管理服务职能的社会组织，持续探索服务政府职能转变和社会管理创新的功能作用，服务着国家社会建设。中央提出构建党委领导、政府负责、社会协同、公众参与的新型社会管理格局，在社会协同和公众参与两方面都要求发挥社会组织和行业协会的作用。注册会计师行业更以其特有的职能属性，有优势也有责任服务社会管理创新。近年来，注册会计师业务不断拓展到社区管理、低保补助、拆迁补偿等事关民生的社会领域，参与到医疗教育卫生等社会事业体制改革中，有效维护了社会公平正义，促进了社会矛盾的协调，以及政府职能转变。注册会计师协会本着服务、监督、管理、协调宗旨，探索注册会计师参与行业事务决策监督的机制和途径，有效调动了行业同志的主体作用和参与热情，积蓄了行业长远发展的内在动力，增进了行业和谐发展。

围绕服务国家建设这个主题，注册会计师行业要继续探索服务民生、服务政府职能转变的新形式，为社会矛盾化解提供新机制；完善注协民主管理体制机制，不断探索新的社会阶层人士的管理经验，为创新社会管理提供借鉴。

注册会计师审计作为市场监督体系重要的制度安排，实践和弘扬行业诚信文化，走在社会诚信文化建设的前列，服务着国家文化建设。

党的十七届六中全会把诚信建设作为我国社会文化建设的重要方面突

出强调。维护诚信、坚守诚信是注册会计师的职业使命。注册会计师开展经济鉴证、司法鉴证等业务，独立、客观、公正地行使专业职能，并服务于政务诚信、商务诚信、社会诚信和司法诚信建设各领域。注册会计师作为高度专业化的职业，以其职业道德和专业胜任能力为核心的职业精神所塑造的专业文化，是现代社会文化有特色的一支，弘扬注册会计师诚信、进取、专业、敬业的文化，是社会文化建设的有机组成部分。围绕服务国家建设这个主题，要继续探索发挥行业功能、更好服务社会文化建设的方式和途径；要不断总结和弘扬行业诚信文化、职业道德文化和专业文化，为丰富和推进社会诚信文化建设作出有益探索。

我们在长期实践中认识到，诚信是注册会计师行业安身立命之本和长远发展之基，持续把诚信建设作为行业工作的主线来坚守，坚持数年不动摇，逐步将资格准入、人才建设、标准建设、继续教育、执业质量监管等工作纳入诚信建设框架，形成以职业道德守则为核心、以诚信信息监控体系为支持、以制度机制为保障的行业诚信建设体系，行业诚信水平得到有效提升，行业自身建设水平明显提高。以诚信建设为主线，是推动行业科学发展的必由之路，是行业更好服务国家建设的有效保证。主题定方向，主线定路径，密不可分，相得益彰。

二、坚持“两手抓”，提高把握行业发展全局的能力

围绕主题和主线推进行业发展，服务经济建设、政治建设、社会建设、文化建设“四位一体”国家建设任务，必须树立全局意识，坚持协调发展，做到“两手抓”“两手硬”，推进行业全面协调可持续发展。

第一，一手抓党建，一手抓业务。抓党建，为业务工作提供政治引领。党建的活力在于与业务相结合。党建和业务两手抓，不是一部分人抓党建，另一部分人抓业务，也不是今天抓党建，明天抓业务，更不是一会儿抓党建，一会儿抓业务，而是把党建工作融入业务工作之中，通过党的工作把

党员教育好、培养好、规范好，示范和带动所有从业人员以饱满的精神状态、积极的人生态度、胜任的专业能力来工作。

第二，一手抓发展，一手抓监管。发展是硬道理，没有发展，也就没有其他。发展的前提是诚信，没有诚信的发展，不是有质量的发展，不是科学的发展。抓监管则是诚信建设和质量建设的保障。国际国内行业发展正反两方面的实践都充分证明，必须把监管的旗帜高高举起。否则，行业发展的基础就不会稳固，甚至发展的成果也会被蚕食。

第三，一手抓行业建设，一手抓注协建设。推进行业建设需要各种条件，发挥注协作用是其中的重要方面。注协是行业的法定管理和服务机构，承担法律赋予的职能、财政部门党组委托和交办的职能以及章程规定的职能，是推动行业发展的重要力量。财政部领导多次要求注协当好带领行业前进的“火车头”，指导行业发展的“司令部”。抓行业建设，必须抓好注协建设，更好地引领行业发展。

三、坚持抓重点，以点带面推进行业发展

抓重点、抓战略，解决不同时期、不同阶段的主要矛盾，把行业各项工作统揽到重点工作之中，以点带面推进行业全面工作，是行业工作的一条基本经验。针对行业面临的诚信危机，2002 年发布行业诚信建设纲要，凝聚共识，全面统筹行业职业道德和专业胜任能力建设、行业制度建设、执业质量的监管和注协建设，有效重塑了行业的公众形象。针对改革开放不断深入和企业“走出去”战略的实施，2004 年中注协“四代会”确定以国际化为方向，深入实施行业人才培养战略、职业标准国际趋同战略和会计师事务所做强做大战略，有效带动了行业监管、考试、会计师事务所组织形式及其内部治理等领域的国际趋同，拓展了国际市场，提升了行业的国际话语权，大大推进了行业的国际化进程。2009 年，围绕党中央以会计师行业为突破口探索社会组织党建的部署，按照“杠杆法”“四

部曲”的要求创新推进行业党的建设，以党建的政治优势有效推动了行业发展政策的协调、会计师事务所治理机制建设、行业制度建设和诚信文化建设，不仅解决了一大批制约行业科学发展的问题，更大大提升了行业的社会地位，找准了行业在经济社会变迁中的发展定位。

2012年，行业建设要紧紧围绕中央经济工作会议精神，抓住重点，瞄准痛点，不回避难点，发扬优点，克服弱点，在服务国家建设中实现行业建设再上新台阶。一是要以培养服务专长为重点，全面推进行业人才战略，二是以服务社会管理创新和经济发展方式转变为重点，深入实施新业务领域拓展战略，三是以加大政策支持和品牌建设为重点，大力推进会计师事务所做强做大战略，四是以网络建设为重点，扎实推进行业信息化战略，五是以防范行业系统风险和治理不正当低价竞争为重点，改革和加强行业监管，六是以“分类定级”为重点，开展好“基层组织建设年”活动，七是以作风建设为重点，加强和改进注协建设。

（载《中国会计报》，2012年3月9日。原题《为国家建设各项事业全面推进作出贡献》，收入本书时作了删减）

第四节
改善注册会计师执业环境

2018年年中开始，中注协就注册会计师执业环境突出问题进行专题调研，其中包括向理事会和常务理事会征求意见。12月14日，还组织北京地区会计师事务所负责人座谈。总结调研结果，梳理出16个问题。针对如何认识和解决这些问题，中注协党委和秘书长办公会多次研究，并分工落实到部室进一步研究。召开法律援助与权益保护委员会全体会议，任务就是听取工作进展的报告，就如何做好这件事出主意想办法。

一、对推动改善注册会计师执业环境的认识

包括注册会计师行业在内的专业服务业是营商环境的重要因素。同时，注册会计师行业发展也需要一个优良的环境，包括法制环境、监管环境、竞争环境、政策环境、舆论环境等等。注册会计师执业环境存在的问题不少，有的甚至非常严重。中央推进“放管服”改革、建设现代化市场体系，为推动改善注册会计师执业环境提供了难得的机遇和动力。

行业发展五年规划提出职业化、信息化、市场化、国际化这四大目标。推动改善执业环境是“市场化”目标下面的一个核心任务，也是实现其他三个目标的基础条件。“市场化”目标，针对的是建设注册会计师专业服务有效市场，达到供需衔接、供需平衡、供需和谐，竞争有序、竞争透明、竞争公平，使市场能够真正发挥引导供求、价格发现、奖优罚劣的功能。推动改善注册会计师执业环境，是实现“市场化”这个目标迫切需要做好的工作。没有一个好的执业环境，就没有一个好的专业服务市场，“职业化”“信息化”“国际化”也就没有根基。

注协的立会宗旨就是服务、监督、管理、协调。协调什么呢？无非就是协调各方，协调那些“还不够协调”的方方面面，完善法制、改进监管，呼吁政策、寻求支持，阐释价值、增进认同，等等。推动改善注册会计师执业环境，是注协义不容辞的职责。推动改善执业环境已经列入注协2019 年行业重点工作任务。

二、注册会计师执业环境存在的主要问题

分析一下已经梳理出来的 16 个问题，可以看出，有的不完全是执业环境问题，而是其他性质的问题，既然大家提出来，说明这是问题，那就放在一起研究。

第一，关于推广电子函证、提高函证质量的问题。要深刻认识到函证质量对于保障审计质量的重要性，深刻认识推广电子函证对于提高函证效率和函证质量的重要性。过去三年多的时间里，围绕提高银行函证的质量，中注协完成了调研起草并推动银保监会与财政部联合发文的工作，在这个基础上，多次与银保监会、银行等沟通意见，探讨推进电子函证的工作，并会同天职国际会计师事务所做了大量研究，组织行业专家进行前期论证。2019 年，要研究提出电子函证技术路径和治理结构，发布《对使用第三方电子询证函平台的考虑》问题解答，同时对天职国际会计师事务所进一步完善电子函证系统给予支持和指导。

第二，部委办局、金融机构、大型企业集团自建会计师事务所备选库、短名单、入围池、名册、黑名单、排名，以及其中“受过处罚，一票否决”的问题。以上问题，与会计专业服务需求部门和单位的采购行为不规范、政府采购制度设计不完善有一定关系，也与行业发展不足、职业化程度不够、会计师事务所之间质量差异较大、审计服务供需两方之间的信息不对称有关。调研当中有同志认为，对于这类问题，不能一概而论、简单否定，要区别处理。这个意见可能正是源于上述理由。

中注协已经就这个问题开展了系统的调研，有了研究报告。解决以上问题，需要在两条线同时推进，一是借助中央推进依法行政、“放管服”的东风，推动完善政府采购制度、规范需求部门和单位的采购行为，二是大力推进注册会计师职业化建设，搞好行业自身建设。今年年初，海南省政府出台政策意见，一律取消备选库。2019 年 3 月，中注协主动配合行业的全国政协常委，已经在全国两会上作了提案，接下来，要跟踪全国两会相关提案的分办情况，走访提案的承办部门，促进提案的落实。

第三，多头监管、重复监管、无据监管、监管政策时松时紧找后账的问题。这个问题成因复杂，主要是监管体制上的原因，同时也有监管理念和监管实践上的原因。要根本解决这个问题，有赖于修订完善法律，同时需要推进部门间的监管协调。要把握《证券法》和《注册会计师法》修订这个时间窗口，推动解决多头监管、重复监管的问题，在修法建议中重点阐述这方面问题并提出解决方案。同时，要积极作为，主动与其他监管部门协调，消除无据检查，减少重复检查，缓解多头检查的负担；顺应证券市场改革和“放管服”形势，针对个案协调解决无据监管、监管政策不稳定的问题。说起多头检查、重复检查，涉及的部门，其实就是两家，财政部门和证券监管部门。细节我就不再展开来说。我的理想是，注协担负起基础层次的、面上的检查工作，改进和提升执业质量检查工作，把工作做实。在这个基础上，财政部门和证券监管部门就不要再做面上的检查工作了，集中力量和资源查案子，体现权威和力度，其中，证券监管部门主要是查资本市场上的案子，财政部门主要是查资本市场以外的案子，分工明确，清清爽爽。大家都做面上的检查工作，又都查不深入，多头检查、重复检查就会无休无止。

第四，注册会计师遭遇强制措施的问题。近年来出现了数起注册会计师遭遇司法部门强制措施的情形，尽管数量不是特别多，但是对所在会计师事务所和整个注册会计师行业震动很大。由于每一个个案的成因往往都很复杂，加之司法工作的特殊机制和案件处理所处的特殊阶段，行业直接介入相对比较困难。在财政部协调推动下，公安部曾在 2005 年 4 月 15 日与财政部联合制发《关于在查处经济犯罪案件工作中加强协作的通知》(公通字〔2005〕20 号)，其中就对注册会计师“慎用强制措施”作出政策指导。当前，在中央推进改善营商环境、市场普遍呼吁保护民营企业家的背景下，对民营企业有关经济问题慎用强制措施、慎用刑事处理，已经形成一定氛围，这对注册会计师免遭强制措施较为有利。同时，针对个案，要充分利用与公安部的沟通渠道，依据公通字〔2005〕20 号文件精神，加强协调沟通，同时发挥所在地方财政部门和地方注协就近沟通的优势，中注协要配合好这些行动。

第五，会计师事务所民事责任的问题（包括民事责任与行政处罚挂钩问题）。在过去的 10 多年里，我们与最高法保持密切沟通，推动了最高法相关司法解释的出台。这些司法解释，对注册会计师审计业务应当怎样判定民事责任，相对还是比较明确的，总体上是公允地界定了注册会计师的民事责任，现在的问题主要是在司法判例上。不当判定注册会计师民事责任的主要原因，是司法机关对注册会计师独立审计业务应当承担的民事责任，理解不够，经验不多。在过去几个月时间里，我们针对个案，与最高法和地方法院进行了沟通，其中就合理界定会计师事务所民事责任向最高法发出建议函，促进个案的处理更加公允。同时，开展系统研究，形成了注册会计师民事责任问题的研究报告，以此为基础，协调和支持行业全国人大代表在全国两会期间提出的议案。

接下来的工作，一是充分利用与最高法的沟通机制，跟踪注册会计师民事责任个案的处理进程，全力介入；二是与最高法联合召开注册会计师民事责任问题的座谈会，征集法律专家和行业同志的意见；三是跟踪全国人大代表所提议案的分办情况，与承办部门沟通，深入解读注册会计师审计的专业性质和相关国际经验，推动议案的办理进程；四是利用《证券法》和《注册会计师法》修订的窗口期，把注册会计师民事责任问题纳入修法的重点研究领域。

第六，政府公开招标中“低价者得”的问题。我们高度重视“价低者得”的问题，连续多年跟踪推动解决。其中，在行业中明确反对恶性压价这一不正当竞争行为；2017 年，协调支持全国政协委员作出提案；将建设注册会计师专业服务有效市场，列为行业发展五年规划的四个目标之一，其目标指向，主要是解决“价低者得”的问题。

与几年前提出解决“价低者得”问题的形势相比，当前推动解决这个问题的形势要有利得多。“价低者得”已经成为制约经济高质量发展、损害供给质量的一个重大问题，全社会对此已经形成共识。财政部作为政府采购的政策制定部门，是重视“价低者得”问题的，在给两会提案议案的答复中明确表示了态度。在这之前，财政部也不断改进完善政府采购相关政策，比如增加了竞争性磋商这一政府采购形式。目前的主要问题是，政府采购政策在实践中如何落实到位的问题，包括公开招标“形式化”问题。从地方改革实践看，海南省政府新近出台的文件中，对报价赋分所占比重作出限制，这是很好的探索。

中注协监管部结合研究“备选库”等“二次审批”问题，调研了“价低者得”和会计师事务所受处罚后被“一票否决”的问题；召开了征集会计师事务所对审计招投标意见的座谈会；赴四川、江苏和浙江开展“会计师事务所审计招投标问题”专题调研，形成了《关于改进会计师事务所审计招投标方式的建议》研究报告。下一步要继续做好与财政部司局的沟通，推动进一步完善政府采购政策，推动更多地采用竞争性磋商方式进行专业服务的政府采购。同时，针对会计师事务所收费过低的项目，开展约谈，做好引导，并且要加大对收费过低审计项目的执业质量检查力度，形成倒逼机制。

第七，法律、行政法规和司法解释有关注册会计师行业的条文相冲突、不适当的问题。以上情形主要表现在民事责任认定领域。（1）对被审计单位的处罚与对注册会计师的处罚不相称；（2）法律的规定相对比较原则，司法判例当中，在法律条文的理解和事实的认定上差异很大，自由裁量上把握不当；（3）最高法院的司法解释没有得到有效落实；（4）法律法规在法律责任和处理处罚方面存在责任叠加的问题。要把以上问题纳入注册会计师民事责任问题一并研究，结合修订《证券法》和《注册会计师法》提出修法建议，针对个案积极介入，同时要做好民事责任判例的搜集、总结、评价工作，用事例说话，为司法机关改进工作提供参考依据，促进司法、行业和公众之间达成共识。朝这个方向去做，相信司法机关是会欢迎的。

第八，部门规章和监管政策中有关规定，没有法律依据、与法律相冲突、有违行业规律的问题。以上指的主要是“两年两单”“不再受理行政审批事项”等政策。2019 年两会期间，已经配合行业人大代表和政协委员针对该问题提交了议案提案，已经引起监管部门的重视。要跟踪提案议案的办理进展，配合证券市场监管政策完善的进程推动解决。

第九，规范和指导职业责任保险的问题。财政部和银保监会在 2015 年联合发布《会计师事务所职业责任保险暂行办法》。调研表明，特殊普通合伙会计师事务所基本都已经投保，上海注协还探索了集体谈判的投保模式。职业责任保险方面目前存在的问题主要是，注册会计师职业责任保险的实践不足，保险合同的公允性有待提高，保险赔付中注册会计师投保利益得不到有效保障，总体上，注册会计师在职业责任保险合同中处于不利地位。要进一步做好会计师事务所职业责任保险的调研，推进完善职业责任保险制度和政策，推广职业责任保险的成功经验，重点推介上海注协集体谈判保险合同并监督实施的经验。

第十，特殊普通合伙会计师事务所的法律地位的问题。特殊普通合伙会计师事务所，是合伙企业，不是法人，跟个人独资企业、合伙企业、个体工商户一样，只需交个人所得税。既然是个人所得税，那就应当在分利的环节交，实际的做法却是，有利润就得交，这样做，就把合伙企业当作公司制企业了。这涉及怎么认识特殊普通合伙会计师事务所的法律地位和纳税地位的问题。这个问题，要纳入到行业税负问题一起研究。

第十一，会计师事务所税费负担的问题。调研结果显示，会计师事务所，特别是特大型会计师事务所，税费负担相对比较重。有同志反映，2018 年底，国家对于科技创新合伙企业实行特殊政策，允许按 20% 税率缴纳个人所得税。特殊普通合伙会计师事务所希望税政部门能够考虑注册会计师行业作为专业服务业的特殊性，也能享受这一优惠政策。要就会计师事务所税费负担尽快设立课题，向税政部门和税务机关提出政策建议。在课题研究中，要聘请资深税务专家，综合考察特殊普通合伙会计师事务所以及律师所、税务师所、评估所、造价所等专业服务机构的税负问题，从国家支持鼓励专业服务业等高端服务业发展、推进供给侧结构性改革的高度，提出政策建议。

第十二，统一会计师事务所信息化数据标准的问题。行业信息化三个领域，会计师事务所信息化，行业管理服务信息化，注协机关信息化，都有个数据标准的问题。注协机关信息化，要按照国家对政府工作信息化的部署，采用相应的标准；行业管理服务信息化，也可以参考国家部署采用相应的标准；会计师事务所信息化的标准问题，怎么办，要尽快解决。要特别强调的是，要在符合国家标准的前提下，把三个系统的数据标准统一起来，否则，三个系统还是信息孤岛，弯路不能再走了。审计署几年前启动审计信息系统数据标准的制定工作，曾经征询我们的意见，有意愿把独立审计的数据标准也纳进去。要走访审计署和国家标准化委员会，了解政策和工作进展，启动会计师事务所信息化的数据标准制订工作。

第十三，在校大学生报名参加注册会计师考试报名、减轻在职助理人员应考负担的问题。从国际层面看，注册会计师考试的报名门槛有两种模式，一种是没有学历限制，可以称之为“培训型”考试；另一种是规定了报考的学历，以大学本科学历为主，美国规定的是硕士学位，以上可以称之为“准入型”考试。总体看，绝大多数都有学历门槛。我国注册会计师考试属于“准入型”。

基于这种情况和行业发展实际，注册会计师考试报名有学历门槛，这一条要坚持，当然也应当进一步完善，比如，门槛设多高更加合适。目前，允许四年级的大学生报名，到参加考试的时候，已经大学毕业，符合规定的学历要求，这一点要坚持，但是不宜向三年级在校大学生开放考试报名。这是因为，大学三年级学生还没有完成基础教育，还没有达到注册会计师应当达到的知识程度和理论程度。

针对“允许在校的三年级大学生报名参加注册会计师考试”的呼吁，我还有话要讲。大学生在校期间焦虑就业问题，急急忙忙地参加考试，拿这个证那个证，折射出的，是就业市场的严峻形势，是值得理解和同情的。

解决这个问题，不能“头痛医头”，“允许在校的三年级大学生报名参加注册会计师考试”，就是“头痛医头”。要真正解决这个问题，有赖全面深化改革，建设现代化市场体系，扩展就业市场，释放就业空间，同时，教育部门也要对大学教育的功利性倾向保持警惕，做好人才成长的正确引导，指导年轻大学生珍惜大学时期的学习机会，打好理论基础、观念基础、意志基础，人生真正的竞争，从来不是“有没有手艺”“有没有证书”的竞争，而是意识、格局、意志的竞争。

会计师事务所的合伙人同志们也要考虑一下，年轻人连复习考注册会计师的时间都没有，你是怎么安排工作的呢？培养新一代注册会计师，是注册会计师行业的发展责任、职业责任、社会责任、道义责任，年轻人忙的连复习考试的时间都没有，说明你的业务接的太多了，业务安排的不合理，是不是也可以说，你太关心损益表了，太不关心资产负债表了。大家都知道的，损益表反映的是当前，资产负债表反映的是未来。

改进注册会计师考试工作的主要任务，是深化注册会计师考试质量保证体系改革，坚持考试命题的“原理导向、职业导向、考生友好导向”，联动调整专业阶段考试和综合阶段考试的实务水平及难易程度，使注册会计师考试更加体现职业考试的要求。从过去几年的考试结果看，以上改革有利于知识基础和理论基础扎实的考生应考，有利于有实践经验的考生应考。

第十四，加大对助理人员培训的问题。助理人员的素质对会计师事务所的执业质量，关系重大，要高度重视。

培训助理人员的主体责任在会计师事务所。但是行业层面要加大对助理人员培训工作的倡导和投入，要加大对地方注协培训助理人员的支持，要加大对培训助理人员的示范。在未来几年内，每年安排若干个助理人员培训班，发挥示范带动作用；加大宣传力度，在会刊、网站、媒体上介绍会计师事务所开展助理人员培训的经验和有益做法；把地方注协培训助理人员方面的情况，纳入工作评价范畴；支持推动国家会计学院开发助理人员培训课程。

第十五，提高会计师事务所治理能力的问题。改进机构治理，是会计师事务所做强做大的核心任务。会计师事务所治理上的不足，有认识问题，但主要是能力问题。提高治理能力，是会计师事务所管理层的主体责任，要有诚意，该放的权要放，该让的利要让，该守的底线要守，持之以恒地做下去。《会计师事务所内部治理指南》以及章程协议范本，在特殊普通合伙改制时，对于引导章程拟订、制度建设发挥了积极作用。要在未来几年内，每年安排高层次的会计师事务所治理研修班，分批安排会计师事务所主要负责人来学习交流；协调行业媒体组织会计师事务所治理方面的经验交流、知识普及和理论探讨，帮助会计师事务所领导同志相互学习，深化认识，提高治理能力。

第十六，注册会计师职业准则中“勤勉尽责”“必须”“应当”等关键词的解释问题。审计准则对强制要求注册会计师执行的条款与非强制要求执行的条款是有明确区分的。在审计准则中，强制性条款统一用“应当”来表述；非强制性条款用“需要”或者“可以”来表述。审计准则体系没有使用“必须”一词。上述表述方式，与国际准则是一致的，并且已经在第 1101 号应用指南的第 57、58 段作了详细说明。

勤勉尽责，是各行各业的工作人员立足岗位应有的担当，作为一个概念和行为要求，不难理解。只是由于注册会计师审计的专业特性，使得“勤勉尽责”的要求更加突出，不仅是职业精神的倡导，也是职业责任的约束。职业道德守则对“勤勉尽责”也有阐述，概念上是清晰的，关键在于实务中尤其是涉及注册会计师法律责任的界定时，对注册会计师是否做到勤勉尽责，如何理解和判断。通过考察司法判例和行政处罚文件，其中既有宽泛使用“勤勉尽责”标准的，也有分情形和程度把握得比较好的。

解决司法和行政处罚中标准不当的问题，有赖于改进司法和监管，也有赖于司法和监管实践经验的积累。相对而言，在追究民事责任这个环节，对于勤勉尽责这个标准把握不当，对注册会计师损害更大。这方面工作要纳入前面提到的民事责任问题一起考虑。

三、推动改善注册会计师执业环境的工作方法

结合过去多年推动改善注册会计师执业环境的实践，这里说说推动改善注册会计师执业环境的工作方法问题，也就是怎么做工作的问题。

第一，在认识上，要把立法问题与执法、司法问题区别开来，不要“眉毛胡子一把抓”。是立法问题，那就推动人大立法和修法；是执法和司法问题，就协调行政部门和司法机关改进工作。还要分清是别人的问题还是行业自己的问题，这个道理是不难理解的。要强调的是，有些问题，首先是行业自己的问题，别人想法子针锋相对地应对我们，那些应对措施往往就不会很恰当，这就转化成执业环境问题。所以，推动改善执业环境，要从做好自己的事情开始。

第二，要发挥注协和会计师事务所两个主体的作用。执业环境是注册会计师们的执业环境，推动改善注册会计师执业环境的主体当然就是注册会计师以及代表这个行业的注协。注册会计师们首先要办好自己的事情。记得 10 多年前，大概是 2004 年，开“四代会”的时候，我跟金人庆部长提到注册会计师“独立性”没有保障的无奈，他说，“你不做，我不做，他也不做，独立性不就有了吗？”老领导说的这个道理，现在也是成立的。注协在推动改善注册会计师执业环境方面是负有极大的责任的。改善执业环境这个家不是注协能当的，但是，推动改善的责任是注协的。

第三，要认真研究问题。执业环境存在的问题，成因非常复杂，不要指望一蹴而就，不要指望喊几嗓子就能解决问题，要做长期打算，要持续不断地做，要耐心细致地做。做工作的起点，是把问题的“来龙去脉、是是非非”理清楚。弄清问题的关关节节，就像做“推拿”，找到问题的“关节”，锁定各个环节的责任主体，唤醒各个环节的责任意识，立法、司

法、执法、部门、市场、行业都动起来，才能解决问题，有一个环节不动，问题就解决不了。在这个过程中，要搭建平台，搭建行业与立法机关、司法机关、监管部门、国资部门、企业界、学术界见面交流的平台。还要团结律师、评估师、税务师、评级师等兄弟行业，有些问题其实是大家共同面对的。

第四，用好“议案”“提案”这个抓手。注册会计师行业有好几位全国人大代表和全国政协委员，全国各级人大和政协有行业的几百个代表委员，在行业外，也有许多关心、理解、同情和支持我们的代表和委员。要热情地与代表和委员们沟通，把行业的问题和困难变成一个个的议案和提案。

第五，发挥法律援助与权益保护委员会的作用。法律援助与权益保护委员会是2018年“六代会”上新成立的，很大程度上是为了推动改善注册会计师执业环境这个任务。当然，法律援助与权益保护委员会做工作，有个策略问题。注册会计师行业与立法、司法、执法部门都是党领导下的队伍，是合作关系，不是对抗的关系。以法律援助与权益保护委员会的名义去沟通工作，也许别人不太习惯，要考虑这个因素，轻易不以委员会的名义出去活动，当然，必要的时候，也要敢于亮出身份。

法律援助与权益保护委员会的工作规则，针对委员会的职责写了四条。（1）研究注册会计师执业过程中涉及的法律问题，提供专业理论服务和法律援助；（2）组织制定注册会计师维权方面的制度，推进维权工作的制度化建设；（3）根据注册会计师行业发展需要和有关方面诉求，提出立法、行政和司法建议；（4）受理会计师事务所维权申请，审议并做出维权决议，承办行业内有重大影响的维权事项。接下来就是围绕这四个职责做工作，具体来说，有这么几点考虑。一是，每年定一个工作计划，其中要对立法、司法、执法等行业发展环境形势作个判断，明确主要矛盾，提出工作重点和工作路径；二是，对注协机关工作部门提出的研究报告，以及立法建议、改进司法和执法的建议、促进行业发展政策的建议，等等，进行论证和指导；三是，从委员中选派代表参加沟通会、见面会、座谈会，以及走访活动；四是，必要时，直接以法律援助与权益保护委员会的名义出书面意见，或者请法律援助与权益保护委员会主任委员带队走访。

（在中注协法律援助与权益保护委员会全体会议上的讲话，2019 年 2 月 14 日）

第五节
建设注册会计师专业服务有效市场

发挥市场在资源配置中的决定性作用是党的十八届三中全会提出的一个崭新命题。实践好这一命题，要做的事情有很多，其中十分重要的一条，就是“市场”本身的建设。这是因为，作为对政府配置资源功能的替代，如果市场体系不完整、功能不健全，那这个替代作用就发挥不了。要以三中全会精神为指导，着力建设注册会计师专业服务有效市场。

一、建设注册会计师专业服务有效市场是注册会计师行业作为专业服务业的内在要求

注册会计师行业恢复重建 30 多年来，特别是近年来，我们坚持服务国家建设这个主题、诚信建设这条主线，做到行业发展与行业监管“两手抓”、行业建设与注协建设“两手抓”、业务建设与政治建设“两手抓”这三个“两手抓”，持续实施行业发展五大战略，建立行业监管体系，改变了行业的面貌，服务和促进了改革开放和社会主义市场经济建设。当前摆在我们面前的任务是，将行业改革和发展成果整合起来，整合到注册会计师专业服务市场这个体系中，形成合力，形成“1+1>2”的效果。

必须看到，行业发展有一些需要克服的瓶颈问题，还有一些需要强化的薄弱环节。比如，注册会计师专业服务市场上，风行“价低者得”，没有体现注册会计师专业服务的特殊价值；与上述相关联的是，注册会计师专业服务价格偏低，损害了行业的持续发展能力；注册会计师职业价值观尚需进一步确立，职业化水平有待进一步提高；会计师事务所品牌价值没有得到充分体现，优胜劣汰机制尚未完全建立，等等。以上问题虽然表现不同，但本质上属于注册会计师专业服务市场发展发育程度的问题。

认识市场，进而建设市场，有多个认识维度。比如，从最一般意义上讲，市场要发挥其功能，必须有明晰的产权、充分的竞争、畅通的信息等要件；从机制层面上讲，则包括制度的建设与制度的实施两个方面：从市场运行层面上讲，则包括市场主体、交易标的、交易价格等。建设注册会计师专业服务市场，既要遵循以上维度，同时也要结合这一专业服务市场的特殊性进行操作。

使市场在资源配置中起决定性作用，一方面要减少政府对市场的干预，放开放活市场这只“看不见的手”；另一方面，则需要建立一个有效的市场。注册会计师行业发展存在的诸多问题，一是源于我们所服务的市场环境不够规范、注册会计师专业管理监督机制不够完善；二是源于注册会计师专业服务市场的发育不足。建设注册会计师专业服务的有效市场，就要深化对行业功能、行业价值、行业成本、行业风险的认识，以此为基础，提高注册会计师专业服务能力、丰富注册会计师专业服务品种、提升注册会计师专业服务价值。与此同时，做好注册会计师专业服务的推介工作，增强注册会计师专业服务的市场认知，完善注册会计师行业法律，实现注册会计师专业服务供给与需求的良性互动。

二、建设注册会计师专业服务市场的主要任务

第一，供给主体。作为专业服务市场，供给主体的建设相比商品市场

需要更大的努力。这是因为，对于货物市场来说，有了资本设备，就相对比较容易形成供给能力，而对于专业服务市场来说，其供给能力主要是智力能力，也就是专业能力，显然，专业人才的培养要比资本设备的集聚困难得多。要下大力气做好人才的培养，其中重点是注册会计师的职业化。

第二，供给品种。开发供给品种，无疑是专业服务市场建设的核心环节，这是因为市场是用来交易的，要有东西交易才行。发展供给品种，提高服务能力，应当成为注册会计师专业服务市场建设的重中之重。面对世界范围内的经济转型升级、互联网技术运用，注册会计师专业服务品种的开发有巨大的空间。

要在进一步做好鉴证服务的同时，大力开发新的业务领域，要围绕政府职能转变、财税体制改革、社会治理创新，针对政府购买专业服务、财政预算绩效评价、社区物业审计、公司秘书服务、管理咨询等业务领域，加强技能培训和业务开发，推动会计师事务所加快业务转型步伐，实现行业对相关领域专业服务需求的实时跟进。

第三，需求主体。独立审计和专业咨询作为注册会计师的两大类专业服务，对需求主体的特性有相当的依赖。就如许多人所评论的那样，独立审计就像是企业家花钱给自己“扎针”，所以独立审计的需求主体的建设，取决于完善的公司治理，否则独立审计市场就难说有效。至于专业咨询服务，同样的道理，有赖市场机制的深化和企业家队伍的成长成熟，市场机制越深化，市场行为就越会展示出理性的一面，企业家越成熟，就越重视战略规则和科学管理，注册会计师做的是理性工作，是服务于战略管理的。

要围绕促进公众对注册会计师专业服务价值的认知，加强对注册会计师专业服务能力的宣传，把宣传工作提到推进专业服务市场建设的高度来看待，把提高公众对专业服务的认可度、进一步拓展专业服务的空间作为出发点，加强宣传机制建设，在宣传内容、宣传手段、宣传品种上实现创新和突破，提高宣传工作的针对性、有效性。

第四，交易机制。交易机制解决的是交易撮合和价格发现这两大问题。是通过发放牌照、规定价格来规范交易，还是通过服务品质、服务价格来引导交易，其效率是大不一样的。由于注册会计师专业服务的公益性和外部性特征，实施市场准入制度是必要的，但是，从简政放权、激发市场活力的大背景看，我们通过发牌、领牌、入围、“入池”来达成交易的情形还是太多了，有“二次准入”的性质，有必要清理。注册会计师专业服务“价低者得”的机制也需要改变，因为“价低者得”的价格发现机制与专业服务品质的信息不对称性是矛盾的，最终损害的是交易双方各自的利益，这是因为“便宜没好货”，还因为“谷贱伤农”。要推动完善政府购买服务办法和招投标机制的改革，建立充分体现和尊重注册会计师专业服务特性的招投标机制。建立与市场在资源配置中起决定性作用相适应的会计责任司法调节机制，明确市场主体之间的法律责任，在充分考虑注册会计师职业特性的基础上，鉴定注册会计师的审计责任，从合理界定注册会计师专业服务法律责任、建立市场公信力中增强市场需求的动力。

第五，服务品牌。服务品牌是声誉识别机制的核心，注册会计师提供的专业服务是经验产品，审计质量具有不可观察性，需求主体以及市场大众只能依据供给主体的声誉来辨别审计质量，使得有效识别供给主体声誉成为专业服务市场建设的关键。要下大力气开展会计师事务所以及注册会计师的品牌建设，发挥声誉识别机制在专业服务市场选择中的作用。

第六，产业组织。产业组织是产业组织理论的研究对象。它所要解决的问题是，产业内企业的规模效应与企业之间的竞争活力的冲突。这是因为，市场结构决定市场行为，市场行为决定市场业绩。以行业发展战略为推动、政策为引领，会计师事务所做强做大取得明显的成效，同时也有着个别市场高度集中与整体市场比较分散二者并存的矛盾，有着行业供给能力整体不足与市场竞争过度并存的矛盾。解决这些矛盾，既依赖于市场在时间演进中进一步发育，同时也需要产业政策和战略的引导。

（载《中国会计视野》，2015 年 1 月 6 日。
原题《着力注册会计师专业服务有效市场的建设》）

第六节
资本市场监管促进会计诚信建设

财政部举办会计诚信与高质量发展论坛，响应中央加强社会诚信体系建设的部署，应对会计行业发展重大挑战，回应公众对会计行业诚信的关切，证监会充分支持。趁此机会，向大家热情关心支持资本市场改革发展和资本市场会计监管工作，表示感谢！

一、会计信息和会计诚信对于资本市场的特殊价值

会计信息是市场经济信息体系中高度结构化的信息，发挥着评价经营业绩、落实受托责任、引导资源配置、识别金融风险等多方面的作用，是不可替代的，是为市场各方倚重的。高质量的会计信息有赖于会计人员的诚信、注册会计师的诚信乃至会计行业作为一个整体的诚信。这是我所理解的会计诚信与高质量发展这个论坛主题的背景逻辑。

会计信息和会计诚信的重要性，在资本市场领域表现得尤其突出。无论是股权市场，还是债券市场，投资者与证券发行人之间、与公司管理层之间存在着天然的信息不对称，财务报表公开披露和法定审计已经成为解决资本市场信息不对称问题重要的制度安排。国际财务报告准则，是为担负公众委托责任的市场实体量身定制的，其中主要是公开发行和交易股票债券的公司；国际审计准则针对包括上市公司在内的公众利益实体的审计

有特别规定。这些现象从一个侧面说明了会计信息和会计诚信对于资本市场的特殊价值。

党中央高度重视资本市场在建设社会主义现代化国家中的重要作用。证监会认真贯彻习近平总书记重要指示批示精神和党中央决策部署，围绕“打造一个规范、透明、开放、有活力、有韧性的资本市场”目标，坚持“建制度、不干预、零容忍”九字方针，落实“四个敬畏、一个合力”监管理念，有序推进资本市场全面深化改革和高质量发展各项工作。其中，十分重视高质量会计信息对于资本市场高质量发展的重要性，把完善会计监管制度、强化会计监管工作作为资本市场全面深化改革的重点任务来办。

我们认识到：信息披露是注册制的核心，会计信息是信息披露的重点；会计信息是评价上市公司质量的重要尺度，提高上市公司质量，首先要提高会计信息质量；会计诚信是高质量会计信息的基础条件，也是建设资本市场良性生态的必备要素；严监管，是会计诚信的重要促进力量。

二、资本市场监管部门促进会计诚信的努力和举措

证监会热情支持会计行业主管部门和会计行业组织推进会计改革发展和会计诚信建设的各项举措，认真履行法律赋予的会计监管职能，不断完善会计监管制度，对市场主体和会计师事务所的监管一体推进，行政责任、民事责任、刑事责任一体追究，促进市场主体诚信经营、诚信披露，促进注册会计师诚信执业、诚信审计，着力发挥会计监管促会计诚信的作用。

第一，从严打击会计审计违法违规行为，强化行政责任追究。贯彻落实中办国办《关于依法从严打击证券违法活动的意见》，坚持以“零容忍”的态度打击会计审计违法违规行为。

- 加大对市场主体财务造假和信息披露违法违规行为惩处力度。从严查处财务造假典型案件，严肃追究大股东、实际控制人等“关键少数”责任。2020 年，行政处罚上市公司 72 家次，采取行政监管措施 610 家次。

• 加大审计监管力度，严惩重罚审计领域违法违规行为。聚焦非正常原因更换审计机构、高风险会计师事务所与高风险公司组合等重点领域的年报审计监管，强化对涉嫌欺诈发行、操纵业绩、大股东资金占用和违规担保等审计风险领域的检查和查处。2019 年以来，累计对超过 800 个审计执业项目开展现场检查，新增审计违法违规行为立案 30 余件，行政处罚会计师事务所 23 家次、注册会计师 48 人次，罚没金额 1.2 亿元，对 252 家次会计师事务所、560 人次注册会计师采取行政监管措施。

第二，积极推进监管合作，发挥监管合力作用，推动民事和刑事责任追究。落实新《证券法》和《中华人民共和国刑法》修正案（十一），在加大行政责任追究的同时，积极落实民事责任和刑事责任。

• 推动证券集体诉讼制度落实落地，实现对违法主体经济重罚。新《证券法》确立了“明示退出”“默示加入”的特别代表人诉讼制度，《最高人民法院关于证券纠纷代表人诉讼若干问题的规定》等配套文件进一步细化完善了执行机制。今年 7 月，康美药业证券虚假陈述集体诉讼案开庭审理，成为我国资本市场首例证券纠纷特别代表人诉讼案件。同时，积极支持普通代表人诉讼。

• 坚持行刑衔接，落实证券犯罪行为的刑事责任。《中华人民共和国刑法》修正案（十一）大幅提高了欺诈发行、信息披露造假、中介机构提供虚假证明文件等证券犯罪行为的刑事惩戒力度，强化了对控股股东、实际控制人等关键人员涉及证券犯罪的刑事责任追究。证监会积极推动行刑衔接，对于违反《中华人民共和国刑法》的重大违法违规行为，坚决移送公安追究刑事责任。2020 年向公安机关移送抚顺特钢、东方金钰、保千里等上市公司财务造假涉刑案件 27 起。

第三，大力提高资本市场审计的透明度，促进形成会计诚信的声誉约束机制。在不断规范和强化上市公司信息披露的基础上，证监会持续探索提高注册会计师执行资本市场审计业务透明度的举措，着力缓解上市公司、投资人与会计师事务所之间的信息不对称，建立健全公众监督体系，促进形成对会计诚信的声誉约束机制。

• 建立会计师事务所年度执业信息披露制度。自 2019 年起，已经连续三年要求从事证券服务业务的会计师事务所在其官网披露资本市场年度执业信息，同时在证监会官网上披露会计师事务所从事证券服务业务的执业信息，通过执业人员、业务规模、偿付能力、处理处罚情况等可量化的客观指标，综合反映会计师事务所从事证券服务业务的执业能力和诚信水平。

• 强化市场主体聘任会计师事务所的信息披露。推动沪深两个交易所和股转公司制定统一的聘任审计师公告格式，将拟聘请会计师事务所的专业胜任能力、诚信记录、投资者保护能力，变更审计机构的原因，审计委员会及独立董事在聘请审计机构上的履职情况，作为重点披露信息。

三、加强财会监督和财务审计监管，推进会计诚信建设，要有新作为

2021 年 11 月 12 日，证监会党委召开扩大会，传达学习党的十九届六中全会精神，研究部署全系统学习宣传贯彻工作，就准确把握贯彻落实六中全会精神的实践要求，深刻认识新时代资本市场所肩负的使命责任，加快推动资本市场高质量发展，更好服务构建新发展格局，提出了“三个更加”的要求。一是更加主动担当作为，通过健全多层次资本市场体系，加大政策和制度供给，进一步完善和提升支持科技创新和实体经济发展的机制和能力。二是更加突出防风险、强监管、促稳定，增强工作的主动性预见性，更加注重通过深化改革引导市场预期，扎实做好重点领域风险防范化解，牢牢守住风险底线。三是更加强化开拓创新，扎实做好全市场注册制改革各项准备，办好北京证券交易所，持续加强资本市场基础制度和法治建设，扎实推动证券纠纷特别代表人诉讼的常态化，继续稳步推进资本市场高水平对外开放。

学习贯彻党的十九届六中全会精神，落实落地证监会党委“三个更

加”的要求，就要认真总结资本市场会计监管的实践经验，把党中央国务院关于加强财会监督和财务审计监管、推进会计诚信建设的政策要求落实好，把法律法规赋予的会计监管职责执行好，支持会计行业诚信建设，配合主管部门推进会计诚信建设的各项举措，共同促进会计行业高质量发展。

第一，明确市场主体的信息披露责任，优化会计诚信环境。以上市公司治理专项行动为契机，扎实推动上市公司提高治理水平和内控水平，明确控股股东、实际控制人、董事、监事和高级管理人员的职责界限和法律责任，包括真实、准确、完整、及时、公平披露信息的责任；支持“完善国有企业和上市公司选聘会计师事务所的规定，压实企业审计委员会责任”；落实“合理区分财务造假的企业会计责任和会计师事务所审计责任，明确其他单位向注册会计师出具不实证明的法律责任”；配合“银行函证数字化平台建设，切实解决回函不实的问题”。

第二，强化重点领域“精准狠”监管，促进会计诚信文化。强化监督检查，加大对涉嫌财务造假、欺诈行为、操纵并购、规避退市等风险领域的检查力度，保持监管执法高压态势，狠抓典型案例，加大查处力度；强化科技监管，提高对异常行为、异常指标的监测能力，体现会计监管的系统性、前瞻性和针对性。

第三，落实会计职业道德守则，矫正会计诚信行为。会计诚信不是抽象的，而是具体的，是有衡量标准的，这就是职业道德标准。中注协制定的注册会计师和非执业会员的职业道德守则，有 10 多万字，是一本书的篇幅，针对会计审计工作各个环节和特定职业道德问题，十分详尽，这在其他行业其他部门是不多见的，是会计诚信建设的优势所在。

不难看到，注册会计师违背职业道德的问题不少，比较典型的有，代上市公司客户编财务报表，在鉴证服务合同中订“或有收费”条款，买卖客户的股票，向审计客户提供非审计服务时承担管理层职责，接受审计客户的礼品或超出正常往来的款待，关键审计合伙人不按规定轮换，在冷却期内仍然与客户保持密切联系，等等，情况是严重的。从单个客户收取的服务费占会计师事务所业务收入的比重很大，或者占合伙人团队业务收入的比例很大，也都是影响审计的独立性的重要因素。要把会计诚信建设建立在职业道德守则的基础上，把监督职业道德守则的执行情况置于会计准则和审计准则同等的位置。

中注协的非执业会员大多在工商企业工作，上市公司的会计人员有不少是中注协的非执业会员，其中也有担任上市公司高管的，职业道德守则有针对非执业会员的条款，建议加大对非执业会员职业道德行为的监督。也建议财政部门能够针对执其他资质的会计人员制定职业道德标准。

第四，优化会计师事务所信息披露，强化会计诚信监督。提高资本市场审计透明度，便利公众对会计审计的监督。进一步加强会计师事务所从事资本市场审计服务业务的信息披露，探索差异化、分层次的会计师事务所信息披露安排；会同行业主管部门“完善信息披露的监管规则”；支持“注册会计师行业统一监管信息平台和审计报告数据单一来源制度的建设”。

（在会计诚信与高质量发展论坛的演讲，2021 年 11 月 18 日。
原题《会计诚信与资本市场高质量发展》）

第七节
注册会计师行业要警惕六大风险

中注协 5 月 27 日召开了 2015 年的第一次会长会，研究行业当前重大问题。会议认为，在深入落实“四个全面”战略布局的新形势下，注册会计师行业有着巨大的发展机遇，面临着巨大的挑战，担负着空前的社会责任。这是会长会对当前形势的基本判断。行业发展中的风险是诸多挑战之一，应当充分认识、高度重视、有效应对。居安思危，才能行稳致远。

一、违反独立性原则的风险

诚信是注册会计师行业的基石，独立性是注册会计师审计的灵魂，这一认识是注册会计师行业总结正反两方面经验教训得出的重要结论。要看到，在新的形势下，独立性问题更加突出了。一是会计师事务所规模做大了，分支机构多了，合伙人多了，会计师事务所一体化管理跟不上，总所与分所之间、部门之间、合伙人之间信息不通畅，违反独立性原则的风险随之增大。二是随着新业务拓展，业务多元化了，客户网络变得复杂了。这些年新业务发展很快，从 2009 年非审计收入占全行业收入的 13.6%，扩大到 2014 年的 30.4%，这是行业的巨大进步，说明新业务拓展战略取得了成效，成为支撑行业发展的新的力量。同时，非审计业务增加之后，也加大了对注册会计师独立性的挑战。要避免向同一客户提供审计业务和咨询业务，一旦出了问题，在注册会计师行业就不仅仅是道德层面的问题，而是要撤资格、砸饭碗的问题，这一点要引起每一位合伙人的重视。

二、民事责任增大的风险

注册会计师目前所面临的问责，主要是行政责任。行政处罚只是面子不好看，少几个客户，要是追究民事责任，就得掏腰包了。《证券法》已经进入修订程序，其中的一个关键点是加大民事责任追究，并且举证责任倒置。如果涉及诉讼，除非注册会计师证明自己勤勉尽责，否则就要承担赔偿责任。所以，随着《证券法》的修订完成，股票发行注册制的引入，民事问责进一步强化，注册会计师的民事责任就大大增加了。

三、被信息技术“落下”的风险

信息技术正在改变生产生活的各个方面，当然也影响注册会计师行业。信息技术对注册会计师行业的影响主要是审计智能化。信息技术的运用，不仅仅是替代部分手工劳动，而是替代和装备智力劳动，也就是替代职业判断。注册会计师行业信息化已经不再是用软件和工具来代替部分审计工作底稿的程序，很多职业判断已经不再需要注册会计师人工投入，而是利用数据分析技术来实现。我们注意到，在信息化建设的投入上，会计师事务所之间很不平衡。如果不能改变这个状况，部分会计师事务所将会有被信息技术“落下”的风险。

四、证券市场扩容的审计质量风险

以创业板、新三板为代表的证券市场创新快速发展，一方面，对行业来讲是发展的大好机遇，会计师事务所的业务量会大幅增加。但是另一方面，审计风险也会相应加大，因为需要服务的客户多了，合格的注册会计师人手不够了，质量管理体系应对不了了。注册会计师与投资家不同，对投资家来说，投 10 个创业项目，只要有一两个能成功就能赚钱，注册会计师出 10 个审计报告，9 个是好的，一个报告出了问题，就可能是“灭顶之灾”。

五、反腐倡廉中不廉的风险

在市场上，中介费、介绍费、佣金可能是一个惯常现象。但是在审计服务市场上，中介费、介绍费、佣金什么的就成了敏感的事。在职业道德当中，有专章讨论这些行为，因为涉及独立性问题，如果上述的行为对象是公职人员，那就触碰廉政的红线了。规范这些行为，既是职业道德的要求，也是讲政治的体现，不可以不重视。行业当中已经有活生生的事例，注册会计师们不能做害人害己的事。

六、胜任能力不足的风险

当前经济形势面临“三期叠加”的挑战。这种挑战传导到企业，导致部分企业经营困难，盈利能力下降，舞弊动机强烈。传导到注册会计师行业，就增大了审计风险，对注册会计师反舞弊能力提出了挑战。应对舞弊风险，需要注册会计师保持职业谨慎、职业怀疑等职业态度，具备反舞弊能力。职业谨慎职业怀疑态度不是一天养成的，反舞弊能力也需要长期的职业训练。这是注册会计师面临的另一个挑战。

（在注册会计师行业热点专题报告会上的讲话〈部分〉，
2015 年 6 月 4 日。原题《当前注册会计师行业几个热点问题》）

第八节
注册会计师行业要正视三大矛盾

注册会计师行业当前处于巨大的压力之下。资本市场时不时地曝出舞弊事件，牵扯出注册会计师的审计责任问题。注册会计师们担惊受怕，处于事件中心的会计师事务所和注册会计师，更不轻松。估计这种压力还会存在相当一个时期。

注册会计师行业当前的现实任务，首先当然是做好新一年的审计工作，同样重要的，是要思考一些深层次的问题，也就是行业当前面临的压力、困难和问题的根子问题。根子问题找到了，就能更平和地面对现实压力，更客观地看待现实困难，更有效地解决现实问题，把治标和治本更好地结合起来。在我看来，注册会计师行业面临的压力、困难和问题，根子在于三大矛盾。

一、注册会计师专业胜任能力与注册会计师独立审计担负的责任不相适应的矛盾

注册会计师独立审计是市场监督体系重要的制度安排。注册会计师独立审计是写进法律的，规定注册会计师独立审计的行政法规、部门规章和政策文件的名称，可以写出一长串。在大力推进“放管服”的改革形势下，毫无悬念地保留注册会计师独立审计的特许地位，其立法意图和政策含义非常清楚，这就是，注册会计师独立审计太重要了。会计信息是投资决策、业绩评价、利益分配、市场监管的重要依据，注册会计师独立审计的责任就是把会计信息质量的关，同样重要的是，注册会计师独立审计还间接地起到促进治理、改善管理、健全制度、发现舞弊的作用。单就所有上市公司和国有企业都要有注册会计师独立审计这一条，就能看到注册会计师的责任有多大，说它关乎国本，也不为过。

注册会计师行业建设无疑已经取得了巨大的进步，法规建设、制度建设、标准建设、功能建设、组织建设、队伍建设、理论建设等等各个领域的建设，其进步都是可圈可点的。我这里讲的注册会计师专业胜任能力，主要是发现舞弊的能力。我这里讲的注册会计师专业胜任能力与注册会计师独立审计担负的责任不相适应，是从行业整体讲的，主要表现为专业胜任能力上的参差不齐，会计师事务所之间参差不齐，会计师事务所分所之间、业务部门之间、合伙人之间参差不齐，注册会计师之间参差不齐，甚至助理人员之间也参差不齐。不能小看这些参差不齐。一个螺丝钉松了，机器都是会出问题的。普遍存在的参差不齐，对于注册会计师行业来说，就是系统风险。参差不齐，不是注册会计师行业的特殊现象，而是一个带有社会发展阶段性质的普遍现象，只是因为注册会计师行业太重要了，一旦出问题，其效应会成倍地放大。

我把注册会计师专业胜任能力与注册会计师独立审计担负的责任不相

适应的矛盾，看作是注册会计师行业当前面临的主要矛盾。解决注册会计师行业存在的一系列问题，首先应当抓住这个主要矛盾，围绕注册会计师职业化要求，花大力气、持续不断地提高注册会计师专业胜任能力。忽视这个主要矛盾，否定这个主要矛盾，不去解决这个主要矛盾，注册会计师行业发展的路子就走不宽。

二、公众对注册会计师独立审计的认知与注册会计师独立审计的内在价值不相匹配的矛盾

公众对注册会计师独立审计的认知，有三种典型表现。一是，企业的一些同志认为，聘请注册会计师独立审计，是法律定下来的，那是没有办法的事儿，既然不得不聘，那就能将就就将就，花钱越少越好，话越好说越好。二是，审计报告就那几张纸，凭什么要花几十万元上百万元上千万元乃至上亿元，一个董事长总经理干一年也就是那些工资奖金，凭什么几个年轻人干一二十天就要付那么大一笔钱，结果呢，就是拼命压价。三是，既然已经有注册会计师独立审计了，会计信息当然就万无一失了，要是出了问题，当然是找注册会计师负责。

把注册会计师独立审计仅仅视为法定要求，把聘请注册会计师独立审计当作不得已而为之的同志，是只看到注册会计师独立审计的合规价值，没有看到注册会计师独立审计的增信价值、定价价值和避险价值。

市场的基础是信任，市场的实质其实是环环相扣的诚信链条，注册会计师独立审计是诚信链条重要的一环。注册会计师独立审计对会计信息是否真实公允提供保证，提高公众和监管部门对会计信息的信任程度，有经过注册会计师独立审计的财务报告，投资、信贷和赊欠合约就更容易达成，提供独立审计的会计师事务所的执业质量好，企业就会受到监管部门更少的关注。以上这些，都是注册会计师独立审计增信价值的体现。注册会计师独立审计还有定价价值。在投资者眼里，提供独立审计服务的会计师事

务所的信誉好，财务报表就更可信，投资风险相应就低，股票和债券等金融工具就会有风险溢价，这一条已经为学术界广泛证明了。注册会计师独立审计还有避险价值。发现导致重大错报的舞弊行为，是注册会计师独立审计的重要功能，注册会计师独立审计有助于企业治理层和管理层防范和应对投资风险、经营风险、资产风险等诸多风险。

只看到注册会计师独立审计的合规价值，看不到它的增信价值、定价价值和避险价值，显然是舍本求末，实际上是没有看到注册会计师独立审计最有价值的东西。

把注册会计师审计报告视为仅仅是几页纸的同志，是没有看到注册会计师的知识价值、诚信价值和保险价值。

知识价值，说到底是注册会计师作为一个专家职业的价值。经济学分析表明，一个职业的回报跟从业人员的职业成长周期是正相关的，如果把大学毕业作为职业成长的起点，有些职业很快就能上手，但是对于注册会计师这个专家职业来说，只是一个起点，要经过职业考试，经过多年的实践练习，才能成为注册会计师，要干到合伙人，则需要十多年甚至更长时间的积累。即使已经成为注册会计师，已经成为合伙人，也还要接受继续教育。对于注册会计师来说，终身学习已经不是一个爱不爱学习的个人习惯问题，而是一个关乎职业资质的问题，是一个关乎饭碗的问题。注册会计师审计收费应当体现知识价值。

就诚信价值来说，相对于其他职业，注册会计师职业道德是严厉的。别的职业的职业道德可以只是几句话，但是，注册会计师职业道德是一本书。独立性是注册会计师职业道德的核心。坚持这个原则，注册会计师必须舍弃许多机会。我们常常听到有人说，诚信无价，其实，这是从伦理意义上讲。在经济学意义上，诚信是有价的，这个价是可以计算出来的，诚信价值＝市场对诚信行为的奖励-诚信行为的机会成本。注册会计师审计收费应当体现诚信价值。

注册会计师独立审计的保险价值是一个十分重要的审计学命题。注册会计师审计报告发表不当意见，导致使用审计报告的人的损失，使用审计报告的人是可以根据情节向注册会计师索赔的。在这个意义上，注册会计师独立审计具有一种程度的保险功能，就像签了保险单、收了保险费，并不是保险交易的全部，而只是保险责任的订立。注册会计师审计收费应当体现保险价值。

认为有注册会计师独立审计，会计信息就万无一失的同志，是没有看到注册会计师独立审计提供的保证，是合理保证，是高度保证，而不是绝对保证。注册会计师按照审计准则和职业道德守则执行审计工作，就是提供了合理保证、高度保证。其实，提供不了绝对保证，既是人之常情，也是专业服务工作的内在特征，就像医生看病开药，不能绝对保证能够看好病，是一样的道理。因此，使用审计报告的人应当充分认知注册会计师独立审计是合理保证、高度保证，认识到经过注册会计师独立审计的财务报告仍然存在重大错报的风险。

三、注册会计师独立审计的制度安排与注册会计师专业服务规律不相协调的矛盾

注册会计师独立审计是法定业务，注册会计师独立审计受到制度环境的强烈约束。制度安排是否适当，极大地影响注册会计师的职业激励、质量评价和责任归集。这里重点讨论三个制度。

第一，注册会计师聘任制度。注册会计师、被审计单位管理层、预期的会计信息使用者，是审计学所定义的注册会计师审计独立性三角，其含义是，注册会计师为维护财务报告预期使用者的正当合法权益，应当在形式上和实质上保持对被审计单位的独立，对职业标准负责，不服从任何别的意志。独立性是注册会计师聘任制度和注册会计师审计准则的学理基础，也是注册会计师独立审计的诚信价值的体现。

客观地讲，注册会计师聘任制度对于注册会计师独立性的保障是远远不够的。《上市公司治理准则 2018》规定的上市公司审计委员会的职责之一是“提议聘请或者更换外部审计机构”。审计委员会是董事会的专门委员会，在股东大会和董事会独立于管理层、治理层与管理层之间职责界限清楚的情况下，上述规定对于保障注册会计师的独立性的意义，是存在的，但是，在很多情况下，股东大会的职权不能行使到位，董事会与管理层职责界限不清，甚至实际控制人和管理层合谋，董事会虚设，导致治理失序，上述有关公司治理的规定对于保障注册会计师独立性就失去了实际意义。所以，有必要制定《上市公司治理准则》的实施细则，或者细化《上市公司治理准则》，针对上市公司治理的各种形态，提出保障注册会计师独立性的更有针对性的措施。

第二，注册会计师独立审计的招投标制度。通过招投标来选聘注册会计师，主要存在于国有企业和国有上市公司，并且盛行“价低者得”。招投标制度是一个好制度，但是有一个前提，就是标的的规格标准是统一的，招投标文件的格式是统一的。因为有这两个“统一”，很自然地就可以搞“价低者得”。注册会计师独立审计是专业服务，专业服务是个性化的服务，很大程度上有赖于供需双方的相互理解，包括注册会计师对公司治理、公司管理、公司组织、公司经营、公司风险以及审计任务的理解，以及公司对会计师事务所的声誉、质量、人才、专长、策略的理解。招投标办法，没有为供需双方的相互理解提供空间，注册会计师独立审计的招投标，变成了没有质量基础的拼价格，优秀的会计师事务所反而没有了机会，其结果就是劣币驱逐良币。建立在“价低者得”基础上的招投标制度，广受诟病，以注册会计师独立审计等专业服务产品为甚。要按照高质量发展的要求，建立一个与包括注册会计师独立审计在内的专业服务相协调的政府采购制度。

第三，注册会计师民事责任追究制度。追究责任人的民事责任，无疑是资本市场建设的重大进步。但是，不问注册会计师过错的性质、过错的大小，一律承担民事责任或者民事连带责任，也是不符合注册会计师专业服务的性质的。

正如前述，注册会计师独立审计是合理保证、高度保证，但不是绝对保证，注册会计师按照职业标准执行审计工作，就是提供合理保证、高度保证。在按照职业标准执行审计工作的情况下，仍然可能没有发现财务报告重大错报，注册会计师可以不承担审计责任。当然，应当积极地主动地改进职业标准，不断提高注册会计师发现财务报告重大错报的能力。

注册会计师独立审计没有按照职业标准执行审计工作，因而没有发现财务报告重大错报，要分三种情况来问责。如果是串通作弊，应当承担连带责任；如果是重大过失，则应当视“重大”的程度和情形承担比例责任；如果是一般过失，则不应当追究民事责任。

揭示注册会计师行业面临的三大矛盾，是希望同志们在积极应对当前现实困难的同时，关注和思考一些深层次问题，谋划支持行业长远发展的治本之策；重视做好自己的事情，补齐短板，强化弱项，同时重视推动执业环境的改善，在行业、机构和注册会计师三个层面，热情地做好注册会计师独立审计的内在价值的解读和推介工作，做好制度建设和完善的促进工作。

（在中国证监会会计部 中注协“2018 年度证券期货业务资格会计师事务所培训班”开班式的讲话，2018 年 11 月 29 日）

附录一 答记者问

答记者问

（2002年12月8日）

话　　题 《注册会计师注册资产评估师行业诚信建设纲要》发布

问：2002 年 11 月 26 日，中注协发布《注册会计师注册资产评估师行业诚信建设纲要》。请介绍一下出台这个《纲要》的背景。

答：注册会计师行业和资产评估行业经过多年的发展，取得了很大进步，在服务改革开放、资本市场发育和市场经济体制建设等方面发挥了重要作用。

2001 年以来，国内外证券市场接连发生了财务欺诈案件，连带质疑审计失败和虚假评估，行业公信力受到严峻挑战，痛定思痛，深刻反思，同志们认识到，诚信是注册会计师和资产评估师的安身立业之本，必须下大力气全面加强行业诚信建设。为此，新年伊始，中注协确立了以诚信建设为主线、全面推动行业发展与建设的工作思路。为了指导和推动诚信建设，着手开展《纲要》的研究和起草工作，形成初稿后，在报刊以及网站上公开向行业和社会各界征求意见，得到积极回应，收到几百条意见和建议。经过认真研究这些意见，对初稿进行了全面修改，提交 8 月底召开的全国秘书长会议进一步听取意见。根据全国秘书长会议上提出的意见，又对《纲要》进行了论证和修改。

问:《纲要》作为指导行业诚信建设的重要文件，讲了哪些事情?

答:《纲要》有九个部分，写了 14 条，主要解决三个问题：一是诚信建设的指导思想和目标，二是行业诚信建设的任务，三是贯彻落实行业诚信建设纲要的措施。

关于行业诚信建设的指导思想:《纲要》指出，以“三个代表”重要思想为指导，以职业道德建设为核心，充分借鉴国际有益的经验与做法，建立与社会主义市场经济相适应的行业约束机制和监督服务机制，切实维护公众利益。

行业诚信建设的目标是：全面提升注册会计师和注册资产评估师的职业道德水平和专业胜任能力，提高注册会计师和注册资产评估师执业的独立性，塑造独立、客观、公正的职业形象，把行业建设成为社会公众信得过的专业服务行业，为市场提供优质服务。

《纲要》提出了行业诚信建设的七个方面的任务：一是大力加强职业道德和专业素质教育，提升执业人员的职业道德水平和专业胜任能力；二是强化行业制度建设，提升行业专业服务的独立性；三是研究和完善执业机构的组织形式和运行机制，构造行业发展的微观基础；四是强化行业监管体系，加强执业质量的监督检查；五是加强注协建设，提高注协服务水平；六是营造有利于行业诚信建设的社会氛围；七是大力培育行业诚信文化。

上述任务中，有的正在落实，并且已经取得了成果或阶段性成果，还要进一步深入推进，比如，通过改进培训方式，完善培训内容，加强执业人员的职业道德和专业素质教育；围绕提高执业机构和执业人员执业独立性，完善行业制度建设；完善审计准则、评估准则和职业道德体系，为执业人员提供技术支持和行为规范；针对新形势，进一步加强注协建设，研究建设和完善行业管理体系，强化注协的服务功能，提升服务水平等。同时还针对行业发展的新情况、新认识提出了一些新的行业建设任务，比如，正在研究和完善执业机构的组织形式和运行机制，构造行业微观基础；推进行业诚信文化建设，培育符合行业发展要求的行业诚信文化，等等。

问：我们注意到，针对行业诚信建设目标，《纲要》提出要提高注册会计师执业的独立性，请谈谈在提高独立性方面，将采取哪些措施？

答：独立性是注册会计师执业的灵魂。审计的价值在于注册会计师不依赖于被审计对象和报告使用者，客观、公正、不偏不倚地发表审计意见。当前困扰注册会计师的重大因素，是独立性不足。为此，我们认真总结了前一段时间在提高注册会计师执业独立性方面的经验，在《纲要》中重点提出了提高执业独立性问题，其中一项主要措施就是强化制度建设，比如，研究和完善审计准则、评估准则以及职业道德准则体系，推进《注册会计师职业道德规范指导意见》的贯彻实施；持续重点关注“炒鱿鱼、接下家”以及诋毁同行、恶性压价等不正当竞争行为，对当事人和执业机构进行谈话提醒，对审计风险作出警示，指导应对，将执业机构和执业人员的违规行为记入诚信档案等等。

问：请谈谈注协将采取哪些措施，构建行业发展的微观基础？

答：我们注意到，不少会计师事务所的管理机制存在明显缺陷，比如，治理结构混乱，有的一股独大，有的内部不团结，有的经营机制不尽完善等，尽管这些问题是执业机构的内部问题，但最终会影响到执业机构的执业质量和行业整体的质量。为此，《纲要》提出要研究和完善执业机构的组织形式和运行机制，构造行业发展的微观基础。目前，正在针对会计师事务所的管理问题，草拟会计师事务所运行机制的指导意见，争取尽快发布，用以指导会计师事务所加强和改善管理，健全管理制度，建立自我约束机制。同时，还在加紧研究与合伙制有关的问题，如合伙文化、职业保险、收益分配和合伙人财产登记、执业机构和执业人员的法律责任等制度，用以指导会计师事务所建立体现会计师事务所执业规律、符合会计师事务所发展要求的治理结构。

问：注协将如何加强行业监管体系建设？

答：要从行业整体利益和社会责任出发，本着对国家和公众利益负责的态度，把行业建设好。行业监管一直是注协的主要职责，也是每一个从业人员的利益保障，是推进行业诚信建设的重要措施。为此，《纲要》提出要强化行业监管体系，加强执业质量的监督检查。当前，我们正借鉴国外经验，根据我国实际情况，着重研究和完善行业监管体系建设，比如，建立调查委员会、技术鉴定委员会、惩戒委员会等行业决策组织，研究建立旨在以帮助和提高为目的的质量检查制度，制定行业惩戒办法等等，用行规行约、用行业自己的力量进行行业自我监督、自我管理，促进提高执业质量，提升行业的公信力。同时，继续把涉及经济全局和公众利益且具有潜在风险的金融、证券、保险等领域的审计、评估业务作为行业监管重点，积极实施审计业务报备制度和谈话提醒制度。在加强监管组织和制度建设的同时，继续加强注协监管队伍建设，充实监管力量，提高行业监管的能力和水平。

问：注协对加强行业诚信文化建设有什么打算？

答：行业诚信建设的一个目标就是要形成行业诚信文化。诚信不只是外界对行业的需求和期望，而是行业的一种氛围，一种习惯，一种行规，是行业从业人员发自内心的愿望和追求，深深植根于每一个人的心中，每一个人以讲诚信为荣、不诚信为耻。注册会计师和资产评估师行业诚信文化的核心是操守为重，恪守职业道德。为此，《纲要》提出大力培育民族传统文化和时代精神相结合的行业诚信文化，使社会诚信与行业诚信有机地结合起来。

在行业诚信文化建设方面，我们将以党的十六大精神为指导，牢牢把握先进文化的前进方向，在行业内加强社会主义精神文明建设。以“三个代表”重要思想为指导，全面推进思想道德素质和专业素质建设。具体地说，一是加强宣传，让行业诚信文化与职业道德的理念深入人心；二是普及现代会计和审计理念，提高专业素质；三是开展案例教学，提高判断能力和防范风险能力。总之，要通过诚信文化建设，使“诚实守信”成为行业的职业风尚和每一位从业人员的自觉行动。

问：中注协如何推进落实《纲要》？

答：行业诚信建设是一项紧迫而又长期的任务，需要全行业统一认识、持续不懈地努力。为推进行业诚信建设工作，我们提倡，行业诚信建设，从我做起，并且通过具体措施加以落实：一是按照“统一领导、分工负责、明确任务、责任到人”的原则，各级注协、执业机构和执业人员各司其职，在各自的岗位上，按照执业标准和职业道德要求工作；二是研究和完善新形势下注协运行机制，使注协的决策能够充分体现行业发展要求，有效地维护公众利益和会员的合法权益；三是加强注协机构、队伍和制度建设，树立为会员服务意识，改进注协工作作风，提高注协服务水平；四是加强与政府部门的沟通协调，充分发挥会员与政府之间的桥梁作用，反映诉求，争取理解和支持；五是加强与公众的沟通，充分利用媒体对行业诚信建设和职业道德教育的传播力和影响力，促进公众对行业的理解和了解，为行业诚信建设创造良好的社会氛围。

我相信，通过全行业的共同努力，加上各方面的理解和支持，行业诚信建设一定会取得成效。

答 ICAA Charter 杂志专访

（2011年第5期）

新闻标题 The dragon and the kangaroo（巨龙与袋鼠）

Ties between China and Australia have never been stronger. So what do accountants in China make of it? **Andy McLean.**

It wasn't that long ago that people were still referring to the Chinese economy as a sleeping dragon. How times change. Last year, China passed Japan as the world's second largest economy. Now predictions abound that it will pass the US within a decade.

The dragon has well and truly woken – and it's getting along famously with the kangaroo. China is Australia's largest trading partner.

It's no wonder then that the Institute of Chartered Accountants in Australia (ICAA) has been forging closer links with its Chinese counterpart. And no wonder that the two bodies are finding common ground.

Talking exclusively to Charter magazine, Dr Chen Yugui, Deputy President & Secretary General of the Chinese Institute of Certified Public Accountants (CICPA), says the accounting profession has a big role to play on the global stage: "International capital is flowing at an unprecedented rate so we need a global capital market system which is open, transparent and effective at preventing (or at least controlling) risks. The accounting profession needs to help facilitate this."

Dr Chen believes another challenge for the global accounting profession is what he calls talent cultivation: "The accounting profession has traditionally been made up of technical experts but the global economy has now made everyone think about the bigger picture. At the same time, accounting is more complex, technology has changed and outsourcing is on the increase. To deal with that, we must help nurture accountants who will be able to rise to this increasing complexity."

All this at a time when everyone, from employers and clients to the general public, expects more from accountants than ever before: "Yes, practice scope is also a challenge for the profession," Dr Chen says, "People still want to see reports and evaluation of financial performance against target but, increasingly, they expect evaluation and analysis related to things like social and environmental impact, ethics, the economic situation and its prospects. The accounting profession needs to adapt to deliver on these expectations."

COLLABORATION

The global accounting profession needs to deal with these sorts of challenges together. Dr Chen is keenly aware of this. It's one reason why CICPA has been a member of the Confederation of Asian and Pacific Accountants and the International Federation of Accountants since October 1996 and May 1997 respectively.

"Our involvement with these bodies has certainly helped put the Chinese accounting profession on the map. But there's more to it than that," explains Dr Chen. "What is more important is that we can share experiences and ideas to help develop the accounting profession globally."

TRADE WITH AUSTRALIA

The spirit of cooperation is certainly evident between Australia and China at the moment. What do Chinese accountants make of this? "Well, China is Australia's biggest export partner now, so I think there are opportunities on both sides," says Dr Chen, "The accounting profession has a lot to gain. Especially, in the process of enterprises' foreign direct investment and foreign trade. It's vital that we build on the existing cooperation between the accountancy professions in both countries."

CHANGE IN CHINA

The rapid growth of the Chinese economy is obviously welcomed by Dr

Chen, but he acknowledges that it has thrown up some challenges: "Industry upgrading is still required in some areas," he says, "We've had 30 years of reform and opening-up, which has been great for Chinese enterprise, but we haven't fully overcome the age-old problem of high cost with low output. This is mainly due, I think, to being a late-comer to the global market. Chinese enterprises lack experience in competition."

Another challenge, he says, is that of management. "Increased overseas trade means we have to look at China's traditional enterprise operations and management models. We need to understand and integrate western enterprises' management standards. Blending those characteristics with the Chinese way of thinking is of great importance."

CICPA is responding to this need, explains Dr Chen: "It goes back to what I said about talent cultivation. We will train our top talent to embrace and adapt to changing management standards."

"We're also supporting the development of larger and more competitive accounting firms, to offer finer and more specialized services," says Dr Chen, "CICPA will help build firms with international standards and, at the same time, regulate and develop small and medium-sized firms to better serve the developing economy and society."

LEADING THE WAY

In line with the economic growth and reforms, China's accounting profession has become increasingly prestigious at home, Dr Chen says: "Our role and influence has expanded into wider fields of economic and social development. Accounting is seen as an occupation for aspirational people. More than 500,000 applicants sit our CPA examination every year and the recruitment market is booming."

All of which means that CICPA has got lots of work to do! "We are developing and improving our services for members, in line with the changing demands that enterprise is placing on them. That includes managing the relationship between the profession and the public by communicating the huge amount that our members have to offer."

Having finally awoken, it seems the dragon is making up for lost time.

答 ACCA Accounting and Business 杂志问

（2011 年第 5 期）

话　　题　注册会计师行业应对金融危机

Q: What attributes have accountants acquired in coping with the global downturn? And how will these differ as China enters recovery?

A: Integrity and professional judgment are the most valuable attributes of accountants. Only with sound professional ethics and upright professional moral and excellent technical competences, can accountants play a more significant role in the global economic recovery, and win the trust of public and clients, through reliable assurance information, objective auditing opinions and professional consulting services.

China is leading the recovery from the financial crisis and this is both an opportunity and a challenge for accountants, because the accountancy profession is a high-end sector and integral part of the service industry. Its expansion in the scope of business it provides will contribute much to the China's economic restructuring. This requires accountants not only to provide traditional services like accounting and auditing, but to fully play the role of think-tank in new business areas, such as lowering energy consumption, reducing manufacturing costs, optimizing management processes, enhancing economic effectiveness and improving quality.

Q: How has the accountancy profession responded to the demands on accountants in the current economic climate?

A: At present, a key priority for CICPA is to improve service quality and expand business scope of certified public accounting (CPA) firms. CICPA is encouraging new service development, through conferences, seminars and training. In addition, it is drawing up new business guidelines on the basis of research and compiling a CPA Business Catalogue to provide a roadmap and technical support to CPA firms. CICPA is also working with local government departments to construct accounting service bases and outsourcing centres. Last but not least, CICPA is pushing forward the amendment of relevant laws and regulations and introduction of new policies in respect of company secretary, rural financial disclosure, forensic and tax-related assurance. CICPA will also monitor the quality of new services for quality assurance and orderly and smooth operation. We hope that the proportion of audit service and non-audit service revenues within the profession will reach a split of 5:5 within eight years or so, for optimum of business scope and revenue structure.

Q: What challenges does the accountancy profession face in one of the fastest-growing economies?

A: The Chinese accountancy profession has developed remarkably. In order to follow the pace of Chinese economic development and provide better support to the Chinese economic society, there are still many challenges. One of which is how to better serve the international cooperation. We have a lot of work to do in many areas, such as training up internationally qualified professional talent, establishing of international service networks and developing an international brand.

Q: How important are partnerships with other accountancy bodies, such as ACCA, in the development of the profession in Mainland of China?

A: International cooperation is an important driving force for the development and progress of the Chinese accountancy profession, and it has benefited from strong support from international professional accounting bodies like ACCA, in the areas of international convergence of auditing standards, cultivation of international professional talent, training of university teachers in the CPA specialization.

Q: How is CICPA helping accountants to be highly regarded professionals?

A: Building the integrity of the accounting profession is CICPA's central task and the basis for the healthy development of the profession. In the early days of CICPA, its motto was "to win reputation by quality and to seek development by reputation". The integrity of the profession has been established with a professional ethics code as the core, an integrity information monitoring system as the technical support and relevant rules and mechanisms as the assurance. The progress of the Chinese accounting profession and enhancement of its credibility have been recognized by the public; and the financial statements audited by Chinese CPAs have increasingly become the basis for decisions made by investors.

答《财务与会计》杂志问

（2011年11月）

话　　题　《中国注册会计师行业发展规划（2011—2015年）》公布

问：《中国注册会计师行业发展规划（2011—2015年）》于2011年9月4日公布，请谈谈制定《规划》的背景。

答：“十二五”时期是我国全面建成小康社会的关键时期，是深化改革开放和转变经济发展方式的攻坚时期，也是注册会计师行业实现转型升级和新跨越的重要阶段。2009年10月，国务院办公厅转发财政部《关于加快发展我国注册会计师行业的若干意见》（国办56号文件），提出了行业加快发展的总体要求，是指导注册会计师行业中长期发展的纲领性文件，标志着党中央、国务院把促进行业科学发展摆在了更加突出的位置，标志着加快行业发展已经上升为国家意志和战略考虑，标志着注册会计师行业在提高经济发展质量、维护市场经济秩序和国家经济安全中的重要作用日益得到广泛关注和充分肯定。国家“十二五”发展规划纲要提出以加快转变经济发展方式为主线，推动科学发展，其中将大力发展服务业作为转变经济发展方式的重点之一，明确了加快行业发展的具体要求。

中注协“五代会”提出了未来五年行业发展的目标，要求在科学分析行业发展面临形势、深入掌握行业发展规律的基础上，集思广益，科学规划，紧密围绕服务经济社会发展的大局，对行业未来五年的发展制定全面、科学的发展规划。

在上述背景下，为保障行业发展与国家经济社会发展需要相适应，实现行业的转型发展和新跨越，更好地服务和促进我国经济社会全面进步，紧紧围绕国家“十二五”规划纲要，全面贯彻落实中注协“五代会”确立的行业发展目标和发展战略，历时半年多时间，中注协起草制定了《规划》，经中注协第五届常务理事会第一次会议审议通过。

《规划》在全面回顾过去十年行业发展“翻两番”和“十一五”期间所取得成就的基础上，深入分析了“十二五”期间行业发展面临的形势、机遇和任务，提出了“十二五”时期行业发展的指导思想、七项基本原则和十大发展目标，明确了十二项主要任务，从法律保障、制度完善、发挥各方积极性、加强组织领导四个方面，提出了具体保障措施。

问：请谈一下《规划》的起草过程和起草中的主要考虑。

答：规划起草工作历时半年余，大致经历了四个阶段。关于准备阶段用了一个多月时间。2010 年 9 月，启动规划起草工作，先后收集多个国家、地区、行业的发展规划和相关研究资料 70 余万字，就规划总体思路在北京、上海、广东、湖北等地的主任会计师培训班上征求意见，就指导原则、发展目标、人才建设、做强做大、走出去、信息化、新业务拓展、执业环境等专题进行访谈，听取会计师事务所负责人意见。10 月到年底是起草阶段。10 月 15 日形成《规划》初稿，提交中国注册会计师行业党委会研究讨论，在 11 月 26 日中注协“五代会”产生的第五届理事会第一次会议上征求意见。完善阶段约半年时间。2011 年以来，结合国家“十二五”发展规划精神、发改委“现代服务业‘十二五’规划纲要（征求意见稿）”、商务部“服务贸易‘十二五’规划纲要（征求意见稿）”等相关文件，对《规划》初稿作了相应修订完善，形成公开征求意见稿，并完成公开征求意见程序。审议发布阶段用了一个多月时间。2011年6月15日修改后的《规划》征求意见稿提交中注协第一次会长会议讨论，形成了《规划（审议稿）》，7月28日提交第五届常务理事会第一次会议审议通过。规划的形成，肩负着各级领导同志的期待和信任，凝结着行业全体同志的热情和智慧。

《规划》着力突出了行业发展与经济社会发展关系的呼应与协调，归纳起来主要体现在“三个保持”上：一是保持行业规划与国家“十二五”规划的衔接。力求把制定过程变成对经济环境的学习和理解的过程，对行业发展规律的研究和总结过程，与国家“十二五”相关规划衔接的过程。二是保持行业规划与过去五年行业政策的承继性和包容性。把国办56号文件和“五代会”精神作为规划制定的总纲，在指导思想、目标、原则、措施等重要方面，保持与行业重要文件文献的衔接性；充分总结过去五年的工作，依托国家“十二五”规划，反映行业规划的新起点、新要求、新发展。三是保持规划的战略高度、指导性以及可操作性。在具体目标和措施上，力争做到思路清晰、目标明确、重点突出、措施有力。

问：《规划》提出了未来五年行业发展的十大目标，既有定性指标也有定量指标，请您谈一谈提出这些目标的主要依据是什么？

答：《规划》提出了未来五年行业发展的十大目标。这十大目标，既包括行业总收入翻一番、人才培养满足行业转型发展和新跨越需要、大型会计师事务所做强做大取得重大进展等明确的可以量化的目标，也包括行业诚信度和公信力明显提升、行业发展结构明显优化、行业信息化程度显著提高等与行业内生发展息息相关的定性目标。不管是“质”的目标还是“量”的目标，我们都需要从宏观和微观、外部环境和内部环境等多个角度来进行全面、细致地分析。提出这些目标的主要考虑是，未来五年，中国经济发展仍将是世界经济发展最快的经济体，这为行业整体发展提供了广阔的空间。过去五年，行业收入翻了一番，这是在整个经济发展平均每年增长 9% 的情况下翻一番的。未来五年，中国经济增长仍将在 8%—9%，为此，《规划》提出了全行业业务收入到 2020 年比 2010 年翻两番的远景目标以及到 2015 年翻一番的近期目标。

提出以上量的目标，还考虑到未来五年的发展是在转变经济发展方式基础上的发展，将在提高第一第二产业技术水平的基础之上，大力发展服务业。注册会计师行业作为专业服务业，是在鼓励政策的范围里的。我们同时看到，社会管理创新也为注册会计师行业发展提供了重大机遇，随着经济发展，社会管理需求也越来越多，与财务、会计、税务、法律相关的社会事务，注册会计师行业应当走在前头。另外，注册会计师行业经过 30 年的发展和积累，特别是经过脱钩改制以来的 10 多年发展，成长起了一些很好的品牌，会计审计标准已经实现了国际趋同，建立了完整的行业管理服务体系。总之吧，注册会计师行业已经具备了再上一个台阶的条件。

问：如何才能确保《规划》的顺利实施和有效落实？

答：《规划》在组织实施部分着重讲了责任主体问题。责任主体明确，

《规划》实施就有了着落。我们认为与推动行业发展的历史实践一样，《规划》落实，涉及四个层面工作，有四个责任主体。一是立法层面，二是行政层面，三是注协层面，四是会计师事务所层面。

立法层面的问题，需要通过法律的改进完善来解决，比如，解决内外制度统一的问题、公平竞争问题、会计师事务所的法律形式问题、监管体制的问题，等等。

在行政层面，本质是一个政策完善问题，包括哪些业务该交给注册会计师来做，不要搞部门垄断，鼓励竞争；要完善哪些税收政策、外汇政策、开放政策、监管政策，等等。

在会计师事务所层面，就是需要会计师事务所自力更生，发挥主观能动性，解决好自己的问题，解决好成长问题。市场也好，监管也好，最后都要作用到每一个会计师事务所这个主体上；支持也好，促进也好，也都有赖于每个会计师事务所发挥主体精神，将外力转化成内力。同一个政策，同一个环境，不同的会计师事务所，结果往往大不相同。把内部关系调理好，把队伍带好，把执业标准执行好，把品牌塑造好，这是每一个会计师事务所的责任所在，也是行业的生命力所在。

就注协层面来讲，就是要发挥好枢纽作用，可以用四句话概括。涉及法律完善的事情，注协大力推动去做；涉及政策出台的事情，注协积极协调去做；涉及会计师事务所层面的事情，注协热情指导去做；涉及注协自己的事情，义不容辞地去做。

答记者问

（2016年12月22日）

话　　题　《注册会计师行业发展规划（2016—2020年）》公布

问：2016年12月15日，《注册会计师行业发展规划（2016—2020年）》公布。请谈谈编制《规划》的背景。

答：与国家五年规划期同步，注册会计师行业编过多个五年规划。2011至2015年的行业五年规划对于引导行业服务服从国家建设大局、实现行业科学发展起到了重要作用。行业发展新实践新成果为我们谋划未来五年的发展提供了新的起点。在《规划》编制工作开始阶段，我们提出要深化三个认识，也就是，要深化对行业形势和任务的认识，深化对行业建设基本规律的认识，深化对行业当前主要矛盾的认识。

我们看到，行业还存在一些突出问题。比如，行业高端人才相对缺乏，注册会计师专业胜任能力需要进一步提升，会计师事务所执业范围有待进一步拓展，海外市场开拓能力有待增强，会计师事务所治理体系尚不健全，会计师事务所员工流转率过高，市场不正当低价竞争等现象仍然存在。这些问题制约了行业服务能力的进一步提升和行业持续快速发展。要对这些问题正确认识和深入分析，提高五年规划的针对性和精准性。

"十三五"时期是我国全面建成小康社会决胜阶段。《国民经济和社会发展第十三个五年规划纲要》提出了未来五年国家建设的新任务新目标。统筹推进“五位一体”总体布局，协调推进“四个全面”战略布局，贯彻落实新发展理念，认识适应引领经济新常态，为科学谋划行业未来五年的发展方向、建设路径、工作措施提供了根本遵循。

问：请介绍一下《规划》的编制过程。

答：注册会计师行业编制新的五年规划的工作，动手较早，2014 年下半年就开始调研工作，把《规划》的编制纳入了 2015 年的工作计划。大致经历了四个阶段。一是研究和起草。2015 年 3 月，成立《规划》起草工作组，对国家发展规划及相关部门和行业规划编制进程进行跟踪和学习，对“十二五”时期行业工作进行梳理和总结，于 2015 年 12 月形成讨论稿。二是讨论和完善。2015 年 12 月，将《规划》讨论稿提交中注协第五届理事会第七次全体会议讨论。认真研究吸收理事会讨论意见，并对照国家“十三五”规划，对《规划》讨论稿进行修改完善，2016 年 6 月形成征求意见稿。三是公开征求意见。2016 年 8 月，将《规划》征求意见稿印发各地注协，组织征求行业意见，同时公开征求意见。四是审议发布。根据公开征求意见情况，中注协再次进行了修改完善，于 12 月报中注协常务理事会审议通过。

已经公布的《规划》有三个板块，第一板块为总体要求，阐述了未来五年行业工作的指导思想、六大原则和四大目标，第二板块阐述了八个方面的具体任务，第三板块提出了四个方面的保障措施。

问：《规划》提出未来五年行业发展的四大目标，是出于怎样的考虑，与继续实施行业发展五大战略体系是什么关系。

答：注册会计师行业发展战略体系，是经过过去两个五年规划时期持续实践深化，逐步形成的，其中做强做大、人才培训、国际趋同战略已经持续实施十年。行业同志普遍表示，注册会计师行业实施行业发展战略体系，持续十年不松劲，战略定位高，工作措施有力，实施成效显著，要在接下来的五年里继续干。基于这样的认识，《规划》明确，继续实施做强做大战略、人才培养战略、国际趋同战略、新业务拓展战略和信息化战略这五大战略，着力破解行业发展难题，持续推动行业转型升级。

《规划》在明确继续实施五大战略的同时，提出了未来五年的四大目标。说清楚五大战略与四大目标的关系，确有必要。

明确目标是行业发展战略的基本任务。没有目标的战略，不成其为战略。在新的五年里继续实施五大战略，应当针对新形势新问题新要求，提出新目标。所以，《规划》提出的行业未来五年发展目标，同时也是对行业发展战略目标的更新。从这个意义上讲，四大目标与五大战略是一体的，是相互补充的。五大战略为实现四大目标提供战略支持，四大目标为实施五大战略规定了新的任务。另外，在阐述指导思想时，《规划》首先强调了三个"匹配"，也就是，要使行业服务能力与国家经济总量规模相匹配，与公共部门改革和公共资源管理需求相匹配，与中国经济国际化进程相匹配。这几个"匹配"体现了注册会计师行业着眼国家建设大局推进行业建设的高站位，是设定行业发展目标的重要依据。

提出职业化目标，体现了注册会计师行业对自身发展规律的认识，注册会计师行业是由注册会计师职业支撑的。职业化是注册会计师行业作为专业服务业的本质特征。注册会计师行业作为一个专家行业，固然有利用市场机制、提供市场服务的特征，同时又承载着比一般的商业活动更大的社会责任，注册会计师行业既要遵从市场规律，更要遵从专业规律、自律规律、诚信规律。要做到这一点，就要在职业化建设上有新的高度。所谓职业化，就是要使注册会计师队伍在职业精神、职业技能和职业知识三个方面全面提高。职业精神包括职业价值观、职业道德、职业态度三个要素。职业判断能力是最重要的职业技能。职业化，就是要使每一个注册会计师都要具备这三个素质，注册会计师作为群体都要具备这三个素质。

为了实现职业化这个目标，就要把职业价值观、职业道德和职业态度的养成贯穿到学历教育、职业考试、继续教育、监督检查等行业工作的各个领域、各个环节，把职业技能的培育作为行业工作的重中之重，打造一批模范实践注册会计师职业精神的先进典型和带头人，全面提高注册会计师队伍对职业精神的认同，使追求和实践职业精神成为每一个注册会计师的自觉行动。

市场化目标主要是针对注册会计师专业服务市场当前面临的突出问题提出来的。注册会计师行业专业服务功能要通过市场机制来实现。从市场机制一般要求看，存在着专业服务供给能力不足的问题，也存在着市场对注册会计师专业服务需求不足的问题；同时，市场监管、市场竞争、市场定价还没有充分体现专业服务的特殊性，比如，“价低者得”仍然是注册会计师专业服务市场的主要机制。《规划》指出，要提高注册会计师专业服务市场化水平，其实质是改进专业服务市场机制，健全注册会计师专业服务市场。针对以上目标，《规划》提出了改善行业服务供给能力、开发市场需求、规范市场秩序三个方面的任务。重点是通过创新服务品种、扩大市场覆盖、优化服务结构，不断扩大行业综合服务供给，积极培育专业领域的服务供给；培养和推广会计师事务所专业服务品牌，提高市场对注册会计师专业服务价值的认知；改善会计服务市场竞争秩序，改进会计服务定价机制。

信息化作为注册会计师行业发展四大目标之一，其意义是显而易见的。信息化正在改变着人类的认知方式、沟通机制和工作生活模式。相对于信息技术的进步，注册会计师行业的信息化相对滞后，成为行业转型升级的瓶颈。《规划》明确，用信息技术全面装备注册会计师行业，充分利用信息技术创新成果，形成以信息化设施为基础，以数据资源为核心，以技术支持和安全管理为保障，打造互联化、移动化、智能化的注册会计师行业信息化体系。基于信息化建设目标的特殊性，与《规划》同步出台了行业信息化建设五年规划。

注册会计师行业的国际化取得了重大成就，国际化是行业建设的经验，也是行业进一步发展的动力。推进行业国际化水平，除了继续实施国际趋同战略，还要在拓展注册会计师国际服务上着力。《规划》围绕国际化目标，强调要持续推进注册会计师执业标准的国际趋同，使国际趋同成果在注册会计师行业落地生根；积极参与会计职业国际组织的工作，在国际审计执业标准建设中发挥更大的作用；加强会计师事务所国际网络建设，扩大中国会计师事务所专业服务的国际覆盖，更好地服务中国企业、中国资本“走出去”和国家“一带一路”倡议的实施。

问：《规划》对行业未来五年发展给出了一系列指标，设定这些指标是怎样考虑的？

答：对于《规划》要不要设定指标，经过了反复论证。普遍认为，不适宜在《规划》中设定硬性指标，但是对重点领域提出参考性的指标，有助于行业同志把握未来五年努力方向，更加有针对性地做工作。

关于会员数量。《规划》提出“经过五年的努力，会员总数接近 30 万人，其中注册会计师预计达到 14 万人”。主要考虑是，目前执业注册会计师 10 万多人，非执业会员为 12 万多人。从经济社会发展以及行业发展的需求来看，目前注册会计师数量偏少，从供给看，注册会计师考试制度改革初见成效，已经有一批专业阶段全科合格考生，而且会逐年增加。未来五年里预计每年有 1.5 万名以上的考生取得全科合格证，到 2020 年会员总数有望接近或者超过 30 万人，如果新增全科合格考生有一半加入会计师事务所，则注册会计师人数可以达到 14 万人。

关于行业业务收入。《规划》提出“2016—2020 年间，行业业务总收入保持年均 10% 以上的增长，非鉴证业务收入占行业总收入的比重接近 40%。”主要依据是：第一，最近十年行业业务收入保持了 14% 左右的增速，考虑到我国经济发展进入新常态，行业也面临转型升级任务，业务收入指标不宜过高，因此提出“保持年均 10% 以上的增长”。第二，非鉴证业务收入占行业总收入的比重已由 2010 年的 16% 提高到 2015 年的 30% 多，年均提高 2.8 个百分点。考虑到未来五年国家经济结构调整以及行业自身转型升级的现实，非鉴证业务收入的占比每年提高 2 个百分点是有基础的，因此提出“非鉴证业务收入占行业总收入的比重接近 40%”。

关于国际业务收入占比。《规划》提出“力争到 2020 年，行业国际业务收入占比达到 15% 以上。”其依据是：目前行业国际业务收入占行业业务收入的比重为 13% 左右，考虑到未来五年国家对外开放力度的持续加大以及行业国际化发展进程的加快，

2020 年国际业务收入的比重达到 15% 以上是可能的。

问：如何保障《规划》实施到位？

答：过去几年里，注册会计师行业坚持服务国家建设这个主题不动摇，坚持诚信建设这个主线不改口，坚持实施五大发展战略体系不松劲，坚持严格行业监管不手软，一张蓝图绘到底，坚持问题导向，久久为功，行业建设呈现新面貌。为了实现未来五年行业发展目标，《规划》提出四个方面的保障措施，包括法律保障、政策保障、资金保障、组织保障。同时，我们也认识到，推进行业发展，有一个好的机制十分重要，为此，《规划》提出的许多措施都带有机制建设的性质。特别重要的是，注册会计师行业发展的主体是会计师事务所和广大注册会计师。在行业发展中，我们要充分尊重和发扬会计师事务所和广大注册会计师的主体精神，充分尊重和实践注册会计师行业的专业服务规律，充分尊重和发挥专业服务市场对行业发展的引导作用，在加强监管的同时，多做服务协调的工作，多做培训引导的工作，发挥好行业组织的优势。

附录二　参考材料索引

1. 《注册会计师 注册资产评估师行业诚信建设纲要》，中国注册会计师协会，会协【2002】50号，2002年11月26日
2. 《中国注册会计师协会会员诚信档案管理暂行办法》，中国注册会计师协会，会协【2004】5号，2004年1月9日
3. 《注册会计师和会计师事务所信息披露制度》，中国注册会计师协会，会协【2007】102号，2007年11月30日
4. 《注册会计师诚信宣誓办法》，中国注册会计师协会，会协【2008】68号，2008年9月16日
5. 《中国注册会计师协会关于进一步加强行业职业道德建设的意见》，中国注册会计师协会，会协【2010】50号，2010年2月9日
6. 《注册会计师行业"诚信文化建设年"活动实施方案》，中国注册会计师行业党委、中注协，2013年4月19日
7. 《中国注册会计师行业发展规划（2011—2015年）》，中国注册会计师协会，会协【2011】50号，2011年9月4日
8. 《中国注册会计师行业发展规划（2016—2020年）》，中国注册会计师协会，会协【2016】74号，2016年12月15日
9. 《以诚信建设为主线 全面推进行业发展》，陈毓圭，《中国注册会计师》2002第9期
10. 《注册会计师行业诚信建设研究》，蔡晓峰执笔，载《注册会计师注册资产评估师行业发展研究》，中国注册会计师协会编，中国财政经济出版社，2003年
11. 《安然事件及其启示》，杨松堂执笔，载《注册会计师注册资产评估师行业发展研究》，中国注册会计师协会编，中国财政经济出版社，2003年
12. 《强化中国注册会计师行业建设——亚洲开发银行技术援助项目研究报告》，载

《中国注册会计师行业发展研究资料（2005）》，中国注册会计师协会编，经济科学出版社，2006年
13. 《安然事件回顾与启示》，白晓红、刘刚、孙健波执笔，载《中国注册会计师行业发展研究资料2006—2007》，经济科学出版社，2008年
14. 《诚信之路》，陈毓圭主编，立信会计出版社，2013年1月

第三章
注册会计师行业职业化建设

深化认识注册会计师职业的内涵，

科学设置注册会计师胜任能力标准，

持续完善注册会计师职业制度，

补短板，强弱项，

实现全体注册会计师对职业精神的充分认同，

使追求和践行职业精神、充实和更新职业知识、

保持和提高职业技能，

成为每一个注册会计师的自觉行动。

导 言

注册会计师职业之所以成立，有两个质的规定性，一是组成这个职业的每一个成员，即注册会计师，应当具备特定的素质，即职业素质，包括职业知识、职业技能、职业精神三个要素；二是激励注册会计师养成和保持职业素质的制度安排，包括职业准入制度、职业培训制度、职业组织制度、职业监督制度以及职业标准体系。注册会计师行业的职业化，就是健全职业制度，使注册会计师全面地、持续地符合职业素质标准。在这个意义上，注册会计师行业的职业化与注册会计师职业化是同一个意思。

本章重点讨论何谓注册会计师职业素质、什么是注册会计师的职业素质标准、怎样在考试这个重要环节体现职业素质标准、如何在职业这个层面上推进职业化建设，职业标准、职业组织和职业监督等注册会计师行业职业化建设的其他环节，在其他章节讨论。

• 注册会计师职业素质三要素是有公认标准的。这个标准就是《中国注册会计师胜任能力指南》和《注册会计师考试大纲》。推进注册会计师行业的职业化建设，无非是回答两个问题，设定怎样的职业素质标准，建立怎样的职业制度以激励注册会计师持续地达到这个标准。

• 注册会计师职业素质三要素的内涵。职业知识是支持注册会计师职业的知识体系，其中，理论知识是这个知识体系的核心；职业技能是运用职业知识的能力；职业精神是主导注册会计师职业行为的职业价值观、职业道德和职业态度。

• 注册会计师行业的职业化建设的任务。注册会计师作为一个职业群体当前面临的主要矛盾，是注册会计师职业素质仍然存在明显的参差不齐，包括认识上的参差不齐。这对于一个公开宣示胜任能力标准、具有法律赋予的特许经营权利、公众抱有巨大期待的注册会计师职业来说，职业素质上的参差不齐，是非常致命的。

化者，普遍之谓也。注册会计师行业的职业化建设的任务是，深化认识注册会计师职业的内涵，科学设置注册会计师胜任能力标准，持续完善注册会计师职业制度，补短板，强弱项，实现全体注册会计师对职业精神的充分认同，使追求和践行职业精神、充实和更新职业知识、保持和提高职业技能，成为每一个注册会计师的自觉行动。

• 注册会计师考试制度的改革。注册会计师考试是“入行”考试，是职业准入考试，承载着落实注册会计师胜任能力标准的功能，引导着注册会计师职业成长的方向。注册会计师考试质量保证制度改革是注册会计师考试制度改革的重头戏、硬骨头。要以《中国注册会计师胜任能力指南》为指导，按照“职业导向、原理导向、考生友好导向”的要求，健全考试质量保证制度和管理机制，使注册会计师考试充分体现评价注册会计师入行阶段胜任能力的要求。

• 注册会计师和非执业会员，构成注册会计师职业这个整体。他们作为一个职业的两个群体，有一个共同点，以职业精神取信于公众，把职业知识解读于公众，用职业技能服务于公众。要改变忽视非执业会员的职业化建设的偏向，把会员发展工作置于注册会计师行业的职业化建设的重要位置。

（2022 年 7 月 22 日）

第一节
认识注册会计师

注册会计师最初指的是取得特许资格、执行独立审计工作的专业人士。在不同的国家和地区，注册会计师有不同的称谓，如，特许会计师，公共会计师，审计师，核数师。在我国，最早是称为会计师的。

后来，有大量的注册会计师进入工商企业、政府部门和非营利组织从事专业工作。这样一来，注册会计师作为专业人士群体，就大大地扩展了。为了区别，前者称为执业注册会计师，后者称为非执业注册会计师、工商界会计师，两者统称为职业会计师。

一、注册会计师作为一个称号，传达了多方面的意义

第一，注册会计师是一个职业。在汉语里，职业指的是谋生的手段、分工的门类。我们这里讲的“注册会计师是一个职业”之职业，是从Profession这个英文词转译来的。Profession除了谋生的手段、分工的门类这些意思外，还有严格的职业道德约束、专门的知识和技能、提供的是专业服务并具有公益性这些含义。我们常说的注册会计师与律师、医师是世界三大职业，正是在这个意义上讲的。

遗憾的是，在汉语里找不到意思与Profession完全对应的词，我这里用职业这个词来对译。这样一来，在解释“注册会计师是一个职业”的时候就不能不费些口舌。

以上这个情况，在中外文化交流史上，并非孤例，甚至可以说是一种文化现象。比如，election一词，我们转译成选举。据秦晖教授考证，选

举其实是中国科举史上选贤任能的一种制度，是“乡举里选”的简称。显然地，选举一词在汉语里的原初含义与 election 的含义可以说是天差地别的。

再如大家更为常用的 doctor 这个词，在表示学位的时候，我们转译成博士。其实，博士是一个典型的中国词汇，早在秦代就有了，指的是一种官职，一个跟学问和知识相关的官职。无疑地，doctor 的含义与博士的原初含义，也是天差地别的。

也许是出于同样的无奈，在香港，是把 profession 转译成专业的。问题是，汉语的专业一词，指代的是某一类知识或技能，跟 profession 的原意就相差得更远了。

为了把 profession 超出职业这个词原有意义的意思表达出来，我有时说“注册会计师是一个专家职业”，但我还是倾向于说“注册会计师是一个职业”。用职业一词来对译 profession，实际上就赋予了职业这个古老的中国词汇一个新的义项，就像前述的 election 之于选举，doctor 之于博士。

第二，注册会计师是一个学校。注册会计师是一个需要终身学习的职业。倡导建立学习型组织、学习型社会，人人接受继续教育，养成终身学习的习惯，已经成为政策倡导。对于注册会计师职业来说，通过职业考试只是成为注册会计师的第一步，要持续保持作为一个注册会计师的素质，就必须继续学习、持续学习，加入注册会计师队伍就意味着加入了终身学习的学校。

第三，注册会计师是一个品牌。在市场上，同样的商品和服务，品牌不同，价格也不同，这是品牌差异的表现，是品牌溢价。注册会计师作为一个人才门类，是人才的品牌。财政部老部长金人庆同志曾经对我说，“注册会计师是会计师中的会计师”，在我看来，这是对注册会计师作为人才品牌非常形象的定义。当某人自称是注册会计师的时候，就意味着，已经通过了职业资格考试、有服务大众的志向、有终身学习的准备、受到严格的监管，是值得信赖的。

第四，注册会计师是一个承诺。作为注册会计师职业的一员，就要有进取的精神，持续地更新知识；就要坚守职业道德，珍惜公众的信赖，在遇到利益冲突的时候，把公众利益放在第一位。所以，当某人成为了注册会计师，就意味着他作出了承诺，承诺终身学习，承诺诚信执业，承诺服务大众。注册会计师宣誓制度把注册会计师作为一份承诺的意义生动地展现了出来。

二、注册会计师的作用

注册会计师的工作就是价值管理，注册会计师贡献于价值管理的全过程。

第一，价值鉴证。执业注册会计师发挥着价值鉴证的特殊作用。全国有十多万执业的注册会计师，他们做独立审计，对会计报表是否公允地反映了一个企业和组织的财务状况和经营成果发表意见，提高了会计信息的可信度，做的是增信的工作，是价值鉴证者。

第二，价值计量。工作在企业和其他组织的非执业注册会计师，负责企业和组织的会计核算和报告工作，核定盈亏，界定产权，编制会计报表，他们是价值计量者。

第三，价值创造。有些非执业注册会计师处于企业和组织的治理层和管理层，担任首席财务官、财务总监、总会计师或者首席执行官的角色，执行公司治理、战略制订、经营决策这些职能；还有些非执业注册会计师在企业和组织里担任战略研究和咨询顾问的角色，发挥研究、分析、策划的作用。他们是价值创造者。

第四，价值维护。有些非执业注册会计师担任企业和组织的内部审计师这样的角色，负责内部控制、内部审计、内部稽核、风险管理方面的工作。一个组织要不出纰漏，不掉进违法、舞弊的“陷阱”，资产不被挪用，就需要注册会计师发挥内部控制、内部审计、内部稽核等方面的作用，他们是价值维护者。

三、注册会计师的职业机会

随着市场机制的深化，价值管理越来越重要，对注册会计师人才提出了巨大的需求，也给注册会计师职业带来巨大的发展空间。这样一个积极乐观的判断，是基于多方面的因素。

第一，金融深化。会计专业服务与金融市场是密不可分的，有些国家的产业分类，就把会计专业服务放在金融服务业这个大类里。金融业的快速成长是中国注册会计师行业获得长足进步的动力之源。金融是无数个委托代理链条构成的信用网络，金融深化意味着信用关系的深化，注册会计师是为增信服务的，金融深化必然对注册会计师人才提出直接的需求。

第二，以法治市。市场的本质是产权交换，以法治市的本质是保护市场主体的权利，保护产权。保护产权就必须算账，算损益账，算资产账，算产权账。算损益账，算资产账，最终是算产权账，注册会计师所从事的专业工作实质上是计量和核定产权的工作。

第三，管理集约。经济转型的核心是从经营粗放走向经营集约，改变高投入、高消耗、高污染、低工资、低价格的粗放型经济模式。做到经营集约，就要加强内部控制、成本核算、管理创新、流程再造，所有这些都是注册会计师的专长。

第四，产业升级。产业结构是反映经济发展水平的重要指标。其中的服务业，特别是高端服务业的比重，反映了经济的质量。发展注册会计师专业服务对经济结构升级起直接作用。

第五，资本流动。国际会计师随着国际资本来到中国，对中国改革开放做出了巨大贡献。中国企业和中国资本“走出去”，也需要中国的注册会计师“走出去”，服务于中国企业和中国资本的国际化。资本的国际流动需要一大批具有国际执业能力的注册会计师。

四、注册会计师的社会角色

在我国，注册会计师作为一个新的人才群体，常常为自己的社会身份认同所困惑。在丰富多彩的人才群体中，在三百六十行里，注册会计师是一个什么角色呢?

第一，中产阶层。从财富分配的角度看，注册会计师位列中产阶层。扩大和稳定中产阶层队伍，是收入分配制度改革、建设和谐社会的重要方面。注册会计师行业是生成中产阶层的土壤。中产阶层比重的增加，有助于政治稳定、社会和谐，有利于经济社会持续发展，是全面建成小康社会的需要。

第二，新的社会阶层。从社会分层的角度看，注册会计师是一个新的社会阶层。工农商学兵是传统的社会阶层。注册会计师是自由职业者，以专业立身，是适应社会主义市场经济发展需要成长起来的，是新的社会阶层。

第三，中国特色社会主义事业建设者。从政治认同的角度看，注册会计师是中国特色社会主义事业建设者。无论是不是共产党员，无论是什么工作岗位，拥护中国共产党领导、热爱祖国、遵纪守法、勤奋劳动，认同社会主义核心价值观的人，都是中国特色社会主义事业建设者。注册会计师是中国特色社会主义事业建设者这个光荣行列的重要一员。

（作于 2013 年 10 月。载《注册会计师职业化十四讲》，中国社会科学出版社，2018 年 11 月。收入本书时，对个别段落作了改写）

第二节
认识注册会计师职业

注册会计师成为一个职业，有两大标志。一是，注册会计师作为专业人士，具有特定的职业素质，二是，使注册会计师养成和保持职业素质的制度安排。

一、注册会计师职业素质

注册会计师之所以是一个专家职业，是因为具有特殊品质，也就是职业素质。具体而言有三个方面，职业知识，职业技能，职业精神。

第一，职业知识是一个体系。注册会计师之所以成为一个专家职业，最基本的理由，是掌握了知识，有一个知识体系。注册会计师考试六个科目，会计、审计、财务、税务、管理、法律，大体上体现了注册会计师职业的知识体系。注册会计师职业的知识体系在《中国注册会计师胜任能力指南》里有系统的阐述。

第二，职业技能是运用职业知识的能力。注册会计师职业技能包括五个方面，智力技能，技术和应用技能，个人技能，人际和沟通技能，组织和管理技能。

- 智力技能指的是注册会计师的认知能力，按照由低到高来排序，包括认识能力、理解能力、应用能力、分析能力、综合能力、评价能力。
- 技术和应用技能包括数理能力、信息技术能力、决策建模和风险管理能力、计量和报告能力、遵行法律能力。
- 个人技能与注册会计师个人的态度和行为有关，比如，自我管理，具有创造力、影响力、自学能力，能够对有限的资源作出选择和配置，来保证应当优先完成的工作，并且能够按照设定的工作时限组织和完成工作，能够预见和适应变化，能够在决策过程中守持职业精神。

• 人际和沟通技能指的是，注册会计师基于组织的共同利益与他人共事，接受和传递信息，形成合理的判断，有效地作出决策，比如，能够与他人协商共事，能够承受和解决冲突，具备团队工作能力，能够与不同文化背景或不同智力水平的人进行交流，能够在职业环境中协商形成解决方案，能够采用各种沟通方式有效地表达、讨论、报告，对自己的观点进行辩护，能够进行有效的听读，包括对文化和语言的差异保持敏感，能够在跨文化环境中有效工作。

• 组织和管理技能要求注册会计师具有广阔的商业视角、管理意识和全球视野，包括能够进行战略规划、项目管理、人力资源管理，能够组织和分派任务、实施有效的激励，具备领导力、判断力和洞察力。

第三，职业精神是指导注册会计师学习职业知识、运用职业技能的观念和原则。职业精神包括职业价值观、职业道德、职业态度三个要素。

价值观是衡量利害、判断是非、决定进退的总根据。不同的人价值观可能不完全相同，在一部分人看来没有价值的东西，另一部分人可能认为很有价值。注册会计师职业价值观最重要的一条，就是坚持独立、客观、公正的立场，忠诚于公众利益。在个人利益与公众利益、客户利益与公众利益、所服务的单位利益与公众利益发生冲突时，把公众利益放在第一位。

道德是衡量行为正当性的标准，不同的职业有不同的利害矛盾，所以就有了各自的职业道德。注册会计师职业道德是一套规范体系，条文精细而严密，比如，不接受自身能力不胜任的业务，合理确定专业服务收费标准，不收取、不支付佣金，在执行鉴证业务时保持实质上和形式上的独立，保持与同行的良好工作关系，不对自身能力做广告，宣传业务、招揽业务的方式要恰当，对执业过程中获知的客户信息保密，等等。注册会计师职业道德是用一本书写成的。

职业态度讲的是一个职业固有的思维方式和行事方式，是职业的要求在职业人士身上打下的烙印。坚持终身学习，培养、保持和提高胜任能力，保持应有的职业谨慎和职业怀疑，等等，就属于注册会计师应当保持的职业态度。

二、注册会计师职业的制度安排

在一个社会里，职业的门类很多，注册会计师之所以能够成为一个专家职业，职业知识、职业技能、职业精神是内在条件，制度安排同样重要。制度安排为职业成长、社会认同、事业延续提供了保障。

第一，职业准入。全面深化改革的重要内容是减少审批，只有在市场不能有效识别其品质的领域才需要审批，注册会计师就属于市场不能有效识别其品质的职业，所以需要有准入制度。职业准入是对注册会计师职业素质进行识别和评价的制度安排。很明显，这里所讲的准入，不是指工龄长短、投资多少这样的门槛，而是职业考试和职业实践这样的专业门槛。考试也不只是考书本知识，还要考查对职业精神的认同程度，考查对职业技能的掌握程度，是观念、理论、实践相结合的评价。

第二，职业标准。职业标准是注册会计师执业实践的技术规范和行为规范，也是衡量注册会计师是否尽职的基准。职业标准还是注册会计师职业承担社会责任的书面宣示，它是注册会计师职业的名片。注册会计师职业标准主要是技术标准、道德标准和教育标准，广义上也包括会计标准。

第三，职业教育。学历教育是注册会计师获取职业知识的第一步。更新知识、提升和保持胜任能力，是注册会计师职业化的需要。继续教育就回应了这一需要。继续教育制度有规定，每一个注册会计师每两年要至少完成 80 个学时的继续教育任务。其实，80 个学时的学习教育投入，对于注册会计师来说，是远远不够的，作出这样一个规定，其意义更在于是一种倡导。在职学习、持续的知识更新和专业提高是每一个注册会计师的生活方式。

第四，职业组织。有自己职业的组织，是一个职业形成的最高标志，是一个职业持续发展的保障。职业组织具有的教育功能、评价功能、规范功能、监督功能支持着一个职业的持续成长。职业组织固然要维护这个职业每一个成员的利益，但是，这种维护不是袒护，而是通过教育、评价、规范、监督，以服务公众利益作为对价，实现这个职业的根本利益。

第五，职业监督。专业技能的保持和提升，职业道德的养成和坚守，既需要注册会计师自己努力，当然也需要监督。职业组织的监督是职业监督的基础形式。职业监督也包括外部监督。对于许多行业和职业而言，道德行为不是制度层面上的监督对象，但是，对于注册会计师职业来说，遵守职业道德是法定义务的一部分，注册会计师如果没有尽到独立、胜任、尽责的本分，是要承担责任的。

（载《注册会计师职业化十四讲》，中国财政经济出版社，2018 年 11 月。收入本书时，改写了个别段落）

第三节
认识注册会计师行业职业化建设

习近平总书记高度重视干部和人才队伍职业化建设，对干部和人才队伍职业化建设发表了一系列重要论述，对注册会计师人才队伍建设和职业化建设具有直接的指导意义。

一、习近平总书记关于干部和人才队伍职业化的重要论述为我们认识和推进注册会计师行业职业化建设提供了根本遵循

学习领会习近平总书记关于职业化重要论述，我们体会，要把握职业化的以下内涵：一是政治态度方面，认同中国特色社会主义共同理想，自觉走中国特色社会主义道路，有专业报国之志，有专业为民之心；二是职业精神方面，尊崇法律，讲职业道德，重诚信公正；三是学习能力方面，有求知欲，爱学习，善学习，有扎实的专业知识；四是专业技能方面，学以致用，有过硬的专业本领，能解决实际问题；五是标准规范方面，有规有矩，正规化，科学化。

二、注册会计师行业职业化建设是实现行业高质量发展的迫切需要

随着注册会计师行业发展进步，注册会计师队伍的职业素质是不断提高的，涌现了一大批优秀的注册会计师。对照职业化的内涵要求，当前的主要矛盾大体有三个方面，一是对注册会计师职业的认知不足，既有注册会计师自身对职业定位的认知不足，也有市场对注册会计师职业价值的认知不足；二是行业的职业化水平在整体上需要进一步提高，特别是要解决注册会计师职业素质参差不齐的结构性不平衡问题；三是注册会计师职业制度体系需要持续改善。

注册会计师行业是专家服务业，注册会计师队伍是行业高质量发展的主体力量。推进注册会计师行业职业化建设，全面提高注册会计师职业素质，是实现行业高质量发展的迫切需要。

三、注册会计师行业职业化建设，有三个层面的条件，要发挥三个主体的作用

注册会计师行业职业化建设三个层面的条件，一是立法和监管层面，

二是执业环境层面，三是行业层面。行业层面有三个主体力量，一是注册会计师，二是会计师事务所，三是注协。注册会计师行业职业化建设，要立足三个层面、发挥三个主体作用。

第一，修订注册会计师法等法律法规，同时完善监管体制、监管标准和监管行为。准入标准更科学，责任归集更合理，处理处罚更严谨，使之充分体现注册会计师行业是专业服务业、注册会计师是专家职业的定位。

第二，优化注册会计师执业环境，完善注册会计师专业服务市场，为注册会计师职业化努力提供正向激励和积极引导。其中主要有：推动改善公司治理，改变公司管理层垄断注册会计师聘任权的现象，为注册会计师独立客观公正地发表审计意见创造制度条件；推动改革证券发行上市制度，更好地体现注册会计师审计的增信价值，更多地发挥会计审计信息在金融资源配置中的作用；推动改善政府采购制度，改变“价低者得”的招投标机制，使注册会计师审计服务的定价更贴近专业服务的价值。

第三，注册会计师要以职业化立身，做到职业自尊、职业自信、职业自强、职业自律。深化对注册会计师职业内涵的理解，树立正确的职业价值观，坚守职业道德，重视专业学习，提高专业能力，重点强化职业谨慎和职业怀疑等职业素养，持续提高职业判断能力，尤其不能因为执业环境有待完善而淡忘了职业成长的初心。

第四，会计师事务所要坚持专业服务机构的功能定位。在机构治理和管理体系建设上，在员工招录、员工培训、业绩评价、利益分配和合伙人晋升上，在流程设计、质量控制和责任归集上，要体现专业服务规律；把会计师事务所建设成为注册会计师职业成长的平台，服务、引导和促进注册会计师职业发展。

第五，注协是注册会计师行业职业化的组织保障，在注册会计师职业成长中发挥着目标引领作用、促进指导作用和行为校正作用。要按照职业化要求不断完善职业考试、注册准入、职业标准、继续教育、执业质量检查、违规惩戒等各项制度和工作。同时，发挥注协在包括职业化建设在内的行业发展中的枢纽作用，积极做好立法修法的建言工作，积极做好监管政策的协调工作，积极做好改善执业环境的推动促进工作，积极做好宣传解释工作，有效增进公众对注册会计师职业价值的认知，为注册会计师职业化创造条件。

（在中国注册会计师行业党委集体学习会上的发言，2019 年 4 月 19 日）

第四节
围绕提高胜任能力　促进注册会计师职业成长

欢迎国际会计教育准则理事会在北京举办会议。很高兴有机会与国际会计教育准则委员会联合举办研讨会。中国注册会计师行业热情支持国际组织的工作，积极借鉴国际会计教育准则委员会的工作成果。两周前，《中国注册会计师胜任能力指南》（以下简称《指南》）刚刚公布，这套指南充分体现了国际会计教育准则的精神。我相信，这是给在座各位委员最好的见面礼。

《中国注册会计师胜任能力指南》出台，是中国注册会计师行业贯彻实施行业人才战略的重大举措，是中国注册会计师胜任能力建设新的起点，必将有力地促进中国注册会计师职业建设。我想乘这个机会与境内外注册会计师行业的朋友们分享这个文件的一些信息。

一、《指南》出台的背景

注册会计师行业非常重视人才建设，持续探索人才建设内在规律，持续推出人才建设新的举措。注册会计师恢复重建之初，就与境外会计职业组织、境外职业教育机构以及国际会计公司进行合作，培养了一批通晓国际会计惯例的专家队伍，成为行业人才队伍中的中坚力量。1991 年建立注册会计师全国统一考试制度，注册会计师全国统一考试已经发展成为国内考试人数最多、最获赞誉的执业资格考试之一。1994 年起在全国 22 所高等院校开设“注册会计师专业方向”，已培养注册会计师专业大学生 14 000 多人，探索了注册会计师资格前教育新途径。1996 年发布《注册会计师后续教育培训制度》，建立了以中注协为龙头、地方协会为支柱、会计师事务所为基础的继续教育组织体系，在此基础上实现制度升级，于 2006 年发布《注册会计师继续教育制度》，进一步完善了行业继续教育的实施和考核机制。依托北京、上海、厦门三个国家会计学院开展行业继续教育，高级会计人才的设施不断健全。

根据经济社会发展新形势对注册会计师行业发展的新要求，于 2005 年出台《加强行业人才培养工作的指导意见》，全面实施行业人才战略。这份文件以“人才三十条”这一简称为全行业和公众所熟知。“人才三十条”全面规划了行业人才建设未来十年的任务，其中明确，用五至十年的时间，全面提升注册会计师从业队伍的专业素质、执业能力和职业道德水平，着力培养能够承担国际业务、符合行业国际化发展要求的高层次专业人才和会计师事务所管理人才；同时，建立起科学完善的后备人才培养机制和适应行业未来发展需要的后备人才队伍。

落实“人才三十条”，推进人才建设所涉及的教育、考试、培训等各方面工作，都涉及注册会计师胜任能力标准这个基础性问题。为此，“人才三十条”提出，“要建立科学的注册会计师胜任能力框架体系，为行业人才培养提供有力的理论基础和实践指导”，明确提出制定中国注册会计师胜任能力指南的任务。

在制定这个指南的过程中，我们总结了行业恢复重建以来行业人才建设实践和理论研究成果，搜集、翻译和研究了国际会计组织和境外会计职业组织有关注册会计师职业胜任能力的指南、研究报告、能力结构图例，其中包括国际会计教育准则理事会发布的国际会计教育准则。指南起草完成后，在全行业范围内大规模征求意见就有三次，并多次组织了专题研究和座谈。《指南》全面遵循了国际会计教育准则的要求，在概念框架、总体结构、核心内容与要素、规范对象与管理方法等所有重要方面，都保持了与国际会计教育准则的一致性。同时在一些具体要求上，考虑了中国法律法规的规定。

我们希望，通过实施这套指南，指导完善人才培养教育制度和实践工作，运用科学规范的职业会计教育标准来培养、保持和提高注册会计师胜任能力。有了这套指南，注协也好，会计师事务所也好，以及国家会计学院和高等院校等教育培训机构，在设计和确定注册会计师教育培训计划时，就有了依据，也为注册会计师继续教育和保持胜任能力提供引导。

二、《指南》的主要内容

第一，构建了注册会计师胜任能力的总框架。《指南》从注册会计师人才培养一般规律出发，提出了注册会计师胜任能力的总体要求、基本要素和核心内容。参照国际会计教育准则的要求，将注册会计师的胜任能力分为专业知识、职业技能、职业精神三个核心要素。职业精神包括职业价值观、职业道德、职业态度，注册会计师行业十分重视的职业谨慎、职业怀疑等素养，都属于职业态度的范畴。强调胜任能力要在实践中养成，要通过继续教育来保持。还对审计项目负责人以及特定环境和特定行业审计业务提出了特殊要求。这些规定可望为注册会计师的资格前教育、准入考试、执业注册、职业培训等人才建设工作提供框架指导。

第二，明确了注册会计师专业素质的基本要素及核心内容。适应注册会计师业务日益多元化、复杂化、国际化的需要，全面遵循国际会计教育准则对注册会计师胜任能力的要求，将注册会计师应当具备的“专业知识”范围界定为会计、审计、财务、税务、法律，以及组织和企业、信息技术等领域；明确了注册会计师应对复杂的职业环境和多元化业务需求所必需的智力技能、技术和应用技能、个人技能、人际和沟通技能、组织和企业管理技能等五类职业技能；明确了注册会计师必须具备的职业价值观、职业道德与职业态度的内涵。

第三，建立了学历教育与继续教育在培养注册会计师胜任能力中的有机联系。与国际会计教育准则一样，《指南》明确了学历教育在胜任能力培养过程中不可替代的作用，强调了学历教育和继续教育之间无可分割的联系，对学历教育和继续教育在注册会计师培养和选拔中的各自作用作出明确定位；提出了包括专业知识、职业技能、职业精神等在内的专业素质以及实务经历的要求，为学历教育的教学改革和教学质量改进提供指导。

第四，强调了实务经历在培养、保持和提升注册会计师胜任能力中的作用。国际会计教育准则重视实务经历在注册会计师胜任能力培养中不可或缺的作用。与国际会计教育准则的规定相一致，《指南》提出，为满足注册会计师胜任能力所必需的资格前实务经历，至少为两年，并且应当是历史财务信息审计领域中的实务经历，提出了建立资格前实务经历督导人制度、计划备案制度以及评估制度。这些规定将有助于引导注册会计师注册申请人、会计师事务所、注协等责任主体通过实务经历培养注册会计师的胜任能力。

三、实施《指南》的措施

第一，做好宣传、培训、解读工作。利用多种宣传手段，宣传和解读《指南》的意义和内容，使广大注册会计师深入了解《指南》的精神和要求，自觉地培养、保持和提高胜任能力，增强公众对注册会计师行业的了解、理解和信任；把《指南》列入继续教育的重点内容进行培训。

第二，完善注册会计师考试制度。按照《指南》对注册会计师专业知识、职业技能、职业精神以及实务经验的规定，对考试内容和结构等进行必要的调整。

第三，提升注册会计师继续教育。设计注册会计师分级考试制度、继续教育分级评价制度、注册会计师分级管理制度。根据《指南》的要求，将分级考试与继续教育相结合，在继续教育环节设计分级评价制度。设计考试评价体系，对注册会计师的胜任能力，比如部门经理的胜任能力、合伙人的胜任能力进行评价，建立起适用于职业发展不同阶段的注册会计师分级管理制度。

第四，推动注册会计师专业方向院校教学改革。《指南》对注册会计师资格前教育提出了明确要求，为注册会计师专业方向院校教学内容、方式、方法的改革提供了重要参考。要按照《指南》的要求，完善注册会计师专业方向院校教学质量评价制度，推动教学内容的改革和教学质量的提升。

（在“会计教育准则与会计职业的进步”研讨会上的演讲,2007年10月25日）

第五节 深化改革注册会计师考试质量保证制度

2009年公布的《注册会计师考试制度改革方案》，提出了考试基本制度、考试组织管理制度、考试质量保证制度这三个领域的改革任务。考试基本制度和组织管理制度改革已经完成，考试质量保证制度改革已经取得一定成效，但是成绩不能高估。要在持续完善考试基本制度和组织管理制度的同时，努力做好深化注册会计师考试质量保证制度改革的工作。

一、注册会计师考试制度改革的总体要求和初步成果

注册会计师考试制度 1991 年创立，经过多年的努力，考试制度持续完善，组织管理不断优化，已经成为最受青年学子青睐、最具含金量的职业资格考试之一，是注册会计师行业的一块金字招牌。其中，2009 年实施的《注册会计师考试制度改革方案》，极大地推动了注册会计师考试制度创新，实现了考试制度与国际普遍认可的考试制度的趋同。

《注册会计师考试制度改革方案》提出的三个领域改革任务中，考试基本制度改革的任务在 2009 年当年完成，其标志是实施“6+1”考试科目体系；2011 年实施计算机化考试方式，以此为标志，考试组织管理制度实现了模式上的转换，从那个时候起不断完善，已经越来越成熟了。《注册会计师考试制度改革方案》提出的考试质量保证制度改革的任务是，进一步充实考试内容，优化试题结构，合理界定考试难度，使注册会计师考试充分体现评价职业胜任能力的要求。围绕这个任务，研究工作一直在推进，2015 年初出台的《注册会计师考试质量保证制度改革方案》，标志着考试质量保证制度改革的工作全面启动。

《注册会计师考试质量保证制度改革方案》提出了三个方面的改革任务，也就是考试大纲的改革、考试辅导教材的改革、考试命题的改革。考试大纲的改革任务是，科学定位考试大纲的功能，发挥考试大纲的“三大作用”，也就是，注册会计师考试命题的依据，考生复习和备考的指南，评价考生能力的标尺等；考试命题改革的任务，是落实原理导向、职业导向、考生友好导向这“三个导向”的原则。以上两个方面的改革，已经在 2015 年开始。2016 年启动考试辅导教材的改革，制订了《注册会计师考试辅导教材改革方案》，提出辅导教材的“五个质量要求”，也就是理论性、科学性、全面性、实践性、可读性。

二、深化考试质量保证制度改革的任务

深化注册会计师考试质量保证制度改革的总体要求是，围绕注册会计师行业人才战略的总体部署和注册会计师职业化建设的重要目标，全面落实《注册会计师考试制度改革方案》和《注册会计师考试质量保证制度改革方案》对考试质量保证制度改革的部署，使注册会计师考试真正成为对注册会计师入行阶段职业胜任能力的评价。

接下来讨论的是如何深化考试大纲和辅导教材两个领域的改革。深化考试命题改革的问题，因为涉及许多细节，作为一个独立的部分在后面谈。

第一，深化考试大纲的改革。深化考试大纲的改革的任务是，紧紧围绕考试大纲的“三大作用”，做到每年有修订，每年有进步，逐步逼近目标。这里重点谈三个问题。

- 把知识、理论和应用这三个层次的逻辑关系梳理清楚。注册会计师胜任能力框架里面讲了注册会计师职业素质的三个要素，即，专业知识，职业技能，职业精神，其中的知识这个要素，是广义的，包括理论知识。在考试大纲的语境下，为了便于命题操作，知识一词是在狭义上使用的，作为与理论并列的概念，指的是专业领域的概念、常识、通识、工具，是应知应会的东西，而理论呢，则是回答为什么和怎么样的问题，掌握理论，是注册会计师之所以为“师”的重要标志；应用，强调的是运用知识和理论解决实际问题。

同志们会问，在注册会计师考试当中，职业精神体现在哪里？ 我的回答是，注册会计师职业素质当中的职业精神是贯穿于注册会计师考试的知识、理论和应用三个领域的，也就是说，注册会计师考试当中的知识，包括职业精神的知识，理论包括职业精神的理论，应用是指在职业精神的指导下应用知识和理论。没有理论指导的精神，是本能的，是自发的，不可能是自觉的。

总之，考察一个人是否具备注册会计师胜任能力，要从知识、理论、应用这三个层次去考察，考试大纲要从这三个层次去设计，要明确考哪些知识、哪些理论、哪些应用，才能把具备注册会计师胜任能力的人识别出来。考试大纲设计得好，考试大纲的功能才能发挥得好。

• 把考试目标表述得更恰当、更鲜明。以会计科目为例，考试大纲对于专业阶段中会计科目考试的目标，是这样表述的："考查考生对会计专业知识和职业道德要求的理解和掌握程度，以及遵从职业道德要求、运用会计专业知识的能力。"以上这个表述，总体上是好的，但是要进一步明确两个问题。第一，这里的"会计专业知识"，包括哪些东西？其中可能已经隐含了理论知识，但是，应当鲜明地指出这一点，否则，难以发挥其引导考生重视理论学习的作用；"遵从职业道德要求、运用会计专业知识的能力"这个要求，对于入行阶段的考试、专业阶段的考试来说，太笼统了，如果不给出具体说明，要求就太高了。基于上述的例子，在进一步完善考试大纲的时候，应当突出"注册会计师考试是'入行'考试""专业阶段考试突出考查专业知识和专业理论"这两条。当然，专业阶段也是要考"应用"的，但是专业阶段考查的"应用"与综合阶段考查的"应用"有质的区别，这一条要在大纲中体现出来。

• 科学地划定注册会计师考试的考查内容的边界。考试大纲对于考什么、不考什么，是一个取舍的过程。谁来取舍，按照什么标准取舍，是一件非常严肃的事情，要把取舍的工作建立在调查研究的基础上。要在考试命题工作中发扬专业民主，在决策前，要广泛征求意见，严谨地论证。

第二，深化考试辅导教材的改革。考试辅导教材的结构，历史上一直是与考试大纲的结构一一对应的，辅导教材的目录跟考试大纲几乎是一样的，辅导教材实际上就是细化的大纲。相对于培养注册会计师人才的目标，辅导教材这样的结构是有缺陷的。这是因为，考试大纲不是按照理论原则设计出来的，是主考部门根据专业服务市场对注册会计师的胜任能力要求规定下来的，在考与不考上，是有取舍的。注册会计师考试辅导教材虽然不是完全意义上的大学教材，但应当具有教材的基本特性，这就是结构上的系统性、内容上的逻辑性，完整地说，就是前面讲的“五个质量要求”。完全对照考试大纲的结构和内容去编写辅导教材，辅导教材就变成了大纲的细化，也就不能称其为辅导教材了。

三、深化注册会计师考试命题的改革

考试质量保证制度改革的重点是怎么命题、命什么样的题。《注册会计师考试质量保证制度改革方案》和《注册会计师考试命题技术指南》已经回答了这些问题，现在的关键是怎么落实好这两个文件，其中最要紧的，是锁定目标，持续地改进，忠实地体现“注册会计师考试是职业考试”“职业考试的核心是考查职业胜任能力”。

第一，注册会计师考试命题“三个导向”的原则。这“三个导向”，不是第一次讲，而是多次讲，并且已经写进改革方案了。因为太重要了，需要经常讲。

• 职业导向。注册会计师是一个专家职业，解决问题是专家职业的本质特征。考查考生解决问题的能力、在职业精神的指导下解决问题的能力，就是职业导向。这里要特别强调一下职业精神这个方面。对于注册会计师来说，技能固然重要，但是，精神品质同样重要，甚至更加重要，“又好又专”无非就是这个意思。就如医生，不能只懂医术，还要有医德。注册会计师的职业精神包括职业价值观、职业道德、职业态度。职业价值观，强调的是把服务公众利益作为专业工作的出发点；职业道德是一套职业行为的规范体系，包括独立性要求；职业态度强调的是职业谨慎、职业怀疑等等的精神状态。注册会计师考试的目标是选拔德才兼备的人才，要实现这个目标，就需要把职业价值观、职业道德、职业态度列入考查范围。就职业导向来说，就是要考查在职业精神指导下应用知识和理论的能力，所谓把诚信建设贯穿于考试工作，把职业化建设贯穿于考试工作，无非就是这个意思。

• 原理导向。注册会计师作为专业人士、高端人才，实践能力是重要的，但是理论素养同样重要。师傅带徒弟也能教会会计工作，但教不出注册会计师，是否具备理论素养是专业人士区别于一般技能工作人员的重要标志。注册会计师考试当然要考查法规、制度、标准、概念、算法、公式这些常识性、通识性、工具性的知识，同时也要考查理论知识。一张卷子做下来，应当是在理论指导下做出来的，而不是主要靠硬背条文知识做下来的。注册会计师应该能够在理论指导下运用法规、制度、标准、概念、算法、公式这些知识，这就是原理导向。

• 考生友好导向。用通俗话说就是不为难考生，就是试题的文字表述、事例描述和结构安排不要干扰考生的思维，题干、设问应该符合阅读习惯和思维规律。题量要适当，不以题量的多少来区分考生的水平，而是通过考查理解能力、分析能力、判断能力来识别考生的能力。应该考查基本技能，不是考查“天才”技能，更不是考查“智商”水平，不能搞“脑筋急转弯”。

第二，科学定位专业阶段考试和综合阶段考试各自的功能。职业导向和原理导向，大体上规定了注册会计师考试考查什么的问题，但是没有解决专业阶段考试和综合阶段考试各自考查的重点。《注册会计师考试制度改革方案》和《注册会计师考试质量保证制度改革方案》规定的原则是，专业阶段考试，重点考查考生的知识掌握程度和理论掌握程度，当然也要有应用性的内容，但是前者是主要的。综合阶段重点考查考生的应用能力，主要是综合运用知识的能力，职业判断能力的考查要贯彻全卷。从合格率来看，专业阶段试题的难度偏大，综合阶段试题的难度偏小，考生在专业阶段考试时投入精力和时间很多，在综合阶段考试投入相对较少，这种情况是与考题设置方式和难易程度有关系的，主要问题是，综合阶段的命题没有充分体现综合运用这个要求。以上现象，是与注册会计师考试制度改革的总体设计有偏离的。要按照两个阶段考试的功能定位，逐步调整考题的设置内容和难易程度，专业阶段更加注重知识和理论，综合阶段更加注重实践和运用。

第三，恰当把握注册会计师考试题目的难度。前面讲的是专业阶段与综合阶段两个阶段的相对关系。总体上说，都有一个考试题目的难易度问题。考题难易，是一个非常主观的问题。唯一的一个相对客观的指标，是合格率。这是考生抱怨考试题目难的一个有力的理由，应当引起重视。但是也要看到，注册会计师考试是职业资格考试，跟大学入学考试等选拔性质的考试是不同的。注册会计师考试是入行考试，是有资质标准的，不能为了提高合格率就降格以求，否则，考试合格了，但是并不具备注册会计师执业所必需的知识和能力，对考生、对行业反而都是不利的。这个道理，必须向考生说清楚。但是，问题在于，注册会计师的资质标准是什么呢？遗憾的是，暂时还没有。所以，改革考试质量保证制度、提高考试命题质量，一个十分重要的工作就是要研究注册会计师的资质标准。针对这个问题，有《注册会计师法》，有《注册会计师胜任能力指南》，但是都是原则性的规定，操作性不足。注册会计师的资质标准是一个实践问题。实践问题，就要在实践中解决，所以要调研，要讨论，考生要参加讨论，注册会计师们和监管部门更要参加讨论，要用案例说话。要系统地评估一下近年来全科合格考生的执业表现，在这方面，合伙人和监管部门有发言权。制定注册会计师资质标准，规定注册会计师入行的条件，应当是考试命题改革乃至整个考试质量保证制度改革的重要任务。

从国际经验看，注册会计师必须具备的学历通常是大学本科。在我国，注册会计师考试的报名条件是大专毕业，并且不分专业。从这个意义上讲，让考生说试题没有难度，那是不现实的。但是，注册会计师考试是入行考试，考试合格了，也不能立刻成为注册会计师，还是需要在实践中继续锻炼的。基于这些道理，注册会计师考试对考生能力的考查，要把握好两个维度。在知识和理论维度上，应当在大学本科毕业的程度，这个维度应当在专业阶段上体现出来；在实践维度上，大体应当是至少具有两年的专业工作经验，这个维度应当在综合阶段体现出来。

相应地，按照专业阶段和综合阶段考试的功能定位，专业阶段侧重考查知识和理论，配以一定的技能要求，综合阶段侧重综合应用，考试的难度和合格率问题也能够得到妥善解决，也就是说，逐步提高专业阶段考试的合格率，把综合阶段考试的合格率逐步降下来，延长专业阶段考试合格与综合阶段考试合格之间的时间，用这样的机制引导考生在实践工作中边干边学，学用相促，逐步成长，真正体现考试是一个过程、是注册会计师专业成长的过程这样一个职业成长规律。要通过综合阶段考试，考出能够入行的人，切实地体现注册会计师考试制度改革方案所体现的改革理念。

第四，要研究注册会计师考试的题型。选择题和判断题都属于客观题。要不要保留客观题，是考试质量保证制度改革要考虑的问题。需要说明的是，我不赞成主观题采用客观题的形式，也就是主观题客观化的做法。

前面特别强调了理论在注册会计师考试中的重要性，但是并不意味着要出许多的理论题。注册会计师考试是职业资格考试，应当侧重专业能力的考察，理论水平的考查是重要的，但是要寓理论考查于能力考查之中。从职业资格考试的一般定位看，用来考查知识掌握程度的客观题，恰恰不应当出现在注册会计师考试中。但是，由于报名参加注册会计师考试的学历条件是大专，并且不限专业。这就需要设置客观题题型，来考查会计专业专科毕业学生和非会计专业考生的知识掌握程度，所以，注册会计师考试应当有客观题。至于客观题的比重怎样把握，应当研究。

计算题在注册会计师考试中占有相当的比重。注册会计师考试没有计算题，是不可想象的。但是，要对计算题保持警惕。如果题干中提供的数字与计算公式的因素一一对应，那无异于客观题，应当作为客观题的一类，与题型结构通盘设定，不能误把计算题当作主观题等同对待。如果计算题当中有职业判断的成分，那在判卷时就要运用职业判断，不能以一个数字作为标准答案。

第五，要研究注册会计师考试的题量。有考生反映说，注册会计师考试的题量太大，在规定的时间内答不完。答不完，是考试的常态，但是，如果是大部分考生都答不完，那只能说题量可能还是大了，或者其他什么地方出了问题。

设问的深度，影响题量。设问深刻，就需要考生下思考的工夫，如果考生准备不足，不会就是不会，只要少量的题目也能够测出能力；反之，设问浅显，掌握程度一般的考生也能回答，那就只能用题量来考查能力，那样一来就变成考查知识熟悉程度了。所以，要加强试题深度的研究。由于试题深度不够，无法通过试题难度测定能力，只能用题量来控制合格率，这是应当避免的。

题量的大小，还体现在题干的表述上。题干的结构严谨，表述得清晰简洁，设问与题干之间配合得当，阅读题干的时间就可以缩短，也间接地减小了题量；反之，就增加了题量。

四、深化注册会计师考试质量保证制度改革要做好的基础工作

第一，要研究市场对注册会计师人才的需求。这里主要是指数量的需求。研究市场对注册会计师人才的需求，跟把握考试合格率有关。有一种意见认为，执业注册会计师人数这些年来没有大的变化，较低的考试合格率，跟执业注册会计师数量稳定这个现象，是匹配的。其实，这个认识是不全面的。在注册会计师行业之外，还有一个注册会计师职业的问题。注册会计师作为一个职业，除了执业注册会计师之外，还有在工商企业、机关事业单位工作的具有注册会计师资质的人，正式的称谓是中注协非执业会员，后者的人数超过执业注册会计师的人数。所以，考察市场对

注册会计师的需求，应当同时看以上两个方面。显然，工商企业对注册会计师的人才需求，是远远没有满足的。我们常听到会计师事务所反映人才流失。流失到哪里去了呢？到工商企业、金融机构、监管部门去了。所以，在考察注册会计师考试合格人数的时候，要在把握注册会计师职业标准的同时，考察市场的总需求。这一条，应当作为控制考试合格率的一个重要变量。

第二，要重视考试数据的分析，做好实证研究。基于历年的考试工作，已经积累了大量的数据，并且已经有了初步分析。对照“难度、区分度、信度、效度”这些指标来看，试题的形式和结构这些质量指标总体上是比较高的。要动态地、创新地做好数据分析，把“原理导向、职业导向、考生友好导向”转化成分析指标，纳入到考试数据分析指标体系中，促进提高考试的科学化水平。

第三，要加强注册会计师考试命题与大学会计教育的互动。注册会计师考试的合格率总体上说是不高的，这是非常遗憾的事情。同时，我们惊异地发现，会计专业本科毕业的考生，其会计科目的考试成绩并不明显地高于非会计专业毕业的考生。对于这个现象，我琢磨了很多年都没有琢磨透这当中到底发生了什么？命题专家组有许多大学老师，也有许多同志是大学会计专业科班出身，希望大家研究一下这个问题。把这个问题研究透了，对于思考注册会计师考试命题和大学会计教育都有意义。

注册会计师考试与大学会计教育的关系是非常密切的。大学会计教育是具有明显的职业教育性质的教育，注册会计师考试是方向标，是指挥棒，注册会计师考试怎么考，老师就会怎么教，学生就会怎么学。注册会计师考试在引导会计人才成长方面，责任重大。所以，考试这个指挥棒也不能乱动。要加强注册会计师考试与大学会计教育的良性互动，要向大学会计教育学习，提高考试命题工作的科学化水平，促进提高考试命题的质量；要向大学会计教育传递考试结果及其特征的信息，支持改进大学会计教育，促进提高大学会计教育质量。最糟糕的局面，是老死不相往来，你教你的，我考我的。注册会计师考试与大学会计教育的合作，从考试命题开始。

（在深化注册会计师考试质量保证体系改革专题研讨会上的讲话，2019 年 1 月 15 日）

第六节 把会员发展工作作为职业化建设年重点任务来办

会员是注协存在的理由。没有会员，也就没有了注协。会员发展工作是注协工作中最基础的工作，是组织建设工作。基于这样的认识，在过去五年里，我们不断改进会员发展工作，特别是从 2014 年开始，在发放注册会计师考试全科合格证期间，突出做好会员发展工作，取得了巨大成绩。每年新增会员接近或者超过万人，改变了长期以来会员人数徘徊不前的局面。到 2018 年底，全国注协会员人数突破 25 万。当前，要认真总结过去五年会员发展工作的经验，特别是注册会计师考试合格证发放期间会员发展工作的经验，立足非执业会员是注册会计师职业整体重要组成部分的新定位，深化认识会员发展和会员服务工作在行业工作全局中的重要性，全面推进会员发展工作和服务工作。

一、会员发展工作和会员服务体系是注册会计师职业化建设的基础环节

中央高度重视干部和人才队伍职业化建设。习近平总书记在党的十九大报告和其他多个场合阐述干部和人才队伍职业化、专业化的重要性。中注协“六代会”强调重视注册会计师职业化的工作，注册会计师行业发展五年规划把“注册会计师职业化水平进一步提升”置于行业发展四大目标之首加以强调，2019 年被定为注册会计师职业化建设年。总之，要把会

员发展工作作为注册会计师职业化建设的基础环节来办。

第一，全面领会注册会计师行业职业化的内涵。注册会计师行业职业化的内涵，简明扼要来讲就是两句话，建立并不断完善注册会计师职业制度，培育并不断提升注册会计师职业素质。

上述的注册会计师职业制度，包括一系列制度安排，也就是大家都熟悉的、持续在建设中的、按照这些制度做工作的职业考试制度、职业准入制度、职业标准制度、职业培训制度、职业监督制度。

上述的注册会计师职业素质，包括三大要素：职业精神，职业知识，职业技能。其中的职业精神，又有三个要素：职业价值观，职业道德，职业态度。

注册会计师是职业化建设的主体，衡量职业化水平的标志在于，注册会计师们是否自觉养成并且始终坚守职业精神、掌握并且不断更新职业知识、具备并且持续提升职业技能。

注协在注册会计师职业化建设中的作用是不可替代的，这就是，不断推进职业制度的建设，并且依托职业制度，帮助注册会计师提高职业素质。

第二，提高注册会计师职业化水平，不仅是针对执业注册会计师的，也应当是针对非执业注册会计师的。在国际上，把执业的和非执业的注册会计师统称为注册会计师，后者又称为工商界的注册会计师，工作在工商企业、金融机构、公共部门、教学研究机构等各个领域。将来修法时，我们应当考虑跟国际通行称谓一致起来。

从注册会计师职业的内涵看，执业的注册会计师和非执业的注册会计师构成注册会计师职业，他们都以职业精神取信于公众、把职业知识解读于公众、用职业技能服务于公众。

从会计职业发展的国际经验看，非执业注册会计师人数往往超过执业的注册会计师人数。从国家建设对高级会计人才的需求看，注册会计师行业固然需要大量的注册会计师，工商企业、公共部门等各行各业也都需要注册会计师人才。行业同志普遍反映的“人才流失”，很大程度上反映了注册会计师人才总体上供不应求的形势。从国家建设各个领域对注册会计师人才的需求看，他们并没有流失，只是换了一个服务国家建设的岗位而已。

第三，要深刻理解《注册会计师法》的立法原意。《注册会计师法》规定，注册会计师执业应当加入注协，把执业的注册会计师加入注协作为法定要求。我们要深刻理解《注册会计师法》立法原意，即，只有加入注协，接受教育、指导和监督，才能保持并不断提升职业素质。弄清这个立法原意，我们就很容易理解发展非执业的注册会计师入会的意义。

截至 2018 年底，注册会计师考试全科合格人数有 25.3 万，其中有相当一部分全科合格的考生没有入会。注册会计师考试是注册会计师行业的入行考试。要成为合格的注册会计师人才，除了通过考试，还需要经过实践的锻炼，自觉践行注册会计师职业精神，持续更新职业知识，持续提高职业技能。要做到以上这些，就需要接受职业组织的教育、指导和监督。

全科合格考生不入会，不继续接受职业教育、指导和监督，在职业化道路上半途而废，实际上就背离了成为注册会计师人才的初心。所以，积极发展全科合格考生入会，是注协培养注册会计师人才、推进注册会计师职业化的职责所在，做好会员发展工作，建立会员服务体系，是注册会计师职业化建设的基础环节。

二、会员发展工作的基本经验和总体思路

为进一步做好会员发展工作，我们对过去五年的会员发展工作，特别是注册会计师考试全科合格证发放期间同步做好会员发展工作的成果和经验进行了总结，大体有以下几条。一是中注协有布置、有推动，各省区市注协有响应、有行动，形成了全国各级注协重视会员发展工作的局面，发挥了全国注协一盘棋的优势。二是各级注协有点子、有实招，在会员发展工作上想了很多办法，因地制宜做工作，提高了会员发展工作的效果。三

是各级注协会员发展工作有拓展、有创新，一些省区市注协开展全科合格证获得人员的统计调研，摸清底数，“一条龙”服务，打通“最后一公里”，一些省区市注协拓展了会员服务领域，推介注协会员，会员资格的增值提升了注协对会员的吸引力。四是全国各级注协的部门之间有配合、有协调，特别是注册部与考试部两个部门热情配合，把握时间窗口，统筹设计工作流程。以上几条无疑应当在今后的工作中发扬光大，也要求我们相互借鉴、取长补短，深化研究解决会员发展工作中存在的问题，全面推进会员发展工作。

在总结经验的基础上，这里对进一步做好会员发展工作的总体思路，列出以下几条供大家思考，这就是“两个围绕、三个坚持、一个着力、一个实现”，即，围绕服务国家建设新任务，围绕注册会计师职业化新要求，坚持问题导向，坚持制度创新，坚持会员发展与会员服务并进，着力入会流程改造，实现会员发展工作的持续进步。

三、推进会员入会流程再造，便捷会员入会

基于近几年重点推进发展会员工作的经验，总结推广各地发展会员的成功做法，对于进一步做好发展会员的工作，提出如下要求。一是，加快行业管理信息系统的升级，实现网上办公、网上入会、网上服务。其中，要通过行业管理信息系统的升级改进，实现会员信息 的“一码通”，打通考生与会员的身份信息，打通执业会员与非执业会员的身份信息，打通注协各个服务部门的功能信息，消除信息转换的障碍，为建立会员管理和服务体系创造条件。二是，建立全天候接受会员入会的制度，随到随注册，随到随入会。三是，优化入会手续，尽力免除不必要的证明材料。把证明身份的工作转化为注协系统的内部程序。四是，持续做好注册会计师考试全科合格证发放期间的会员发展工作，紧紧盯住这个时间窗口，努力用好这个工作抓手。

四、改进行业制度，强化会员服务，提高会员身份的含金量

发展会员是基础工作，发展会员的最终目的是推进注册会计师职业化。为此，就要在大力发展会员的同时，重视制度创新和服务创新，提升会员身份的获得感，吸引会员，成就成员，达到注册会计师职业化建设的目标。要通过制度创新，打通执业的注册会计师与非执业注册会计师之间的资质通道，实现执业的注册会计师与非执业注册会计师资质的衔接；要在完善执业注册会计师的服务体系的同时，建立非执业会员服务体系，提升注协对会员的价值，激发考试合格考生入会的积极性；要加大非执业会员职业价值的宣传和公众推介，推进注协会员的身份认同。

相对于服务执业的注册会计师，全面做好非执业会员的发展和服务工作，是一项新的任务，这是新时代注册会计师行业服务国家建设新的需要，是推进注册会计师职业化建设重大举措。要以创新精神做好会员发展工作、做好非执业的注册会计师服务工作，使之成为“职业化建设年”主题活动出彩的工作。

（在全国注协会员发展工作推进会上的讲话，2019 年 1 月 14 日）

附录一 答记者问

答《中国教育报》记者问

（2006年5月17日）

话　　题　全国高等院校招生工作即将开始

新闻标题　“注册会计师”为何如此热门

2006年全国高等院校招生工作即将开始。与往年一样，注册会计师专业方向成为考生关注的热点。此外，近年来，注册会计师考试报名人数每年都保持在60万人左右。注册会计师专业方向为何如此热门？

问：注册会计师行业发展形势和前景怎样？

答：注册会计师是市场经济条件下一个十分重要的职业，是一个世界性职业，最早诞生于英国。市场经济条件下，经营权和所有权分离，特别是所有权的多元化，出于对投资者和公众利益的保护，需要有专业人士对企业财务报告的真实性进行审计，注册会计师行业就遵循于这个逻辑。

我国注册会计师行业是顺应改革开放和社会主义市场经济建设恢复重建和发展起来的，至今有26年的历史。经过20多年的发展，注册会计师行业建成了法律制度体系、专业标准体系和监督管理体系。近年来，行业坚持以诚信建设为主线，加强职业道德建设，以上市公司审计领域的监管为重点，加大了行业监管力度，建立实施了执业质量检查制度。行业在推进国有企业改革、服务对外开放、促进资本市场发展等方面的作用，越来越重要，也越来越得到国家和公众的肯定和认可。目前，有执业的注册会计师 6.9 万人，非执业会员 7 万多人，从业人员 20 多万人。2005 年，行业实现业务收入超过 180 亿元，继续保持 20% 左右的年增长幅度。

随着市场经济的深化以及中国经济与世界经济的广泛融合，我国会计服务市场潜力巨大，对注册会计师行业的审计鉴证、税务咨询和管理咨询也将提出更多更高的市场需求。“十一五”期间，金融、投资和企业改革一系列措施推出，市场体系逐步完善，注册会计师行业将迎来爆发性的发展。

问：注册会计师专业方向是一个什么样的专业？注册会计师专业方向学生的就业前景如何？

答：注册会计师专业方向的目标是培养合格的注册会计师专门人才，重点是审计师，当然也包括会计师。设立注册会计师专业方向，有几个基本点，一是倚重重点优质高校，二是集中教育资源，三是定向培养，四是系统培养。这里所谓的系统培养，就是科学地设置课程，使学生形成完备的知识结构，包括会计、审计、理财、税务、法律等等；强化职业精神教育，塑造职业价值观，重点是职业道德意识，强化职业认同，通俗地讲，就是爱注册会计师职业；还有就是理论与实践结合，加强实践锻炼环节，在学生阶段就有会计实践的亲近感。

注册会计师专业方向毕业生的主要就业领域当然是会计师事

务所，从事审计鉴证、管理咨询工作，俗称的公共会计领域。但是又不限于会计师事务所，特别是近年来，随着市场经济深化，市场各个领域都对注册会计师人才提出巨大需求，像上市公司、金融机构、政府部门、监管机构都非常需要注册会计师人才。我们还注意到一个现象，就是上述的这些机构大量地从会计师事务所吸引人才。

在高等院校开设注册会计师专业方向，始于 1994 年。1994 年 3 月，国务院研究决定，由财政资助，选择部分高等院校试办注册会计师专业方向。目前，开设注册会计师专业方向的院校有 22 所，分别是中央财经大学、清华大学、北京工商大学、中国人民大学、首都经贸大学、吉林大学、辽宁大学、东北财经大学、中山大学、暨南大学、湖南大学、天津财经大学、长春税务学院、上海财经大学、复旦大学、安徽财经大学、厦门大学、西南财经大学、江西财经大学、武汉大学、中南财经大学、西安交通大学。十多年下来，已经有毕业生 9534 人，其中，2700 多人进入国际会计公司中国成员所以及大中型会计师事务所就业，2600 多人进入大中型企业、金融机构、保险、证券以及政府部门等从事会计审计专业工作。随着市场深化，对注册会计师人才的需求很旺，注册会计师专门人才缺口依然很大。

问：中注协在支持注册会计师专业方向上将采取哪些新的举措？

答：支持高校注册会计师专业方向建设，提高注册会计师后备人才的培养质量，是注册会计师行业人才战略三个重点领域之一。

为进一步提高注册会计师后备人才的培养质量，中注协主要采取五大举措支持注册会计师专业方向建设：一是建立激励和竞争机制，以专项资金资助和对院校师资力量、教学效果等方面的考核评价为杠杆，促进教学质量的进一步提高；二是建立注册会计师专业方向优秀学生到境外国际会计公司实习的选派机制；三是推动和鼓励会计师事务所为注册会计师专业方向优秀学生提供资助的助学机制；四是建立注协、会计师事务所与院校的合作机制，畅通学生到国内大中型会计师事务所的实习渠道；五是建立开放、系统、递进的人才跟踪培养机制，优先推荐注册会计师专业方向毕业生就读专业硕士学位（MPAcc）、高级管理人员工商管理硕士学位（EMBA），优先选送到境外培训，并跟踪培养，把优秀人才输送到更高层次的培养体系，实现深度、持续和系统培养。

问：据了解，专门就某一个专业学生建立出国实习机制，在高等院校中尚属首次，请介绍一下有哪些进展？

答：选派注册会计师专业方向优秀学生赴境外实习，是注册会计师行业人才战略的一部分，其目的就是通过境外实习，拓展注册会计师专业方向学生的国际视野，提高学习能力、实践能力、创新能力和沟通能力。2005 年底，已经对各院校推荐的注册会计师专业方向优秀学生，组织了考试选拔，选出 52 名同学列入今年的出国培训计划。今年 3 月，21 名品学兼优的注册会计师专业方向大学生，已首批派往境外会计公司实习，今年 6 月还将安排 31 名学生赴境外会计公司。实习的国家和地区有美国、英国、澳大利亚、新加坡以及香港地区。这件事会持续地做下去。

答记者问

（2009年1月15日）

话　　题　《注册会计师考试制度改革方案》公布

问：中注协2009年1月15日公布《注册会计师考试制度改革方案》。请介绍一下这次改革的背景。

答：注册会计师全国统一考试制度首创于1991年，至今已经举办17次考试，累计14万余人取得了全科合格证书，为注册会计师行业发展提供了重要的人才支撑。在这一过程中，积累了组织注册会计师考试的丰富经验，制度不断健全，对考试规律的认识不断深化，社会认可度不断提高。注册会计师考试已经成为国内声誉最高的执业资格考试之一。

为了适应经济社会全面进步和市场经济不断深化对注册会计师专业服务提出的新要求，适应企业走出去对注册会计师行业提出的国际化服务新需求，注册会计师行业提出并实施了包括做强做大、国际趋同、人才培养在内的行业发展三大战略。会计师事务所做强做大的关键是人才，实施会计审计标准的主体在人才，人才培养和选拔的起点在考试。要通过改革，更好地发挥考试在注册会计师人才成长中的导向和示范作用，为注册会计师后备人才成长树立一个标杆，为注册会计师人才选拔提供一个基准，为包括大学教育、继续教育在内的人才培养工作提供风向标。

为此，认真总结注册会计师考试工作基本经验，充分借鉴其他国家和地区注册会计师考试工作的成功做法，建立符合注册会计师人才成长规律和胜任能力要求的注册会计师考试制度，成为当前我国注册会计师人才建设的一项基础工程。

问：注册会计师考试制度改革重点在哪些方面？

答：广义的注册会计师考试制度有很多方面，一是报名条件、考试科目结构、科目设置、实务经历要求等基本制度，二是考试组织、考场设置、考试纪律等考试组织管理制度，三是考试命题、考试评卷、考试合格标准等考试质量保证制度。这次改革主要涉及注册会计师考试基本制度。我们将在推进基本制度改革的过程中，对组织管理制度和质量保证制度加以改革，组织制度主要解决用什么手段考试的问题，比如机考，质量保证制度主要解决命什么样的题的问题。

这次改革所要解决的基本制度改革任务，主要有三个方面，一是把注册会计师考试由一个阶段调整为两个阶段，第一阶段为专业阶段，第二阶段为综合阶段；二是调整和补充考试内容，在近年来考试内容调整完善的基础上，充实公司战略、风险管理、内部控制等内容；三是更加注重考生的综合应用技能，特别是第二阶段考试，整合现行考试制度有关要求，对胜任能力方面的要求进行分拆和补充，着重考查考生在执业环境中解决实际问题的能力。

问：改革后要增加 2 个科目，考试难度是否增加了？

答：这次改革重点是对原有的考试内容进行分拆、补充和整合，不是简单的拆并，也不是在原来 5 个科目之外增加两个新的科目，而是按照注册会计师胜任能力指南的要求，遵循注册会计师的成长规律，对考试科目的重新设计，很大程度上是对考试内容的补充和完善。比如，公司战略与风险管理就是对财务成本管理科目的分拆，并补充了市场环境下风险管理方面的内容和内部控制方面的内容。再如，第二阶段的综合科目是对主要科目有关实务内容的归并、补充和整合。改革后，会计、审计、财务成本管理、经济法、税法等科目，要比改革前同名科目的综合应用内容相应减少。

值得一提的是，通过科目调整，使两个阶段各科目的考查目的更加清晰，知识理解层次更加单一，复习备考更有针对性，有助于考生循序渐进地学习和备考。

问：新的考试制度于 2009 年实施，准备时间是不是太短了？有哪些配套措施？

答：在改革方案第一次公开征求意见时，有部分考生反映，过渡期太短了，希望延长 1 至 2 年。

将新旧制度的过渡期设为 1 年，是为了使新的考试制度尽快发挥对行业人才培养的导向作用。过渡期如果太长，容易引起对人才培养标准的误解和行业形象的模糊。

我们对反馈意见十分重视，认真地研究了各方面反馈意见，在不改变征求意见稿所述过渡期 1 年的情况下，完善衔接办法，尽量减轻考生的负担。

第一，提出了新旧两种考试制度相关科目的转换办法。现行考试制度下的单科合格成绩可以自动转换为新的考试制度下的同名科目的合格成绩。其中，财务成本管理科目的合格成绩可以转换为财务成本管理和公司战略与风险管理两个科目的合格成绩。

第二，改革方案明确提出了以转换方式取得的单科合格成绩有效期限统一至 2013 年，使现行考试制度下的单科合格成绩有效期有所延长，最多达 4 年。比如：

2009 年实施新的考试制度时，具有现行考试制度下 2005 年至 2008 年度任一考试科目合格成绩的考生，选择按新的考试制度报名参加考试时，其现行制度下 2005 年至 2008 年度的合格成绩直接转换为新的考试制度下对应考试科目的合格成绩，成绩有效期限统一到 2013 年。

而选择按现行的考试制度报名参加考试的考生，当年如果没有取得全部 5 个科目合格成绩，其现行制度下 2006 年至 2009 年度的合格成绩可以转换，成绩有效期限延续到 2013 年。

问：现行考试制度规定，5 个科目应在连续 5 年内完成，《改革方案》提出，第一阶段考试 6 个科目应在连续 5 年内完成，第二阶段考试 1 个科目应在取得专业阶段合格证后 5 年内完成。这就意味着，新的考试制度的 7 个科目可以在 10 年内完成。新的考试制度考试周期是否过长？是否会出现知识老化的问题？

答：不会的。正如前面讲的，第二阶段综合科目的考查内容是对第一阶段主要科目的综合，覆盖了第一阶段主要科目的知识和技能要求。考生在综合科目的复习备考过程中，也需要涉猎第一阶段考试科目的内容，当然是在综合运用的层面上涉及，是在更高层面的涉及。因此，不存在知识老化的问题。

问：新的考试制度下，注册会计师考试的报名条件和豁免政策有没有改变？

答：在改革方案征求意见时，部分考生认为新的考试制度下的考试报名条件提高为大学本科以上了，且不再执行有关科目豁免政策了。事实不是这样。

注册会计师全国统一考试的报名条件和豁免政策在《注册会计师法》中已有规定。这次改革不改变现行报名条件和豁免政策。也就是说，注册会计师考试的报名条件仍为“具有高等专科以上学校毕业的学历，或者具有会计或者相关专业中级以上技术职称的中国公民”，免试条件仍为“具有会计或者相关专业高级技术职称的人员”。

新的考试制度实施后，具有会计或者相关专业高级技术职称的人员，可以依法申请一门专长科目的免试。修订《注册会计师全国统一考试办法》时会就此加以明确。

问：取得注册会计师考试全科合格证之前，是否必须通过注册会计师英语水平测试?

答：注册会计师全国统一考试与注册会计师英语水平测试是两个相互独立的考试。是否参加英语水平测试，由本人自愿选择，不参加英语水平测试，不影响取得全科合格证，也不影响其注册。英语水平测试是为注册会计师或取得全科合格证的考生设置，考生在注册会计师全国统一考试全科合格后才能报考英语水平测试。

附录二　参考材料索引

1. 《关于加强行业人才培养工作的指导意见》，中国注册会计师协会，会协【2005】38号，2005年6月8日
2. 《中国注册会计师行业人才发展规划（2011~2015年）》，中国注册会计师协会，会协【2011】111号，2011年12月1日
3. 《注册会计师考试制度改革方案》，中国注册会计师协会，会协【2009】5号，2009年1月15日
4. 《注册会计师全国统一考试办法》，财政部令第55号，2009年3月23日
5. 《香港特别行政区、澳门特别行政区、台湾地区居民及外国人参加注册会计师全国统一考试办法》，财政部，财会【2009】4号，2009年4月7日
6. 《注册会计师注册办法》，财政部令第25号，2005年1月22日
7. 《注册会计师任职资格检查办法》，中国注册会计师协会，会协【2008】9号，2008年2月3日
8. 《中国注册会计师协会非执业会员登记办法》，中国注册会计师协会，会协【2009】51号，2009年9月11日
9. 《中国注册会计师继续教育制度》，中国注册会计师协会，会协【2006】63号，2006年9月13日
10. 《中国注册会计师非执业会员继续教育暂行办法》，中国注册会计师协会，会协【2010】93号，2010年11月23日
11. 《中国注册会计师胜任能力指南》，中国注册会计师协会，会协【2007】66号，2007年10月11日
12. 《中国注册会计师职业判断指南》，中国注册会计师协会，会协【2015】18号，2015年3月26日
13. 《注册会计师行业"职业化建设年"主题活动实施方案》，中共中国注册会计师行业委员会 中国注册会计师协会，2019年4月17日
14. 《财务报告职业判断框架——适用于财务报告编制者、审计师、监管部门以及准则制定机构的国际指南》，苏格兰特许会计师协会，中注协组织翻译，载《中国注册会计师行业发展研究资料2014》，经济科学出版社，2015年
15. 《注册会计师职业化十四讲》，陈毓圭，中国社会科学出版社，2018年11月

第四章
注册会计师行业职业标准建设

是否加入国际趋同的进程，

答案不在别处，

而是在注册会计师行业的内在规律当中，

更是在改革开放的现实逻辑当中。

导　言

注册会计师职业标准，包括审计标准、质量管理标准和职业道德标准，广义上，还包括会计标准。

职业标准，是一个职业得以成立的重要标志。职业标准的成熟程度，标志着一个职业的成熟程度。

注册会计师行业恢复重建之初，主要是服务外商投资企业的纳税申报、国有企业改革中的财产清查和财务整理、新设公司的资本验证，当时制定职业标准，虽然也借鉴了国际通行做法，但主要还是依赖老一辈注册会计师的经验传承和注册会计师的探索积累。

随着国有企业改革的深化、资本市场的创立，特别是建立社会主义市场经济体制这一改革目标的确立，全面借鉴国际通行惯例，建立职业标准体系，就成为改革开放新形势下职业标准建设新的任务。这是注册会计师职业标准建设在相当长一个时期里采用“国际协调”路径的历史背景。

注册会计师职业标准国际趋同战略的确立，标志着注册会计师职业标准的建设路径发生了重大变化。相对于此前的“国际借鉴”和“国际协调”，“国际趋同”路径的确立，变化最突出，影响最深远，在注册会计师行业统一认识的任务也最艰巨。

本章的主题是注册会计师职业标准国际趋同，讨论了为什么要从国际协调转向国际趋同之路？怎样走好国际趋同之路？国际趋同对注册会计师职业实践意味着什么？注册会计师怎样适应国际趋同的要求？

- 国际趋同的意义。国际趋同所表达的含义是，以国际标准为基准，正视世界各国注册会计师职业标准的差异和走向统一的艰巨性，大家朝一个方向努力，持续缩小差异，最终达到一致。国际趋同，不是中国注册会计师行业自己的创造，而是20世纪初兴起的国际标准新的潮流和新的趋势。要不要国际趋同，是要不要加入国际趋同进程的政策选择，也是怎样制定注册会计师职业标准的路径选择。

• 对国际趋同政策选择的回答。是否加入国际趋同的进程，答案不在别处，而是在注册会计师行业的内在规律当中，更是在改革开放的现实逻辑当中。注册会计师行业是一个高度国际化的行业，高度国际化的源头，是资本流动的国际化、贸易网络的国际化、产业链条的国际化。以加入WTO为标志的新一波改革开放浪潮，带动了中国经济更深层次地融入国际经济体系，作为金融服务业重要组成部分的注册会计师专业服务及其赖以支撑的职业标准，不能拖了后腿。

• 国际趋同战略的内涵。趋同是方向，有效参与国际经济一体化进程，注册会计师行业应当并肩前行，职业标准是注册会计师行业走向国际市场的名片，使中国的注册会计师职业标准实现国际趋同，就是打亮这张名片。趋同不是相同，中国是一个特大的经济体，中国的市场是发展中的市场，中国注册会计师职业是一个发展中的职业，以上几个规定性决定了一时还不能直接采用国际标准，而是要在把握国际趋同大方向的同时，科学分析，严格甄别，容许暂时地存在一定的差异。趋同是一个过程，“过程性”是国际趋同的核心意义，国际趋同的最终目标是相同，走向目标本身是一个过程，要在过程中持续消除差异、达到相同。趋同是互动，国际标准是趋同的基准，国际标准不是脱离各国注册会计师审计实践的先验结论，而应当是各国实践的提炼，国际标准的形成要体现趋同的要求，把国际标准建立在各个国家之间、国际组织与各个国家之间、国际组织与区域会计组织之间的沟通、借鉴和合作的基础上。

• 国际标准的“本地化”问题。国际标准的“本地化”，是一个偷懒的说法，确切的表达应当是，国际趋同本身不是目的，在已经实现职业标准国际趋同的形势下，要将国际趋同的“文本”转化为广大注册会计师的职业实践，将国际趋同的“成果”转化为会计审计信息质量成果。实现这“两个转化”的任务，重点在于回答三个问题：国际标准是用英语写的，因此有一个语言转换的问题；国际标准是用“原则导向”的方法写的，因此，注册会计师面临着更多的职业判断的任务；国际标准是以发达资本市场和发达注册会计师职业为背景写的，因此向注册会计师提出了新的胜任能力要求。

（2022 年 7 月 22 日）

第一节
中国会计审计标准国际化部署应当有新的提法

中国会计审计标准国际化的努力，已经取得巨大成就。针对改革开放新的形势和新的要求，结合国际会计审计标准建设新的动向和新的定位，对于中国会计审计标准国际化的部署，我们应当有新的提法，为此，建议作出这样的表述：“基于社会主义市场经济发展的进程，顺应国际会计审计标准建设新的动向，积极推进中国会计审计标准的国际趋同，加快建立和完善我国会计准则体系和审计准则体系。”

一、国际会计审计标准建设出现了新的动向，我们应当有积极的回应

各国对于国际会计审计标准的态度，有不同的说法和做法，诸如“协调”、“趋同”、“采用”等。

会计审计标准的国际协调，已经有三十多年的历史。这里所讲的国际协调，有国际层面和国别层面（地区层面、经济体层面，下同）两层含义。

就国际层面来说，国际协调是指，在制定国际会计审计标准的时候，充分考虑不同国家的会计审计标准。这里讲的各个国家，因为欧美发达国家主导着国际会计审计标准制定工作，因此主要是指欧美发达国家；这里的会计审计标准，很多情况下表现为制度、规则、惯例等不同形式；这里的协调，就是求同存异，包容兼顾，因为要考虑不同国家的会计审计标准，针对特定的会计审计事项，国际会计审计标准往往提供不止一种备选方法。

就国别层面来说，会计审计标准的国际协调是指，各个国家制定自己的会计审计标准的时候，往国际标准靠拢。我们一直讲的和做的“中国会

计审计标准的国际协调”这件事，指的就是这个意思。

在过去将近十年的时间里，国际会计审计标准建设出现了新的动向，这就是，从协调转向趋同，就是要在一个相对短的时间内，各个国家的会计审计标准逐步地达到一致。尽管国际趋同是一个过程，其最终结果是采用国际标准。

国际会计审计标准建设从协调转向趋同，其深刻背景是资本的跨国流动和全球化的深入。会计审计标准的国际趋同，有助于降低信息传递的成本、增强可比性和一致性，提高投资决策效率，推动全球经济的发展。

相对于国际协调，国际趋同的推动力量，也是前所未有的。除了国际会计准则委员会和国际会计师联合会积极行动，更得到联合国、世界银行、经合组织、国际证券会组织等诸多国际组织的加持。金融稳定论坛将国际会计审计标准列入其“有助于维持金融系统稳定的 12 套核心准则”之中，这 12 套准则对于减少经济波动、加强公众对金融系统的信心发挥着主导作用。

中国会计审计标准建设走与国际标准协调的道路，极大地支持和促进了改革开放事业，已经成为改革开放决心和成效的闪亮名片。

在国际会计审计标准建设转向“趋同”的背景下，我们虽然没有必要，也不可能承诺“某个时候与国际标准一致”，但无疑应当有新的提法，在国际会计审计标准建设中争取话语权、掌握主动权。

二、应对世界贸易组织协议下的“市场经济地位”评估，对会计审计标准的国际化立场和国际化程度应当有新的表述

在世界贸易组织协定的框架下，“市场经济地位”的认定，对于应对反补贴和反倾销，至关重要。2002 年 1 月 25 日公布的《中国加入世贸组织议定书》第 15 条规定，世界贸易组织进口成员国在诉及补贴和倾销时，分两种情形来判定产品价格的可比性。

（1）接受调查的生产商，如果能够证明，生产同类产品的产业在制造、

生产和销售该产品时，具备市场经济条件，则，世界贸易组织进口成员国在判定产品价格的可比性时，应使用所涉及产业的中国同类产品的价格或成本；

（2）接受调查的生产商，如果不能证明，生产同类产品的产业，制造、生产和销售该产品，具备市场经济条件，则世界贸易组织进口成员国可以不依据中国同类产品的价格或成本。

对于市场经济地位的判断标准，欧盟理事会于1998年4月30日通过反倾销法的修正案，对于针对反倾销的应诉企业是否获得市场经济地位，提出五条标准，其中有两条是有关会计和审计的。第二条称，企业有透明的财务报告，财务报告是按照国际通用会计标准编制的，是为通用目的编制的，是经过独立审计的；第三条称，企业的产品成本和财务状况没有重大扭曲，特别是在资产折旧、产品购销、易货贸易、偿债冲抵付款等方面。

以上引述表明，会计审计标准的国际化程度是判定“市场经济地位”的一个重要因素，在应对反补贴和反倾销时影响极大。因此，无论是阐述中国会计审计标准建设的进程，还是制定中国会计审计标准国际化的政策，都应当采取更为积极、更为进取的态度，如果保留“中国特色”这样的定语，过分强调“中国特色”这个因素，实际上是承认中国会计审计标准是另类的。对此，我们显然应当避免。

三、在会计审计标准国际化问题上要实现最大限度的趋同，旗帜鲜明推动国际趋同工作

会计审计标准的国际趋同与采用，没有截然的分水岭，有时从实质上难以区分开，例如有的国家和地区完全采用国际会计审计标准，有的完全采用但存在时滞，有的部分采用，有的以国际标准为基础制定本国的标准。

一个国家或地区推动会计审计标准国际趋同，可能会受到经济、政治、

法律、文化等诸多因素的影响，有的认为有必要根据国家或地区的特有情况来修改、补充、深化国际标准，但国际趋同是根基和本质要求。

国际会计准则理事会修订和新发布了一系列准则，如 IAS 1、IAS 2、IAS 8、IAS 16、IAS 17、IAS 27、IAS 28、IAS 39 以及 IFRS 2、IFRS 4、IFRS 5。全球近 100 个国家和地区采用国际财务报告准则编制会计报表，或者与国际财务报告准则趋同，其中包括我国香港地区。美国证券交易委员会首席会计师提出了接受在美国上市的境外企业直接采用国际财务报告准则编制财务报表的“路线图”。国际审计与鉴证准则理事会针对企业经营环境变化带来巨大审计风险，于 2003 年底出台了 4 个针对审计风险的审计准则，用以指导注册会计师有效地识别、评估和应对审计风险。同时，国际审计与鉴证准则理事会还正在加紧修改其他相关准则。如果我国不加快会计审计标准的国际趋同，不仅部分项目将难以满足经济发展、企业核算和注册会计师的执业需要，还将拉大与国际标准的差距。

会计审计工作，说到底是为公众服务的，是为各个部门、各个产业、各个领域服务的。作为服务性质的工作，超前不易，但是万万不能落后，提法更应当积极。

会计审计标准，本质上是技术工作，但是影响广泛，制约因素也很多，作为主管部门，瞻前顾后，通盘考虑，无疑是必要的，但是，行动上要积极，政策阐述更要清晰。

以资本市场和国资国企为代表的方方面面，对会计审计工作和会计审计标准的创新和国际化进程，有巨大的期待。依我们在会计审计标准方面作出的巨大而持续的努力，以及在借鉴国际会计准则方面表现的诚意和力度，即使往前倒推三五年，我们也有足够的底气宣称：我们已经尽最大的努力推进会计审计标准的国际化，我们还将按照资本市场发展和完善的进程进一步推进会计审计标准的国际化。

总之，会计审计标准的国际化程度如何把握、怎样推进，可以讨论，可以斟酌，但是在提法上必须是更加积极、更加鲜明的。被动而为，不是会计审计工作和会计审计标准应有的态度。

四、积极地定位中国会计审计标准国际化的政策主张，我们是有经验的，也是有“资本”的

就会计准则来说，在已经发布的16个具体准则中，有12个与国际会计准则基本一致，或者没有本质差异，稍加调整，这12个具体准则中的大部分可以做到与国际会计准则完全一致；另外四个具体准则，包括无形资产、非货币性交易、投资和债务重组，与国际会计准则的差异还比较大，其实也到了重大调整的时候了。

再就审计准则来说，我国审计准则有24个项目与国际审计准则不存在重大差异，比例为52.1%；有9个项目存在重大差异，比例为19.6%；有13个项目尚未来得及制定，比例为28.3%。

有这样良好的协调成果和发展前景，我们完全可以在中国会计审计标准国际化部署上有新的提法，新的行动。

（2005年5月28日）

第二节
新的审计准则体系　新在何处

新的审计准则体系将从2007年1月1日起施行，这是实施会计审计标准国际趋同战略的标志性成果。如何认识和理解这套新的审计准则体系呢？这是要在这里讨论的话题。

一、审计准则体系的结构

《中国注册会计师执业准则》规定的审计准则体系，由三个部分组成，即鉴证业务准则，相关服务准则，会计师事务所质量控制准则。

第一，鉴证业务准则由鉴证业务基本准则统领。按照鉴证业务提供的保证程度和鉴证对象的不同，分为审计准则、审阅准则和其他鉴证业务准则。其中，审计准则是执业准则体系的核心部分。

审计准则用来规范注册会计师执行历史财务信息的审计业务。在提供审计服务时，注册会计师对所审计的信息是否存在重大错报提供合理保证，以积极的方式提供结论。审计准则有 41 个，分为 6 大类，即，一般原则与责任，风险评估与风险的应对，审计证据，利用其他主体的工作，审计结论和报告，特殊目的和特殊实体的审计。

审阅准则用来规范注册会计师执行历史财务信息的审阅业务。在提供审阅服务时，注册会计师对所审阅信息是否存在重大错报提供有限保证，以消极的方式提供结论。

其他鉴证业务准则用来规范注册会计师执行历史财务信息审计或审阅以外的其他鉴证业务。

第二，相关服务准则是针对注册会计师鉴证以外的专业服务的规范。这类业务包括注册会计师代编财务报表、执行商定程序、提供管理咨询和税务咨询等。

第三，质量控制准则规范的是会计师事务所的质量控制政策和程序。质量控制准则是对会计师事务所作为机构的制度要求。

二、审计准则体系的特征

第一，审计准则体系体现了风险导向审计的要求。注册会计师审计经历了账项基础审计、制度基础审计和风险导向审计这三个历史阶段。探索提高审计的效率与效果，一直是审计方法论创新的动力和主旋律。20 世纪 70 年代，在发达国家审计市场上，人工成本急剧上升，审计市场价格竞争加剧，对控制审计成本提出了新的要求。同时，证券市场上发生的财务舞弊案件以及随之而来的针对会计师事务所的巨额民事诉讼，要求会计师事务所提高审计的有效性。20 世纪 70 年代末 80 年代初期，风险导向审计模式应运而生。

在风险导向审计模式下，审计被理解为风险控制的过程。在这个模式下，注册会计师要以重大错报风险的识别、评估和应对为审计工作的主线，贯穿于审计过程的始终。注册会计师工作的起点是重大错报风险的识别和评估。在此基础上，采取有针对性的措施加以应对，将注册会计师发表不恰当审计意见的风险降至可接受的低水平。

风险导向审计模式反对审计资源的平均分配，反对使用标准化的审计程序表，要求注册会计师根据重大错报风险的评估结果来分配审计资源，做到有的放矢。哪里的重大错报风险较高，就在哪里投入较多的审计资源。哪里重大错报风险较低，哪里就可以投入较少的审计资源。这是风险导向审计最突出的优点。

20 世纪 90 年代中后期，随着知识经济的发展，无形资产在企业资产中的比重越来越大、会计估计和会计判断的成分日益增多、企业经营失败风险及财务报表舞弊风险的增加，对会计师事务所控制审计风险提出了严峻的挑战。在此背景下，风险导向审计有重大创新。以国际会计公司为代表的大型会计师事务所提出了从被审计单位经营风险入手进行审计的方法，即审计的经营风险路径。

这一创新继承了风险导向审计模式的框架，对于在新的审计环境下识别和评估重大错报风险有重大创新，主要表现在：

- 重视运用系统论、战略管理理论等分析企业整体层面的风险，分析这些风险对财务报表重大错报风险的影响，反对用割裂主义、就事论事的观点看待财务报表重大错报风险。

• 重视控制环境、风险评估等高层次内部控制对评估财务报表重大错报风险的影响。

• 考虑到信息技术的运用极大地降低了低层次无意错误发生的可能性，要求注册会计师特别注意非常规交易和事项所蕴含的风险。

风险导向审计并不是对账项基础审计和制度基础审计两种方法论的否定，而是在继承了前者合理内核的同时，有新的发展，内容更为丰富完整。

在风险导向审计模式下，注册会计师在评估重大错报风险时，了解和评价内部控制仍然是一项极为重要的工作。这是因为，健全有效的内部控制能够降低财务报表重大错报风险。在评估重大错报风险时，没有理由撇开内部控制，有所不同的是，注册会计师对内部控制的了解、评价和测试工作，是在完整的风险分析框架指导下进行，避免了工作的盲目性。

同时，注册会计师在评估重大错报风险时，视野更为广阔，固有风险被纳入视野之内。这意味着管理层的诚信、会计人员的胜任能力、被审计单位对管理层的业绩考核机制、行业状况、公司治理结构、被审计单位的经营活动等影响重大错报风险的外围背景因素都应当加以考虑。

在应对重大错报风险时，主要依赖实质性测试的账项基础审计仍然是一种审计策略，对某些账户余额和交易的审计以及小企业的审计可能特别适用。

因此，风险导向审计是对制度基础审计和账项基础审计的扬弃和升华。正如英国库柏和特雷教授 1990 年指出的，风险导向审计本身并不对应当选择何种策略作出规定，而是提供了作出选择的标准，并决定审计工作的总体方向。

基于上述理解，我们全面引进了风险导向审计的思想，出台了针对审计风险的准则。审计风险准则是用来识别、评估和应对重大错报风险的准则，包括财务报表审计的目标和一般原则、了解被审计单位及其环境并评估重大错报风险、针对评估的重大错报风险实施的程序和审计证据等 4 个项目。与以往审计准则相比，审计风险准则着力解决以下几个问题：

• 要求注册会计师加强对被审计单位及其环境的了解。注册会计师应当实施程序，更广泛深入地了解被审计单位及其环境的各个方面，包括了解内部控制，为识别财务报表层次，以及各类交易、账户余额、列报和披露认定层次的重大错报风险提供更好的基础。

• 要求注册会计师在所有审计项目中都要实施风险评估程序。注册会计师应当把识别的风险与认定层次可能发生错报的领域联系起来，实施更为严格的风险评估程序。

• 要求注册会计师将识别和评估的风险与实施的审计程序挂钩。在设计和实施进一步审计程序（控制测试和实质性程序）时，注册会计师应当将审计程序的性质、时间和范围与识别、评估的风险联系起来，以防止机械利用程序表从形式上迎合审计准则的要求。

• 要求注册会计师把识别、评估和应对风险的过程形成审计工作记录，以保证执业质量，明确执业责任。

同时，以审计风险准则为基础，在新制定的其他准则中也体现了审计风险准则的要求。

第二，体现了国际趋同的要求。审计准则体系实现了与国际审计准则的实质性趋同，表现在如下几个方面：从体系结构看，按照国际趋同的要求，根据注册会计师提供服务性质的不同，对审计准则体系进行了重构，与国际准则体系保持了充分的一致。从项目构成看，除个别项目由于对我国几乎不适用而未被纳入外，我国注册会计师审计准则体系对应于国际审计准则的所有项目。在审计准则的内容方面，采用了国际审计准则所有的基本原则和核心程序，在审计的目标与原则、风险的评估与应对、审计证据的获取和分析、审计结论的形成和报告，以及注册会计师执业责任的设定等所有重大方面，与国际审计准则保持一致。

上述成果得到了国内外的充分肯定和认可。2005 年 12 月，中国审计准则委员会与国际审计准则理事会就中国审计准则国际趋同举行了会谈。以会谈的成果为基础，发表了联合声明，阐明经济全球化背景下审计准则国际趋同的重要性以及双方的共同主张。国际审计准则理事会在联合声明中高度赞赏中国在审计准则国际趋同方面所做的努力和取得的重大进展，认为这种努力和进展为发展中国家和经济转型国家在审计准则国际趋同方面树立了典范。

第三，中国审计准则与国际审计准则的差异。两套审计准则的差异，不是本质上的，主要是形式和结构上的。

- 中国审计准则写作体例与国际准则的差异。国际审计准则由两部分构成，即基本原则和核心程序与举例和理由阐释等解释性材料。由于我国审计准则以政府的规范性文件发布，因此在借鉴国际审计准则时，未将其中的解释性材料写入准则正文，而是写入了指南。

- 中国审计准则适用背景与国际准则的差异。在国际审计准则制定过程中，更多考虑了全球范围内适用的需要，在不损害执业质量的前提下，尽力尊重各国法律法规的规定，因此在术语的选用、各国对注册会计师执业过程和报告的特殊要求等方面具有相当的包容性；而我国的审计准则更多地考虑中国范围内适用的需要，对于国际审计准则中的备选处理办法作了取舍。

- 个别项目的差别。中国公司设立或变更注册资本需要验资，我国审计准则体系中有验资项目，而国际审计准则体系中没有这方面规定。另外，为防止客户通过更换会计师事务所来收买审计意见，我国专门制定了审计准则，规范后任注册会计师的沟通，国际审计准则体系则没有这方面规定，但相关规定散见于各相关准则。国际审计准则体系中有个别项目对我国几乎不适用，没有纳入我国审计准则体系。

三、审计准则体系的理念

第一，**把维护公众利益作为最高原则。**维护公众利益是注册会计师的核心价值所在，也是制定审计准则的最高原则。这是因为，我们认识到，高质量审计准则有利于提高会计信息质量。研究会计目标的同志都知道，英国、美国、澳大利亚等国的会计标准制定机构以及国际会计准则理事会都把会计目标定位于提供决策有用的信息，包括投资决策、信贷决策以及其他种种的决策。这一目标表面上看来，只影响每一个市场主体的决策和利益，实际上远远不止这些。从市场体系的运行逻辑看，投资、信贷所形成的资金流的背后，是资源的配置，是资源在不同市场主体之间的分配。所以，会计目标能不能有效地实现，还关乎资源的合理配置和财富的公平分配。注册会计师审计作为会计信息生成链条上的重要一环，高质量的审计准则作为对注册会计师审计行为的规范，对会计信息的可靠性至关重要。

基于这一认识，审计准则在诸多方面体现了维护公众利益的理念：

• 确立了恰当的审计目标。审计准则指出，财务报表审计的目标是注册会计师通过执行审计工作，对财务报表的下列方面发表审计意见：（1）财务报表是否按照适用的会计准则和相关会计制度的规定编制，也就是合规性；（2）财务报表是否在所有重大方面公允反映被审计单位的财务状况、经营成果和现金流量，也就是公允性。

为什么把审计目标定位在对财务报表合法性和公允性发表意见呢？一是，被审计单位在会计确认、计量和报告时，为保证会计信息质量，要按照适用的会计准则和相关会计制度的规定编制财务报表。这既是包括投资者、债权人、政府和公众等财务报告使用者作出经济决策的需要，也是被审计单位管理层履行受托经济责任的要求。所谓受托经济责任，是指管理层按照特定要求或原则，经营管理受托经济资源并报告经管状况的义务。如果管理层违反适用的会计准则和相关会计制度的规定，财务报表有可能出现重大错报。因此，在执行财务报表审计业务时，注册会计师要运用会计准则和相关会计制度衡量财务报表是否符合要求。二是，被审计单位在会计确认、计量和报告时，为保证会计信息质量，应当做到会计信息的公允反映。国际会计准则中的《财务报表编制与列报框架》第 46 段指出，对主要质量特征和恰当会计标准的运用，通常可以使财务报表传达的信息做到真实和公允。随着我国企业会计准则体系的实施，被审计单位编制的财务报表要能够做到在合法基础上的公允。由于会计准则涉及职业判断，财务报表的公允性尤为重要。相应地，注册会计师对财务报表的公允性也要发表意见。

• 严格了审计工作要求。例如，针对注册会计师在实施审计程序时可能存在不到位的情况，在审计证据部分指出，注册会计师可以考虑获取审计证据的成本与所获取信息的有用性之间的关系，但不应当以获取审计证据的困难和成本为由减少不可替代的审计程序。

针对会计师事务所可能过分依赖分析程序，忽视对重大交易、账户余额实施实质性程序的情况，审计准则指出，注册会计师应针对所有重大的各类交易、账户余额、列报和披露实施实质性程序。

针对“安然事件”暴露出的会计师事务所销毁工作底稿的问题，审计准则对审计工作底稿的归档期限和保存年限，以及审计报告日后对审计工作底稿的变动作了规定。

针对公众反映审计报告过于抽象、不易理解的情况，审计准则重新规划了审计报告的要素，细化了被审计单位管理层和注册会计师的责任，调整了审计报告的格式，使审计报告类型更加明确、内容更加通俗易懂。

• 强化了质量控制要求。《会计师事务所质量控制准则第 5101 号——业务质量控制》要求，会计师事务所要树立质量至上的意识，培育以质量为导向的机构文化，建立以质量为导向的业绩评价、薪酬及晋升的政策和程序，要求主任会计师对质量控制制度承担最终责任；在从事上市公司审计业务时，要求会计师事务所在审计所有上市公司财务报表时实施项目质量控制复核，复核内容包括独立性、审计过程中识别的特别风险及其应对措施、审计过程中作出的重要判断、意见分歧、调整事项和审计报告等；会计师事务所应当周期性地选取已完成的业务进行检查，周期最长不得超过三年。在每个周期内，应当对每个项目负责人的业务至少选取一项进行检查。

第二，公开表明注册会计师对发现舞弊承担的责任。注册会计师是否有责任发现舞弊这个问题，会计职业经历了一个曲折的认识过程，美国审计准则的演变为我们提供了一个很清晰的图景。

我们知道，财务报表审计的目标经历了一系列的变化。在审计职业形成的早期（19 世纪末至 20 世纪初），以查错揭弊为主要审计目标，此后，验证会计报表的公允反映逐渐成为更重要的审计目标。到了 20 世纪 60 年代，验证会计报表是否公允反映已经成为审计的核心目标，这一理念对审计准则的制定产生了重要影响。例如，美国注册会计师协会在 1972 年发布的《审计准则公告第 1 号——审计准则和程序汇编》明确规定，对财务报表发表意见而实施的一般性检查，尽管时常能够发现揭露贪污或挪用公款的行为和其他类似的违规行为，但这并不是专为发现此类行为而设计的，因此不能依赖这类检查达到这一目的。在一个组织健全的单位，应当主要依赖适当的内部控制和会计系统来发现这类行为。如果要求注册会计师承担这一责任，他不得不扩充审计工作，以致审计成本高到无法承受的地步。

随后几十年来，资本市场上不断发生舞弊的案件，促使注册会计师行业更多、更积极地承担发现舞弊的责任。注册会计师行业如果不能积极予以回应，审计的核心价值就会被削弱，最终就会被公众抛弃。因此，各国审计准则重新设定了注册会计师对发现舞弊的责任，以顺应公众的要求。20 世纪 70 年代后期至今，美国注册会计师协会先后发布了审计准则公告第 16 号（1977 年）、第 53 号（1988 年）、第 82 号（1997 年）和第 99 号

（2002 年），对注册会计师在财务报表审计中发现舞弊的责任进行了数次修订，以弥合注册会计师行业和公众的期望差距。1988 年，《美国审计准则公告》第 53 号第一次正面地规定了注册会计师发现舞弊的责任。随后的第 82 号（1997 年）和第 99 号（2002 年）没有改变这一责任设定，并且对注册会计师如何履行好这一职责提供了更详细的指导。修订后的国际审计准则第 240 号充分借鉴了《美国审计准则公告》第 99 号的成果。

《中国注册会计师审计准则第 1141 号——财务报表审计中对舞弊的考虑》明确规定了注册会计师发现和报告舞弊的责任。注册会计师有责任按照审计准则的规定实施审计工作，获取财务报表在整体上不存在重大错报的合理保证，无论该错报是由于舞弊还是错误导致。该审计准则以积极的方式设定了注册会计师发现舞弊的责任，明确地指出舞弊与财务报表错报的固有联系。审计的目标是对财务报表是否存在影响信息使用者决策的重大错报发表审计意见，既然舞弊会导致财务报表重大错报，发现舞弊就不是注册会计师的分外之事，而是应尽的职责。当然，由于审计的固有局限，注册会计师提供的只能是合理保证，而不是绝对保证。

除明确规定注册会计师对发现舞弊的责任外，审计准则还对注册会计师如何履行这一职责提供了更详细的指导和要求。与原先的审计准则相比，修订后的审计准则在容量上从 20 条增加到 90 条，要求注册会计师积极主动地评估和应对发生舞弊的风险，包括增加审计程序的不可预测性、项目组就舞弊风险进行专题讨论、考虑舞弊产生的条件（动机、机会和合理化）、考虑管理层凌驾于内部控制之上的风险、假定收入确认存在舞弊等。在审计准则中写进这些内容是为了提高注册会计师发现舞弊的能力。

第三，纠正对内部控制作用的认识。在“安然事件”等数起重大的财务信息造假事件发生后，国际监管机构、企业界和注册会计师行业对内部控制的重视程度进一步提升，有关各方纷纷出台了与内部控制有关的标准和规范。从国际审计准则和有关国家（如美国、英国）的审计准则来看，对内部控制的了解和测试已经被视为注册会计师在财务报表审计过程中识别财务报表重大错报风险的一个重要方面和必经途径。我国审计准则在借鉴国际审计准则的过程中，也充分吸收了这一理念。

大家知道，企业的经营管理活动受到其目标和战略的引导，受到所在行业、监管环境及其他内外部因素的影响，因此不可避免地会面临各种经营风险，其中也包括导致财务报表发生重大错报的经营风险。大家也知道，内部控制作为企业的一项重要管理活动，主要试图解决三方面的问题，即财务报告的可靠性、经营的效率效果以及对法律法规的遵循。一家企业为了抵御或防范风险，或多或少都可能设计并实施了一些内部控制措施。

很显然的，注册会计师如果不考虑内部控制，单纯地看导致财务报表发生重大错报的经营风险，可能就会高估被审计单位的重大错报风险，据此实施的应对程序中就会有一部分是做无用功，浪费了审计资源。这个层面就是注册会计师为什么需要在财务报表审计中考虑内部控制的传统功用。再拿一个业务处理高度自动化的被审计单位来说，如果注册会计师不测试，甚至根本不了解该单位的财务信息系统和相关业务系统中的内部控制，即使检查了所有由自动化系统生成的会计记录和相关凭证，也可能根本发现不了潜在的重大错报。在这种情况下，了解与不了解内部控制，测试与不测试内部控制，已经不再是注册会计师能够减少多少审计工作量的问题了，而是直接影响到了审计工作的效果。从这个层面上讲，审计工作对内部控制的依赖已经超越了传统意义上的审计与内部控制之间的关系。

如何在财务报表审计中考虑内部控制呢？这里要重点谈一谈审计实务中比较普遍存在的工作误区以及审计准则的变化。

在了解、测试和评价内部控制这几个环节中，过去的审计实务普遍存在着几种倾向。一种倾向是，项目负责人根本不对被审计单位的内部控制作任何了解或测试，认为内部控制是一个很空洞的东西，做不做程序都无所谓。这种思想和做法对审计工作质量的危害非常之大。试想，注册会计师如果不了解内部控制，就不能合理把握被审计单位对自身风险的防范程度有多大，评估出的重大错报风险自然就不准确，应对程序也就缺乏针对性，审计资源有可能浪费，也可能投入不足。如果再考虑到审计实务中的实际情况，大部分会计师事务所都倾向于减少实质性测试的工作量，那么，这种盲目减少审计工作量的做法就缺乏依据，会计师事务所很难对审计风险进行有效控制。另一种倾向是，项目负责人可能仅仅在形式上对内部控制进行了解和测试，但缺乏目的性和针对性，程序也比较机械、单一。比如说，项目负责人可能只是把内部控制的了解或测试工作交给项目组内部的某个成员在某个时间段里集中完成，而负责具体的财务报表认定的各个项目组成员并不去有意识地利用内部控制的了解或测试结果，并且把这种结果和自己负责的报表认定联系起来。这种工作方式的结果就是，项目组在形式上实施的对内部控制的了解程序或测试程序，并没有真正落实，发挥不了实际作用，对审计工作的质量同样没有实质性的帮助。还有一种倾向是，项目负责人仅仅了解和测试内部控制，而不做实质性程序。这种倾向往往是在注册会计师通过了解和测试内部控制后，认为被审计单位的内部控制非常不错的情况下发生的。对于这种倾向，我们也不赞成，一方面，注册会计师不可能完全识别所有的重大错报风险；另一方面，内部控制毕竟存在着难以克服的固有局限，特别是存在着串通舞弊的风险以及管理层凌驾于内部控制之上的风险。不做任何实质性程序，或不适当地减少实质性程序的工作量，都可能导致无法发现实际存在的重大错报。

针对上述三种不正确的倾向，审计准则提出了这样的要求：了解被审计单位及其环境是必要程序，对内部控制的了解自然包含在里面；评估错报风险时，注册会计师应当将所了解的控制与特定认定相联系。尽管审计准则并不要求注册会计师在任何情况下都需要实施控制测试，但明确规定了注册会计师必须实施控制测试的两种具体情形。此外，审计准则还特别强调，无论评估的重大错报风险的结果如何，注册会计师都应当针对所有重大的各类交易、账户余额、列报与披露实施实质性程序。

通过上述核心规定以及其他相关要求，我们希望审计准则无论在理念上还是在实务操作上，都能够有助于正确理解财务报表审计与企业内部控制的关系，在财务报表审计过程中针对被审计单位的内部控制有效设计和实施审计程序，切实评估和应对财务报表重大错报风险，提高审计质量。

第四，把勤勉尽责作为注册会计师的职业追求。从民法的角度讲，服务的提供者对服务的消费者或使用者负有勤勉尽责的义务，如医生对病人、律师对客户等。西方法学词汇“应有的关注”，也就是我们说的勤勉尽责。对专业人士而言，强调勤勉尽责这一高层次原则尤其重要，因为专业人士与其服务对象之间通常存在信息不对称，服务对象很难判断专业人士提供服务的质量，很难判断其所作出的职业判断是否合理，也很难设置具体的程序来完全约束专业人士的行为。

注册会计师在提供专业服务时更应当做到勤勉尽责。这是因为，会计信息是一种公共物品，其使用不具有排他性。注册会计师如果把关不严，虚假会计信息会影响到很多信息使用者的经济决策。勤勉尽责要求注册会计师保持职业怀疑态度和一丝不苟的精神，运用其专业知识、技能和经验，认真收集和客观评价审计证据，支持审计意见。

职业怀疑态度是指注册会计师以质疑的思维方式来评价所获取的审计证据的有效性，并对相互矛盾的审计证据，以及引起对文件记录或管理层和治理层提供的信息的可靠性产生怀疑的审计证据保持警觉。

职业怀疑态度并不要求注册会计师假设管理层是不诚信的，但是注册会计师也不能假设管理层的诚信就毫无疑问。职业怀疑态度要求注册会计师凭证据“说话”。

职业怀疑态度意味着，在进行询问和实施其他审计程序时，注册会计师不能因为轻信管理层和治理层的诚信而满足于说服力不够的审计证据。相应地，为了得出审计结论，注册会计师不应当使用管理层声明替代应当获取的充分、适当的审计证据。例如，注册会计师不能仅凭管理层声明，而不对重要的应收账款进行函证，就对应收账款余额的存在性作出结论。

职业怀疑态度要求，如果注册会计师在审计过程中识别出异常情况，就应当进行进一步调查。例如，如果注册会计师在审计过程中识别出的情况使其认为文件记录可能是伪造的，或者文件记录中的某些条款已发生改动，则应当进行进一步调查，包括直接向第三方询证，或者考虑利用专家的工作以评价文件记录的真伪。

勤勉尽责的理念在很多审计准则中得到体现。《中国注册会计师审计准则第 1141 号——财务报表审计中对舞弊的考虑》规定，注册会计师不应当将审计中发现的舞弊视为孤立发生的事情。注册会计师还应当考虑，发现的错报是否表明在某一特定领域存在舞弊，从而导致更高的重大错报风险。《中国注册会计师审计准则第 1301 号——审计证据》规定，如果从不同来源获取的审计证据或者所获取的不同性质的审计证据不一致，可能表明某个审计证据不可靠，注册会计师就应当追加必要的审计程序。《中国注册会计师审计准则第 1341 号——管理层声明》规定，如果管理层的某项声明与其他审计证据相矛盾，注册会计师应当进行调查。必要时，注册会计师应当重新考虑管理层其他声明的可靠性。

（节选自在全国高级会计人才联合培训班上的讲稿，2006 年 9 月 20 日。
全文载《注册会计师职业化十四讲》，2018 年 11 月）

第三节
学好用好注册会计师职业道德守则

《中国注册会计师职业道德守则》和《中国注册会计师协会非执业会

员职业道德守则》这两套职业道德守则，全面系统地阐述了中国注册会计师和非执业会员的职业道德标准，这是实施会计审计职业标准国际趋同战略新的成果，对于加强注册会计师职业道德教育、规范注册会计师执业实践，深化注册会计师行业诚信建设，必将起到重要的指导和规范作用。

一、注册会计师行业诚信建设的又一重大成果

高质量的会计准则、审计准则和职业道德守则，是注册会计师行业建设的基础工程，是投资者信赖财务信息的基础。当前，国际金融危机尚未结束，会计职业标准国际趋同面临新的形势。国际会计师联合会采取了积极的态度和行动，先后向二十国集团伦敦金融峰会、二十国集团匹兹堡峰会提出应对金融危机的建议，鼓励各国政府采用和实施统一的全球标准，包括会计、审计和独立性准则，促进提高会计信息质量，为金融合作和金融稳定服务。

作为注册会计师行业核心价值的职业道德，一直受到行业的高度重视，职业道德规范建设不断取得进步。先后发布了一系列有关职业道德要求的规范性文件，其中包括 1992 年 9 月发布的《中国注册会计师职业道德守则（试行）》、1996 年 12 月发布的《中国注册会计师职业道德基本准则》，以及 2002 年 6 月发布的《中国注册会计师职业道德规范指导意见》。最新出台的这套职业道德守则，是在总结以往职业道德实践，吸收借鉴新修订的国际职业会计师职业道德守则的基础上制定的，体现了中国国情，也保持了与国际职业道德守则的趋同。

国务院转发财政部《关于加快发展我国注册会计师行业的若干意见》，要求以诚信建设为行业工作的生命线，以维护公众利益为宗旨，以职业道德建设为核心，坚守独立、客观、公正的职业立场，全面提升行业的诚信度和公信力。中共中央组织部和中共财政部党组发布的《关于进一步加强注册会计师行业党的建设工作的通知》，要求把党员教育与行业诚信建设

和职业道德建设相结合，把遵守党的纪律与遵守执业纪律相结合。我们相信，职业道德守则的发布和实施，对于注册会计师行业深入学习科学发展观，加强行业党的建设，深化行业诚信建设，提高行业职业道德教育水平，优化职业道德实践，推进行业又好又快发展，具有重要意义。

二、职业道德守则的主要内容

职业道德守则充分总结和体现了注册会计师行业恢复重建以来积累的经验，精准应对注册会计师行业诚信建设存在的突出问题，对注册会计师承担独立审计以及相关专业服务涉及的职业道德理念进行了系统阐述，同时还对中注协非执业会员面临的职业道德问题提出了要求。

一个行业用近七万字的篇幅，基于 30 年的实践积淀，按照国际趋同的要求规范自己行业的职业道德行为，充分体现了对公众利益高度负责的精神。

第一，关于诚信的要求。诚信是传统伦理文化的重要内容，“诚信者，天下之结也”。诚信是注册会计师行业的基石。职业道德守则要求注册会计师在所有的执业活动中保持正直，做到诚实守信。注册会计师如果认为业务报告、申报资料或其他信息有严重虚假或误导性的陈述、有缺少充分依据的陈述或者信息、存在遗漏或含糊其词的信息，则不得与这些有问题的信息发生牵连。

第二，关于独立性的要求。独立性是注册会计师审计的灵魂，也是职业道德守则的核心要求。职业道德守则规定，注册会计师在执行鉴证业务时，应当从实质上和形式上，即内在态度和外在形式方面均保持独立性，尤其在以下方面强化独立性要求：（1）将独立性要求从上市公司扩展到所有涉及公众利益的实体；（2）对会计师事务所员工跳槽到涉及公众利益的审计客户并担任特定职位，作出冷却期的要求；（3）将合伙人轮换的要求扩展至所有关键审计合伙人；（4）强化对审计客户提供非鉴证服务的部分规定；（5）从涉及公众利益的审计客户的全部收费，如果连续两年超过会计师事务所全部收费的15%，要求其在发表审计意见之前或之后进行复核；（6）禁止将关键审计合伙人的薪酬或业绩评价与其向审计客户推销的非鉴证服务直接挂钩。

第三，关于客观和公正的要求。客观和公正是指按照事物的本来面目去考察，从实际出发，不添加个人偏见。职业道德守则要求，注册会计师要在执业活动中做到客观公正、实事求是，不得因不当影响而损害职业判断。如果存在导致职业判断出现偏差的情形，或者对职业判断产生不当影响的情形，注册会计师不得提供相关专业服务。

第四，关于专业胜任能力和勤勉尽责的要求。为确保提供具有专业水准的服务，注册会计师应当将专业知识、技能和经验始终保持在应有的水平。职业道德守则要求注册会计师通过不断教育、培训和执业实践获取和保持专业胜任能力，同时保持勤勉尽责，遵守职业准则和职业道德规范，认真、全面、及时地完成工作任务。

第五，关于保密的要求。注册会计师能否与客户维持正常的关系，有赖于双方自愿而又充分地进行沟通和交流，不掩盖任何重要的事实和情况，这是以保密原则为基础的。职业道德守则要求注册会计师对执业活动中获知的涉密信息保密，包括对拟接受的客户或拟受雇的工作单位，以及所在会计师事务所的涉密信息保密。

第六，关于良好职业行为的要求。注册会计师要"惜誉如金"，自觉维护行业形象。职业道德守则要求注册会计师遵守相关法律法规，避免发生任何损害职业声誉的行为，在向公众传递信息以及推介自己的工作时，应当客观、真实、得体，不得损害职业形象。

第七，关于收费的要求。会计师事务所的收费应当公平地反映为客户提供的专业服务的价值，不能通过降低价格或者或有收费条款，削弱注册会计师的独立性，降低服务质量。职业道德守则要求，如果收费报价明显低于前任注册会计师或其他会计师事务所的相应报价，会计师事务所应当确保，在提供专业服务时遵守职业准则和职业道德规范的要求，使工作质量不受损害，并使客户了解专业服务的范围和收费基础。除非法律法规允许，注册会计师不得以或有收费方式提供鉴证服务，收费与否或收费多少不得以鉴证工作结果或实现特定目的为条件。

第八，关于运用职业道德概念框架的要求。根据职业道德概念框架，注册会计师如果发现可能违反职业道德基本原则的情形，应当首先识别该情形可能对执行职业道德基本原则产生的不利影响，评价不利影响的严重程度，如果超出了可接受的水平，则有必要采取防范措施，消除不利影响，或者将风险降低至可接受的水平。

第九，对非执业会员的要求。为了规范非执业会员从事专业服务时的职业道德行为，促使其更好地履行相应的社会责任，维护公众利益，职业道德守则把非执业会员纳入职业道德建设的规范体系，从职业道德基本原则、职业道德概念框架、潜在冲突、信息的编制和报告等方面作出规定，是这套职业道德守则的一大突破。

三、确保职业道德守则执行到位

注册会计师职业道德守则是注册会计师行业全体从业人员的行为规范，是行业之法。能否发挥提升行业诚信水平和职业道德水平的作用，关键在于每个注册会计师是否能够在执业实践中充分理解和遵循。

第一，把诚信建设置于行业科学发展的中心位置。注册会计师行业正在按照党中央的统一部署参加第三批深入学习实践科学发展观活动。行业的科学发展首先是诚信发展，衡量行业的发展是否科学，首先要看是否讲诚信。在学习实践科学发展观活动中，每个注册会计师都要对照检查一下自己是否诚信，还存在哪些不符合职业道德要求的行为和领域，把诚信建设做深做透。要把党性锻炼与实践职业道德结合起来，用党性教育指导诚信建设，以党性锻炼矫正职业行为，以诚信建设的成果检验党性教育的成效。

第二，加强职业道德教育。诚信的品格需要培养和熏陶，要把职业道德守则列为注册会计师继续教育乃至大学会计专业教育的必修科目，推动大学开设职业道德课程。要创新诚信教育形式，用注册会计师执业成败两方面的案例，开展警示教育；要编写职业道德教育的教材，将职业道德守则的内容体现在注册会计师考试各科目中。

第三，加强诚信监督。要把职业道德评价、独立性监管作为执业质量检查的重要内容。在执业质量检查中，不仅要查审计程序是否执行到位，还要检查是否贯彻了职业道德要求。把职业道德要求体现到诚信档案、诚信宣誓、诚信公约、信用管理、信用评级、行业惩戒等制度中。

（载《中国注册会计师》，2009 年第 12 期。
原题《深化行业诚信建设 完善职业道德标准》）

第四节
实施内部控制审计制度　把内部控制审计做实做到位

全面落实企业内部控制审计制度，是促进企业内部控制制度建设的机制保障。注册会计师行业要认真学习，不负使命，为企业内部控制基本规范和配套指引贯彻落实到位作出贡献。

一、认识内部控制审计制度的意义

企业内部控制规范体系的核心包括三部分内容，即内部控制建设标准、内部控制评价标准和内部控制审计标准。内部控制审计制度是推进内部控制实施的关键环节，是重要的监督保障机制。对于实施内部控制审计制度的重要意义已有多种表述，做过大量的宣传和讲解，我这里用四个“新”

字来概括。

第一，实施内部控制审计制度是服务国家建设的新任务。服务国家建设是注册会计师行业工作的主题。按照服务国家建设的使命要求，注册会计师行业不断深化对行业战略任务的认识，努力提高服务国家建设的能力。实施内部控制审计制度正是注册会计师行业在新形势下进一步服务国家建设的新任务。

从国际来看，发端于美国的全球金融危机给世界经济带来重创。金融危机爆发的重要原因之一就是作为金融体系微观基础的金融机构的内部控制出了问题。再看欧债危机，据报道，当初希腊加入欧盟时提交的宏观数据和债务比例信息是错误的，其真实状况已远超有关标准的底线。可见，无论是国家的金融风险、债务风险，还是企业的经营风险，都与内部控制问题密切相关。所以，以二十国集团峰会为代表的全球经济治理的核心机构提出，要建立一个持续、透明、稳定的金融体系。其中，内部控制建设是重要内容。

全球金融危机爆发以来，在党中央的正确领导下，我国牢牢把握和谐发展的主题，坚持科学发展、有序开放，有效应对了金融危机的冲击，保持了经济社会平稳较快发展。为防止欧美国家今天的问题在我国重演，就要取长补短，未雨绸缪，全面推进转变经济发展方式，加强宏观调控，完善包括企业内部控制在内的各项制度建设，全面提升我国经济可持续发展能力、抗风险能力和竞争力。

注册会计师行业承担着内部控制审计的重要职责，服务于内部控制规范体系建设和企业风险防范。可以说，这是行业为中国经济又好又快发展、可持续发展而担负的新任务。我们要从这个高度上正确认识实施内部控制审计制度的意义。

第二，实施内部控制审计制度是市场监管的新抓手。当前世界经济形势错综复杂，金融市场瞬息万变，在这一新的形势下，监管部门对企业的监管重心，逐渐从事后被动监管转变为过程控制，从财务信息质量监管转变为财务信息质量保证体系的监管，从大案要案的查处转变为系统风险的防范，以达到既治标也治本的监管效果。加强企业内部控制建设，实施企业内部控制审计，则是监管方式变革的重要组成部分。企业内部控制审计制度的确立，改变了企业在上市或再融资时才委托注册会计师对内部控制进行审计的局面，使得企业内部控制审计与财务报告审计一样，成为经常性、周期性业务，有利于公司管理层借助注册会计师对内部控制审计的成果，更好地履行监督内部控制的责任，有利于防范管理层凌驾于控制之上的风险，完善公司内部治理机制。美国证券交易委员会 2009 年关于实施《萨班斯–奥克利法案》404 条款的调查研究表明，接受调查的公众公司财务总裁认为，通过内部控制审计，公司财务报告内部控制的质量、审计委员会对内部控制的信心、公司防止和发现舞弊的能力等均得到提升。

第三，实施内部控制审计制度是提高财务报表审计质量的新支撑。财务报表审计是注册会计师行业的传统业务，经过多年的实践已获得市场的认可。注册会计师行业对财务报告信息质量提供鉴证的作用，有效增强了市场信心，提高了市场效率，维护了投资者利益。这也是证券监管机构重视、支持注册会计师行业发展的重要原因。财务报表审计是以内部控制评价为基础的。即使在引入了风险导向审计的情况下，内部控制评价依然是做好财务报表审计的重要基础环节。今天我们更加强调内部控制审计，是希望借助于注册会计师的独立鉴证作用，推动企业加强内部控制建设，有效促进企业主动识别、评估和应对财务报告的风险，筑牢企业防范财务报告错误和舞弊行为的第一道防线，合理保证财务报告的真实性和完整性，使财务报表审计的基础更为坚实。所以说，实施内部控制审计制度是提高财务报表审计质量的新支撑。

第四，实施内部控制审计制度是拓展业务领域的新机遇。2021 年年底召开的中注协“五代会”提出，要进一步创新发展模式，拓展服务领域，建立行业发展新增长点的要求。中注协不久前发布的行业“十二五”规划把新业务拓展作为行业未来五年的一项重要战略。拓展新业务，意味着既要把传统的审计业务做好，覆盖包括行政事业单位、非营利组织在内的更多领域，又要大力发展咨询业务。其中，内部控制审计业务正是鉴证业务新的拓展，是财务报表独立审计制度的延伸。实施内部控制审计不仅有政策做基础，又有充裕的市场资源，是拓展注册会计师服务领域难得的新机遇。从国际会计师行业发展趋势看，注册会计师的职业价值正从经济鉴证向价值管理转变，从合规性治理向经营性治理和风险管理转变。这就要求注册会计师顺势转变，发挥好“诊断”和“增值”等功能，帮助企业实现其战略目标。通过内部控制审计，注册会计师自身的管理能力、管理咨询服务的能力、职业判断能力都将得到提升，有效锤炼会计师事务所人才队伍，为开发新的业务奠定基础。

二、认识实施内部控制审计制度的挑战

实施内部控制审计业务意义重大、机会难得。大家要珍惜，深刻领会肩负的责任。这项业务做得好不好，不仅关乎会计师事务所自身的业务发展，也关乎证券市场乃至整个国民经济的发展。从前一阶段的业务开拓情况来看，内部控制审计工作还存在着诸多挑战，需要认真对待。概括来讲，挑战主要来自以下五个方面。

第一，控制系统多样的挑战。内部控制是一个复杂的系统，其有效与否是诸多因素共同作用的结果。不同的行业、同一行业的不同企业可能因面临的风险、历史背景、经营管理理念等的差异，采用的控制政策和程序各不相同，导致审计程序的通用性、标准化程度差，这给审计带来很大的挑战。

第二，工作基础薄弱的挑战。相对而言，现代内部控制理念引入较晚，企业内部控制建设科学化水平整体不高，内部控制自我评价工作可利用程

度较低。虽然被审计单位可能有很多管理制度，但是这些管理制度需要按照现代内部控制的结构进行梳理，将风险——财务报表认定——控制进行科学对应，实现精细化。这种状况意味着注册会计师在实施内控审计的头几年将面临更高的审计风险，投入更高的审计成本。

第三，审计技术创新的挑战。与传统的财务报表审计不同，内部控制审计的对象是控制系统，是一套机制，这就决定了注册会计师要在创新中不断丰富、充实、完善审计技术。首先，内部控制系统中的诸多要素，包括企业对内部控制的重视程度、内部诚信文化、组织和治理架构、人力资源政策、执行控制人员的专业能力等，注册会计师在审计测试时需要创新审计方法，以有效提高所收集审计证据的说服力，克服得出的审计结论的主观性等技术障碍。其次，注册会计师需要考虑财务报表审计和内部控制审计的关系，调整传统的审计业务流程，通过审计流程的有机整合，同时实现这两种审计的目的。

第四，价值取向博弈的挑战。内部控制审计是法律法规的强制要求。一些企业对内部控制重要性的认识尚未完全到位，仍把内部控制建设和审计作为一种合规要求来被动应付，在认识上还没有从“要我建内控”上升到“我要建内控”，还没有充分认识内部控制建设及审计的价值，导致内部控制建设积极性不高或不到位，进而影响客户配合注册会计师的审计工作、单独支付审计费用的主动性。

第五，审计人才稀缺的挑战。内部控制审计给会计师事务所的人才队伍建设提出了更高的要求。内部控制审计对注册会计师的业务技能提出了更高的要求，特别是对复杂系统的研究识别能力、职业判断能力、与非财务部门人士的沟通能力。此外，随着被审计单位信息技术运用的深度和广度不断加大，很多控制是由嵌入计算机程序自动运行的。在此背景下，会计师事务所普遍感觉到既懂会计审计又懂信息技术的“两栖人才”的严重匮乏。因此，需要加紧培养和引入复合型人才。

三、对做好内部控制审计的要求

保证内部控制审计实施到位，既需要会计师事务所作为一项重大战略任务来落实，又需要全行业上下齐心协力来抓，更离不开财政部、证监会等部门的大力支持和指导。对于落实内部控制审计制度，提几点要求。

第一，会计师事务所要高度重视内部控制审计业务，将其作为一项单独业务做好做实做到位。会计师事务所和广大注册会计师是执行内部控制审计业务的主体，大家要以高度的责任感来认识内部控制审计业务与财务报表审计业务在审计对象、重点等方面的不同，充分认识二者在对内部控制了解和测试的目的、内部控制测试范围、内部控制测试结果所要达到的可靠程度、对控制缺陷的评价要求、审计报告的内容等诸多方面存在实质性差异。要把内部控制审计作为一项独立于、而不是附属于财务报表审计的新业务来执行，确保注册会计师将内部控制审计业务做好做实做到位，避免“走过场”，要让被审计单位、监管部门及资本市场感觉到注册会计师的额外投入和付出，感觉到审计带来的实实在在的好处，借此赢得专业上尊重。

第二，会计师事务所要积极参加培训，认真学习相关制度和文件精神。组织本次培训班从行业层面上体现了对实施内部控制审计制度的重视。会计师事务所要组织注册会计师加强对相关文件的学习，特别是企业内部控制基本规范和配套指引、上市公司实施企业内部控制规范体系监管问题解答、《企业内部控制审计指引实施意见》《企业内部控制审计工作底稿编制指南》，吃透文件和政策的精神，掌握内部控制审计的理论和实务。

参加培训班的同志都是内部控制审计制度建设的“种子选手”，希望通过三天的培训学习为起点，快速成长，培养一批掌握和吃透内部控制审计原理和方法的专家，在内部控制审计实践中起表率作用。

第三，会计师事务所要尽早修改业务操作规程，建立和完善内部控制审计业务质量控制体系。今年注册会计师行业创先争优的重中之重是深入开展“制度建设年”活动。推进建立包括内部治理、行政管理、业务制度等在内的现代会计师事务所管理制度，是“制度建设年”的三大核心任务之一。希望各会计师事务所把建立和完善内部控制审计业务操作规程和质量控制体系作为“制度建设年”活动的重要内容，认真加以落实。要根据自身实际抓紧研究整合审计策略，及时更新审计技能，学会运用穿过内部控制进行审计的综合性方案，调整业务规程。其次，会计师事务所要按照文件的要求，建立对内部控制审计业务的质量复核制度，做到早实施，早得益，赢得主动。

第四，加强对实施工作的指导和监管。为配合内部控制审计制度的实施，中注协相继制定了系列指导文件，利用《企业内部控制审计指引实施意见》发布之机，精心组织宣传工作，其中特别强调了内部控制审计业务的特点及需要客户配合的方面，证券业六大报分别予以头版头条或者整版报道、中央政府门户网站、新浪财经等知名媒体均予刊载，收到了良好的效果。

中注协要把贯彻落实内部控制审计制度列入 2012 年工作重点。继续加大宣传工作，特别是面向上市公司的宣传，宣传内部控制审计制度的重大意义，需要客户理解和配合的地方，例如独立性、审计收费等。希望证监会进一步引导上市公司重视并积极配合会计师事务所工作，形成企业的财务会计人员与注册会计师的良性互动，企业内部控制制度建设与内部控制审计制度的联动。同时，要在行业层面上密切关注内部控制审计业务的动态，对实施过程中遇到的专业问题进行研究解答，总结推广成功做法，在执业质量检查工作中，重视对内部控制审计业务质量的检查。

（在企业内部控制审计业务培训班上的讲话，
2011 年 11 月 14 日。原题《充分认识内部控制审计
制度重要意义　将内部控制审计业务做好做实做到位》）

第五节
更好地发挥银行函证对于提高审计质量的作用

银行函证对于保障审计工作质量和会计信息质量，促进社会信用体系建设，具有重要作用。财政部和中国银行保险监督管理委员会联合发布《关于进一步规范银行函证及回函工作的通知》(简称《通知》)，这对于夯实审计质量基础，维护金融市场秩序，具有非常重要的意义。

一、认识好银行函证的意义

银行函证是注册会计师审计的核心程序。为防范被审计单位财务报表的错误和舞弊风险，注册会计师需要向被审计单位的开户银行致函，就被审计单位的存款、借款、担保等资金往来事项的真实性、准确性向用户询证，并由银行书面回函确认。银行函证是发现财务舞弊行为的利器。由于银行是独立于被审计单位和注册会计师的第三方，注册会计师从银行直接获取的询证回函，与从被审计单位内部获取的账簿记录及由被审计单位提供的银行对账单相比，可靠性更高。因此，注册会计师审计准则规定，除非有足够理由，注册会计师应当对银行存款、借款及与金融机构资金往来的其他重要信息实施函证程序。在以往曝光的财务舞弊案件中，一个比较普遍的舞弊手法就是被审计单位伪造或粉饰银行存款、银行借款、或有项目等相关账户。如果不能通过银行回函获取直接的外部证据，或银行提供的回函不实，注册会计师就难以发现被审计单位的重大舞弊行为。

本质上，银行函证和回函，是银行与客户对账的过程，也是银行防范和发现业务处理过程中的错误与舞弊行为的有效手段。如果银行回函的质量和效率存在问题，不仅对注册会计师有效发现和防范企业会计信息错误及舞弊风险产生不利影响，作为审计报告的使用方之一，银行也会因此加大其信用风险评价成本，损害信贷决策质量，最终影响整个金融体系的稳健运行。当前银行函证及回函中存在的问题，就直接影响了审计和会计信息质量。

银行函证及回函还是市场经济秩序和社会信用体系重要的基础环节。银行函证对切实提高企业会计信息质量、维护市场经济的有序运行和促进社会信用体系建设具有重要作用。做好银行函证及回函，是注册会计师行业和银行应当共同履行的社会责任。

二、理解好《通知》的精神

财政部和中国人民银行曾于1999年联合发布了《关于做好企业的银行存款借款及往来款项函证工作的通知》，对询证函格式和银行回函提出具体要求。随着近年来金融业务的创新发展，企业与银行之间资金往来的形式越来越复杂多样，比如外汇买卖合约、理财产品、衍生金融工具等等，原询证函格式已无法覆盖新的业务情形。注册会计师审计在银行函证程序中遇到的问题，已成绕不过去的审计风险点。比如，有的银行不回函、迟回函；有的银行对回函有种种限制，增加了银行函证程序的难度和成本；有的银行没有应答注册会计师询证函上列示的所有项目；有的银行直接将回函寄给被审计单位，存在回函被篡改的风险；甚至极个别银行员工与被审计单位恶意串通造假，绕过银行规定程序出具不实回函。有的注册会计师和从业人员也对函证重视不够，以致程序落实不到位。凡此种种，都严重损害了银行函证程序的效能，损害了银行函证的证据价值，损害审计保证会计信息质量的价值。

市场经济是信息经济，包括会计信息在内的各种信息引导资源的配置。资源配置的效率和效果，在很大程度上取决于经注册会计师审计的会计信息的质量。夯实审计质量的基础，进一步规范银行函证，保证回函质量，就是一个重要方面。《通知》针对金融业务创新和注册会计师审计的工作实情，在改革相关监管要求中，突出体现了以下特点：

一是针对性。在制订《通知》过程中，广泛征求意见和深入研究，对函证实务中存在的主要问题进行了系统梳理，并在《通知》中作出了有针对性的规定。比如，针对实务中存在的部分银行回函不完整、不及时等问题，要求银行对询证函列示的全部项目作出回应，并对回函信息的真实性和准确性负责；针对实务中注册会计师对回函的真实性存在疑虑或开户行未对全部函证事项及时回函的情况，允许注册会计师向开户行的上级行反映投诉，由上级行督促开户行积极配合办理，或由上级行直接办理。

二是系统性。《通知》不仅明确了银行办理回函工作的具体程序、时限和相关要求，同时对银行回函的内部控制作了全面严格的要求，更加注重长效机制的建设，体现了解决方案的系统性，达到标本兼治的效果。

三是兼顾性。《通知》所规范的内容既涉及为注册会计师审计质量提供保证，同时涉及银行承担的责任的界定，在有效保证回函真实性、准确性的同时，也充分考虑了银行回函的工作量和成本。在《通知》制订过程中，反复征求了注册会计师行业和商业银行的意见，并借鉴其他国家有效做法，较好地兼顾了商业银行与注册会计师各自的责任承担。

四是前瞻性。《通知》鼓励银行方面建立健全银行函证集中处理机制，对信息系统进行升级改造，充分借鉴了国际先进经验，体现了银行函证处理的未来趋势。

三、落实好《通知》要求

距《通知》生效只有两个月了，相关各方需要进一步增进认识，齐心协力，各尽其职，把银行函证新规落到实处。各会计师事务所应严格按《通知》要求，做好询证函设计，确保询证函完整、规范、有效。同时，对回函中的信息严格履行保密义务。会计师事务所在对被审计单位开户行的回函真实性存有疑虑，或开户行未对全部函证事项及时回函，应及时向开户行的上级行反映，使上级行及时知晓情况并做出处理。各级注册会计师协会应加强相关培训，在行业执业质量检查中，把提升银行函证质量作为一个特别领域，持续推动注册会计师执业环境改善和执业质量提升。

（载《上海证券报》，2016 年 7 月 27 日。
原题《注册会计师和银行应当共同履行的社会责任》）

第六节
解决国际会计职业标准本地化的问题

无论是从所依据的概念和假设看，还是从其形成背景和形成机制看，国际会计职业标准基本上是以英美国家的经济环境和会计模式为参照系的。对于新兴经济体、经济转轨国家以及非英语国家或地区而言，国际会计职业标准很大程度上不是从会计职业的执业实践中总结形成的，有“舶来品”的色彩。如何将国际会计职业标准这一“舶来品”转化成为广大注册会计师的自觉实践，把会计职业标准国际化成果转化为高质量的会计信息成果，是我们推进会计职业标准国际化题中应有之义，我把它称为国际会计职业标准的“本地化”问题。

一、国际会计职业标准有一个“本地化”的问题

第一，从语言差异看国际会计职业标准的本地化。国际会计职业标准是用英语写成的，对于不是以英语作为母语的注册会计师来说，理解起来会存在一些差异。即便是英语作为母语的地方，对同一种文字表述，也可能有不同的理解。语言表达上的差异本身，是实现国际会计职业标准在全

球范围内理解和执行一致性的一大障碍。

曾有学者研究提出，国际会计准则中常见的“probable”一词，在不同国家，注册会计师们给出的概率量值相去甚远。国际会计准则理事会后来通过名词解释来解决这一问题。再如，在国际审计准则明晰项目之前，一些情态动词，如“would”，存在着理解上的混乱，注册会计师的责任是什么，是在通常情况下需要做，还是可做可不做，并没有讲清楚。国际审计准则理事会通过明晰项目在很大程度上逐步解决了这类问题。但是，我们也注意到，同样是表示强制执行的要求，美国公众公司会计监督委员会说的是“must”和“should”，而国际审计准则理事会说的是“shall”。

在进行英语与其他语言进行翻译转换的时候，遇到的困难甚至还要多一些。对于许多英语词汇，我们甚至找不到一个对应的母语词汇来表达。以科学的、审慎的态度，甚至意译的方法进行国际会计职业标准的翻译，是国际会计职业标准本地化一个十分重要的工作。

第二，从形式与实质的背离看国际会计职业标准的本地化。无论是哪个企业发生的业务，无论是哪个地方发生的业务，只要经济实质相同，按照国际会计准则来处理，都应当得出同样的结论——这是国际组织对推进会计标准国际化目标的阐述。“实质重于形式”是国际会计职业的核心原则。我们注意到，由于法律制度、历史传统等诸多因素，不同的地方，会有不同的交易形式、交易类型、交易组合，国际会计准则是以发达市场体系的交易形式、交易类型、交易组合为背景写的，确切地说，主要是以英美国家为背景写的。同样是发达经济体，交易形式、交易类型、交易组合也有不同。而在发展中国家和新兴经济体，这类差异会更大。形式上相同的经济业务，很可能在经济实质上并不相同。如果就条文论条文，机械地套用国际标准，有可能导致“南辕北辙”。所以，在采用国际会计职业标准的时候，就应当把握住其规范目的、主要原则，找到特定类型经济业务或特定经济业务的实质。

第三，从文化传统看国际会计职业标准的本地化。在中华文化环境中，“亲情”“友情”等伦理因素对于调节社会关系起着相当大的作用，类似的文化特性，不可避免地影响着国际会计职业标准的运用。举例来说，intermediate family member 在国际会计师职业道德守则中是一个十分重要的概念，它关系到为保持审计独立性而须回避人员的范围。国际会计师职业道德守则把这个概念定义为配偶和有经济依赖关系的家庭成员，这个定义明确地体现了注重个体独立的西方文化背景和法律环境。基于独立性这一职业道德要求的本质，我们把它运用到中国文化环境的时候，国际标准的定义所给出的范围就显得狭窄了，达不到国际会计师职业道德守则中保持审计独立性的原意。我们认识到，在有些情况下，不具有经济依赖关系的父母、子女甚至远亲，也会对审计的独立性产生重大的不利影响。因此，我们在处理 intermediate family member 概念时，没有采用国际标准中的定义，而是采用了主要近亲属这个概念，外延上包括父母、配偶和子女，不强调是否“具有经济依赖关系”。再如，国际审计准则对舞弊风险的识别、评估和应对提出了原则要求，这些原则要求无疑也适用于中国。但是在中华文化环境中，同样要考虑“亲情”“友情”等伦理因素对舞弊风险识别、评估和应对的重大影响。

第四，从职业判断要求看国际会计职业标准的本地化。会计职业标准本身的原则导向与尊重注册会计师的职业判断，二者互相依赖，构成国际会计职业标准的鲜明特征。国际会计职业标准中的会计政策选择、会计估计决策，以及“控制”“重大影响”“资产减值”等重大概念的处理，均依赖于注册会计师的职业判断。就国际审计准则而言，审计重要性水平的确定，重大错报风险的识别、评估和应对，都是职业判断的绝好例子。

我们看到，在包括亚洲在内的一些地方，“条文式”法律传统，类似于“大陆法”因素，使得专业人士的职业自信、职业权威和职业自律尚没有充分树立起来，包括注册会计师在内的专业人士更习惯于对照条文办事。原则导向的国际会计职业标准给注册会计师们留下许多职业判断的空间。如果出现会计审计标准没有涉及的问题，或者，虽然会计审计标准有所涉及，但没有充分交代的领域，注册会计师们往往无所适从。

二、国际会计职业标准本地化的行动

实现国际会计职业标准的本地化，既是采用这套标准的国家和地区的事，也是制定这套标准的国际组织的事，既是会计职业标准制定机构的事，也是监管部门的事。总之，是大家的事。

第一，国际会计职业标准制定机构。对于国际会计职业标准制定机构来说，应当避免以英语国家的市场环境、实务操作和监管要求等作为制定国际会计职业标准唯一的参照系，应当看到其他经济体，包括新兴经济体、经济转轨国家或地区在使用、理解、执行国际会计职业标准中的困难、意见和要求。应当在倚重发达国家、英美国家会计实践的专业理念、具体方法和实践经验的同时，重视其他经济体在国际会计职业标准制定中的参与度、条文的针对性以及在运用中的难度。最近，国际会计准则理事会成立了新兴经济体工作组，增加了新兴经济体在国际会计准则制定中的参与。国际审计准则理事会启动并完成了明晰项目，对国际审计准则和体例结构和部分审计准则的内容进行了重大修订。这些举措都值得充分肯定并发扬光大。

第二，国别或经济体别会计职业标准制定机构。每一个国家、某一地区或某一经济体，都应当高度重视国际会计职业标准的本地化问题，把提高审计质量和会计信息质量、使国际会计职业标准落地生根，作为会计职业标准国际化战略的根本任务，不能满足于“条文”上的国际化。

既要重视国际会计职业标准的采用模式的战略安排，也要重视国际会计职业标准本地化的方法策略。即使是直接采用国际会计职业标准的地方，也要考虑国际会计职业标准的语言、目标、原则为本地注册会计师和监管机构理解、认同的程度，作出必要应对。

另外，在认识到国际会计职业标准英语语言背景、发达市场背景、会计职业背景的基础上，无疑应当做好语言转译、背景甄别、应用指南、解读培训等工作。

第三，监管机构。随着国际会计职业标准的普及，职业标准本身的差异将会越来越小，甚至最终消失，但职业标准实施的任务，将长期存在。对会计职业标准实施的监管，任重道远。我们认为，会计职业标准的监管要建立在原则导向上，建立在对经济业务实质的分析和把握上，避免“就事论事”“就条文论条文”；在监管实践中，要尊重注册会计师的职业判断，避免“秀才遇到兵，有理说不清”；要不断改进市场法律和监管机制，把监管工作建立在尊重市场规律的基础上，市场法律和监管机制越符合市场规律，国际会计职业标准就越能发挥效力，不能“削足适履”。

第四，会计职业。注册会计师之所以成为“注册会计师”，很大程度上在于其所具有的职业判断能力。注册会计师具备职业判断能力，既是注册会计师成为一个职业的理由，同时也是会计职业标准国际化的实践条件。为此，注册会计师应当首先做到职业自觉，认识这个职业的专家特性以及执行职业判断的权力和责任；其次，要树立职业自信，也就是职业判断的自信，在理解会计原则和实施职业判断上，注册会计师无疑是“无冕之王”；再其次，要保持职业自强，主要是提高职业判断能力，其中很重要的一条，就是要把握现代会计审计理论、吃透会计审计标准，透过交易形式和法律形式，把握经济实质，“不求其形、但求其实”；最后，要坚守职业自律，职业判断是一种权力，更是一种责任，要讲诚信，重承诺，做受人尊重的“专业人士”。

（节选自“在海峡两岸及港澳地区会计师行业交流研讨会上的演讲”，2012 年 9 月 4 日。全文载《注册会计师职业化十四讲，2018 年 11 月》）

附录一 答记者问

答《中国证券报》记者问

（2002 年 7 月 2 日）

话　　题 《中国注册会计师职业道德规范指导意见》于 2002 年 7 月 1 日起实施

新闻标题　独立性是注册会计师审计的灵魂

《中国注册会计师职业道德规范指导意见》（以下简称《指导意见》）最引人注目的地方，是为确保审计业务的独立性而作出的清晰的、针对性很强的若干规定。例如，会计师事务所不得为上市公司同时提供编制会计报表和审计服务；不得担任审计客户的董事、独立董事、经理或其他管理职务；不得从审计客户中谋取除审计收费以外的其他经济利益；会计师事务所业务约定中不得有或有收费的条款；《指导意见》还对上市公司恶意更换会计师事务所表示关注。

记者就有关问题采访了中国注册会计师协会秘书长陈毓圭。

记　者：这次制订《指导意见》的背景是什么，它与中注协 1997 年制定的《中国注册会计师职业道德基本准则》有什么关系？

陈毓圭：诚信是注册会计师行业的基石，是立身之本。注册会计师诚信的重要体现就是遵循职业道德。目前，在注册会计师审计工作中，存在不少有违职业道德的现象，比如会计师事务所竞相压价、不顾质量恶性竞争，为保收益不计后果“接下家”，面对干预和压力不能保持应有的独立性和谨慎原则，违心出具不实审计报告等等，都需要通过强化职业道德约束加以解决。

《中国注册会计师职业道德基本准则》对注册会计师职业道德作了原则性规定，需要进一步制定具体准则，对注册会计师执业活动如何遵循职业道德的要求加以具体指导。目前，我们正在着手这方面工作，为应急需，我们针对行业当前紧要解决的突出问题，制定了《指导意见》。

这次制定的《指导意见》，重点对注册会计师如何保持执业的独立性和专业胜任能力、杜绝不规范收费与佣金行为、回避执行与鉴证业务不相容的业务、规范业务招揽与承接以及明确前后任注册会计师的责任关系等内容作了具体规定。

记　者：《指导意见》在加强注册会计师独立性方面有什么新要求？

陈毓圭：独立性是注册会计师审计的灵魂，是客观、公正的前提。目前，存在不少影响、损害注册会计师独立性的情况，比如，会计师事务所为客户编制会计报表又同时对这些报表进行审计，会计师事务所的负责人与审计客户的高层管理人员存在亲属关系或者其他利害关系，会计师事务所执业受到来自有关方面的干预或影响等等。这些情况都对注册会计师的独立性产生不利影响，损害了审计意见的客观公正性。为此，《指导意见》规定，会计师事务所不得为上市公司同时提供编制会计报表和审计服务；不得担任审计客户的董事、独立董事、经理或其他管理职务；不得从审计客户中谋取除审计收费以外的其他经济利益。收受客户礼金、持有客户股票或对客户有投资利益等都属于禁止行为。

《指导意见》还规定，如果会计师事务所与审计客户存在亲属等关联关系，应当回避。如果会计师事务所受到有关方面的干预难以保持执业的独立性，应当解除业务约定，或者拒绝承接业务。

记　者：会计师事务所实行的是有偿服务，是否会对其公正性产生影响，《指导意见》是怎样规定的?

陈毓圭：为避免不当收费对执业的公正性产生影响，《指导意见》对或有收费、低收费和佣金行为作出了限制。

业内所称的或有收费，指的是，收费多少是不确定的，要依赖审计的最后结果或是否实现特定目的来确定。比如，一些拟上市公司聘请会计师事务所进行审计时作出约定，如果能够上市，就可以收费多少多少，如果没有上市，就免收审计费或打折收费。这种情况下，会计师事务所为实现审计收费，或者多收费，就容易向审计客户妥协，满足客户的要求发表不当的审计意见。所以《指导意见》规定，会计师事务所业务约定中不得有或有收费的条款。

另外，恶性压价竞争的情况也会对审计质量造成影响。由于收费太低，会计师事务所就会简化工作程序和工作时间，减少投入的审计人员数量，而不按审计准则的要求严谨地执业审计程序，造成审计报告不实。所以《指导意见》规定，会计师事务所不得因为降低收费而影响审计工作质量、不履行审计程序。会计师事务所不得以牺牲审计质量为代价，恶性压价，也不得采取支付佣金、回扣或利诱等不正当手段争揽业务。

我们高兴地看到，绝大部分会计师事务所对上述低价恶性竞争的行为表示了不满和抵制，纷纷发表倡议，从“我”做起，公平执业。以上规定顺应了绝大多数会计师事务所和注册会计师的意愿和要求。

记　者：在上市公司年报审计中，经常能看到上市公司变更会计师事务所的情况，对此，《指导意见》有什么规定?

陈毓圭：客户的并购以及会计师事务所的合并、分立等，都会引起审计的会计师事务所的变更，这些都是正常的现象。我们也注意到，某些情况下发生的会计师事务所变更，是因为其前任会计师事务所坚持原则不妥协，被上市公司“炒了鱿鱼”。

所以，《指导意见》对这类“炒鱿鱼”的情况特别关注。为防止客户通过更换会计师事务所来满足自己的不合理要求，《指导意见》要求接任的会计师事务所向前任了解被辞退的原因，并重点关注前任会计师事务所与客户之间在重大会计审计问题上存在的意见分歧，以识别审计风险和客户的欺瞒行为，保持应有的职业谨慎。

目前，仍有个别上市公司更换了会计师事务所，尚未公布2001年年报。我们希望这些接任的会计师事务所按照《指导意见》的要求，坚持原则和职业道德，高度重视审计风险，严格按照独立审计准则和职业道德要求发表客观、公正的审计意见。

中注协已经发出通知，要求各省市注协对上市公司2001年年报审计质量进行检查，并要求将变更会计师事务所的情况作为检查的重点。

记　者：对于违反《指导意见》的行为有哪些处罚措施？

陈毓圭：《指导意见》是注册会计师行业的行规。广大从业人员应当全面理解《指导意见》的要求和内涵，规范自身的执业行为。各级注册会计师协会将加强《指导意见》执行情况的监督检查工作。对会计师事务所、注册会计师违反《指导意见》的情形，会视情节轻重分别给予强制培训、谈话提醒、公开谴责、通报批评、限期整改等行业惩戒。对于违反《指导意见》情节严重的，应当依照有关法律追究其法律责任。

附录二　参考材料索引

1. 《中国注册会计师执业准则》，财政部，财会【2010】21号，2010年11月10日
2. 《中国注册会计师执业准则应用指南》，中国注册会计师协会，会协【2010】94号，2010年11月11日
3. 《中国注册会计师职业道德守则》，中国注册会计师协会，会协【2009】57号，2009年10月14日
4. 《中国注册会计师非执业会员职业道德守则》，中国注册会计师协会，会协【2009】57号，2009年10月14日
5. 《会计师事务所从事基本建设工程预算结算决算审核暂行办法》，财政部，财协字【1999】103号，1999年8月5日
6. 《外汇收支情况表审核指导意见》，中国注册会计师协会，2005年1月13日
7. 《注册会计师承办企业破产案件相关业务指南（试行）》，中国注册会计师协会，会协【2008】1号，2008年1月7日
8. 《高新技术企业认定专项审计指引》，中国注册会计师协会，会协【2008】83号，2008年11月12日
9. 《企业内部控制审计指引》，财政部，财会【2010】11号，2010年4月15日
10. 《医院财务报表审计指引》，中国注册会计师协会，会协【2011】3号，2011年1月14日
11. 《企业内部控制审计指引实施意见》，中国注册会计师协会，会协【2011】66号，2011年10月11日
12. 《基金会财务报表审计指引》，中国注册会计师协会，会协【2012】231号，2012年11月30日
13. 《高等学校财务报表审计指引》，中国注册会计师协会，会协【2014】71号，2014年12月9日
14. 《商业银行审计指引》，中国注册会计师协会，会协【2014】77号，2014年12月31日
15. 《关于进一步规范银行函证及回函工作的通知》，财政部，财会【2016】13号，2016年7月12日

16. 《独立审计准则建设情况专题报告》，杨志国执笔，载《中国注册会计师行业发展研究资料 2005》，中国注册会计师协会编，经济科学出版社，2006 年
17. Report on the Observance of Standards and Codes（ROSC）–Accounting and Auditing–the People's Republic of China, The World Bank, October 2009
18. 《国际审计与鉴证准则理事会完成明晰项目》，唐建华、陈龙伟执笔，载《中国注册会计师行业发展研究资料 2009》，中国注册会计师协会编，经济科学出版社，2010 年
19. 《证券委员会国际组织发表声明认可明晰项目成果》，陈龙伟翻译，载《中国注册会计师行业发展研究资料 2009》，经济科学出版社，2010 年
20. 《欧盟委员会就采用国际审计准则公开征求意见》，陈龙伟翻译，载《中国注册会计师行业发展研究资料 2009》，经济科学出版社，2010 年
21. 《中国注册会计师行业对发现舞弊责任的认识和担当》，陈毓圭，载《上海立信会计学院学报》，2010 年第 4 期

第五章
注册会计师行业监管制度建设

从“查案子”，到“查项目”，

再到“查系统”，

标志着注册会计师执业质量监管制度的成熟，

更标志着注册会计师行业对执业质量

规律认识的深化。

导 言

执业质量是注册会计师行业发展质量的集中体现。注册会计师执业质量的监管，是行业监管的重点领域。

以监管内容的变化为标志，注册会计师执业质量监管制度的发展，经历了三个阶段。在注册会计师行业恢复重建后的很长一个时期里，对注册会计师执业质量的监管，主要是查办案件，这个阶段被称为“查案子”阶段。2004 年 3 月开始，实施《会计师事务所执业质量检查制度》，依据这个制度，对注册会计师执行的审计项目的质量进行周期性检查，进入“查项目”阶段。2011 年 7 月，从重点检查注册会计师执行的审计项目，转向重点检查会计师事务所的质量管理体系，查系统与查项目并重，进入“查系统”的阶段。

从“查案子”，到“查项目”，再到“查系统”，标志着注册会计师执业质量监管制度的成熟，更标志着注册会计师行业对执业质量规律认识的深化。

本章围绕注册会计师执业质量监管制度建设这个主题，讨论了注册会计师行业为什么要监管、监管什么、如何监管的问题。

• 行业监管是实践诚信建设主线的机制保障。没有监管，职业标准就不能落地，准入退出制度就不能落实，保持和提高胜任能力就缺少压力。监管是注册会计师行业诚信建设的“总抓手”“总枢纽”“总检验”。

• 行业监管工作的起点，是制度建设。注册会计师行业具有显著的公众利益属性，强监管是其公众利益属性的必然要求。强监管的依据是针对注册会计师行业的全覆盖的制度体系，包括注册会计师任职资格检查制度、业务报备制度、谈话提醒制度、诚信档案制度、执业质量检查制度、惩戒制度；还有包括调查委员会、惩戒委员会和申诉委员会等在内的组织体系。

• 行业监管工作要讲策略。把证券期货和金融保险行业的审计作为行业监管的重点；把会计师事务所质量控制体系存在的系统风险作为执业质量检查的重点；全面披露会计师事务所和注册会计师执业资质和执行业务的信息，提高行业透明度，接受公众监督，促进形成监管合力；把抵制上市公司炒注册会计师“鱿鱼”，会计师事务所不顾后果“接下家”，作为上市公司执业质量监管的突破口。

“炒鱿鱼、接下家”传递了部分注册会计师独立性缺失、部分会计师事务所搞市场投机、行业一定程度存在不正当竞争的强烈信号。对不计后果“接下家”的会计师事务所采取措施，震慑其不敢轻易“接下家”，就是为坚持原则的会计师事务所撑腰，有效抵制上市公司肆意“炒会计师事务所鱿鱼”的行为。

• 会计师事务所执业质量检查制度，是行业监管工作机制的创新。相对于响应举报、落实批示、查处案件，实施全覆盖、周期性、常态化的、系统风险导向的执业质量检查，使行业监管工作变被动为主动，变事后查处为事前事中的风险化解，变治标为标本兼治。相对于其他各个主体、各个层次的监管，以执业质量检查为核心的行业监管是基础性的监管。

（2022 年 7 月 26 日）

第一节
抓住上市公司年报审计监管这个重点

1997 年亚洲金融危机使许多国家认识到，倚重注册会计师审计监督，提高会计信息质量，对于防范金融危机十分重要。2008 年国际金融危机以来，二十国集团、金融稳定理事会等国际组织和世界各经济体再一次把注意力投向会计审计信息质量问题，普遍认识到，要发挥注册会计师独立审计在提升资本市场会计信息质量、保持全球金融稳定、强化全球经济治理中的价值，突出强调对注册会计师行业的监管。中国注册会计师行业顺势而为，把事关公众利益的上市公司年报审计监管作为行业工作的重点，探索创新行业监管理念和措施，有效服务资本市场改革、发展和稳定。

一、紧紧围绕服务资本市场建立上市公司年报审计监管体系

第一，树立维护公众利益和资本市场稳定这个监管目标。上市公司年报审计质量，关乎公众利益和资本市场稳定这个大局，把年报审计监管的目标定位于维护公众利益和资本市场稳定。围绕这个目标，制定实施《上市公司年报审计监管工作规程》，实现上市公司年报审计监管工作的规范化和常态化。

第二，坚持系统风险导向这个监管理念。识别风险因素，锁定重点监管领域、重点监管业务和重点监管对象，提高监管工作的针对性和前瞻性。

- 重点监管领域，把处在盈亏临界点、业绩大幅波动、媒体广泛质疑、ST 等高风险上市公司的年报审计列入重点监管领域。
- 重点监管业务。把收入确认与计量、关联交易、政府补助、会计政

策变更、持续经营、信息系统等的审计，列为重点监管内容。

• 重点监管对象。把涉嫌购买审计意见、“接下家”的会计师事务所，低价承接业务的会计师事务所，因执业质量问题频繁受到处罚的会计师事务所，列为重点监管对象。

第三，采取事前事中事后全过程的监管措施。围绕识别出的重大风险，采取了覆盖事前事中事后全过程的监管措施。

• 事前充分警示风险。在上市公司年报审计开始前，就做好年报审计工作作出部署，就遵守职业标准、实施质量控制提出要求，就重大审计风险发出警示。

• 事中逐日盯市，建立约谈机制。在年报审计期间，专人逐日盯市，动态掌握上市公司年报审计进展，发现审计质量异常；建立接受举报的渠道，关注媒体报道；重点关注高风险领域、高风险业务和高风险对象。根据分析识别出的风险点，开展监管约谈，对会计师事务所进行风险提示。

• 事后对报备数据进行分析，对发现存在问题的会计师事务所进行重点检查。建立上市公司年报审计业务报备制度。对上市公司年报审计报备资料进行系统分析，将存在问题的会计师事务所列为当年执业质量检查的重点对象。

第四，用好执业质量检查和惩戒这个监管抓手。实施周期性检查与重点案件查处相结合的执业质量检查制度，对证券期货资格会计师事务所每三年轮查一次，对重大案件进行专项检查。建立健全惩戒和申诉制度，确保执业质量检查结果处理的权威、公正、透明。对检查中发现存在严重执业问题的会计师事务所和注册会计师，给予惩戒处理并限期整改；对问题轻微的会计师事务所和注册会计师，提出整改建议，限期整改。对受到惩戒和整改不力者，列为下一年重点监管对象。

第五，建立信息公开披露、接受公众监督的监管机制。阳光是最好的防腐剂。把信息公开披露作为强化监管的重点措施，形成机制。

• 建立诚信信息监控系统，会计师事务所和注册会计师执业信息及奖惩信息在网上公布，供公众查询，方便公众监督、专家评判、市场选择。

• 发布年报审计情况快报，年报审计期间，每周向公众披露会计师事务所出具的审计报告数量及类型、会计师事务所出具非标准审计报告的情况和原因、上市公司变更年报审计机构的情况和原因，以及审计费用等内容，接受公众监督。

• 建立会计师事务所执业质量检查公告制度，通过媒体披露检查内容和检查结果，提高执业质量检查工作透明度，形成市场约束机制。在上市公司财务报告遭到媒体广泛质疑后，对承担业务的会计师事务所进行专项检查，通过媒体向社会公告，起到安定人心、稳定市场的作用。

2004—2010 年度上市公司年报审计数据表明，注册会计师审计促进提高了上市公司年报的质量。通过注册会计师审计，上市公司调整应交税金 687 亿元，调整利润总额 3 301 亿元，调整资产总额 18 220 亿元；每 1 元审计费用带来约 470 元的纠错成效。

注册会计师行业提高审计质量的努力，得到广泛认可。2007 年 3 月和 9 月，证监会先后发文，取消金融类上市公司和一次发行量超过 3 亿（含 3 亿）股以上公司的补充审计的政策，取消境内上市外资股（B 股）双重审计的政策。2010 年 12 月，内地与香港达成协议，12 家内地大型会计师事务所获准采用内地审计准则为内地在港上市公司（H 股企业）提供审计服务。2011 年初，欧盟通过决议，认可中国审计监管体系与欧盟审计监管体系等效。

二、资本市场发展的新形势对注册会计师行业监管提出更高要求

注册会计师审计是市场监督体系重要的制度安排。国际金融危机的影响尚未消除，世界经济复苏进程艰难曲折，经济形势存在较多不确定性，注册会计师行业提高审计质量、服务资本市场稳定，任重道远。

第一，全面发挥资本市场功能，服务经济发展方式转变，对加强行业监管提出要求。作为社会主义市场经济体系的重要组成部分，资本市场健康稳定发展，有利于优化资源配置、推动结构调整和产业升级；有利于激发企业内生发展动力，增强企业竞争能力；有利于促进科技和资本相结合，培育战略性新兴产业；有利于改善融资结构，维护金融经济安全。国家"十二五"规划纲要提出，加快多层次金融市场体系建设，不断增强金融市场功能，更好地为加快转变经济发展方式服务。2012 年政府工作报告指出，加快推进经济发展方式转变和经济结构调整；深入推进重点领域改革，更好地发挥市场配置资源的基础性作用；健全完善新股发行制度和退市制度，强化投资者回报和权益保护。高质量的会计信息，是资本市场资源配置功能得以充分发挥的基础保障，这就要求进一步加强行业监管，通过提供高质量的审计服务，促进提高会计信息质量。

第二，资本市场的改革创新对行业监管提出要求。我国股票市场市值已经排名全球第三，债券市场余额居世界第五，期货市场交易量位居世界前列。股权分置改革以来，资本市场的改革创新步伐加快，新股发行体制改革，创业板的推出和场外交易市场等多层次市场体系的建设，扩大了资本市场服务实体经济的能力，也对加强行业监管、服务资本市场稳定提出了更高要求。2012 年全国证券期货监管工作会议指出，要完善市场基础制度，加强透明度建设，改进市场监管，推进资本市场持续健康发展，更好地服务经济社会发展大局。资本市场稳定的前提，是市场信息的充分披露，会计信息质量是市场透明度的重要标志。提高会计信息质量，有赖于提高审计质量，有赖于注册会计师行业监管。

第三，国际经济治理改革对会计行业国际监管合作提出要求。国际金融危机爆发后，二十国集团、金融稳定理事会等国际组织和世界各经济体把注册会计师行业纳入全球经济治理改革和国际金融监管框架改革，充分发挥注册会计师行业在促进资本流动、提高企业透明度、加强风险防范等方面的重要作用，有效推动了全球经济复苏和经济治理改革。在全球经济治理改革和国际金融监管框架改革中发挥作用、担当角色，首先要把自己的事情办好，把监管工作做好，把中国注册会计师行业发展好。

第四，海外资本市场中国概念股事件对加强行业监管提出要求。2011年，中国赴美上市的一些企业被曝财务信息披露等问题，致使中国概念股在美国遭遇集体做空，并蔓延到我国香港，甚至加拿大证券市场。这给我国资本市场的发展和注册会计师审计监管敲响了警钟，必须高度重视，认真研究，更加重视注册会计师行业监管，积极应对注册会计师跨境服务带来的跨境监管问题。

三、进一步加强注册会计师行业监管，更好服务资本市场发展

国家“十二五”规划纲要提出，坚持培育发展和管理监督并重，推动专业服务等社会组织健康发展并充分发挥作用，其中明确指出，要大力发展会计审计服务，为经济社会发展提供审计鉴证、税务咨询、会计服务、战略管理咨询、并购重组等高质量服务。注册会计师行业要按照这一部署，继续坚持服务国家建设这个主题、诚信建设这条主线，一手抓发展，一手抓监管，提高服务能力，保障服务质量，更好地为资本市场发展保驾护航。

第一，贯彻党的十七届六中全会精神，大力倡导诚信文化。诚信是注册会计师行业的基石。弘扬和实践注册会计师诚信文化，是诚信社会建设的重要领域。要把诚信建设贯穿行业发展始终，落实好《注册会计师职业道德守则》，把职业道德守则的遵行情况作为行业监管的重要内容。

第二，强化行业监管信息的公开披露机制。2011年实施的《会计师事务所执业质量检查制度改革方案》，标志着新一轮的行业监管制度改革的启动，其核心是构建以“周期性检查为基础、防范系统风险为核心、体现独立监管要求、与国际普遍认可的监管制度趋同”的执业质量监管体系。

要按照改革方案的要求，研究推进对会计师事务所分级分类监管，进一步提高行业监管的针对性和透明度，通过公开披露监管的对象、内容、重点和结果等，形成行业监管与市场约束的有机结合，提高行业监管的公信力和威慑力，打造监管品牌，树立监管权威，进一步赢得公众对执业质量检查工作的认可和信赖。

第三，把会计师事务所变更和不正当低价竞争作为监管重点。不正当低价竞争问题已经成为当前制约行业科学发展的一个“毒瘤”，成为行业发展诸多矛盾的重要诱因。为此，要狠抓会计师事务所不正当低价竞争问题，督促会计师事务所制定规范的收费标准、收费办法和收费机制，指导会计师事务所完善业务项目成本管理政策，建立业务收费报备和通报制度，加大查处和责任追究力度。通过打击不正当低价竞争，倒逼会计师事务所完善审计程序，提高服务质量，创造公平的竞争环境。继续抓好“炒鱿鱼、接下家”的监管，坚决抵制上市公司购买审计意见的行为。

第四，进一步抓好行业监管队伍建设。按照“兼职——兼职与专职相结合——专职”的发展路径，着力培养一支业务精湛、职业道德良好的监管队伍。建立完善监管队伍培训制度、专家咨询制度和检查工作质量考核制度，保障行业监管质量，以监管质量的提高促进会计师事务所审计质量的提升。

第五，进一步推动审计监管国际合作。2011年初，欧盟通过决议，确认中国审计监管体系与欧盟审计监管体系等效，标志着审计监管国际合作迈出了重要一步。要在保持审计准则、职业道德守则、监管制度、考试制度等持续国际趋同的基础上，积极推动与发达资本市场的审计准则等效和审计监管合作，以职业标准的国际趋同和审计监管的国际合作，带动注册会计师审计质量的全面提高。

（载《中国证券报》，2012年5月2日。
原题《进一步加强注册会计师行业监管》）

第二节

把抓“炒鱿鱼，接下家”作为上市公司年报审计监管的突破口

上市公司变更会计师事务所，原因有很多，其中之一是，上市公司希望通过更换会计师事务所，得到有利的审计意见。因为会计师事务所之间存在竞争，“你不做有人做”。因为这个原因，上市公司炒会计师事务所“鱿鱼”、会计师事务所争抢着“接下家”，一度变得非常普遍，这对注册会计师审计的独立性形成了严重威胁。把抓“炒鱿鱼，接下家”作为行业监管的突破口，给被“炒鱿鱼”的会计师事务所撑腰，对“接下家”的会计师事务所重点监管，有效地遏制了购买审计意见的行为，维护了行业竞争秩序，化解了审计风险，监管工作收到事半功倍之效。

一、会计师事务所变更的原因

对于上市公司变更会计师事务所的原因，从 20 世纪 80 年代开始，西方已有学者进行研究，代表性的观点有三种，诉讼风险观，审计意见观，交易成本观。“诉讼风险观”认为，诉讼风险会导致会计师事务所的变更，而影响会计师事务所诉讼风险大小的主要因素，是公司财务困境的程度和利润操纵的规模。处于财务困境的公司更有动机去粉饰财务报表，一旦公司破产，会计师事务所可能要承担连带责任，投资者会通过诉讼赔偿来弥补损失，因此，财务状况恶化、濒临破产的公司，更有可能发生会计师事务所变更。公司操纵利润的规模越大，会计师事务所的诉讼风险也越大，会计师事务所主动辞聘的可能性也越大。“审计意见观”认为，当注册会

计师与客户的意见不一致，坚持独立性的注册会计师往往会发表“不干净审计意见”报告，也就是非标准无保留意见审计报告，包括带解释性说明的无保留意见、保留意见、无法表示意见和否定意见审计报告。收到“不干净审计意见”报告的客户，在随后年度更有可能变更会计师事务所，转向其他会计师事务所，购买“干净审计意见”的报告。“交易成本观”认为，会计师事务所通过专业化发展路线能够获得独特的竞争优势，而客户的经济特性，如业务的复杂程度、分支机构的数目，会随着业务的扩张不断变化，会计师事务所与客户之间委托关系的确立，需要使双方的交易成本达到最低，因此，会计师事务所变更是一个寻求最低交易成本的经济决策，如果不变更，会计师事务所及客户均要承担额外的交易成本。除此以外，审计市场的竞争、上市公司的并购、会计师事务所的合并分立、会计师事务所丧失执业资格等等，也会影响会计师事务所变更。

以上认识框架对于分析我国资本市场存在的会计师事务所变更现象也是适用的。观察表明，因为审计意见与客户的期望不符而发生会计师事务所变更的情况占相当大的比重。这是因为，当审计意见与客户的期望不一致时，客户往往会炒会计师事务所的“鱿鱼”，希望找一家按其意愿出具审计意见的会计师事务所。在这种情况下，会计师事务所担心被“炒”，就可能不顾审计风险，迁就客户的要求。由于能找到“接下家”的会计师事务所，客户往往更有勇气频繁变更会计师事务所。所以，关注会计师事务所变更，对不坚持独立性、不计后果“接下家”的会计师事务所加大监管力度，使会计师事务所不敢轻易“接下家”，就能有效抵制上市公司肆意炒会计师事务所的“鱿鱼”。

二、抓“炒鱿鱼，接下家”这个突破口，如何突破

第一，规范引路，有言在先。为解决注册会计师执业面临多方干预等亟待解决的突出问题，出台《注册会计师职业道德规范指导意见》，对注

册会计师如何妥善处理与客户及前任会计师事务所的关系、保持执业的独立性和专业胜任能力、规范业务招揽与承接、接任注册会计师的责任等作出规定；同时，对注册会计师执业独立性提出全面要求，列举了可能影响执业独立性的 16 种情形，有针对性地提供了应对措施。这个文件既对会计师事务所处理职业道德问题、应对独立性挑战提供了指导，同时也对不计后果“接下家”亮起了红灯，做到了有言在先。

第二，事前提示和重申。年报审计工作开始前，就做好上市公司年报审计工作以及会计师事务所报备客户变更情况提出要求，提示会计师事务所在上市公司年报审计期间严格遵循审计准则，健全质量控制制度，强化职业道德教育，提高风险意识、责任意识，谨慎执业。特别强调，在上市公司变更会计师事务所的情况下，后任会计师事务所应当遵守注册会计师职业道德规范以及中国证监会关于上市公司聘用、更换会计师事务所的规定，充分关注客户的诚信度和审计风险。

第三，关注会计师事务所变更动向。要求变更涉及的前后任会计师事务所作出报备。根据报备情况，联系前后任会计师事务所，了解变更的情形和原因。同时，关注上市公司公告、媒体报道以及行业和公众的反映，综合各方面情况对变更事项进行全面分析，以便发现可能存在的异常问题。

第四，对异常情况给予警示和指导。对会计师事务所变更情况进行分析，重点关注前任会计师事务所是否与上市公司客户存在重大意见分歧，后任会计师事务所对意见分歧的处理是否适当，是否违背职业道德和引发执业风险。在上述工作的基础上，就其中可能存在重大审计风险的上市公司的审计工作，与后任会计师事务所进行沟通，警示风险，就其中的会计审计疑难问题，提供专业技术指导。

第五，检查和惩戒。年报审计结束后，根据报备情况，对不顾后果“接下家”的会计师事务所的审计质量进行检查。对其中执业不规范的会计师事务所给予强制培训、谈话提醒、限期整改或通报批评等惩戒措施。

三、抓“炒鱿鱼，接下家”促进了注册会计师审计的独立性

从行业层面关注会计师事务所变更并采取措施，得到注册会计师的普遍支持，认为这个措施维护了行业团结，树立了职业道德权威，为注册会计师独立地发表审计意见撑了腰。上市公司“你不做他做”的期待弱化了，“我不做他也不会做”的氛围形成了。在与后任会计师事务所沟通时，注册会计师们表示，将对新承接的涉及变更的审计项目予以特别警醒并坚持原则，按照职业道德规范和审计准则的要求谨慎执业。有的后任会计师事务所还主动解释变更情况，热切地寻求技术援助。针对前任会计师事务所与客户的分歧问题，后任会计师事务所表示，在分歧问题没有发生实质性改善的情况下，会坚持原则，严格把关。

2001 年度的年报审计，有 244 家上市公司变更了会计师事务所，其中 24.6% 的上市公司被出具了非标准无保留意见审计报告，远远高于当年 12.89% 的平均水平。特别是内蒙古宏峰和纵横国际这两家上市公司，在再三推迟披露年报并解聘会计师事务所的情况下，后任会计师事务所仍然出具了拒绝表示意见的审计报告。2002 年度的年报审计，有 125 家上市公司变更会计师事务所的，比上年明显下降；有 34 家上市公司的财务报告被注册会计师出具了非标准无保留意见审计报告，约占 27%，远远高于当年 12.73% 的平均水平。

抓“炒鱿鱼，接上家”这个行业监管的突破口，要持续地抓下去，抓牢、抓实、抓常，持续抓出成效。同时要总结经验，举一反三，在行业监管工作乃至行业建设各个领域，想好主意，用巧办法，收大实效。

（载《财务与会计》，2003 年第 7 期。原题《抓“炒鱿鱼、接下家”坚决维护注册会计师执业独立性》）

第三节

运用监管科技手段应对上市公司财务报告重大错报风险

党的十九届五中全会指出，“推进土地、劳动力、资本、技术、数据等要素市场化改革。”并指出，“全面实行股票发行注册制，建立常态化退市机制，提高直接融资比重。”信息披露是注册制的核心，会计信息是信息披露的重点。加强审计监管，应对财务报告重大错报风险，要重视运用监管科技手段。

一、资本市场审计监管的主要矛盾

注册会计师行业经过 40 年的建设，无疑取得了巨大进步，但从整体上看，注册会计师职业化程度还不够高，注册会计师执业独立性还不够强，会计师事务所质量管理体系尚不够健全，最终表现为注册会计师审计揭示财务报告重大错报的能力不足。我们不难看到，这些年来，资本市场上出现的多起“爆雷”事件和财务报告舞弊案件，很大程度上与注册会计师上述能力不足有关。注册会计师审计揭示重大错报能力不足与提高上市公司会计信息质量的矛盾，与提高金融风险防范和化解的系统性、预见性、有效性的矛盾，是当前资本市场审计监管的主要矛盾。我们看到，每一次“严监管”措施，本意是要起到警示和“倒逼”作用，但是立即会招来注册会计师行业一片“哇哇叫”，反弹得很强烈。这个现象间接地反映了注册会计师们对自身职业能力没有足够信心。由于注册会计师人才成长和会计师事务所质量管理机制建设的艰巨性和长期性，这个矛盾将会在相当一个时期内存在，随着全面实行注册制，这个矛盾有可能变得更加尖锐。要对注册会计师胜任能力不足、不能充分揭示上市公司财务报告重大错报风险给予高度重视，积极应对，补齐短板，否则，有可能拖了全面实行注册制的后腿。

二、运用监管科技手段，实现“监管替代”，补齐监管短板

资本市场审计监管的当前格局表现为，上市公司的会计信息质量主要倚重注册会计师审计，监管部门重点检查注册会计师审计质量。围绕上市公司会计信息质量监管，监管部门的会计条线确实也作出了很大努力，包括开展年报质量分析、尝试揭示重大错报。显然，面对上市公司面广量大、年报披露时间集中的形势，直接检查上市公司会计信息质量，又是不可能的，更不用说面对 9 000 多家新三板公司了。为了解决这个矛盾，可以考虑，在正视注册会计师审计揭示上市公司重大错报能力不足的现实形势下，在完善和强化现有的审计监管措施、“压实中介机构责任”的同时，采取“监管替代”措施，把上市公司会计监管的关口前移，运用监管科技手段，对上市公司会计信息质量进行全面监控和针对性检查。

监管科技发展，已经有相当的成果。针对财务报告质量的分析技术，处于监管科技开发的前沿，它是建立在运用财务分析技术、审计技术和大数据技术基础上的财务报告舞弊识别系统。上海、北京和厦门等地已经有多家机构开发了这个技术，并且已经开始提供市场服务，包括向地方证监机构提供服务。所以，运用监管科技手段，不需要白手起家，可以直接利用这些工具。

- 以市场已经开发完成的系统为基础，按照市场监管的特定需求加以改造，建立直接服务于上市公司会计信息质量监控功能的监管科技系统。
- 对于监控中发现的线索，可以根据案情的不同性质和不同程度，分别移交稽查部门和地方证监机构。可以预见的是，移交地方证监机构的线

索将占大多数。为了提高地方证监机构的检查效能，可以提请稽查部门提供必要的程序支持和专业支持。

• 在锁定上市公司财务报告重大错报问题并启动检查的同时，检查注册会计师审计质量，一并检查内部控制审计质量、职业道德表现，分清会计责任和审计责任，做到一案多查、一案多罚。

三、运用监管科技手段应对财务报告错报风险的可行性

运用监管科技手段，对上市公司会计信息质量开展全面监控、精准查处，体现了提升金融风险防范和化解的系统性、预见性、有效性的要求。监管关口前移，有助于提升监管工作的主动性。运用监管科技手段应对财务报告错报风险，是可行的。一是，运用财务分析技术发现重大错报和舞弊嫌疑，在资本市场历史上是有成功案例的；二是，国外做空机构锁定对象往往首先运用财务分析技术发现线索；三是，市场上已经有了比较成熟的技术产品，可以以较低的成本，在较短的时间内，实现转换接入。

（在中国证监会学习贯彻党的十九届五中全会精神专题班的发言，2021 年 3 月 3 日）

第四节
实施好会计师事务所执业质量检查制度

今年 3 月公布的《会计师事务所执业质量检查制度》，是研究借鉴国际同行经验的成果，是注册会计师行业监管实践的总结，是行业诚信建设新的举措。这个制度的指导思想是，以帮助、教育、督促、提高为主要目的，以必要的惩戒为补充。制度规定，每五年为一个检查循环周期，将

所有的会计师事务所检查一遍。检查的主要内容是注册会计师遵行审计准则和职业道德的情况、会计师事务所质量控制情况。对于检查中发现的问题，提出改进的意见和建议，要求被检查会计师事务所整改，还要复查，对问题严重的和不按要求改进的，要谈话提醒、通报批评、公开谴责。

制度已经有了，接下来就是实施这个制度，把头开好，把步起好。这里讲一讲制度出台的背景、制度的意义以及如何做好工作。

一、注册会计师行业监管工作取得显著成绩

围绕行业诚信建设，行业监管工作开拓进取，在业务检查、专案调查、处理投诉举报等监督检查和处理处罚工作方面，作出了巨大努力，取得了显著成绩。

以《会计师事务所执业质量检查制度》出台为标志，注册会计师行业监管制度体系已经成型，建成了包括年报审计监管工作规程、执业质量检查制度、业务报备制度、谈话提醒制度、注册会计师年检制度、惩戒制度、诚信档案制度在内的监管制度体系。其中，把证券、期货、金融行业的审计作为行业监管的重点，把抓“炒鱿鱼、接下家”作为监管工作的突破口，实现了年报审计监管工作制度化、常态化。年报审计开始前，根据新出台的政策、制度以及审计工作新形势，对做好年报审计工作提出要求，提醒注册会计师们谨慎执业。年报审计期间，密切关注舆情动态，研究分析年报审计出现的问题，及时应对。

以上市公司年报审计的监管为重点的监管策略，取得明显效果。2003年度年报的1 289家上市公司，过去四年非标审计意见的比重分别为14.48%、13.38%、13.36%、8.22%，逐年递减，同时，财务报表的审计调整金额占审计前金额的比重逐年递增。这说明，注册会计师的审计调整意见日益得到上市公司的重视，年报审计质量在逐步提高。

针对上市公司辞退注册会计师的“炒鱿鱼、接下家”现象，在年报审计开始之前就发出通知，要求不论前任还是后任会计师事务所，对上市公司变更会计师事务所的情形，要及时报备，说明变更的原因；中注协专人负责搜集、整理、分析信息，每出现一例审计变更，都要与会计师事务所联系，掌握情况，对其中存在的风险及时向后任会计师事务所提醒和警示，强调前后任会计师事务所之间的沟通。

2003 年度的年报审计，有 94 家上市公司更换会计师事务所，相对于上一年的 128 家明显下降。94 家后任会计师事务所出具的审计报告，非标意见有 18 份，占 19.15%，大大高于整体非标意见比重 8.22%。这些数据反映出，抓“炒鱿鱼、接下家”已经深入人心，大大增强了注册会计师行业的团结，即便上市公司更换会计师事务所，后任会计师事务所也普遍能够坚持原则。上市公司也逐步认识到，变更会计师事务所，不仅难以达到购买审计意见的目的，反而会成为监管的重点，不敢轻易更换会计师事务所了。

二、执业质量检查制度是行业监管的制度创新

作为行业监管制度体系的重要组成部分，执业质量检查制度对行业建设和发展有着重要意义。

第一，执业质量检查是行业诚信建设的内在要求。“安然”和“银广夏”等国内外公司财务报表欺诈案的集中曝出，严重打击了公众对资本市场的信心，也给注册会计师行业带来前所未有的信任危机。为全面推动注册会计师行业的健康发展，重塑行业形象，恢复公众的信心，注册会计师行业提出了“以诚信建设为主线”的工作思路。

诚信建设不是一个口号，而是有着丰富的内涵，是针对行业建设各个方面、各个环节的总要求。制定行业规范和职业标准、搞好考试严把入门关、严格注册制度、加强培训和技术指导、加强宣传等等，都是行业诚

信建设的具体行动。要看到，无论是诚信建设这个总要求，还是职业标准、注册培训，不搞检查，没有监督，就没有压力和动力。行业诚信建设要有监督和约束手段，执业质量检查就是监督和约束的“总抓手”和“总枢纽”，也是检验职业标准建设和注册培训等各项工作成效的有效手段。没有行之有效的执业质量检查制度和监管手段，全面提升行业的职业素质和执业质量的追求就落不到实处。

第二，执业质量检查是注协功能建设的需要。健全和完善行业管理服务体系，发挥注协在行业建设和管理中的作用，是行业发展的组织保障。没有一个强大的注协，就没有一个强大的行业，这一条已经被国内外注册会计师行业一再证明。强大注协的标志之一，就是功能健全，不缺胳膊少腿，执业质量检查是注协行业管理服务的主体功能。

第三，执业质量检查体现了管理与服务的统一。执业质量检查在指导思想上定位于帮助、教育、督促、提高这一主要目的，以必要的惩戒为补充。一方面，组织优秀的注册会计师，深入到会计师事务所现场，发现和“诊断”会计师事务所在执业质量、质量控制等方面的问题和缺陷，提出改进意见和建议，在酿成审计失败事故之前有机会及时改正这些问题和缺陷，达到防范和化解审计风险的目的，持之以恒地做下去，无疑会提高被查会计师事务所的专业素质和质量管理水平。另一方面，对于检查中发现的严重问题，以及阻挠检查或拒不按照要求改进的，也要进行必要的惩戒。因此，执业质量检查既是行业监管的重要手段，又体现了服务的精神，监督与服务并重，寓服务于监管之中，体现了管理与服务的统一。

第四，执业质量检查体现了行业监管工作机制的创新。相对于以往的响应举报、落实批示、查处案件，落实执业质量检查制度，开展执业质量检查工作，实现了行业监管工作的周期性、常态化，变被动为主动，变治标为标本兼治，变事后的处罚为事前事中的风险防范与化解，体现了行业监管工作机制的创新。

三、以创新精神落实好执业质量检查制度

2004年是实施执业质量检查制度、开展执业质量检查工作的第一年，执业质量检查已经列入全行业年度工作的重点。《会计师事务所执业质量检查制度》已经出台了，还编写了《会计师事务所执业质量检查手册》，接下来就是真刀真枪地干了。

第一，认识执业质量检查工作的重要意义。要树立“帮助、教育、督促、提高为主要目的、必要的惩戒为补充”这个指导思想。加强宣传，使广大注册会计师领会这个指导思想，积极支持和配合检查工作。执业质量检查不是跟谁过不去，揪住辫子不放，更不是一棍子打死，而是重在改进提高，问题严重的，或者不思改进的，才要惩戒，是事前事中帮助防范和化解审计风险，根本上还是帮助提高。还要加强沟通，与其他部门协调配合好，避免重复检查。

第二，加强监管力量的配置和监管队伍的建设。要从行业里面选聘一批政治素质好、道德水平高、有胜任能力的注册会计师担任检查专家，在此基础上，建立一支相对稳定的兼职检查人员队伍。为了保证检查工作的质量，应当保障检查工作必要的经费。要加强检查专家的警示教育，做到廉洁检查、公正检查。

第三，加强交流和指导，持续提高执业质量检查工作能力。通过快报、片会、座谈会等多种方式通报各地检查情况，交流、推广好的做法，相互促进提高。针对检查中遇到的疑难专业技术问题，要给予技术援助，如有必要可以派人进行现场巡查和指导。

第四，重视总结提炼，使点上的经验成为面上的借鉴。对检查中发现的执业质量方面的共性问题和典型案例进行总结分析，通过会计师事务所负责人会议、行业通报、培训班、案例集等多种方式向行业披露，使检查成果在更大范围内发挥帮助教育的作用。会计师事务所做得好的，还要表

扬和推介。在对执业质量进行检查的同时，也要了解会计师事务所执业中遇到的困难、执业环境存在的问题、行业政策存在的问题和缺陷，为推进行业建设提供第一手信息。

（在会计师事务所执业质量检查工作布置会暨培训会上的讲话，2004年6月9日。原题《深化诚信建设 探索行业监管 积极开展执业质量检查工作》）

第五节
改革会计师事务所执业质量检查制度

2004年创立会计师事务所执业质量检查制度，到2010年已经连续七年开展执业质量检查工作。在总结这七年检查工作实践的基础上，我们对执业质量检查制度进行了重大改革。为了完成改革任务，改革咨询指导组和改革工作组担当有为，功不可没。研究工作严谨认真，改革文件先后在四次会议上讨论和论证，包括年初的年报审计工作会、4月在兰州召开的执业质量检查工作会、6月举办的全国会计师事务所执业质量检查人员培训班，以及这次证券期货业务资格会计师事务所执业质量检查工作布置会。每次会议都是解决问题的会，真正做到了集思广益、兼收并蓄。文件、政策、制度都已经定稿，专家队伍已经就位，接下来就要按照新制度去工作了。

一、执业质量检查是行业建设的"总抓手""总枢纽""总检验"

经过七年的实践，执业质量检查工作的意义已经充分体现出来，归纳起来，就是三个"总"。

第一，执业质量检查是诚信建设的总抓手。诚信是注册会计师行业的基石，独立性是注册会计师审计的灵魂，注册会计师审计是市场经济诚信链条的重要一环，这些论断是我们在开展行业建设、思考行业本质、探索行业规律过程中形成的有价值的思想成果。推进行业诚信建设，坚持行业诚信建设这条主线，不能停留在口号上、概念上，要有手段、有机制、有办法。执业质量检查就是其中的一个好手段、好机制、好办法。行业工作做得好不好，不是看口号喊得响不响，也不是看文章做的亮不亮，而是要看审计的质量高不高。通过执业质量检查，来检验做的怎么样，做得好的就表扬，做得不好的就批评，一年一年地查，一年一年地改，持之以恒，不愁这个行业搞不好。从这个意义上讲，执业质量检查是行业诚信建设的总抓手。

第二，执业质量检查是行业建设的总枢纽。行业建设工作方方面面，涉及考试、注册、培训、职业标准、国际合作、做强做大等等，这些业务建设是否到位，能否转化为注册会计师行业发展的成果，转换为服务国家建设的能力，要通过执业质量检查去评价、去促进、去倒逼。从这个意义上讲，执业质量检查是行业建设的总枢纽。

第三，执业质量检查是行业发展质量的总检验。定政策、给支持，都不是为了做而做，而是要围绕行业的发展目标有针对性地去做。比如，诚信水平的提高、审计质量的提高、服务经济社会能力的提高等等目标是否实现，行业规模数量和发展质量是否满足市场的要求和期望，政策执行得如何、实施是否到位等等，不是自说自话，不能自以为是，要通过执业质量检查来检验。通过检查，肯定做得好的，肯定做得好的方面，促进做得更好；揭示做得不好，揭示做得不好的方面，指出努力的方向，督促改进和提高。

二、为什么要改革执业质量检查制度

2004 年创立的会计师事务所执业质量检查制度，检查的内容是审计项目，也就是“查项目”。我们认识到，会计师事务所的执业风险不仅仅是审计项目的风险，更是质量控制体系不健全的风险，后者是系统风险，系统风险是项目风险的根。仅仅查审计项目，不能全面提示风险，还会导致“机会主义”，审计项目那么多，抽查是抽不尽的。如果不从会计师事务所的系统风险入手进行检查，就达不到发现问题、促进提高的目的。改革执业质量检查制度，就是拓展执业质量检查的内容，把影响执业质量的所有主要因素都纳入执业质量检查的范围，既查审计项目，又查质量控制体系，也就是“查系统”，从治理到管理，从合伙人的晋升退出到项目组的组建，从审计计划到审计报告，从风险评估到风险应对，从业务收费到收入分配，方方面面。

改革会计师事务所执业质量检查制度，有几个背景因素。

第一，落实审计准则。会计师事务所的质量控制是审计准则重要的规范内容。审计工作是团队工作，审计质量，既有赖于注册会计师的专业工作，更离不开会计师事务所的质量控制系统。实施职业标准国际趋同战略，实现了审计准则的重大创新。针对会计师事务所质量控制的规范标准已经健全，查系统，实质上就是查质量控制系统。改革会计师事务所执业质量检查制度，实质上就是落实会计师事务所质量控制准则。

第二，借鉴国际经验。我们注意到，美国公众公司会计监督委员会的检查包括了对会计师事务所“管理的品行”的检查，还对合伙人的评价、薪酬、晋升和责任分派等方面进行检查，英国 FRC 的检查包括对会计师事务所的绩效评价、晋升和报酬、人力资源事项等方面的检查。改革会计师事务所执业质量检查制度，与国际经验是不谋而合的。

第三，回应国际趋势。对会计师事务所的监管，在国际上有一个新的趋势，这就是独立监管模式。这个模式有三大特征，独立监管的体制，周期性检查的频率，风险导向的路径。这个新的模式，已经成为评价会计师事务所监管工作质量的标准。改革执业质量检查制度，落实系统风险导向的检查理念，及时地顺应了这个国际趋势。

• 独立监管。独立监管，强调的是，检查主体既不是政府机构也不是行业组织。他们之所以把注协监管排除在“独立监管”模式之外，是因为西方国家的注协本质上是行业内化的，因而不具有独立性。在中国，注协作为法律授权的行业组织，是在党的领导下承担行业监管和发展职能的，不是内生于行业的，执业质量检查具有独立监管的特征。具体表现在：（1）理事会、常务理事会、惩戒委员会不是仅仅由会员和注册会计师组成，而是由方方面面的代表组成，包括注册会计师、律师、多领域专家、企业代表、政府部门的代表等等，这有效地保证了决策过程是超然于行业狭隘利益的；（2）注协的干部由财政部门考察推荐，对注协干部的政治把握能力、专业技能和管理水平要求很高，其职责固然包括行业建设、行业发展，但是有一个前提，这就是服务公众利益。

• 周期性检查。国际会计师联合会规定，承担公共实体审计的会计师事务所三年轮检一次。在行业层面上我们实施五年一个周期的检查，对于证券期货业务资格的会计师事务所，执业质量检查周期已经调整为三年一个周期，符合国际会计师联合会的规定。

• 风险导向。从“查项目”到“查系统”，就是查质量控制系统，就是查系统风险。检查路径的改变，标志着我们在审计准则和职业道德守则国际趋同的基础上，实现了执业质量监管路径的趋同。

三、改革执业质量检查制度，实现“五个并重”

从“查项目”转向“查系统”，是改革执业质量检查制度的重点任务，但不是全部。要以“查系统”为总纲，全面完善执业质量检查制度，具体来讲，就是要体现“五个并重”。

第一，系统风险评估与项目质量检查并重。检查执业质量固然要看项目，但是，光看项目是远远不够的，项目质量的高低固然能够看出执业质量的高低，但是项目质量的高低，根子在于会计师事务所的质量控制体系是否健全。所以，对会计师事务所执业质量检查要从对会计师事务所系统风险的评估着手，以系统风险的评估结果指导项目质量的检查，以项目质量的检查来支持系统风险评估的结论。通过“查系统”，把会计师事务所工作重心引导到质量控制体系建设上来，真正实现执业质量检查的帮助、教育、督促、提高的目标。

第二，技术程序检查与职业道德检查并重。影响会计师事务所执业质量的因素有两个，一是技术程序，二是职业道德。没有职业道德的支撑，不能坚持诚信公正的原则，把专业活动混同于商业活动，技术程序的实施就没有方向，就会受到狭隘利益的干扰。只有职业道德检查与技术程序检查并重，才能全面评价执业风险和执业质量。

第三，完善检查技术与建立检查质量保证机制并重。企业披露财务报告，要承担会计责任，注册会计师独立审计要承担审计责任，执业质量检查也是有责任的。如果不能充分认识检查责任，把执业质量检查仅仅看作是权力，而不是责任，执业质量检查工作就会流于形式，就不能真正达到帮助、教育、督促、提高的目的。要在完善检查程序和检查方法的同时，建立执业质量检查质量保障机制。

第四，检查制度改革与检查专家队伍建设并重。改革执业质量检查制度固然重要，加强执业质量检查专家队伍的建设同样重要。有一套好的检查制度，如果没有合格、敬业、对执业质量检查制度有深刻认识的专家队伍，改革执业质量检查制度的目标就实现不了。要加大执业质量检查专家队伍建设的力度，兼职专家和专职专家相结合。要按照《财政部关于进一步加强注册会计师协会干部队伍建设的通知》的精神，通过岗位调整、招聘充实、长期聘用等一系列手段，建设一个过得硬的监管队伍。

第五，落实审计责任与落实监管责任并重。监管职能是注册会计师法赋予注协的重要职能，是法定职能与民主管理的有机统一，是解决“多头管理”“多头检查”的治本之策。注协要切实承担起行业监管责任，思想上要高度重视，干部配备上要切实保证，工作安排上要切实到位。

强调“五个并重”，并不是说以前完全没有考虑这些方面的问题，只是还落实得不够，还缺乏制度和机制保障。这里强调“五个并重”，就是要在理念、制度、机制上全面落实。

四、改革执业质量检查制度，关键在落实

接下来要开展的执业质量检查，是改革执业质量检查制度后的第一次，也是建立执业质量检查制度后的第八次，起点高，要求也高。要认真学习，扎实工作，使执业质量检查制度改革的成果转化为执业质量检查工作的成果，转化为注册会计师审计质量提升的成果。

第一，以创新的精神开展执业质量检查。落实好执业质量检查制度改革的指导思想，从重项目质量检查转向质量控制体系的检查，做到项目质量检查与系统风险检查并重。改革前后的区别在于，改革前，执业质量检查对审计项目是否实施审计程序、审计证据是否足以支撑审计结论、审计结论是否恰当进行检查，更多地是对照审计准则条文。改革后，要重点从会计师事务所的职业道德规范、质量控制环境、合伙人机制建设、客户关系和审计业务的接受与保持、人力资源、业务执行、业务标准和程序的制定、修改和传达，以及监控、总分所一体化管理、信息系统等 10 个方面进行检查。既然是改革，就要有创新的精神和意识，理解改革，实践改革，把改革精神落到实处。

第二，以学习的精神开展执业质量检查。全面体现系统风险检查的要求，是新任务、新尝试，还没有经验，制度和程序本身也要在实践中完善。这就要求我们重视学习，不仅要学培训教材、学制度、学手册，同时也要在检查实践中学习，在检查实践中总结、提高、成熟。改革任务的完成，不能以制度的出台为衡量标准，而是要以检查专家经过检查实践，对检查工作理论、方法和程序形成新的认识和能力为衡量标准。经过“实践—完

善—实践”的循环，风险导向的执业质量检查制度才能不断走向成熟。

第三，以教育的精神开展执业质量检查。执业质量检查的目的是帮助、教育、督促、提高，也就是要促进懂管理、讲诚信、重质量的注册会计师队伍群体的成长，帮助会计师事务所提升理念、改善制度、控制风险，最终达到提高执业质量的目的。要带着教育的任务开展执业质量检查工作，把执业质量检查工作变成贯彻审计准则、质量控制准则和职业道德守则的播种机、宣传队、催化剂。

（在证券期货业务资格会计师事务所执业质量检查工作布置会上的讲话，2011年6月22日。原题《以创新务实精神深入实践执业质量检查制度改革的新要求》）

第六节
会计师事务所执业质量检查：怎么教、怎么学、怎么做

在执业质量检查工作开始前组织培训，已经形成惯例。即将开始的新一年的执业质量检查，是改革执业质量检查制度后的第二次检查，已经有了一些经验，但是还很不充分，需要在学习的基础上实践，在实践中提高。所以，这次培训有特殊意义，一定要办好，这里讲一讲这个培训班怎么教、怎么学，以及接下来怎么做的问题。

一、怎么教

为办好这次培训，事前做了很深入的研究，特别是研究了行业监管的新形势、新要求和监管队伍的状况，征求了专家咨询组等各方面的意见。

从培训方案和课程表上就能很容易看出来，培训班的教学设计，是很有特点的。

第一，**现场与远程同步**。除了各省注协分管秘书长和监管部负责人、参加年度执业质量检查工作的兼职检查人员在上海国家会计学院现场听课，还开通了远程视频，各地注协监管部门的同志以及不参加这次检查、进入专家库的兼职检查人员通过视频参加学习，“一竿子到底”，全国监管系统的同志全部培训一遍。

第二，**理论与制度并重**。除了往常都会做的讲解检查制度和检查手册，特别请了唐建华同志专题讲风险导向审计原理和审计准则，陈龙伟同志讲审计准则修订的内容。他们两位同志所占的时间甚至比其他专题所用的时间更长一些。

第三，**程序与案例互应**。不仅讲程序、讲方法，还请于延琦同志现身说法，讲案例。

第四，**大所与小所兼顾**。回应大家多讲讲中小会计师事务所检查原理和技术的要求，请于延琦和沈大龙同志专题讲解中小会计师事务所的检查。

第五，**专家与学员互动**。课堂上安排了一定的时间用于答问。并有讨论时间，安排授课专家回应讨论中提出的问题。

第六，**总结与交流结合**。总结经验历来是我们改进工作、提高认识的动力。请李万军同志讲他这些年来，特别是他参加上一年度在改革执业质量检查制度后主持检查组工作的经验和体会。张文丽等其他讲课专家也都有多年的执业质量检查实践经验。前一天还召开了小型研讨会，为这几天的培训热身、作准备，完善教材和教案。

二、怎么学

第一，**要同时学习审计**。执业质量检查，是对审计工作的检查，对审计如果没有深入的理解，就搞不好检查。所以，学习如何检查，应当同时学好审计。这一条主要是对注协同志讲的，但是对会计师事务所的同志，一定程度上也是适用的。风险导向的审计制度引入的时间不长，就全行业层面来说，深入学习和理解风险导向审计仍然是一个需要不断深化的任务。希望花一定的时间学习和深入理解风险导向审计理论、知识和方法，说补补课也不为过。要以培训班的审计课程为新的起点，来一次审计准则的再学习。

第二，要重视学习原理。理论很重要。毛主席高度强调理论对实践的指导作用，他曾经说过，“没有革命的理论，就没有革命的行动。”行业中一定程度上存在着不重视理论和原理、只讲程序和方法的倾向。中注协专业标准部向年初在杭州召开的监管会提供了一个研究报告，其中，在讲到大所与小所的关系时，强调两者的原理是一致的，掌握了审计原理和检查原理，形成职业判断能力，能够举一反三，会查大所，也就自然会查小所；反之，如果不掌握原理，即使在检查手册中把具体程序和细节都规定出来，那也只能照葫芦画瓢，面对每个会计师事务所的制度和做法，也难以把握问题的实质，难以达到检查的目的。希望重视审计原理、检查原理的学习，静下心来读原著、读教材。

第三，要养成学习习惯。注册会计师行业是一个专家行业，注协是一个职业组织，专业是看家本领。我们常说，对于注册会计师行业来说，专业是资本，诚信是基石。学习则是积累资本、打造基石的不二选择。参加培训班固然是学习，养成学习的习惯，是最为根本的。对于一个专业人才来说，没有自学的精神和习惯，只凭听几堂课就想成才，那是不可想象的。希望参加执业质量检查工作的同志带头学习，成为建设学习型行业的模范。

三、怎么做

第一，贯彻风险导向检查的要求，落实“五个并重”。“五个并重”是改革执业质量检查制度的核心任务，系统风险检查与项目质量检查并重又是核心的核心。经过去年一年的尝试，大家对系统风险检查的原理有了一定的理解，对系统风险检查的方法有了一定的实践。但是，这仍然是初步的，还需要通过进一步的实践，不断地深入。使得检查的过程成为学习的过程、不断提高的过程，真正做到“以系统风险检查的结果引领项目质量检查的方向，以项目质量检查的结果验证系统风险检查的结论”。

第二，抓住重点，把握路径，达到事半功倍。抓住重点，每年都有强调，今年也确定了几个重点，其中包括涉嫌低价竞争、会计师事务所变更、客户数量过多等等。把握路径，就是前面讲的，从系统风险检查入手，力求以系统风险检查的结果引领项目质量检查的方向。要特别注意的是，不能因为强调了检查重点，就只专注于项目质量检查。这里有个正确处理检查重点与检查路径的关系问题。其实，抓住重点与实施系统风险检查并不矛盾。一家会计师事务所，如果采取了低价竞争策略，如果不顾后果、不顾客户质量地承接客户，如果不顾专业胜任能力地对客户来者不拒，基本上可以断定，质量控制体系出问题了，业务承接环节有漏洞了。所以，要处理好抓住重点与把握检查路径的关系，把“抓住重点”这一要求，贯穿于系统风险检查和项目质量检查的全过程；在系统风险检查的基础上，抓住涉嫌不正当低价竞争、不顾后果“接下家”、过多承接客户这些重点领域的审计项目。

第三，精心组织，统筹资源，提高工作效率。这一条主要是针对检查组长讲的。精心组织、统筹资源，首先应当对会计师事务所有一个深入了解和认识；其次是要结合这些认识和检查要求，制订检查计划，并根据检查进展适时适当地进行调整；再次是根据检查组成员的特点和专长分配好任务；最后是及时了解和掌握各成员的检查进展和发现，并在检查组成员之间形成沟通机制，相互提示和启发，在沟通和讨论的基础上形成阶段性的结论，用以指导推进下一步工作。当然这只是一个大概的要求，具体实施中需要灵活设计。

第四，廉洁检查，公正执法，严守“九不准”。廉洁检查，是公正检查的前提，是公正执法的保障。为了做到廉洁检查，专门规定了几条，其中核心是“九不准”。希望培训班期间讨论一下，使之更可操作，更具针对性。从过去几年看，各检查组在廉洁检查上做的是比较好的，但也有个别检查组和检查人员做的不够好，听说还有接受被检查会计师事务所的招待、礼物的情况。要进一步严明纪律，希望大家严肃对待，严格遵守。廉洁执业，从执业质量检查工作做起。不按规矩办，做触碰底线的事，等发现了，就不好看了。

（在全国会计师事务所执业质量检查人员
培训班上的〈视频〉讲话，2012 年 6 月 2 日）

第七节
综合治理注册会计师不正当低价竞争

行业工作的出发点是实现行业的科学发展，履行好服务公众利益的使命。行业同志普遍表达了对治理不正当低价竞争的支持，这是综合治理注册会计师行业不正当低价竞争的群众基础、民意基础。既然大家都支持，那就认真地办。

一、不正当低价竞争是引发行业诸多问题的诱因，同时也是会计师事务所治理结构、质量控制体系、执业流程缺陷的结果

审计收费过低，会计师事务所就没有能力培养和聘用高端人才，还导致人才流失；为了生存，会计师事务所竞相压价争取业务，必定会以弱化

审计程序、降低执业水准为代价。

不正当低价竞争暴露了会计师事务所治理结构、质量控制体系和执业流程等方面存在的问题。如果会计师事务所对品牌很重视，不愿自毁形象，就不会允许合伙人搞低价竞争；如果会计师事务所治理到位，业务承接、业绩考核到位，有严格的成本控制系统，有科学的工时收费标准，合伙人就搞不了低价竞争；如果执业程序控制到位，质量控制体系到位，品牌形象好，有稳定的高质量客户，就不值得搞低价竞争。

一个行业的好坏不在于它有没有问题，而在于它有没有解决问题的办法；一个市场的好坏不在于它有没有问题，而在于它有没有一个好的机制，将好的商品和服务与坏的商品和服务区别开来。行业诚信建设的目的，就是建立一个问题解决机制和市场识别机制。综合治理行业不正当低价竞争，要从机制建设着眼。面对执业风险和监管形势，必须加强会计师事务所治理、质量控制等工作，化被动为主动，化风险为契机，通过治理行业不正当低价竞争等手段促进提高执业质量。

提出综合治理不正当低价竞争的任务一年来，已经有一些成效。华普天健介绍说，通过报价系统建设，总体收费标准显著提高，在不增加客户规模的情况下实现了收入的增长。辽宁 2012 年出台新的收费办法，只执行了半年，行业收入就增长了 60%。综合治理不正当低价竞争，要有信心。

二、综合治理不正当低价竞争，从我做起

不正当低价竞争是由诸多因素造成的。政府采购，传统上主要是货物采购，专业服务的采购不多，经验也不多；注册会计师行业是专家行业，但客户和市场对专业服务价值的认识还不到位；会计师事务所不会、不愿、不敢在招投标中合理报价。

综合治理不正当低价竞争，一要正视问题，二要树立信心，三要办法到位，四要持之以恒。2002 年锁定抵制“炒鱿鱼、接下家”这个监管的

突破口，已经坚持了十年，有明显效果。会计师事务所变更现象仍然是存在的，但是，通过“炒鱿鱼、接下家”达到购买审计意见的现象明显少了。不正当低价竞争问题的复杂性可能超过“炒鱿鱼、接下家”，定义也相对困难，但只要认真抓，抓住关键，应当能够抓出成效。

治理不正当低价竞争涉及行业中的每个人，需要共同努力，从我做起。注协要从我做起。中注协提出了治理不正当低价竞争的一揽子方案。一是宣传指导。宣传注册会计师行业的专业价值和行业特征，指导会计师事务所建立科学的成本核算系统和收费报价体系。这方面已经有一些成功尝试。中船集团招投标的事情发生后，我们第一时间向相关会计师事务所负责人了解情况；致函中船集团，解释审计服务招投标的政策规定和基本原则；与国资委有关部门进行积极沟通，获取支持；发布了答记者问，向公众阐述专业服务的特征，促进了事情向好的方向发展。二是政策协调。就招投标中与报价相关的各个环节，协调政策制定部门，推动改进招投标制度，特别是针对专业服务的招投标制度，用制度规范竞争行为，财政部是管招投标政策的，我们在政策协调上有优势。三是跟踪应对。跟踪媒体披露和行业反映的问题线索，采取应对措施，适时进行谈话提醒；根据跟踪情况在执业质量检查中进行专项重点检查，处罚也要跟进。

会计师事务所要从我做起。不考虑行业的整体利益，没有把行业搞好的公益心，没有树立品牌、脱颖而出的事业心，你降我也降，你降得多我降得更多，就会永远内耗下去。希望大家提高认识，树立长远规划，以收费制度的完善为切入点，规范和完善好会计师事务所质量控制体系、业务收费报价体系、成本核算体系、业绩考核体系，每家都把自己的事情做好。不思改进，不讲长远，不树立品牌，满足于低价揽业务生存，说打造百年老店，那都是假的。

（在综合治理行业不正当低价竞争座谈会上的讲话，2013 年 6 月 3 日）

附录一 答记者问

答《中国财经报》记者问

（2007年3月23日）

话　　题　证监会取消补充审计的政策

新闻标题　《证监会取消“补充审计”彰显多重意义》

2007 年 3 月 8 日，证监会发布《关于不再实施特定上市公司特殊审计要求的通知》，取消对金融类上市公司在法定审计之外聘请国际会计师事务所进行审计和对一次发行量超过 3 亿（含 3 亿）股以上的公司进行补充审计的规定。

问：证监会发文取消补充审计，有何意义？

答：取消补充审计这一政策调整，体现了证券市场监管理念的重大转变，对规范资本市场审计工作和提高上市公司信息披露质量有积极意义，我们十分赞同和支持。

在补充审计的要求下，同一个企业分别采用国内会计准则和国际会计准则进行信息披露。取消补充审计，遵循国内会计准则进行审计和披露信息，避免两套标准披露可能引起的误解和歧义，有助于进一步提高和保障上市公司财务信息披露透明度。

不再要求对金融类上市公司在法定审计之外聘请国际会计师事务所进行审计，一次发行量超过3亿（含3亿）股以上的公司不再进行补充审计，有利于明确会计师事务所的执业责任，也有利于国内外会计师事务所的公平竞争。

此外，取消补充审计，也有助于减少上市公司的审计费用，降低融资成本。

问：您对取消补充审计有何评价？

答：取消补充审计是会计审计准则国际趋同成果的体现。补充审计要求按照国际会计和信息披露准则编制补充财务报告，按照国际审计准则进行审计。2006年2月，财政部发布39项会计准则和48项审计准则，形成了与国际标准趋同的会计准则体系和审计准则体系。今年1月1日起，两大准则体系同步实施，再按国际国内两套标准披露和审计已无必要。

取消补充审计是对注册会计师行业执业质量不断提高的认同。近年来，注册会计师行业坚持以诚信建设为主线，全面提升注册会计师队伍的专业素质、执业能力和职业道德水平，加强会计师事务所质量控制和风险管理，严格上市公司等高风险审计领域的监管，执业质量不断提高，社会公信力大幅提升。

问：在提高上市公司审计质量方面，中注协将进一步采取哪些措施？

答：近年来，特别是中注协“四代会”以来，注册会计师行业实施了职业标准国际趋同战略、行业人才战略、会计师事务所做强做大战略，在提高行业发展质量等方面取得了显著成效。

今后一段时期，中注协将深入实施三大战略，扎实抓好会计审计准则体系的实施工作，深化行业人才培养，大力推动会计师事务所做强做大和治理机制建设。通过抓好事关行业建设基础性、战略性和全局性工作，提升行业整体执业水平，带动行业诚信水平的提升。

与此同时，进一步推进机制创新，加强行业监管工作。全面建立以“注册”为枢纽的会员行为监管体系，一是，建立全面反映注册会计师执业行为信息的诚信档案系统，二是研究建立信息披露机制，公开披露注册会计师诚信行为信息，强化社会监督，三是加强对注册会计师和会计师事务所执业活动的动态监管，提高监管工作的针对性。

另外，进一步深化上市公司年报审计的监管工作，以监管年报期间会计师事务所变更为突破口，跟踪上市公司年报审计中出现的“炒鱿鱼、接下家”行为，狠抓上市公司等高风险审计领域的监管。

答记者问

（2008年4月28日）

话　　题　最高人民法院出台司法解释——《关于审理涉及会计师事务所在审计业务活动中民事侵权赔偿案件的若干规定》

新闻标题　《准确界定审计责任 切实维护公众利益》

最高人民法院日前发布《关于审理涉及会计师事务所审计业务活动中民事侵权赔偿案件的若干规定》，自 2007 年 6 月 15 日起施行。

问：从注册会计师行业管理的角度，您对最高人民法院这一司法解释有何评价？

答：注册会计师独立审计制度是市场监督体系重要组成部分，其核心功能就是通过注册会计师审计鉴证工作，保障会计信息真实可靠，为投资决策服务，为市场监管服务。

会计信息失真，给投资者造成损失，会计师事务所应该承担什么样的民事责任，是一直困扰注册会计师行业、公众和司法实践的一个问题。在会计信息链条上，有很多的责任方，比如生产和提供会计信息的企业，为企业提供资信证明的金融机构，负责审计企业财务报表的会计师事务所，当然也包括签署报告的注册会计师等等。会计信息失真给投资者造成损失，必须能够在各责任方之间正确界定各自所应承担的责任。既要使当事的会计师事务所确实承担起执业责任，对自己的执业质量负责，同时又能够科学准确地划定其责任，保护包括会计师事务所在内的当事各方的合法权益。

最高人民法院发布司法解释，正是在正确界定会计师事务所的民事责任方面取得重大突破。其中非常重要的一点，就是强调严格区分会计责任和审计责任。也就是说，企业管理层承担经营管理和提供财务报表的职能，应当对会计信息的真实性承担会计责任；会计师事务所依据执业准则和专业判断对被审计单位的财务报告进行审计，应对其所出具的审计报告负责，承担的是审计责任。把这两个责任区别开来是这个司法解释的重大贡献。另外，司法解释在归责原则、责任判定标准、承担责任的情形和限额等方面，都有明确的规定。

可以说，这个司法解释既充分关注了注册会计师专业工作的特性和社会责任，又科学体现了平衡公众利益和注册会计师职业权益的司法公平，既有助于促进注册会计师不断提高专业素质，强化风险意识，提高执业质量，切实承担起保障会计信息质量、维护公众利益之责，同时也给注册会计师行业提供了健康发展的空间。

问：司法解释在科学认定注册会计师审计责任方面，有哪些具体体现？

答：司法解释严格遵循了相关法律的要求，是在整合、矫正以往司法审判规则的基础上形成的，体现了司法机关对注册会计师行业特性和行业规律的尊重，在责任界定的各个环节体现了科学性、公平性和可操作性。具体来讲有这么几个方面：

第一，严格区分了会计师事务所主观故意和过失所应承担的赔偿责任。主观故意和过失是两种不同性质的问题，司法解释对此进行了责任区分，明确规定，会计师事务所如果与被审计单位恶意串通或其他主观故意给利害关系人造成损失，会计师事务所应当与被审计单位一起承担连带赔偿责任；会计师事务所如果因工作过失给利害关系人造成损失的，应当根据其过失大小确定其赔偿责任。

第二，合理限定了会计师事务所工作过失应承担的赔偿责任。主要有两个方面，一是应先由被审计单位赔偿利害关系人的损失，对被审计单位、出资人的财产依法强制执行后仍不足以赔偿损失的，再由会计师事务所承担相应的赔偿责任；二是会计师事务所的赔偿应以其不实审计金额为限，即会计师事务所执业过失为“补充责任”性质。进而有助于避免“深口袋”现象。

第三，科学设定了“免责”和“减责”条款。司法解释充分考虑了注册会计师行业的专业特性，设定了相关“免责”和“减责”条款。比如，已经遵守执业准则、规则确定的工作程序并保持必要的职业谨慎，但仍未能发现被审计单位的会计资料错误；金融机构等单位提供虚假或者不实的证明文件，会计师事务所在保持必要的职业谨慎前提下仍未能发现其虚假或者不实；已经对被审计单位的舞弊迹象提出警告并在审计业务报告中予以指明；已经遵照验资程序进行审核并出具报告，但被验资单位在注册登记后抽逃资金；为登记时未出资或者未足额出资的出资人出具不实报告，但出资人在登记后已补足出资，等等，对于上述情形，会计师事务所如果能够提供相应证明，则不承担民事赔偿责任。

司法解释同时明确，利害关系人如果明知会计师事务所出具的报告为不实报告而仍然使用的，人民法院应当酌情减轻会计师事务所的赔偿责任。

第四，有效防止了对会计师事务所的“滥诉”。企业一旦经营失败，为其提供审计服务的会计师事务所往往容易成为“替罪羊”，遭遇“滥诉”。为有效解决这一问题，司法解释明确规定，利害关系人未对被审计单位提起诉讼而直接对会计师事务所提起诉讼的，人民法院应当告知其对会计师事务所和被审计单位一并提起诉讼；利害关系人拒不起诉被审计单位的，人民法院应当通知被审计单位作为共同被告参加诉讼。

司法解释同时规定，会计师事务所侵权赔偿纠纷未经审判，人民法院不得将会计师事务所追加为被执行人。

问：配合司法解释的发布实施，中注协下一步将在行业管理方面开展哪些工作?

答：司法解释对于维护公众利益和促进行业健康发展有着重要意义，更对行业发展和行业管理提出了许多新的要求。我们将在积极做好司法解释宣传和学习的基础上，重点开展以下工作：

一是进一步深化注册会计师行业诚信教育，强化风险意识，牢固树立为公众利益服务的职业宗旨。近年来，注册会计师行业不断推进诚信建设，执业质量不断提高。要以这次司法解释的公布为契机，组织全行业认真深入学习领会司法解释，进一步强化行业风险意识。要进一步认识到，我们对自己所签发的审计报告是要负责任的。更要认识到，千百万投资者和公众的投资决策和经济生活依赖会计信息和审计报告，我们的工作影响着千百万投资者和公众的经济生活，只有牢固树立为公众利益服务的宗旨，不断提高执业质量，才能不辜负注册会计师所担负的职责与使命。

二是深入推进执业准则体系的贯彻实施工作。自 2008 年 1 月 1 日起，注册会计师行业已全面实施新的审计准则体系。这次司法解释明确，将执业准则体系纳入法律程序范畴，进一步确立了执业准则在司法判决中的法律地位。这就要求全行业要进一步深化执行审计准则重要性的认识，不折不扣地把审计准则贯彻到位。要进一步加大审计准则实施的培训、指导和监督。

三是加强会计师事务所治理，包括加强对分支机构的管理。加强会计师事务所治理，对于提高风险管理能力和质量控制水平具有重要作用。我们将结合实施《会计师事务所治理指南》，在全行业全面推进治理机制建设工作，完善决策机制，规范质量决策程序，加快专业队伍建设。通过风险评估程序、质量控制程序、分支机构管理规范、工作底稿制度等，筑起一道执业风险的防火墙。

四是配合司法机关做好司法解释的实施工作。司法解释的出台，前后经过了6年多的调研和论证，在这个过程中，中注协本着维护公众利益、反映行业诉求、维护行业合法权益的原则，先后多次召开研讨会，并十余次提出了行业意见和建议，全力支持和配合最高法院的起草制定工作。下一步，我们将继续进一步关注司法解释的实施情况，及时跟踪总结，不断改进和加强行业管理，并做好与相关司法部门的沟通。与此同时，将筹建由政府部门、司法界、学术界、执业界以及公众代表共同组成的注册会计师执业责任鉴定委员会，依据注册会计师执业准则为相关责任判定提供专家咨询意见，更好地维护公众利益和注册会计师合法权益。

附录二　参考材料索引

1. 《关于改进和加强行业监管工作的意见》，中国注册会计师协会，会协【2010】12号，2010年2月12日
2. 《关于进一步加强地方注协会计师事务所执业质量检查制度建设的通知》，中国注册会计师协会，会协【2011】113号，2011年12月5日
3. 《中国注册会计师协会会员执业违规行为惩戒办法》，中国注册会计师协会，会协【2011】39号，2011年7月16日
4. 《上市公司年报审计监管工作规程》，中国注册会计师协会，会协【2011】52号，2011年8月31日
5. 《中国证券监督管理委员会关于不再实施特定上市公司特殊审计要求的通知》，中国证券监督管理委员会，证监会计字【2007】12号，2007年3月8日
6. 《会计师事务所执业质量检查制度改革方案》，中国注册会计师协会，会协【2011】39号，2011年7月16日
7. 《会计师事务所执业质量检查制度》，中国注册会计师协会，会协【2011】39号，2011年7月16日
8. 《中小会计师事务所执业质量检查手册（试行）》，中国注册会计师协会，会协【2016】25号，2016年6月2日
9. 《委托会计师事务所审计招标规范》，财政部，财会【2006】2号，2006年1月26日
10. 《会计师事务所以投标方式承接审计业务指导意见》，中国注册会计师协会，会协【2006】7号，2006年2月5日
11. 《会计师事务所服务收费管理办法》，发展和改革委员会，发改价格【2010】196号，2010年1月27日
12. 《财政部关于进一步落实〈会计师事务所服务收费管理办法〉的通知》，财政部，财会【2011】18号，2011年9月1日
13. 《关于坚决打击和治理注册会计师行业不正当低价竞争行为的通知》，中国注册会计师协会，会协【2012】58号，2012年2月24日
14. 《美国注册会计师行业监管体制考察报告》，载《中国注册会计师行业发展研究资料（2004）》，中国注册会计师协会编，经济科学出版社，2004年
15. 《关于欧盟“认可中国审计监管体系等效”背景、内容及影响的报告》，张文执笔，载《中国注册会计师行业发展研究资料（2011）》，经济科学出版社，2012年

第六章
注册会计师行业信息化建设

信息技术将以其无与伦比的创新力量，

把注册会计师行业推到一个

从未达到过的新境界。

导　言

信息技术已经并将继续改变人类生活的面貌。对于注册会计师行业来说，需要思考的问题，不是信息技术会不会改变，而是会以怎样的方式改变注册会计师行业。

回望历史，审计技术与方法的每一次重大改进，都与技术发展、管理进步和商业模式的变革相伴而行。信息技术将以其无与伦比的创新力量，把注册会计师行业推到一个从未达到过的新境界。

信息技术首先将带来审计平台的革命。在信息技术产生之前，注册会计师审计是纸上审计，在有了信息技术和计算机普及之后，注册会计师开始借助计算机及辅助工具软件从事审计工作，实现审计平台的第一次飞跃，实现了机上审计。随着互联网时代的来临，注册会计师依托互联网和物联网开展审计工作，包括存货清点这类必须到现场才能完成的工作，可以在网上实现。网上审计是审计平台的第二次飞跃。

信息技术还将带来审计模式的革命。审计模式发展已经有 100 多年，从账项审计发展到抽样审计、制度基础审计，再到今天的风险导向审计，其发展脉络，就是如何用最少的劳动，用制度化的安排来提高工作效率，达到揭示风险的目的。风险导向审计相对于制度基础审计，最大变化不在于有没有抽样，而是按照什么指导思想抽样，按照什么原则抽样，按照什么量度抽样。抽样是传统审计模式演变的主线。

以互联网、大数据、云计算和人工智能等为代表的现代信息技术对人类最大的贡献，就是突破人脑处理数据能力的局限，突破人与人之间交流在时空和成本上的局限。对于独立审计来说，信息技术为超越抽样审计、回归到账项审计，也就是全样本审计，提供了可能；同时，以智能技术和大数据技术为支撑，支持注册会计师职业判断，实现智能审计。

独立审计的核心价值，是鉴证，是增信。在人类生活中，需要鉴证和增信的领域太多了。独立审计的核心价值与信息技术结合，有望最大程度地扩展审计领域，除了审财务报告，还审舞弊、审合同、审定价、审绩效、审碳排放、审安全、审治理、审软件系统，进入泛审计时代。

基于信息技术改变注册会计师行业的特定方式，结合《中国注册会计师行业信息化建设总体方案》制定和实施工作，本章讨论了注册会计师行业信息化建设的任务、顶层设计和实现路径等问题。

• 注册会计师行业信息化建设的任务，是建设三个系统。一是会计师事务所信息系统，二是行业管理服务信息系统，三是注协机关办公信息系统。形象地说，就是“一条扁担担两头”，行业管理服务信息系统是“扁担”，“一头”是会计师事务所信息系统，“另一头”是注协机关办公信息系统。通过行业管理服务信息系统来连接、整合会计师事务所和注协机关办公信息系统，实现“一加一大于二”的功能扩展。

• 注册会计师行业信息化建设，要有顶层设计。信息化意义上的顶层设计，主要不是《中国注册会计师行业信息化建设总体方案》这样的战略设计，而是行业信息化总体架构的设计，具体有三个方面。第一，设定信息化的愿景和目标，用愿景和目标来统一认识，协调行动，引导资源配置；第二，规定信息化的 IT 架构，这是因为，IT 架构从应用架构、数据架构和技术架构等方面为信息化提供解决方案，需要率先从全局层面统筹规划；第三，制定数据标准，从业务属性、技术属性和管控属性规定数据的代码编号、业务定义、中英名称、数据类别、数据格式、取值范围和编码规则，没有数据标准的统一，就没有系统内部和系统之间的互联互通，就没有数据处理的效率，信息化就难逃“信息孤岛”和“数据烟囱”的命运。

• 注册会计师行业信息化建设顶层设计的基本要求。行业管理服务信息系统的顶层设计，其基本要求是互联互通，实现编码统一、授权管理、报备同步、开放共享；会计师事务所信息系统的顶层设计的基本要求是，实现会计师事务所执业服务的智能化、互联化、移动化。注协机关协同办公系统的顶层设计的基本要求是，知识共享，决策支持。

• 注册会计师行业信息化建设，要发挥软件市场的作用。行业信息化建设，就像行业其他各项工作一样，组织的统筹和政策的支持无疑是不可缺少的，但是，就实现机制来说，还是要依赖软件市场的供给。软件开发这类复杂的技术工程，当成公益性质的事情来做，是做不好的。勉强为之，也做不精做不细，更新升级也不可能及时。要热情地做好软件市场的引导、指导和推介工作。

• 注册会计师行业信息化建设的人才准备。既懂会计审计又精于信息技术的复合型人才，无疑是非常可贵的。问题在于，信息技术是一个高度依赖计算机科学的技术领域，对于没有经过计算机科学训练的会计审计人才来说，很难指望同时成为信息技术人才。在倡导注册会计师们努力成为复合型人才的同时，也要认识到，行业信息化要更多地依赖注册会计师与信息技术专家的合作。在这个合作模型中，注册会计师的作用在于，对会计审计系统进行解构，使信息技术专家能够理解会计审计知识、通过信息技术能够整合会计审计工具、在信息系统中能够实现会计审计功能。从这个意义上讲，随着行业信息化建设的推进，注册会计师们应当更深刻地理解自己的工作。如果不能更深刻地理解自己的工作，就不知道为什么要解构它，又怎么解构它。

（2022 年 7 月 29 日）

第一节
打造“互联网 +”注册会计师版

计算机技术与通信技术的融合孕育了互联网。从 Web1.0 时代起，互联网的迅速发展与广泛应用，对经济社会产生了深刻影响。互联网拓宽了信息获取和传输的渠道，促进解决信息不对称问题，提高了经济社会运行效率，还因其具有的泛在性——时间泛在、空间泛在和主体泛在，使得将分布式的资源配置、协同型的价值网络和跨越空间的经济集合成为可能，资源、要素、市场与技术整合形成的互联网经济，已经成为全球经济增长新的驱动力。

2015 年 3 月，李克强总理在政府工作报告中提出实施“互联网 +”行动计划，要求推动以互联网、云计算、大数据为代表的新一代信息技术与现代制造业、生产性服务业等传统行业融合创新，打造新的产业增长点，为产业智能化提供支撑，增强新的经济发展动力，促进国民经济提质增效升级。

一、“互联网 +”注册会计师的动力

简单来讲，“互联网 +”就是“互联网 + 各个传统行业”，但这并不是简单的两者相加，而是将互联网的创新成果深度融合于经济社会各个领域中，通过互联网与传统行业的深度融合，提升全社会的创新力和生产力，形成更广泛的以互联网为基础设施和实现工具的经济发展新形态。

“互联网 +”是互联网思维的进一步实践成果，它代表一种先进的生产力。近年来，“互联网 +”已经成功为多个行业的改革、创新和发展提

供了良好的技术支撑与网络平台。例如，互联网＋零售业，促进了网络零售，释放内需潜力；互联网＋制造业，加速了柔性化生产；互联网＋金融，让普惠金融梦想成真；互联网＋物流，电商物流异军突起。相比上述行业，注册会计师行业对“互联网＋”的反应相对迟缓，缺乏应有的重视，仍满足于单机信息化。

研究互联网和会计变革与发展，打造互联网＋注册会计师版，对注册会计师行业有着性命攸关的影响。“互联网＋”注册会计师行业的价值、必要性与驱动力体现在三个层面。

第一，国家间的竞争。一个国家信息系统安全是国家竞争力的重要方面，或者说是软实力，一个国家信息系统是否安全，一个国家金融市场是不是稳定可持续，是影响资金能不能到这个国家重要因素。如果做不到“互联网＋”注册会计师，必将损害财务报告公信力，进而影响国家经济安全、影响国家软实力。

第二，行业间的竞争。“互联网＋”时代，是经济主体业务结构调整与升级、生产运营模式变革创新、加快核心竞争力构建的关键时期。注册会计师行业是专家行业，如果不改变主要依靠人力数量、偏好规模的发展方式，不转向主要依靠科技进步和人力资本，全行业不仅可能失去核心竞争力，而且已有的比较优势也可能丧失，甚至可能被别的行业替代。

第三，行业内的竞争。在现有的几千家会计师事务所里边，已经有少数会计师事务所开始着手实施“互联网＋”措施，他们正在“上网”，但大部分会计师事务所仍没有认识到“互联网＋”的重要性与核心价值。也许今天刚起步的中小型会计师事务所，顺势抓住“互联网＋”机遇，通过明年、后年的成功实施，实现管理与执业方式的在线化和数据化，异军突起。

二、“互联网＋”注册会计师的重点

回望历史，审计技术与方法的每一次重大改进，都是与技术发展、管理进步和商业模式的重大变革相伴而生的，从低级向高级、从不完备到比较完备，逐步发展。在风起“云”涌的信息经济时代，大数据、云计算在经济社会各领域的广泛应用，改变了审计环境与审计对象的表现形式，增加了审计风险。为确保审计目标实现，如何乘互联网东风，利用“云”来协同审计资源，适时变革审计技术与方法，实施云审计注定成为“互联网+”注册会计师的重点、难点与关键点。云审计之所以能引领“互联网+”注册会计师，可以从审计平台和审计模式的演进路线得到解释。

第一，审计平台的演进。审计平台的演进，已经经历了从纸上审计到机上审计，再到网上审计的阶段。

- 从纸上审计到机上审计。在信息技术产生之前，注册会计师像其他行业一样都是在写字楼办公，做着纸上审计工作。随着信息技术发展和计算机普及，注册会计师开始借助计算机及辅助工具软件从事审计工作，从体力劳动中部分解放出来，提高了工作效率。我们把基于审计软件工具的计算机辅助审计称为机上审计，当前很多会计师事务所都在走向机上审计。
- 从机上审计到网上审计。尽管市场上有很多软件公司都参与到机上审计活动之中，开发了不同类型的审计辅助软件，但由于这些审计辅助软件基本都只能单机部署作业，没有接入互联网实现审计人员和对象资源的协同。“互联网+”时代，就是要实现从机上审计到网上审计。网上审计环境下，注册会计师可以不到客户现场去，或者主要审计人员不用到客户现场，即可完成审计工作。例如，依托互联网、物联网，注册会计师实施存货的清点。

实施网上审计的基础设施为“云+网+端”，存储在云端的审计对象与工具，通过互联网与使用个人电脑、移动设备等终端的注册会计师连接。网上审计不仅使得各种审计资源通过云来协同，减少审计成本（如，节约办公室建设或租赁费、节省差旅费）、降低劳动强度，更可以突破时间约束，实现持续审计。

第二，审计模式的演进。不管审计平台是从纸上审计演进到机上审计，还是从机上审计发展到网上审计，审计发展不仅仅表现为注册会计师跟客户之间的物理变化，也不仅仅表现为审计程序的变化，更表现为注册会计师审计理念和审计模式发生巨大变化，技术力量真正改变审计模式。

• 以抽样为基础的风险导向审计。审计模式发展 100 多年，从最早的抽样审计，到制度基础审计，再到今天的风险导向审计，基本脉络是什么？就是如何用最少的劳动，用制度化的安排来提高工作效率，最终达到揭示风险的目的。风险导向审计相对于制度审计，最大变化不在于有没有抽样，而是按照什么指导思想抽样，按照什么原则抽样，按照什么量度抽样，它没有根本改变审计原理。

• 以大数据为基础的智能审计。以互联网、大数据、云计算和人工智能等为代表的现代信息技术对人类最大的贡献，就是突破人脑处理数据能力的实现，突破人与人之间交流在时空和成本上的局限，通过互联网技术和设施，弥补了人面对巨量数据的局限。延伸到注册会计师行业的工作，可以弥补人力所不能、成本之约束、物理环境之局限，部分地表现为可以回到账项审计时代，通过大数据技术，通过软件的设计，把相当一部分注册会计师过往的常规工作，甚至包括相当一部分职业判断的工作交给信息技术，实现以大数据为基础的智能审计。

换句话说，束缚注册会计师独立审计的成本、效率障碍，将被互联网体系化解。传统上因为数据量太大，无法梳理、甚至不可能分解的数据信息，可以利用互联网、大数据、云计算和人工智能等信息技术，事先设置审计程序，对审计要素、审计环节设定出模板，比如，标准的出货单应当是什么样的，标准的合同应当是什么样的，甚至授权签字人的笔迹是什么样的，从而在很短的时间里把客户数据全部梳理筛选一遍，发现异常的进货、异常的客户、异常的销量、异常的供货商和客户方、异常的签字，找出风险点，然后有针对性地实施人工审计。

因此，以大数据为基础的智能审计，将改变需要几十人乃至几百人审计一个客户的情形，只需少数几个人就能完成，这些人应当精通计算机编程和审计业务模板设计、应对系统识别不了的审计风险。

• **以信息技术为基础的泛审计。**泛审计指的是，注册会计师除了审计财务报告，还可以审计经济实体所签订合同的合法性、审计定价的合理性，审计经营系统的有效性等。

“云存储”将是大数据的存储趋势，“云存储”数据的安全性为经济实体所关注，注册会计师对“云储存”安全性的审计，也是泛审计的题中之义。总而言之，泛审计指一切需要认证的地方、一切有数据的地方，注册会计师都有潜力开发审计业务。随着经济社会结构变化，社会多元化、市场化、契约化，注册会计师审计会延伸到经济社会生活各个领域，注册会计师审计不仅仅审财务报告，可以审一切，这是机会也是挑战。

三、“互联网 +”注册会计师的行动主体

“互联网 +”注册会计师行动，涉及行业组织、会计师事务所、咨询规划服务商、云服务提供商或集成商等利益关系方，共同协作、各司其职，才能成功实现。在以上的主体网络中，会计师事务所应当发挥主导作用，这是因为，市场主体是注册会计师，会计师事务所承担着机构信息化建设的任务。

行业组织有责任在“互联网 +”注册会计师行动中作出贡献，其中主要是制订“互联网 +”注册会计师行动总体战略和顶层设计，建立配套制度体系，包括建设指南、建设标准，还可以制定考核奖励政策。当前正在制定注册会计师行业信息化五年规划，其中要对行业未来五年“互联网 +”作出原则安排，并明确行业信息化主体各自的责任。

当然，会计师事务所自己建一个云、建一个审计平台也不是件容易的事，固然应当鼓励每家会计师事务所都这样做，但更鼓励注册会计师行业

和市场合作，鼓励信息技术提供商来开发基于大数据的审计系统、基于云计算的审计模型，实现市场共赢。

（在中国财会高峰论坛暨2015中国会计报年会的主题演讲，2015年7月21日）

第二节
深化实施注册会计师行业信息化战略

发展信息技术，利用信息资源，已经成为全球经济社会发展的时代特征。党的十八大和十八届三中全会把信息化建设作为确保“经济健康发展”的重要手段，提出“工业化基本实现，信息化水平大幅提升”的目标，这对推进注册会计师行业信息化建设具有重要指导作用。行业信息化建设是提高行业管理与服务水平、提升行业服务国家建设能力的重要保障。要总结行业信息化的实践，明确深化实施行业信息化战略新的任务，凝聚共识，协调行动，推动行业信息化建设再上台阶。

一、行业信息化战略取得阶段性成果

注册会计师行业总体上是重视信息化的。其中具有标志性的是2000年中注协门户网站开始运行。2005年开始建设以注册管理为枢纽的行业管理信息系统和诚信监控体系建设。2010年11月，中注协“五代会”把信息化确定为行业五大战略之一，要求用现代信息技术全面装备注册会计师行业。中注协“五代会”后，经过全行业的努力，行业信息化战略实施取得了阶段性成果，主要体现在六个方面。

第一，制定行业信息化建设总体方案。信息化建设是一个系统工程，要在机制上保证其有效运转，需要运用系统的方法，从全局出发，统筹考

虑建设目标和路径。基于行业信息化实践基础和信息技术发展趋势，于2011年公布了《中国注册会计师行业信息化建设总体方案》。

这个总体方案按照“五代会”提出的行业信息化战略要求，立足于注册会计师行业信息化建设起步晚、水平参差不齐的现状，对行业信息化发展的战略目标、总体框架、实施步骤和主体责任等进行了全面规划。

同时，还发布了《行业信息化建设指南》《行业信息化应用功能描述》和《行业信息化建设主要工作任务分解表》等配套文件，解决行业信息化“干什么”“谁来干”和“怎样干”的问题。总体方案及其配套文件，为行业信息化建设发挥了目标引领和路径指导的作用。

第二，优化行业管理信息系统。按照《注册会计师法》赋予的职能和章程规定，注协承担了组织实施考试、注册管理、任职资格检查、执业质量检查和继续教育等行业管理和服务职责，充分利用信息技术手段是做好行业工作、提升行业管理与服务水平的迫切需要。2007年1月，行业管理信息系统（一期）中的财务子系统率先投入使用。2008年6月，行业管理信息系统（一期）各个子系统整体上线运行，基本实现了行业管理和服务的信息化。2012年12月，完成行业管理信息系统（二期）建设，大大提升了行业管理和服务水平。

行业管理信息系统（二期）重点回应地方注协和会计师事务所业务需求，优化完善了注册管理、业务监管、继续教育、行业财务、专家库等子系统，拓展了考试管理、计算机化考试、综合评价、行业党建等系统。2013年年底，针对行业管理信息系统（二期）中的注册管理子系统，开发增加“注师网上年检”功能模块。同时，对注协网站进行改版升级，新建行业党建网、新业务拓展网等主题网站。

第三，完成知识库的建设。建成法律法规库和经济数据库，为注册会计师提高执业质量、执行风险导向审计、提高审计工作效率提供了知识支撑。

法律法规库是2013年通过公开招标统一采购的，以IP地址段访问和灵活账号访问两种方式登录，免费为全国8 000余家会计师事务所和地方注协开通法律法规库，提供包括法律法规、司法案例、新闻研报、实务指南等重要法规资讯和实用工具服务。2014年，持续优化法律法规库服务，完成法律法规库移动终端（手机版和PAD版）的开发，上线运行，满足行业用户移动办公查询法规信息的需求。法律法规库系统运行稳定，用户登录使用率高，实现了行业信息资源共享。

经济数据库已经于2013年在全国证券期货业务资格会计师事务所免费试用，提供包括宏观经济数据、行业数据、公司数据、金融数据以及与资本市场密切相关的其他数据服务，行业反映良好。2014年，通过公开招标集中采购了1 500个经济数据库端口账号，并免费分配给证券期货业务资格会计师事务所。其他会计师事务所可以按照中注协与服务商约定的优惠价购买经济数据库账号。经济数据库的开通，有力支持了证券资格会计师事务所审计执业所需要的经济数据和分析工具。

第四，指导开发完成大型会计师事务所审计软件。2014年1月，中注协指导用友审计软件公司，开发完成大型会计师事务所审计软件。开发审计软件，是会计师事务所提高审计效率、提升审计质量的重要途径与迫切需求。大型会计师事务所审计软件研发历时近两年，经过技术攻关、软件研发、试用测试和专家评审等建设环节，基本实现“风险导向、符合准则、国内先进”的目标。这是行业运用市场机制，与企业合作开发审计软件的成功实践。目前，天职国际、兴华、天圆全、正中珠江、众华、天衡和希格玛等七家证券期货业务资格会计师事务所已经部署使用。

第五，完成高清视频会议系统和远教培训系统建设。为满足召开大中小型高清视频会议，以及远程教育培训和注册会计师考试监控功能的需求，于2012年5月启动高清视频会议系统建设。按照“国内先进、高效扩展、安全可靠、经济实用”建设原则和目标，历时一年半，经过需求分析、方案论证、系统建设和试运行完善等阶段工作，于2013年10月完成全国注协系统高清视频会议系统建设任务。同时，基于行业高清视频会议系统，全面启用远程继续教育培训系统。以上设施建设，促进了行业工作效率的提升，也体现了以信息技术践行群众路线和服务会员的宗旨。

第六，实施网络安全升级改造。为满足行业各类业务系统的可扩展性和网络信息安全需求，保证行业工作各项职能尤其是确保注册会计师考试等相关工作的安全顺利开展，中注协于2013年4月启动网络信息安全升级改造项目，计划用两年时间完成升级改造工作，使信息系统达到国家安全等级保护三级标准。通过市场调研、遴选服务商、安全梳理、渗透加固、值守检测等措施，已经完成对注协网络信息安全现状的诊断、针对隐患漏洞制定升级改造方案、组织实施完成中注协机房综合布线梳理和安全域划分等工作。

行业信息化建设在取得巨大成绩的同时也要看到，离所设定的目标相比，还差的很远，其原因大体有以下三条。一是功能整合集成不够。行业管理信息系统有许多子系统，部分子系统建设与上线运行不同步、相对独立、集成度不够，导致数据共享利用与统计分析功能少，无法实现一体化目标，部分存在“信息孤岛”问题。二是流程再造优化不够。软件系统建设的目的是解决问题和提高效率，但在系统开发时较少考虑不同使用者的分层需求，导致软件系统的功能设计实现了手工流程的模拟，但没有很好解决业务流程的再造和优化，软件系统自动化、智能化程度低。三是主体协调合作不够。各级注协之间、注协与会计师事务所之间在信息化建设步骤上不够协调，存在不同主体之间的关联业务系统建设不同步，各主体的信息化建设功能边界和责任边界划分不明确，已经建成的信息系统缺乏合作，业务系统功能对接不足，信息化建设开发协调合作不够。

二、深化实施行业信息化战略的下一步工作

深化实施行业信息化战略，体现了注册会计师行业主动迎接信息化发展新机遇、紧跟时代步伐的坚定决心。2014 年是全面深化行业信息化战略实施、提升行业信息化建设水平的攻坚之年，要按照“顶层设计全面、项目实施同步、功能运行整合”的原则，重点做好以下工作：

第一，完善顶层设计。经验表明，成功实现信息化需要建设单位、咨询机构和软件公司三方力量的配合协作。为充分运用信息技术发展前沿技术，更全面地构建行业信息化体系，创新行业信息化工作方法，需要完善顶层设计。通过前期调研和招标程序，已经聘请普华永道作为行业信息化战略咨询顾问，开展行业信息化战略实施的中期评估和规划设计。

评估工作的主要目的和任务是，对照行业信息化建设总体方案要求，评估完成了哪些行业信息化建设任务、项目进展与实施效果如何、存在哪些问题、如何解决。在此基础上，借鉴国际经验，结合行业信息化实际，按照“提前设计、全面设计、深入设计、咨询设计”要求，提出接下来三年行业信息化建设的顶层设计。

咨询工作需要实施全面详实的调研，不仅需要对中注协的信息化建设情况进行访谈了解，还需要对地方注协和会计师事务所进行实地走访。需要各地方注协和会计师事务所积极配合咨询专家的工作。

第二，强化组织保障。为深化实施行业信息化战略，完善机制建设，加强组织建设，决定成立注册会计师行业信息化实施工作领导小组，负责行业信息化建设的具体指导工作。

注册会计师行业信息化实施工作领导小组的职责是：研究完善行业信息化发展规划与政策，研究完善行业信息化顶层设计方案；审议行业信息化建设中的重大项目建设计划，指导重点项目建设，协调和监督信息化项目建设的实施。领导小组要按照职责要求，切实发挥好组织、设计、谋划、

推动、指导和监督作用，统筹协调推进行业信息化建设。

第三，推进系统开发。系统开发工作要以协同办公系统建设为牵引，优化行业管理信息系统功能，推动会计师事务所业务管理系统和审计软件等系统的开发建设任务。

协同办公系统建设以中注协和全国32个地方注协为开发主体和服务对象（即“1+32”建设模式），并以地方注协为基础。基于统一的协同办公系统基础软件架构，全国注协系统的协同办公系统建设要统一设计、统一实施。协同办公系统建设要保证其与行业管理信息系统的连通性，实现功能互通，满足自动化、智能化和便捷化要求，消灭信息孤岛，辅助管理决策。

优化行业管理信息系统业务流程，要结合中期评估工作进行。采取以使用者为焦点的分层需求分析方法，通过信息化咨询专家与行业管理信息系统用户进行访谈，了解行业业务流程、未来发展方向及用户期望需求，对数据采集、存储、使用和管理进行宏观规划，进而提出行业管理信息系统的提升和优化方案，实现业务流程的再造和优化。

在充分倚重会计师事务所主体能动性的基础上，一方面，要制定会计师事务所信息化建设奖励资助和促进措施，大力推广已经发布的大型会计师事务所审计软件的应用，通过实践应用，优化完善其功能体系。同时，结合大型会计师事务所审计软件应用，指导完成会计师事务所业务管理系统研发。另一方面，顺应行业迫切需求，指导中小型会计师事务所审计软件的开发，让信息化成果惠及广大中小型会计师事务所。市场化和政策引领相结合，指导提升市场上已有审计软件系统的功能，鼓励中小型会计师事务所选用符合职业标准、风险导向、国内先进的审计软件。成立大型会计师事务所审计软件实施委员会和中小会计师事务所审计软件提升委员会，前者的任务是推动大型会计师事务所审计软件的应用、推广、完善和优化，后者的任务是指导制定中小会计师事务所审计软件功能框架、研究标准、形成指南，对市场提供的软件产品进行评估，促进提升软件质量。

第四，落实主体责任。行业信息化的建设主体分别是中注协、地方注协和会计师事务所。三大主体、三大动力，缺一不可，也不能相互替代。只有在明确和重申主体地位的基础上，划定功能边界和主体责任，行业信息化建设才有动力、才能持续。

中注协的责任：一是，主持制订行业信息化建设的总体战略和顶层设计；二是，建立行业信息化的制度体系，包括行业信息化建设指南、行业信息化标准、会计师事务所信息化建设奖励考核办法等；三是，主持开发和实施行业管理信息系统和各级注协协同办公系统；四是，指导开发和提升会计师事务所业务管理系统和审计软件。

地方注协的责任是：一是，参与制订行业信息化建设的总体战略和顶层设计、制度体系；二是，指导、促进、考核本地会计师事务所信息化建设工作；三是，承担注协机关的信息化建设，其中，行业管理信息系统和协同办公系统的开发，由中注协主持。

会计师事务所的责任是：一是，参与制订行业信息化建设的总体战略和顶层设计、制度体系；二是，承担会计师事务所的信息化建设任务，包括自主开发或采用符合职业标准的业务管理系统和审计软件。

大力推进注册会计师行业信息化，是贯彻落实“服务国家建设主题和诚信建设主线”指导思想的重要行动。全面深化行业信息化战略实施，责任重大，使命光荣，我们要紧紧把握发展机遇，更积极、更主动、更扎实地做好工作，推动行业信息化建设再上台阶。

（在全国注册会计师行业信息化建设推进会上的讲话，2014 年 6 月 26 日。原题《深化实施行业信息化战略 推进信息化建设再上台阶》）

第三节
优化注册会计师行业信息化的顶层设计

优化顶层设计是深化推进行业信息化建设的重点任务之一。为了这个目的，通过招标程序选聘普华永道提供咨询。要充分利用这个咨询项目提供的时间窗口，做好完善顶层设计的一系列工作。

一、实施行业信息化咨询项目的背景和意义

注册会计师行业开展信息化建设十多年来，特别是实施行业信息化战略五年来，做了大量工作，取得了很大成绩。具体表现在，提出了行业信息化建设总体方案，全面指导行业信息化建设工作；成立行业信息化委员会、行业信息化实施工作领导小组、行业信息化专家顾问组、大型事务所审计软件实施委员会、中小型事务所审计软件提升委员会，加强了组织建设；开展行业“网络建设年”主题活动，举办信息化岗位能手评比活动，加强了宣传、培训和信息交流，动员和指导行业信息化建设工作；制定实施《会计师事务所信息化建设奖励办法》，完善激励机制。

以上面这些措施为支撑，围绕会计师事务所信息系统、行业管理服务信息系统和注协机关办公信息系统这三个领域开展工作。在会计师事务所信息系统这个领域，中注协为全行业提供法律法规库在线资讯服务，为综合评价前百家会计师事务所开通经济数据库，还要为全行业开通经济数据库，指导开发完成大型会计师事务所审计软件。一大批会计师事务所通过各种途径开发运用了审计软件。在行业管理服务信息系统领域，实施注册会计师考试机考改革，完成行业管理信息系统二期改造，建成高清视频会

议系统，实现网络信息安全改造升级。部分地方注协不同程度地实现了机关办公自动化。

同时也要看到，与信息化建设总体方案所规定的信息化目标相比，行业信息化建设还存在不足，主要有三条。一是进展不够快，与预定目标相比还有一些差距，总体方案提出的建设目标和一些重点项目还没有全部完成，在信息化建设不同领域、在会计师事务所之间发展不平衡。二是质量不够高，系统的功能整合和互联互通还没有充分体现，存在“信息孤岛”现象，通过信息化实现流程再造和优化的要求没有充分实现。三是投入不够多，主要是会计师事务所对信息化的财务资源和人才资源准备不够充分，投入不够足。产生以上问题的原因也有三个，一是认识不足，对信息技术的进展和趋势认识不够深入，没有认识到信息技术对行业的深刻影响和巨大机遇，没有认识到不搞好行业信息化、不赶上信息技术进步这班快车，行业有可能被落下，甚至会抵消行业做强做大已有的成果。二是机制不足，行业信息化的主体责任需要进一步明确，相对于行业信息化所需要的巨大的财务资源和人才资源，仅凭会计师事务所自行开发布置，难以实现目标，相关软件和工具的市场供给能力也需要提高。三是顶层设计不足，顶层设计不足又与我们对信息化的规律认识不足有关。

当前正在总结过去几年来行业信息化工作的实践，按照中央推进信息化的总体部署，依据行业未来五年规划，制定行业信息化五年规划。这个五年规划的稿子已经写出来了，在去年年底的理事会上征求了一次意见，这次的动员会之后，还要征求行业信息化委员会的意见。按照五年规划稿子的阐述，未来五年行业信息化的任务还是聚焦于三个领域，一是会计师事务所信息系统，二是行业管理服务信息系统，三是注协机关办公信息系统。我把这三项任务比喻为“一条扁担担两头”。“扁担”是行业管理服务信息系统，“一头”是会计师事务所信息系统，“另一头”是注协机关办公信息系统。建成这三个系统，解决好前面指出的几个问题，关键是进一步做好顶层设计。

做好顶层设计，要求行业信息化建设的各个主体责任部门对顶层设计重要性有正确的认知，要有人才和制度保证。设立信息化建设咨询项目、聘请普华永道担任咨询专家，意义就在这里。

二、行业信息化顶层设计的基本要求

顶层设计之“顶层”，是相对而言的，它可以是指战略意义上的顶层设计，即，在行业发展规划里面对行业信息化建设目标、实现路径、核心项目和保障措施等总体安排，今天这里讲的顶层设计，是在技术意义上讲的，指的是行业信息化总体结构框架的设计。这里所称的总体结构框架，至少有两个方面的含义，一是按照信息化建设目标与业务目标相匹配的要求，建立体现“组织结构 + 流程 + 技术”的信息化框架；二是根据这个信息化框架以及信息系统的应用范围，制定包括应用结构、数据结构架构（含数据标准）和技术结构在内的 IT 结构。通过这些工作，形成层次分明、结构合理的信息化标准的规范体系，为系统开发、集成和整合提供依据，实现信息系统各个子系统之间的兼容和联通，解决目前存在的“信息孤岛”甚至“数据烟囱”现象。同时，要按照信息化目标愿景，实现业务流程的再造，避免信息化工作停留于手工流程的模拟和复制。

第一，关于行业管理服务信息系统的建设。行业管理服务信息系统建设的主要任务是，全面更新行业管理服务智能平台，同时建设行业数据中心，实现数据可视化、为行业管理提供决策支持，提升行业数据开放共享能力。实现包括会计师事务所报备数据在内的行业管理服务数据的梳理以及质量提升，开展大数据应用研究与实践，提升行业数据挖掘、分析和应用能力。行业管理服务信息系统的建设，全行业统一部署，中注协统筹实施，地方注协参与设计、开发、测试，实现各级注协行业管理服务的网上运行。

行业管理服务信息系统顶层设计的基本要求是互联互通，实现编码统一、授权管理、报备同步、开放共享。我们的理想是，就像中央推进“多证合一”那样，要在注册会计师行业“多码合一”。从考生报名参加注册会计师考试开始，在行业里只有一个身份识别码，不以在行业的身份改变而改变，从考试开始，到入会，到注册，到培训，到业务报备，到诚信记录，通过一个身份识别码，打通注册会计师整个职业生涯的数据流。会计师事务所的机构编码也是一样，一码到底，以编码的统一和唯一来实现行业管理服务信息系统各个子系统的互联互通。通过行业管理服务信息系统这条扁担的编码统一来带动会计师事务所信息系统和注协机关办公信息系统这“两头”的信息联动，实现全行业的互联互通，同时，与国家推进的相关管理信息系统联通对接。

第二，关于会计师事务所信息系统。会计师事务所信息系统有两个子系统，也就是智能审计操作平台和机构管理系统，这是行业信息化建设的基础和核心部分。会计师事务所信息系统建设的主体责任在会计师事务所，各级注协要发挥规划引领、标准规范、政策鼓励、专业指导作用。支持会计师事务所自主开发、合作开发信息系统，或者利用国际网络，也支持外购服务。

会计师事务所信息系统顶层设计的基本要求是，实现会计师事务所执业服务的智能化、互联化、移动化。会计师事务所信息系统要跟行业管理服务信息系统建立必要的接口，实现与注册、培训、指导、监督、报备等行业管理服务功能的网络连接，特别是要实现业务报备信息的自动化，减少乃至避免目前存在的统计式的报备方法。为了达到这个要求，要制订会计师事务所信息交互标准。

第三，关于注协机关办公信息系统。注协机关信息化的主要任务是建设协同办公系统，中注协统筹实施，统一采购，一体设计、一体开发、一体运行。地方注协可以根据特定需要对基础平台实施定制开发，要在充分调研和需求识别的基础上保证平台设计的质量，尽量避免二次开发。中注协和地方注协之间通过协同办公系统预先设置的数据接口，实现公文交换和通信功能。注协机关协同办公系统设计的基本要求是，知识共享和决策支持。

三、协力实施好行业信息化咨询项目

深入推进行业信息化建设，要从完善顶层设计开始。做好顶层设计，就要把行业信息化咨询项目实施好。实施好这个咨询项目，需要大家参与和支持。这是今天开这个会的主要目的。行业管理服务信息系统更新升级、注协机关协同办公系统的开发、会计师事务所信息系统的建设这三项任务，都要以咨询项目的成果为基础，将要在接下来的几个月里陆续布置。普华永道项目专家组已经对项目实施计划作了介绍，目前这个阶段需要大家支持做的工作，主要是配合需求调研。

需求分析是系统开发最为重要的环节，需求的清晰表达、准确定义、完整体现，是信息系统设计开发质量的保证。接下来，普华永道咨询专家组要就各业务功能模块的详细需求进行调研，主要以集中调研的方式为主、地方注协实地访谈为辅，同时也会征求会计师事务所和注册会计师以及非执业会员的意见。中注协准备从中注协和地方注协抽调同志集中工作，协助完成详细需求的识别与确认，在这里向大家打个招呼。在进行需求调研时，如果大家能够充分投入，有问必答，踊跃提出需求，今天这个会议的目的就达到了。

千里之行，始于足下。万丈高楼平地起。基础不牢，地动山摇。这几句老话讲的是同一个意思，都是讲基础工作的重要性。让我们共同努力，配合把需求调研做好，把咨询项目做好，为全面实现行业信息化建设目标打下坚实的基础。

（在行业信息化咨询项目实施动员部署〈视频〉会上的讲话，2016 年 3 月 10 日）

第四节
注册会计师行业信息化路径选择

说信息化关乎注册会计师的饭碗，并非危言耸听。被信息技术抢走饭碗的例子越来越多了。注册会计师独立审计作为市场监督体系重要的制度安排，注册会计师行业作为高端服务业重要门类，总体上是不会被信息技术取代的，但是注册会计师相当一部分工作和相当一部分注册会计师的工作机会被信息技术所替代，却是不可避免的。会计审计信息作为投资决策重要依据、作为经营管理重要功能的地位是不会消失的，但是会计审计信息的形式和结构肯定要发生重大变化。

信息技术在怎样的意义、怎样的程度上改变注册会计师的工作，如何实现信息技术与注册会计师工作结合，如何开发服务于注册会计师的信息系统，这是信息化的路径问题。

一、会计师事务所信息化与注册会计师行业信息化

从一定意义上讲，注册会计师行业信息化就是会计师事务所信息化。这里把注册会计师行业信息化作为一个区别于会计师事务所信息化的独立概念，有两点理由。

第一，虽然会计师事务所信息化是每一家会计师事务所的主体责任，但是，每一家会计师事务所信息化所依赖的信息技术框架是共同的，探索信息技术在注册会计师行业的运用，是注册会计师行业共同的任务。所以，我们在认定信息化是每一家会计师事务所主体责任的同时，还要在注册会计师行业的层面上探索和研究共性问题。

第二，注册会计师行业有专门立法，有行业准入，接受严格监督，这是一个高度组织化的行业，会计师事务所要信息化，行业管理服务也要信息化，要为会计师事务所和广大注册会计师提供更多更好的公共产品。

基于以上的理由，我们把注册会计师行业信息化建设的任务界定为三个领域，一是会计师事务所信息化，二是行业管理服务信息化，三是注协机关信息化。这三个系统是互相贯通的。在行业管理服务信息化的领域，我们设想，建立行业数据中心，把会计师事务所的业务数据有效整合起来，实现审计数据的资源化，为注册会计师们提供信息服务。我们还设想，在行业管理信息系统中提供共享服务，让公众更方便地分享审计信息。我们还要制定信息化环境下的审计标准，建立包括数据标准在内的信息技术标准体系。

二、顶层设计与逐步实现

一方面，信息化是一个系统工程，系统工程需要系统设计、系统推进，不能够零打碎敲、无序推进，这就需要进行顶层设计。另一方面，信息系统有一系列的功能，从开发能力上讲，不可能同时实现所有功能；信息技术日新月异，计划赶不上变化，顶层设计不可能一劳永逸，功能是逐步扩展、不断升级的。所以，在实施路径上，信息化应当是顶层设计与逐步实现的统一。

顶层设计应当着重解决哪些问题呢？首先，顶层设计要明确信息化的愿景和目标，用愿景和目标来统一认识，协调行动，引导资源配置；其次，顶层设计要规定信息化的 IT 架构，因为 IT 架构从应用架构、数据架构和技术架构等方面为信息化提供解决方案，需要率先从全局角度统筹规划；最后，顶层设计要规定数据标准，包括从业务属性、技术属性和管控属性规定数据的代码编号、业务定义、中英名称、数据类别、数据格式、取值范围和编码规则，没有数据标准的统一，信息化就难逃“信息孤岛”“数据烟囱”的命运，这方面的教训是很多的。当然，随着功能要求的变化，标准也要更新。

逐步实现，从字面上讲，很好理解，比如，通常所讲的“先急后缓”“先易后难”等原则，都是适用的。在信息化这个语境下，只要留好接口、有数据标准，逐步实现会变得很容易。同样是在信息化这个语境下，逐步实现还意味着，可以发挥信息系统各个用户的积极性和专业优势，大家都能够为系统功能的扩展和提升作出贡献。

三、复合型人才与会计审计专门人才

培养复合型人才是实践的呼唤，也是人才学的理论创新成果。随着信息技术进步，培养复合型人才的呼声更高了。我们鼓励注册会计师们学习信息技术知识，提高信息技术技能。问题在于，信息技术是一个高度依赖计算科学的技术领域，相对于其他科学领域，特别是管理领域，具有高科技的特征，更具有专门性，对于没有经过计算科学训练的会计审计人才来说，是一个完全不同的专业门类。专业的事要交给专业的人去做。我们在倡导注册会计师们努力成为复合型人才的同时，也认识到，注册会计师行业信息化要更多地依赖注册会计师与信息技术专家的合作来完成。在这个合作模型中，注册会计师的作用在于，对会计审计系统进行解构，使信息技术专家能够理解、通过信息技术能够整合、在信息系统中能够实现。所以，我们倡导注册会计师们，加深对会计、审计、理财、理税、法律、管理这些会计职业核心功能的工作机理的认识。如果没有对自身专业领域的深刻认识，就不可能自我解构。我们还倡导注册会计师们，对信息技术的创新逻辑以及信息技术造福人类的机理有深刻的认识。如果没有这一深刻的认识，你就不知道为什么要解构，为了什么目的去解构。

四、提高会计审计工作效率与提升会计审计信息价值

这个题目要探讨的是会计师事务所信息化的目标问题。信息化无疑将会极大地提升会计审计工作效率，就像人类历史上任何一次技术进步都会极大地提高工作效率一样。但是，信息技术相对于人类历史上任何一次技术进步都有很大的不同，这就是信息技术所具有的巨大的计算能力，使人类信息处理能力极大地提升了。

注册会计师从事会计审计工作，提供会计审计信息，是投资决策和管理工作的重要信息来源，但是，它不是信息来源的全部，而是投资决策和管理工作所需要信息的一部分，除了会计审计信息，注册会计师还要拓展功能，提供非会计审计信息；会计审计信息与生产经营信息、研究开发信息、人力资源信息等等非会计审计信息是有因果联系的，信息技术所提供的计算能力，使我们有可能描述这些联系，说明财务状况和经营成果背后的动因；企业经营活动是动态的，信息技术所具有的计算能力，使我们能够动态地反映企业的变化。所以，会计师事务所信息化在提高会计审计工作效率的同时，还有助于提升会计审计信息的价值。在会计师事务所信息化建设中，要高度重视后面这一条。

举例来说，我们在会计审计工作中非常重视资产、负债、损益这些会计要素的定义，不符合资产、负债、损益定义的交易，是不能进财务报表的。问题在于，我们如果不是在一个时点上看问题，而是动态地看问题，表内表外项目就是相对的，通过信息化，动态地反映企业资产、负债和损益的变化，表内表外项目的界限就不是绝对的了，信息的及时性、相关性就能够大大提高。

再比如，三张表当中每一个项目的背后都是交易活动，利用信息技术提供的数据挖掘功能和协同功能，呈现读者面前的就不再是一个个孤立的会计数字，而是可以看到报表项目背后的交易活动，有助于读者深入地分

析利用信息。

五、市场供给与合作研发

会计师事务所信息化的财务资源配套能力也是需要考虑的。注册会计师行业年收入将近 800 亿元人民币，我们要考虑的是，这样一个收入规模的行业对一个细化的信息技术市场的支持能力是不是足够。同时要考虑单个会计师事务所对信息技术创新的财务资源投入能力。

基于以上分析，我们要重新认识会计师事务所信息化的技术供给问题。是否可以考虑，会计师事务所与软件研发企业进行跨界合作，创建“1+N”联盟，这里的 1 是软件研发企业，这里的 N 是若干志同道合的会计师事务所。通过合作形式的创新，解决会计师事务所信息化的财务资源配套问题，并且，以此促进会计师事务所在新的历史条件下新的合作。

（在海峡两岸及港澳地区会计师行业交流研讨会〈2017〉的主题演讲，2017 年 9 月 18 日。原题《注册会计师行业信息化建设的几个基本问题》）

附录一 答记者问

答记者问

（2011年12月31日）

话　　题 《中国注册会计师行业信息化建设总体方案》公布

问：中注协已经公布《注册会计师行业信息化建设总体方案》（以下简称《总体方案》），标志着注册会计师行业信息化战略已经启动，请谈谈发布《总体方案》的背景？

答：注册会计师行业一直重视信息化建设，从硬件投入、软件开发、人才培养等方面投入大量人力、物力和财力，以开发行业管理信息系统为基础，以建立行业诚信监控体系为中心，初步建立了网上考试报名和成绩查询、网上注册、网上培训、网上业务报备和财务信息报送等七大应用体系，部分会计师事务所采用具备一定功能的业务管理和行政管理软件。但是，从总体上看，行业信息化目前仍处于初级阶段，表现在信息化建设缺乏整体规划，信息化投入不足与重复建设并存，行业数据集成交换程度低，信息技术应用水平不高，与行业做强做大进程很不适应，行业发展面临信息化业务环境的挑战。

加快注册会计师行业信息化建设，是行业在审时度势之后作出的战略抉择，更是当前行业所面临的迫切任务，它是提升行业服务国家建设能力的重要条件，也是建设行业诚信体系的可靠依托，尤其对行业实现跨越式发展目标具有关键的支撑作用。实现跨越式发展是行业在未来五年中面临的重要任务。要通过信息化建设，促进实现会计师事务所在改善机构治理、优化业务流程和强化风险防控等方面取得实质性进步。

《注册会计师行业发展规划（2011—2015 年）》明确将全面实施行业信息化建设作为推动行业跨越式发展的重要举措和战略支点。为深入贯彻落实行业信息化战略，已经成立了行业信息化委员会，建立了行业信息化办公室，全力指导推进行业信息化工作。

问:《总体方案》起草工作主要经历了怎样的过程?

答：中注协“五代会”闭幕以后，即开始酝酿筹划制订一个总揽行业信息化发展全局的指导文件。为此，聘请政府部门、高校、企业、行业和会计师事务所信息化领域的专家，集体研究起草《总体方案》，文件起草工作大致花了八个月，经历了三个阶段：

一是调查研究阶段。收集国家、地方政府以及金融、通信等行业的信息化发展规划、建设指南等文献 100 多万字，汇编成册，分析研究。深入地方注协、会计师事务所、软件开发企业等 20 余家机构，深入了解行业信息化的现状、存在的问题；走访国务院部委、国际会计公司，考察美加两国注册会计师行业信息化建设情况及其经验，深入了解国际同行信息化的现代理念、先进技术和实践经验。

二是系统梳理及起草阶段。根据行业信息化委员会第一次会议的部署，对行业正在应用的信息系统的类别、功能、技术等进行全面梳理，在此基础上，研究起草总体方案，于9月底形成初稿，对行业信息化的指导思想、长期目标、总体框架、建设步骤、保障措施等作了详细阐述，并召开会计师事务所、地方注协座谈会，召开技术专家咨询会等，征求意见。

三是审议及定稿阶段。2011年10月26日召开的行业信息化委员会第二次会议审议，原则通过《总体方案》后，再次组织力量进行深入修改完善，于12月初定稿发布。可以说，《总体方案》基于行业实际，充分吸收行业意见，广泛凝聚行业智慧，是全行业同志共同愿景的体现。

问:《总体方案》规定的行业信息化建设目标，是基于怎样的考虑?

答：行业信息化建设的目标，概括地讲就是，用现代信息技术全面装备注册会计师行业，促进行业跨越式发展和服务经济社会综合能力整体提升。以国际先进水平为标杆，以提升会计师事务所核心竞争力为重点，坚持信息化建设与行业发展进程相结合，坚持利用先进技术与增强自主创新能力相结合，坚持信息技术应用与业务流程再造相结合，实现行业信息化基础设施基本完善，信息化应用体系广泛使用，信息系统互联互通，信息资源充分共享，信息化显著促进行业综合能力的提升，行业信息化走在世界同行的前列。

具体来讲，到2015年将建成“行业管理与服务、会计师事务所管理与业务、服务经济社会”三大平台，形成立体、全面、完善、互联互通的行业信息化体系。

一是建成行业管理与服务的平台。中注协和地方注协信息基础设施达到国际水平，建成功能完善和服务优异的综合信息网站、行业管理和服务应用系统，全面实现网上办公、网上审批和网上服务。

二是建成会计师事务所管理与业务的平台。大型会计师事务所信息基础设施达到国际水平，各应用软件的功能完善程度和对业务的覆盖幅度与国际会计公司趋于一致；中小型会计师事务所建立起门户网站，普遍采用功能健全的审计软件执行审计业务。通过信息化引导会计师事务所全面实施流程再造，将会计师事务所的运营和业务执行全面转移到信息化平台上来。

三是建成行业服务经济社会的平台。实现行业信息数据的高度集中和共享，依法依规进行深度开发和有效利用，全面、有效反映宏观经济运行情况，发挥行业在宏观经济管理中的“智库”作用，提高行业服务经济社会发展能力，实现行业在国民经济中脱颖而出、积极从经济社会生活的“后台”走向“前台”。

问：行业信息化支持和引领行业未来发展，任重道远。请介绍一下行业信息化建设的总体框架和建设步骤。

答：《总体方案》以先进的企业架构方法为指导，研究分析影响行业信息化建设的各种关系，统筹中注协、地方注协和会计师事务所之间的业务流和数据流，提出“四大主体、四大架构”的行业信息化建设的总体框架，即，在行业信息化建设总体目标的统领下，针对中注协、地方注协、大型会计师事务所、中小型会计师事务所四个不同主体，按应用、支撑、数据、设施四大架构开展信息化建设，确保实现硬件资源共享、软件系统互联、数据资源互通、共性与个性结合，打造开放式的信息网络。

一是中注协信息化架构。应用架构分为“行业管理和服务应用”“内部管理应用”两类，“行业管理和服务应用”覆盖考试管理等 12 项应用系统，“内部管理应用”包括协同办公等 6 项应用。

支撑架构包括运维支撑和安全支撑等。数据架构指建设行业统一的数据库。设施架构指建设支撑系统稳定运行的基础硬件条件。

二是地方注协信息化架构。应用构架分为“行业管理和服务应用”与“内部管理应用”两大类，地方注协的“行业管理和服务应用”主要使用中注协的行业管理信息系统，“内部管理应用”由地方注协建设，包括协同办公等4项应用。支撑架构，包括运维支撑和安全支撑等。数据架构包括行业管理和服务数据库以及管理数据库，数据资源需与中注协数据库互联互通。设施架构包括主机、存储等硬件。

三是大型会计师事务所信息化架构。应用构架分为“业务管理”和“内部管理”两大类，“业务管理”覆盖客户管理等5项应用，“内部管理”覆盖财务等5项应用。支撑架构，包括知识检索、运维支撑和安全支撑等。数据架构，包括财务运维数据、客户项目数据、人力资源数据、底稿档案数据四大数据库。设施架构包括主机、存储、备份、网络、安全、机房布线等。

四是中小会计师事务所信息化架构。应用架构分为“业务管理”和“内部管理”两大类，“业务管理”覆盖独立性管理等4项应用，“内部管理”覆盖财务等3项应用。支撑架构包括运维支撑和安全支撑等。数据架构包括财务运维数据、客户项目数据、人力资源数据、底稿档案数据四大数据库。设施架构，包括主机、网络，按照具体需要选建安全和机房布线等。

针对总体框架所确定的建设任务，《总体方案》提出了行业信息化“三步走”的战略，利用五年时间，突出重点，循序渐进地完成行业信息化建设的任务，确保行业信息化协调发展。

第一步是制定规划阶段（2011年），完成行业信息化建设总体方案和行业信息化建设指南，开展核心应用标准和数据交换标准的制定，为行业信息化建设找出问题、指明方向、理清思路、定出措施。目前已经完成了总体方案的制定工作。

第二步是建设系统阶段（2012 年），要实现考试管理、行业党建、行业管理、行业服务、会计师事务所、服务经济社会等六大应用模块信息化的突破，为实现网络化管理和服务提供坚强的技术支撑。

第三步是整合应用阶段（2013—2015 年），即在第二阶段行业信息化骨干网络基本建成的基础上，形成行业核心应用标准和数据交换标准体系，整合完成“行业管理与服务、会计师事务所管理与业务、服务经济社会”三大平台建设任务。

问：不同地区、不同类型会计师事务所的发展规模、管理水平差距较大，如何协调推进行业信息化建设进程？

答：会计师事务所从规模和业务结构来看呈现出多元化的特征，既有规模较大、业务覆盖全面的大型会计师事务所，也有业务种类相对单一的小型会计师事务所，不同地区会计师事务所发展也存在着显著的差异。尤其表现在信息化理念上、信息化建设进程上，无论是与国际同行相比，还是相互之间比较都有明显的落差。因此，要从行业实际出发，化解发展矛盾，破解发展难题，创新发展模式，重在实现“两个突破”，即信息化建设理念突破和建设机制突破，要以信息化理念的全面提升为核心，以会计师事务所治理的完善为基础，规范会计师事务所的业务和管理流程，全面推动管理水平和业务质量的提高。

要明确信息化建设各个主体的职责分工与相互关系，发挥行业信息化各建设主体的能动性，全面动员和激发会计师事务所在信息化建设中的首创精神与主体意识。《总体方案》提出，要建立“注协推动、会计师事务所主动、注册会计师行动”的合力机制，确定不同责任主体，区分不同类型，明确责任，分类指导，确保行业信息化协调发展，确保形成行业信息化的建设合力。

中注协要发挥统筹作用，负责顶层设计，制定总体方案，建设行业标准，提供政策支持，培育示范典型，加强人才建设，加大宣传引导。

地方注协按照《总体方案》的要求，强化自身信息化建设，结合地区实际指导和推动会计师事务所积极投身信息化建设，做好本地区信息化人才培养。

在会计师事务所层面，《总体方案》具体将会计师事务所分为三类，有针对性地提出目标、策略和措施。

一是已加入国际网络的大型会计师事务所，在本地化和安全性的基础上，使用或借鉴使用国际网络的应用系统。

二是具有证券期货资格的其他大型会计师事务所，使用或借鉴使用中注协遴选和推荐符合国际标准的应用系统，或按照大型会计师事务所信息化架构要求自行开发和定制符合国际标准的应用系统。

三是中小型会计师事务所，由中注协遴选和推荐符合国际标准的应用系统。

问：如何保障《总体方案》的落实？

答：行业层面要在以下五个方面采取保障措施，全力促进和推动信息化按照既定方案实施。

一是加强组织保障。在中注协成立行业信息化委员会和行业信息化办公室的基础上，进一步健全地方注协信息化工作组织的管理协调机构，引导有条件的会计师事务所建立信息化职能部门，做到责任、措施、投入、人员“四到位”，努力形成“组织贯通上下、责任分清主体、督导严密到位、工作有序推进”的工作局面。

二是强化资金保障。加强资金的统筹协调，保证信息化的持续投入能力，要认真研究国家信息化建设扶持政策，争取国家和地区信息化建设方面的财政资金、科技开发资金、信用体系建设资金、扶持贷款等资金支持，各级注协将逐年增大资金投入力度，同时调动会计师事务所加大资金投入。发挥行业投入资金的引导和示范作用，强化资金监管，提高资金使用效率和效益。

三是健全机制保障。中注协将研究制定行业信息化建设指南和行业信息化技术标准等系列文件，并组织开展对各相关单位信息化建设工作成果评估，将评估考核结果与行业执业质量检查、会计师事务所综合评价、执业资格的审批等相结合，健全激励机制，形成推进合力，确保行业信息化建设的质量和进度，确保实现既定目标。

四是增强人才保障。中注协和各地注协将加大行业信息化人才培养力度，在注册会计师继续教育和考试中增加信息技术相关内容，实施信息化培训，提升全员信息化素质和技能。同时督促会计师事务所加大信息化人才培养和引进力度，重点培养和引进“懂技术、懂战略规划和项目管理”的复合型人才、创新型人才和技能型人才并建立良好的用人留人机制。

五是做好舆论引领。广泛宣传信息化建设的作用和意义，普及信息化建设的相关知识，同时通过典型引路、标杆引领，提高行业对信息化建设的认识，营造行业信息化建设的浓厚氛围，激发行业信息化建设的积极性、主动性和创造性。

问：对各个责任主体，特别是会计师事务所落实信息化总体方案有何要求？

答：行业信息化是一项创新性的工作，是造福行业未来的重大工程。希望行业上下以高度的使命感和责任意识来看待这一工作，同时充分认识行业信息化建设任务的艰巨性、复杂性和挑战性，以改革创新的观念，开拓进取的精神，统一思想，狠抓落实，齐心协力推进行业信息化建设。

一是思想上要高度重视。行业上下各级领导班子，特别是各级注协一把手和会计师事务所负责人，要把信息化作为一项战略任务来抓，作为促进行业跨越式发展的重要依托和战略措施来对待，下大决心抓好落实，把信息化工作落实到具体工作中去。

二是行动上要积极主动。要严格按照总体方案以及其他规范要求，制订和提出本单位的信息化工作计划、实施路线图和时间表，并严格按照时间节点加速推动和全面调度。

三是建设上要坚持高标准。要充分考虑行业跨越式发展的需要，积极吸纳国际国内相关领域的先进成果和理念，坚持前瞻性、先进性、国际性。大型会计师事务所要积极向国际水平看齐，中小会计师事务所要在现有基础上实现逐步提升。

四是实施上要贯彻建用结合。要通过制定一系列制度、机制、措施和规范，保证信息系统在建的同时能在本单位切实用起来，要全面加强信息化建设的内部和外部考核，通过开发应用、制度引导、示范引领的相互促进，确保信息系统实现充分应用，确保信息技术转化为行业应用能力的提高。

五是机制上要形成良性循环。要建立应用系统开发、应用、完善、总结、提高的良性循环机制，同时要建立在遵循共同的行业标准基础上扩展个性化需求的良性循环机制，追求共性与个性的协调，把信息化建设与会计师事务所内部治理机制改善、风险控制体制提升、业务流程优化密切结合起来，支持和促进会计师事务所的业务创新和管理创新。

答记者问

（2016 年 12 月 16 日）

话　　题　《注册会计师行业信息化建设规划（2016—2020 年）》公布

新闻标题　陈毓圭就发布《注册会计师行业信息化建设规划（2016—2020 年）》答记者问

2016 年 12 月 15 日，《注册会计师行业信息化建设规划（2016—2020 年）》（以下简称《信息化规划》）公布，对“十三五”期间注册会计师行业信息化建设作出全面部署。中注协秘书长陈毓圭就《信息化规划》有关问题回答了记者提问。

记者：请您介绍一下制定《信息化规划》的背景。

答：为应对信息化对行业发展带来的新机遇和新挑战，创新行业发展模式，破解行业发展难题，推进行业跨越式发展，2010 年 11 月召开的中注协第五次全国会员代表大会，在全面分析行业面临的发展形势和机遇的基础上，决定实施行业信息化战略，全面推进行业信息化建设。为指导行业信息化建设工作，中注协于 2011 年制定了《中国注册会计师行业信息化建设总体方案》（会协〔2011〕115 号，简称《总体方案》）。

“十二五”期间，在《总体方案》的引领下，通过全行业努力，行业信息化建设取得了阶段性成效。在会计师事务所信息化领域，指导软件公司开发完成大型会计师事务所审计软件，推动提升中小型会计师事务所审计辅助工具，部署法律法规库和经济数据库，一大批会计师事务所信息化基础设施进一步完善。在行业管理服务信息化领域，实施注册会计师考试机考改革，完成行业管理信息系统二期改造，建成高清视频会议系统，实现网络信息安全改造升级，完善行业诚信监控体系，部分注协机关实现了办公自动化。

当前，以互联网、物联网、云计算、大数据和人工智能等为代表的现代信息技术创新发展及迅速应用，深刻影响了人们的生产和生活方式，对全球经济活动和运行机制产生重大影响，信息化已成为经济社会发展的新动力，加速了商业模式和业务形态创新。党的十八大以来，将信息化提升为国家战略，要求将信息化贯穿我国现代化进程始终，增强发展新动力。“十三五”期间，我国将大力实施网络强国战略、大数据战略、“互联网 +”行动计划，拓展网络经济空间，促进互联网和经济社会融合发展。

考虑《总体方案》的阶段任务和时间节点，以及信息技术日新月异给行业发展带来的新机遇和挑战，需要制定新的行业信息化建设五年规划，深化实施注册会计师行业信息化战略，保障行业服务与经济社会现代化发展相适应。因此，在总结吸收行业信息化建设经验做法的基础上，以国家推进“互联网 +”行动指导意见、促进云计算创新发展意见、促进大数据发展行动纲要和信息化发展战略纲要为依据，以行业信息化需求为导向，中注协起草制定了第二个行业信息化建设五年规划。

记者：请您谈一下《信息化规划》的制定过程。

答：中注协非常重视规划的制定工作，为保证起草工作的科学性，整个制定过程大致经历了五个阶段。

一是调研准备阶段，2014 年 7 月至 2015 年 6 月，采取实地访谈、网上问卷调查和文献研阅等方式，调研行业信息化建设情况，分析信息技术创新成果对行业发展的影响，为信息化规划起草提供依据。

二是正式起草阶段，2015 年 8 月我们开始着手起草，于 2015 年 11 月形成《信息化规划（初稿）》，并邀请外部信息化专家、在京会计师事务所代表和软件公司代表进行咨询建议。

三是讨论完善阶段，根据咨询建议完善形成《信息化规划（讨论稿）》，于 2015 年 12 月和 2016 年 3 月，分别提交中注协第五届理事会第七次会议、中注协行业信息化委员会第三次会议讨论，并于 2016 年 7 月在财政部内征求意见。

四是征求意见阶段，根据反馈意见，对讨论稿进行修改完善，于 2016 年 8 月印发《信息化建设规划（征求意见稿）》，面向行业公开征求意见。

五是审议发布阶段，对反馈的意见和建议进行梳理，吸收合理意见和建议，修改完善形成《信息化规划（审议稿）》，提交中注协第五届常务理事会审议通过。

记者：制定《信息化规划》的主要考虑是什么？

答：相比五年前的《总体方案》，《信息化规划》着力解决以下三个方面问题。

一是深化顶层设计。围绕信息技术发展趋势和国家信息化战略部署，针对行业信息化存在的不足，提出行业信息化目标、任务和措施。二是提升行业信息化水平。推动行业信息化建设从模拟手工流程、提升工作效率，向远程应用、实时协同和智能便捷方向发展，优化技术架构与标准，强化数据共享与应用，提升信息化对行业服务国家经济社会建设的支撑作用和应用效能。三是融合信息技术新成果。立足自我变革与匹配外部环境，坚持前瞻开拓与稳步推进并重，促进信息技术与行业的融合，创新行业管理服务，变革审计理念、方式与技术，提升行业核心竞争力。

记者:《信息化规划》提出的建设目标是什么?

答:《信息化规划》包括行业信息化建设进程和形势、总体要求、主要任务和保障措施等四部分。其中，总体要求部分明确了“十三五”期间行业信息化建设的指导思想、基本原则和建设目标。《信息化规划》提出的建设目标，概括来讲，就是利用信息技术创新成果，形成以信息化设施为基础，以数据资源为核心，以技术支持和安全管理为保障，打造互联化、移动化、智能化的注册会计师行业信息化体系，用现代信息技术全面装备注册会计师行业。

具体来讲，利用 5 年时间，优化完善信息化架构，制定系统架构技术标准、行业数据标准和数据交换标准，形成行业信息化标准规范体系，保障系统互联与数据共享；全面更新行业管理信息系统，建成服务便捷的协同办公系统，建立行业数据中心，实现行业管理服务智能化和现代化；会计师事务所建设智能审计作业云平台和智能内部管理信息系统，实现信息技术和数据技术并重发展。

记者：对《信息化规划》提出的建设任务，将采取怎样的路径来实现？

答：第一，根据《总体方案》提出的信息化架构，中注协、地方注协和会计师事务所，根据自身发展目标，从战略高度匹配信息化建设目标与业务战略目标，优化信息化架构。中注协主持构建系统架构技术标准，地方注协和会计师事务所配合参与，并对制定的规范体系在信息系统开发中使用落实，实现行业管理信息系统与协同办公系统、会计师事务所信息系统的有效衔接。中注协主持开展行业数据治理，地方注协和会计师事务所配合实施，为建立行业数据中心夯实数据资源基础。

第二，中注协主持行业管理信息系统全面更新的设计、开发、测试和上线运行，地方注协和会计师事务所参与配合。全国注协协同办公系统由中注协主持设计和建设，地方注协提出自身协同办公系统的业务功能需求，并参与实施。

第三，按照信息技术资源的云计算服务模式，分类施策，有序实现会计师事务所审计作业和内部管理信息化建设。加入国际网络的会计师事务所，使用国际网络的智能审计作业平台和内部管理系统；大型会计师事务所，按照信息化框架的要求提升智能审计作业和内部管理水平；中小型会计师事务所，可以选购市场上成熟的审计作业辅助系统和内部管理系统。此外，由中注协牵头建设为会计师事务所提供决策支持的行业知识库，地方注协和会计师事务所配合建设。

在推进会计师事务所信息化建设时，要明确各方责任，发挥各类各级主体的能动性。一是充分激发和倚重会计师事务所的主体精神，注协不越俎代庖。二是注协重点发挥战略引领，为会计师事务所信息化指明方向和路径；发挥政策引导作用，支持鼓励会计师事务所信息化建设；发挥规范指导作用，制定行业信息技术标准，在会计师事务所和信息技术市场供给之间搭建桥梁，向信息技术市场传达行业的需求信息和专业标准信息，促进面向行业的信息技术服务市场的形成，促进信息技术产品的市场供给。

记者：为贯彻落实《信息化规划》，您认为需要做好哪些保障措施工作？

答：为贯彻实施好《信息化规划》，除通过网站、报刊等途径宣传引导行业各方准确理解和把握《信息化规划》的内容外，还要从以下五个方面做好保障措施工作。

一是加强组织领导，充分发挥行业信息化委员会、大型会计师事务所审计软件实施委员会和中小型会计师事务所审计软件提升委员会等机构的统筹领导和技术指导作用，以及强化行业信息化各类各级主体的协调配合和联动，特别是充分发挥会计师事务所的主体作用。二是加大资金保障，注协要加强行业信息化政策研究，加大对会计师事务所信息化建设奖励和中西部欠发达地区的扶持力度；会计师事务所要加大资金投入，尤其要重视信息化基础设施、应用软件系统和复合型人才培养等方面的持续投入。三是加快人才培养，提高信息技术知识在资格前教育、行业继续教育、领军人才培养中的比重，重视培养和引进具有财务审计、信息系统审计、大数据分析等技能的复合型人才，满足信息化环境下对新型人才的需求。四是建立绩效评估体系，结合信息化顶层设计和项目建设，对信息化全生命周期实施有效的风险管理控制和绩效评估，强化监督落实。五是行业信息化各类各级主体要根据《信息化规划》，结合自身实际，制定信息化建设规划或方案，分解任务，明确进度，落实责任，确保各项工作任务有序推进。

附录二 参考材料索引

1. 《中国注册会计师行业信息化建设总体方案》，中国注册会计师协会，会协【2011】115号，2011年12月9日
2. 《中国注册会计师行业信息化建设指南》，中国注册会计师协会，会协【2012】57号，2012年2月21日
3. 《中国注册会计师行业信息化应用功能描述》，中国注册会计师协会，会协【2012】56号，2012年2月21日
4. 《中国注册会计师行业信息化建设主要工作任务分解表》，中国注册会计师协会，会协【2012】55号，2012年2月21日
5. 《注册会计师行业信息化建设规划（2016—2020年）》，中国注册会计师协会，会协【2016】73号，2016年12月15日
6. 《会计师事务所信息化促进工作方案》，中国注册会计师协会，会协【2017】31号，2017年6月30日

第七章
注册会计师行业
做强做大与做精做专

有规模，固然成其大，

但是，有建立在“人合、智合”

基础上的机构治理体系、

质量控制体系、职业发展体系，

专业水平高，审计质量好，

才能成其强。

导　言

2004 年 11 月，中注协“四代会”部署实施会计师事务所做大做强战略、注册会计师人才战略和职业标准国际趋同战略。2010 年 11 月，“五代会”上，把做大做强战略改称为做强做大战略；在强调继续实施三大战略的同时，提出信息化战略和新业务拓展战略，以此为标志，注册会计师行业发展战略体系已经成形。

实施会计师事务所做强做大战略，既有经济社会快速发展的紧迫需要，也有注册会计师行业发展的内在要求，这就是，会计师事务所的规模普遍不大，服务能力普遍不强。人心思变，人心思进。

会计师事务所的大小，在直观意义上讲，是一个量的概念，比如收入的规模、注册会计师队伍的规模、员工人数的规模。即使从这个意义上讲，做大会计师事务所的规模也是有意义的。规模大，服务的客户就多，技术投入也可以更多，发展服务专长的空间更大，“规模效应”就能体现出来。但是，区别会计师事务所的大小，光看量的规模是不够的。由于所处国家市场总量的差异、行业发展阶段的差异以及服务收费水平的差异，发展中国家最大的会计师事务所，甚至还达不到发达国家中小型会计师事务所的规模。这就涉及衡量会计师事务所规模的另外一个指标，这就是网络的规模。网络大小是衡量会计师事务所规模更为关键的指标。没有网络，或者，分支机构很少，仅服务一个城市区域的客户，是小型会计师事务所；有较多的分支机构、服务国家区域的客户，是中型会计师事务所；分支机构遍布全国、服务全国的客户，是大型会计师事务所；相应地，有国际网络、服务跨国公司和跨国融资的客户，是特大型会计师事务所。

会计师事务所强不强，不难定义。专业水平高，审计质量好，就叫强，非常直观易懂，但是做起来并不容易。相对于做大，做强又更为关键。正是为了向全行业更清晰地发出这样的信号，中注协“五代会”把“做大做强”改称为“做强做大”。

在注册会计师行业发展战略体系当中，做强做大是主战略，是目标战略，处于引领地位，人才战略、国际趋同战略、信息化战略和新业务拓展战略是配套战略、支持战略。人才战略、国际趋同战略和信息化战略已经分别在第三、第四、第六章涉及，本章记录的，是做强做大战略和新业务拓展战略的形成和实施阶段的思考。

• 实施会计师事务所做强做大战略，源自三个方面的背景因素。第一，经济社会快速发展，规模大、实力强的大型企业迅速崛起，需要有既大又强的会计师事务所提供审计服务；第二，随着市场深化，对注册会计师专业服务的需要也呈现出多元化，需要提高会计师事务所的专业研发能力、资源整合能力、信息处理能力以及专业服务领域开拓能力；第三，中国企业和中国资本快速进入国际市场，需要会计师事务所提供国际服务。

• 会计师事务所做大与做强的关系。有规模，固然成其大，但是，有建立在“人合、智合”基础上的机构治理体系、质量控制体系、职业发展体系，专业水平高，审计质量好，才能成其强。只是规模大，没有好的治理体系、好的质量控制、好的职业素质，那只是庞然大物。大而不强，反而会吃“大”的苦头。

• 会计师事务所做强做大与中小型会计师事务所做精做专的关系。中小型会计师事务所做精做专，是内含于会计师事务所做强做大战略的。会计师事务所做强做大，不是提倡所有的会计师事务所都做大。客户结构决定会计师事务所规模的结构，生意遍布全国、在资本市场融资的企业只是一小部分，跨国企业和国际融资的企业更是少数，绝大多数企业都是中小企业、区域性企业，这就需要大量的中小型会计师事务所提供服务，所以提出了中小型会计师事务所做精做专的任务，做出专长，做出特色。这样说，是不是意味着大型会计师事务所就不要做精做专了呢？当然不是。做精做专，又是内含在大型会计师事务所“做强”的要求里面的。换句话说，做精做专是普遍要求，做强做大是对部分会计师事务所的要求。

• 新业务拓展战略的出发点。提出会计师事务所新业务拓展战略，基于三个逻辑。一是源于注册会计师行业的社会责任。国家建设“五位一体”总体布局，对注册会计师专业服务需求是多方面的，既有审计服务的需求，也有咨询服务的需求，既有常规性的审计服务需求，也有新兴的审计服务需求。二是出于扩大市场空间、缓解市场竞争的考虑。不同规模的会计师事务所之间，相同规模的会计师事务所之间，普遍存在“同质化”竞争的问题，拓展新的业务领域，扩大市场空间，实现市场细分，有助于供给与需求的平衡，缓解市场竞争的压力。三是基于对注册会计师行业的专业属性的认识。注册会计师专业服务区别于其他专业服务的，是它的知识结构和鉴证价值，注册会计师知识结构和鉴证价值为拓展新的业务领域提供了巨大潜力。新业务拓展战略是面向大中小不同规模会计师事务所的。

• 建设会计服务示范基地，是实施新业务拓展战略的重大措施之一。拓展新业务领域的实质，是拓展服务市场。服务能力需要培育，市场需求有赖引导。会计服务示范基地的价值就在于发挥“四大平台”作用，即，会计专业服务的推荐平台，行业服务潜力的开发平台，服务供给与市场需求的对接平台，展现行业服务能力的示范平台。

• 会计师事务所品牌是做强做大和做精做专成果的综合展现，同时也需要自觉地、有计划地建设。品牌是不同规模会计师事务所共同的课题，小型会计师事务所要创城市的品牌，中型会计师事务所要创区域的品牌，大型会计师事务所要创全国的品牌，特大型会计师事务所要创国际的品牌。

（2022 年 7 月 29 日）

第一节
扎实实施会计师事务所做强做大战略

实施会计师事务所做强做大战略，是中注协“四代会”作出的重大决策，同时提出来的，还有注册会计师人才战略和职业标准国际趋同战略。人才战略和国际趋同战略都已经做起来了，也都有了突破性的进展，现在到了部署做强做大战略的时候了。

一、为什么要实施会计师事务所做强做大战略

部署实施会计师事务所做强做大战略，基于三个方面的背景因素。一是，我国经济快速发展，产生了一批规模大、实力强的企业，需要有既大又强的会计师事务所提供配套的专业服务；二是，企业管理深化，经营机制转型，对注册会计师专业服务的需求呈现出多元化。除常规的财务报表审计，企业估值、税务代理、司法会计、破产清算管理、财务和管理咨询等服务需求日益增多。为满足这些需求，也需要会计师事务所做强做大，提高专业研发能力、资源整合能力、信息处理能力以及专业服务领域开拓能力。三是，中国企业和中国资本加快融入国际市场，是对外开放形势的一个重要特征，会计师事务所做强做大，是注册会计师行业更好地服务中国企业国际化战略、成功融入国际会计市场的必然选择。

二、会计师事务所做强做大的目标和路径

对于会计师事务所做强做大的目标，初步考虑作这样的表述，以“十一五”规划提出的全面建成小康社会战略目标为指引，以市场需求为

导向，坚持科学发展观，发挥会计师事务所和广大注册会计师的创业精神和进取精神，不断实现体制创新、制度创新和技术创新，在形成会计师事务所规模和地域合理布局、整体素质全面提升的同时，用五至十年的时间，培育 10 家能够服务中国企业走出去战略，为跨国经营提供综合性专业服务的国际化会计师事务所，培育 100 家能够为大型企业、企业集团提供综合性专业服务的大型会计师事务所。

这样描述的做强做大的目标，其实已经表达了做强做大的路径。做强做大的实质是服务能力强。又大又强，服务能力才强，国际化会计师事务所的实质是在国际市场提供服务，国际服务能力是第一位的指标。服务能力强的基础，是机构治理好，执业质量好，人才条件好。其中，“人合、智合”是治理好的标志，执业质量好的前提是质量控制体系好，人才条件好的标志是职业素质好。所以，做强做大，要从治理、质量、人才抓起。要正确地选择做强做大的路径，不要光顾做大规模，搞成庞然大物，一推就倒，不推也倒。

特别要认识到，治理、质量、人才这些东西，做起来也是最难的，是最需要时间积累的，所以，五到十年这个时间区间的设定，是谨慎的，要准备前五年打基础，力争在后五年出成效。

单就做大来说，路径有两个。一是内涵式的，依靠员工的培养、业务的增长、市场的拓展，加快成长，二是外延的路径，也就是合并。合并是“做大”的捷径，也是“做大”的风险所在。太弱的会计师事务所合并在一起，只会更弱，有系统风险的会计师事务合在一起，风险会跟着放大。所以，合并的安全之策，是强强的合并。总之，要在做强的同时控制好做大的步伐，要在做强的基础上做大。

三、会计师事务所做强做大的政策措施

会计师事务所做强做大的政策支持是非常必要的，但是同时要充分地

认识到，会计师事务所做强做大，是建立在全体注册会计师和广大从业人员创业精神和发展热情这个基础上的，做强做大的主体是全体注册会计师和广大从业人员，政策设计要建立在尊重和肯定全体注册会计师和广大从业人员主体地位的基础上。要支持，但是不要强推；要引导，但是不要误导；要鼓励，但是不要搞“拉郎配”。

第一，扎实实施人才战略。落实好人才培养“三十条”，健全继续教育制度和机制，做好行业领军人才培养工作，大力培养注册会计师后备队伍，为会计师事务所做强做大培养和积累人才资源。

第二，积极推进职业标准的国际间等效认同。在巩固职业标准国际趋同成果的基础上，加快与包括欧盟、美国等职业组织及国际标准制定组织的沟通和谈判，不失时机地推进职业标准国际趋同的等效认同；加强与境外证券监管机构的沟通和合作，推动注册会计师执业资质的国际认同，不断开拓会计师事务所参与国际竞争的市场空间。

第三，持续完善会计师事务所机构治理。加强对会计师事务所机构治理的指导，制定会计师事务所机构治理规范，支持和引导会计师事务所建立健全治理机制和质量控制体系，大力倡行诚信文化、合伙文化、质量文化。

第四，热情推动法律环境、政策环境、市场环境的改善。推动落实《公司法》《证券法》《破产法》的法定审计制度；推动实施特殊普通合伙制度；推动完善行业税收制度、收费政策、执业风险基金政策和执业责任保险制度；推动改善审计服务的招投标制度和注册会计师聘用制度。通过以上措施，为注册会计师行业开拓高端市场、提升高质量服务，创造平等竞争的优良环境。

第五，大力支持中小会计师事务所做精做专。把中小会计师事务所的规范和发展，纳入会计师事务所做强做大战略体系，一体推进。引导和支持中小会计师事务所做精做专，做到市场的有序分层、业务的合理分流，实现注册会计师行业规模结构和市场结构的优化。

（载《中国会计报》，2006 年 10 月 31 日）

第二节
大力支持中小会计师事务所做精做专

中小会计师事务所是注册会计师行业的重要组成部分，与大型会计师事务所互为补充，在服务国家建设中发挥着不可替代的作用。按照做精做专的要求，中小会计师事务所进取努力，已经取得明显进步。随着经济转型升级，推进大众创业、万众创新，中小会计师事务所面临新的机遇和新的挑战。有效引导、大力支持中小会计师事务所做精做专，是注册会计师行业建设面临的新的任务。

一、中小会计师事务所在服务国家建设中的重要作用

什么样的会计师事务所是中小会计师事务所？国际国内都没有统一的标准。就规模来说，在发达市场，中小会计师事务所不一定很小，而在欠发达市场，大型会计师事务所也不一定很大。可见，中小会计师事务所是一个相对的概念，不能仅仅看规模。

我们认为，除考虑规模外，界定中小会计师事务所，应当主要从服务的对象和服务的地理范围等方面进行考虑。也就是说，服务大型客户、服务全国客户的会计师事务所，可以视为大型会计师事务所，服务中小型客户、服务区域客户的，可以称为中小会计师事务所。

中小会计师事务所很重要。国际会计师联合会中小会计师事务所委员会认为，中小会计师事务所是会计行业至关重要的组成部分：它们从事世

界上绝大多数的会计服务，拥有大多数的执业会计师，能够为中小企业提供一系列高质量的专业服务，包括审计和咨询服务，已经成为中小企业值得信赖的合作伙伴。

中小会计师事务所构成注册会计师行业的主体。无论是发达市场，还是新兴市场，从会计师事务所数量、执业会计师数量、客户数量来看，中小会计师事务所都占绝大多数。截至 2015 年 12 月 31 日，全国有会计师事务所（总所）7 373 家，从 2015 年会计师事务所综合排名来看，前百家会计师事务所中，服务于全国客户的，只在二十家左右。

正如中小企业在国民经济中的地位不可替代一样，中小会计师事务所十分重要。在我国，占全国企业总数 99% 的中小企业，提供了 85% 以上的城镇就业岗位，创造了 75% 以上的技术创新成果，贡献了 60% 以上的 GDP 和 50% 以上的税收，已经成为国民经济的"半边天"。与大型会计师事务所相比，中小会计师事务所能够更好地贴近、适应中小企业的服务需求。中小企业的需求千差万别，中小会计师事务所可以凭借其规模小、组织安排灵活的优势，适时对业务进行调整，为中小企业"量身定制"多种形式的专业服务，这往往是大型会计师事务所不愿顾及和难以做到的；中小会计师事务所在地理位置上与客户接近，也能够更便捷地服务客户。

综上所述，市场需求是多样性的，这是中小会计师事务所生存空间所在，也是生命力之所在；中小会计师事务所不可能满足所有需求，不可能什么事情都做，没有那个必要；中小会计师事务所应当做有优势的事情，做自己擅长的事情；中小会计师事务所只要有擅长，有特色，就有市场、有机会、有空间。这就是中小会计师事务所做精做专的底层逻辑。

二、中小会计师事务所发展面临的主要问题

中小会计师事务所的发展面临一些亟待解决的问题，其中有些问题带有普遍性。

第一，部分中小会计师事务所的业务集中于鉴证业务，受制度调整的影响比较大。2014 年《公司法》完成修订，其中规定，新注册的企业，取消验资环节。除此之外，随着工商登记制度的改革，企业年检制度改为年度报告制度，企业年检审计不再具有强制性，企业年检审计、验资业务市场大幅缩水。某些中小会计师事务所往年的收入构成中，验资业务和年检审计业务占总收入的比重很高，这些中小会计师事务所面临生存困难的问题。受政策调整影响，福建和江西两个地区 2014 年的验资业务收入锐减六至七成。

第二，专业能力不足、市场狭窄，面临生存压力。中小会计师事务所在面临生存压力时，往往会迫于无奈在价格和团队安排上退而求其次，造成低价承接业务、牺牲执业质量，形成恶性循环。北京注协 2014 年执业质量检查提供的信息，100 家会计师事务所中，近 3 年业务收入增长的有 45 家，基本持平的有 42 家，直线下降的有 11 家，基本处于停业状态的有 2 家。

第三，高素质人才匮乏，影响执业质量。中小会计师事务所并不必然意味着执业质量低。但是，因为中小会计师事务所很难像大型会计师事务所那样建立人员培训机制，即使有了一些人才，也容易流动到大型会计师事务所或产业部门去，这就导致中小会计师事务所的高端人才往往比较匮乏，执行管理咨询等高端业务就比较困难，无法满足高端客户的需求。

第四，质量控制制度基础薄弱，规范执业有待加强。有些中小会计师事务所质量控制制度不健全、落实不到位，审计工作底稿总体质量不高，独立性原则执行不到位，执业风险较高。

第五，受规模限制，运用信息技术的能力较弱。信息化需要资金、技术和人才。中小会计师事务所由于规模小、财务不足、人才匮乏，信息化工作总体滞后。

要克服上述种种困难，实现中小会计师事务所的长远健康发展，就要充分认识中小会计师事务所的发展规律，认真研究国家政策，准确把握新形势下中小会计师事务所的发展机遇，在发展中解决问题，依靠发展解决问题。

三、中小会计师事务所面临的发展形势和机遇

党的十八大提出，要加快转变经济发展方式，推进经济结构战略性调整，促进战略性新兴产业健康发展，推动服务业，特别是现代服务业发展壮大。党的十八届三中全会提出全面深化改革的总体要求，把推进服务业领域有序开放、放宽投资准入作为构建开放型经济新体制的重要内容。2014 年中央经济工作会议指出，中国经济正在向形态更高级、分工更复杂、结构更合理的阶段演化，经济发展进入新常态，即，经济发展正从高速增长转向中高速增长，经济发展方式正从规模速度型粗放增长转向质量效率型集约增长，经济结构正从增量扩能为主转向调整存量、做优增量并存的深度调整，经济发展动力正从传统增长点转向新的增长点。认识新常态、适应新常态、引领新常态，是当前和今后一个时期经济发展的大逻辑。李克强总理在 2014 年夏季达沃斯论坛提出“大众创业、万众创新”的口号，并在 2015 年政府工作报告中进一步指出，要把“大众创业、万众创新”打造成为推动中国经济继续前行的“双引擎”之一。

面对经济发展的新形势，中小会计师事务所面临哪些发展机遇呢？

第一，在全面深化改革的新形势下，中小会计师事务所大有可为。全面深化改革的重点是经济体制改革，核心问题是处理好政府与市场的关系，使市场在资源配置中起决定性作用。注册会计师独立审计作为市场监督体系重要的制度安排和诚信链条的重要一环，通过对财务信息进行审计鉴证，能够有效提高会计信息质量，对优化资源配置、发挥市场在资源配置中的决定性作用，具有非常重要的促进和保障作用。全面深化改革中的各项具体措施，也为中小会计师事务所提供了新的业务机会。例如，企业注册制

度改革措施，有助于降低进入市场的成本，有助于激发市场活力，从局部来看，这可能减少了注册会计师行业的验资业务，但对整个国家的发展有利、对提高经济体系的效率有利，注册会计师行业要服从大局，坚决支持。在这同时，广大中小会计师事务所要把业务重点转移到咨询业务上来，转移到根据客户的特定融资需要开展财务报表审计鉴证业务上来。

第二，中小会计师事务所作为中小企业的合作伙伴，能够为中小企业的发展和转型升级提供专业支持。在新常态下，中小企业将成为经济增长的重要动力源。中央持续推进简政放权、放管结合、优化服务等改革，减免小微企业税费，建立创投引导基金等，这一系列重大措施，都将有效促进中小企业的发展。此外，发展混合所有制经济、推进新型城镇化，也将为中小企业发展带来难得的机遇。从国际经验看，注册会计师的职业价值正从经济鉴证向价值管理转变，从合规性治理向经营性治理和风险管理转变。注册会计师已经成为综合方案的提供者，已经成为全能的专家。在新常态下，中小会计师事务所通过充分发挥其“智库”作用，能够促进中小企业加强内部控制规范建设和实施，提升其风险防范能力；能够就企业实现传统产业更新、低碳经济设计、经营战略调整、管理流程再造、技术可行性分析、成本方案设计等提供措施建议和解决方案。

第三，中小会计师事务所能够为“大众创业、万众创新”贡献自己的力量。2015 年 6 月，国务院印发《关于大力推进大众创业万众创新若干政策措施的意见》(国发〔2015〕32 号)，其中指出，推进大众创业、万众创新，就是要通过结构性改革、体制机制创新，消除不利于创业创新发展的各种制度，支持各类市场主体开办新企业、开发新产品、开拓新市场、培育新兴产业，形成小企业“铺天盖地”、大企业“顶天立地”的发展格局，实现创新驱动发展，打造新引擎、形成新动力。中小企业作为发展的生力军和创新的重要源泉，推进中小企业发展，让它们在公平竞争中搏击壮大，可以形成示范效应，推动大众创业、万众创新，也能增添社会活力和发展内生动力，促进经济稳定增长和民生改善。中小会计师事务所是中小企业值得信赖的业务顾问和合作伙伴，能够帮助中小企业弥补其人才短缺的困难，尤其是管理人才和财务人才方面的短缺。

四、支持中小会计师事务所做精做专的政策措施

2006年，注册会计师行业开始实施做强做大战略，在推动大型会计师事务所做强做大的同时，将中小会计师事务所做精做专作为并行目标。为推动和指导中小会计师事务所做精做专，在行业层面上，提出了方向引导、业务拓展、政策扶持、人才培养、技术支持、宣传推广等一系列指导文件和政策措施。其中，在2008年12月出台《关于规范和发展中小会计师事务所的意见》，阐述了规范和发展中小会计师事务所的必要性，提出了规范和发展中小会计师事务所的总体目标、任务和措施等。2010年2月，提出《关于贯彻落实国务院办公厅转发财政部关于加快发展我国注册会计师行业若干意见的实施意见》，其中，在支持和引导会计师事务所做强做大、做精做专方面，提出了11条具体措施，其中指出，要组建“中小会计师事务所发展委员会”，制定“中小会计师事务所管理实务指南”，加强对中小会计师事务所发展的指导，并在审计程序及电子化审计辅助工具等方面加大对中小会计师事务所执行审计准则的技术支持力度，研究开发中小会计师事务所综合评价体系，引导中小会计师事务所做好市场定位。落实以上文件，已经有了初步成果。

第一，鼓励中小会计师事务所拓展业务领域。2007年，明确提出鼓励会计师事务所多元化发展，开发内部控制鉴证、企业估值、税务鉴证与咨询、司法会计鉴证、破产清算管理、财务咨询、管理咨询、战略筹划等业务。2010年至2013年，出台《注册会计师业务指导目录》，并持续更新，对注册会计师服务项目进行了全方位梳理，目前，该业务指导目录收入业务项目13大类424项，包括鉴证业务279项、相关服务业务145项。从

2009 年开始，地方注协结合当地实际重点推动开发新业务项目。2013 年 3 月，组织各地认领确定了 18 类 85 个重点推动新业务项目，绝大多数属于新领域的审计鉴证业务。

第二，帮助中小会计师事务所培养业务骨干。2011 年 12 月，《注册会计师行业人才发展规划（2011—2015 年）》公布，提出了五年内培养 350 名领军人才、600 名具有国际认可度的注册会计师、5 000 名新业务领域复合型业务骨干的发展目标，阐述了人才建设的八项主要举措和四项重点工程。2011 年以来，围绕中小会计师事务所做精做专和新业务拓展举办多次专题培训，内容涉及企业并购、税收法规、内部控制、小企业会计准则等，并在培训计划中重点加大对中小会计师事务所的支持力度。

第三，支持中小会计师事务所提升业务技能。为了加强对中小会计师事务所执行审计准则的指导，增强审计准则的可操作性，2008 年，制发《小型企业财务报表审计工作底稿编制指南》，2013 年还做了修订。为指导新业务的承接，还出台了一系列专项业务指南，包括《医院财务报表审计指引》《基金会财务报表审计指引》《高校财务报表审计指引》等。

在上述政策和措施的推动下，中小会计师事务所做精做专取得初步成果，产生了一批专业特色鲜明、区域品牌响亮的中小会计师事务所。

五、进一步支持中小会计师事务所发展

中小会计师事务所的长远健康发展，是一个系统工程，不仅需要中小会计师事务所自身的努力，也需要在改善发展环境、协调发展政策、提供技术支持等方面加大工作力度。

中小企业是中小会计师事务所的业务合作伙伴和主要服务对象，中小会计师事务所的健康发展，离不开中小企业的健康发展。中央高度重视中小企业的发展，国务院常务会议多次专题研究扶持小微企业发展的有关工作，取得了显著的成效，这为中小会计师事务所开发业务、把握机会提供

了条件。

第一，中小企业发展环境进一步优化。两年多来，国务院取消和下放行政审批537项，在中央层级的投资核准，减少76%。工商登记实行了“先照后证”，前置审批85%改为后置审批；注册资本由实缴改为认缴，企业年检改为年报公示，简政放权取得了明显成效，有力地激发了市场活力和创造力，优化了中小企业的发展环境。

第二，财税支持力度进一步加大。开展“小微企业创业创新基地城市示范”工作，以城市创业创新基地为载体促进中小微企业发展。继续深化惠企税费政策，提高小微企业所得税、增值税、营业税起征标准，降低失业保险、工伤保险和生育保险费率，减免42项行政事业性收费和5项政府性基金，使小微企业负担明显减轻。

第三，金融支持进一步加强。通过实施定向降准、小微企业再贷款和专项金融债等方式，扩大小微企业信贷资金来源。多措并举，着力缓解小微企业融资贵的问题。中央财政通过整合资金出资150亿元，建立总规模为600亿元的国家中小企业发展基金，带动上千亿元社会资本的注入。

第四，中小企业进一步转型升级。大力推进“互联网+小微企业”，推动小微企业信息化和公共服务网络化。引导信息化服务商为中小企业开展线上线下培训和应用推广活动。搭建“创客中国”服务平台，举办“创客中国”大赛。开展中小企业创新转型试点工作，推动广大中小企业转型升级。

第五，中小企业服务体系进一步完善。实施中小企业公共服务平台网络建设工程，已培育认定了511个国家中小企业公共服务示范平台，并实行动态管理。积极推动中小企业管理提升，继续开展中小企业经营管理领军人才培训。

随着全面深化改革的进一步推进，中央出台更多支持中小企业发展的政策措施，将为中小会计师事务所的发展提供更多的机遇，也就为中小会计师事务所的发展提供了市场空间。中小会计师事务所也是中小企业，也将受益于中央支持中小企业的政策。中小会计师事务所要认清形势，增强信心，围绕做精做专的总要求，奋发有为，不断开拓事业发展的新空间。

第一，以市场需求为导向，进一步拓展新的业务领域。深化改革的各项部署，对注册会计师行业提出了巨大的专业服务需求。市场在资源配置中发挥决定性作用、政府职能进一步转变、进一步创新社会管理，将向注册会计师行业释放出更多的市场机会。非鉴证类业务将是促进行业收入持续增长的关键因素。2014 年，非鉴证类业务实现的收入占行业总收入的比重已从五年前的 16% 提高到 30%，对行业成长的贡献不断提高，其中，中小会计师事务所贡献明显。

大有大的优势，小有小的好处，广大中小会计师事务所应当充分了解、挖掘、培育特定客户群和特定市场需求，在特定领域针对特定客户更加深入地拓展新业务。

第二，加强培训工作，促进人才成长。会计师事务所的发展，离不开强有力的人才支撑。拓展新业务，开发高端业务，都离不开高端人才这个条件。中小会计师事务所要加强人才培养，创造育人、留人、用人的良好机制。稳定而优秀的员工队伍，是累积经验、提高质量的保证，也是传承知识、培育新人的力量。中注协要围绕中小会计师事务所做精做专和拓展新业务对人才的需要，继续加强中小会计师事务所人才培养工作。

第三，积极参加国际网络，走国际化发展的道路。加入国际网络是会计师事务所开展国际合作和实现国际化发展的重要途径，有助于中国成员所学习国际经验，利用好国际资源，国际网络也是欢迎的。这是一个双赢的合作。欢迎更多国际网络来中国发展成员所，也支持有条件的会计师事务所，包括中小会计师事务所积极参加国际网络。

第四，重视信息化建设。信息技术的发展，对传统的审计技术、审计方法和组织形式都带来了深远的影响。信息化并非大型会计师事务所的专利，对中小会计师事务所来说，更是一个难得的发展机遇。通过互联网，中小会计师事务所可以更便捷地服务客户，更高效地承接远程业务，有效地弥补人力资源不足、规模小、客户少的劣势。认识到位、措施得当，中小会计师事务所在行业信息化事业中大有可为。要在行业层面高度关注中小会计师事务所的信息化建设，让信息化成果惠及广大中小会计师事务所。

（在罗瑞贝德国际会计网络全球年会上的演讲，2015 年 10 月 22 日）

第三节
认真抓好会计师事务所品牌建设

成立会计师事务所品牌建设工作组，是推进注册会计师行业品牌建设工作的组织措施。这里讨论三个问题，为什么要搞品牌建设，品牌建设工作有哪些进展，怎么进一步做好品牌建设工作。

一、成立会计师事务所品牌工作组的背景

推进中国注册会计师行业的发展，更好地服务于国家建设，满足市场经济和证券市场对注册会计师行业的更高需求，是当前推进注册会计师行业工作的中心任务。注册会计师行业围绕服务国家建设这个主题、诚信建设这条主线，实施行业发展战略体系，深化行业监管工作，推动会计师事务所治理，取得很大成效。在过去的十年里，注册会计师行业的规模按照收入来算翻了两番，行业服务国家建设能力明显增强，行业的进步为社会各界所认可，被中央领导同志评价为社会中介组织的一个品牌。

当前，中国的经济发展和社会建设步伐加快，社会结构在改变，经济

结构在调整，企业规模在扩大，对注册会计师行业提出了新的需求。分析当前制约注册会计师行业发展的因素，其中固然有技术层面的问题，包括注册会计师素质参差不齐，单个会计师事务所的规模与经济发展、企业规模成长不相适应，会计师事务所服务中国企业国际化的能力不足等，也有制约行业发展的经营体制、市场环境等深层次问题。要在推进专业建设、制度创新、管理提升、人才培养的同时，把已经取得的专业成果、改革成果、监管成果进一步整合起来，转化为注册会计师行业的合力，发挥1加1大于2的效果，发挥聚变的效果，这就是品牌建设。品牌既是专业进步、机制改善、管理提升的综合反映，同时也是专业进步、机制改善、管理提升的文化引领。

党的十八大提出“加强社会主义核心价值体系建设”，强调要加强职业道德和商务诚信。按照党的十八大要求，进一步推进中国特色社会主义核心价值体系建设，就是要用中国特色社会主义的共同理念、共同文化，来凝聚全民族的共识，整合全民族的力量，投身到中华民族伟大复兴和全面建成小康社会的建设事业当中去。其中，诚信文化、公平正义又是社会主义核心价值体系的要素。推动会计师事务所的品牌文化建设是贯彻落实党的十八大精神的重要举措，是为社会主义核心价值体系建设注入注册会计师行业的意义、贡献注册会计师行业的力量、展示注册会计师行业的风采。

《国民经济和社会发展第十二个五年规划纲要》对企业品牌建设提出了要求，品牌战略已成为国家战略。当前，各行各业都在推进品牌建设。中国品牌、中国创造、中国服务、中国创意、人才强国，构成了推进会计师事务所品牌建设的生态大环境。注册会计师行业的品牌建设是国家推进品牌战略、品牌建设的一个重要组成部分。

国办56号文件提出，大型会计师事务所在人才、品牌、规模、技术标准、执业质量和管理水平等方面要居于行业领先地位，中型会计师事务所在人才、品牌、规模、技术标准、执业质量和管理水平等方面要具有较高水准。"十二五"期间行业发展规划提出"要大力创建自主知名品牌"。《关于支持会计师事务所进一步做强做大的若干政策措施》进一步提出"加快实现规模化、国际化、品牌化、网络化发展"。品牌化是进一步推动会计师事务所做强做大的四大目标之一，既是对行业发展五年规划的落实，也是会计师事务所做强做大新的要求。

行业同志们对品牌建设给予了积极的回应，一批会计师事务所特别是大型会计师事务所已经把品牌建设工作提到议事日程。将会计师事务所品牌建设纳入未来一个时期的工作重点已经成为行业上下的共识。同时也应当看到，整体而言，会计师事务所品牌建设仍处于起步阶段，行业特别是会计师事务所对品牌建设的认识还需提高，重视和投入还很不够，甚至有些认识是模糊和片面的，亟须加以指导和引导。

为落实党的十八大精神、习近平总书记对行业的重要批示和国务院56号文，我们把2013年确定为"诚信文化建设年"，把"会计师事务所品牌建设"作为重点工作任务之一。

正是在这样一个大背景之下，我们启动品牌建设工作组这么一个机制，请了方方面面的代表参加，特别是请了品牌建设的国际咨询专家，结构很完整，代表性很强。在工作体制上，除了工作组这样一个领导、指导、咨询力量之外，还建立了课题组，聘请郭晋龙同志来主持课题组的工作。晋龙同志在品牌建设的理论和实践上，有独到的认识和探索。

二、行业层面对会计师事务所品牌建设的探索

2010年以来，我们举办了品牌建设高级研修班以及若干专题活动；把品牌建设纳入《注册会计师行业发展规划（2011—2015年）》《关于支持会计师事务所进一步做强做大的若干政策措施》等政策文件；开展品牌建设岗位能手评选等。

2011 年 8 月和 2012 年 9 月，分别在牡丹江市、上海国家会计学院举办“会计师事务所品牌建设高级研修班”。研修班邀请致同全球品牌总监、国际知名品牌管理专家庄达先生主讲，庄达先生还从英国请来他的朋友来讲。会计师事务所负责人现身说法，围绕认知品牌理念、形成品牌共识、培育品牌形象、提升品牌价值等进行了讲解研讨、互动交流。参加第一期研修班的 19 家大型会计师事务所负责人还联名向全行业发出了“打造品牌会计师事务所，全面提升服务国家建设能力”倡议书，动员全行业注重品牌建设。

说到这里，我要向庄达先生致意。庄达先生作为致同国际派驻致同的品牌战略专家，我在两年前与他第一次见面交谈，受到启发，更加明晰了推进注册会计师行业品牌建设的急迫和路径，后来的多次叙谈，都没有离开注册会计师行业品牌这个话题。他在 2011 年成功地指导了第一期品牌建设高级研修班，并担任主讲，就是我们相识和交谈的后续故事。

我也要向方中先生致意。是在方中先生的引荐下，才有了我与庄达先生的第一次见面。方中先生是香港会计师公会前任会长，作为国际资深专业人士，他担任着致同国际的战略顾问，为内地会计师事务所与致同国际的合作，以及内地与香港会计职业的合作，热忱建言，勉励做事，作出了巨大贡献，最典型的例子就是在他担任香港会计师公会会长的任期内完成了内地与香港会计审计准则等效的确认，我在与方中先生的多年相处中时刻感受到他支持内地注册会计师行业的巨大诚意和坚毅努力。

2012 年 2 月和 7 月，我们先后邀请德豪全球首席执行官马丁·凡·洛克尔先生、ACCA 特许公认会计师公会品牌执行总监尼尔·史迪文先生来，分别就“会计师事务所的品牌战略”“会计行业品牌建设”发表演讲。

2011 年发布的《注册会计师行业发展规划（2011—2015 年）》提出“要大力创建自主知识品牌”，明确“鼓励大型会计师事务所自主创建国际知名品牌，扶持中小会计师事务所精专优品牌创建；推动国际知名品牌的本土化进程；指导海外发展的会计师事务所加强品牌管理”。

2012年6月发布的《关于支持会计师事务所进一步做强做大的若干政策措施》在提出“品牌化”发展思路的同时，明确鼓励会计师事务所依据国际化发展战略，以自主品牌在境外设立分支机构或者加入国际知名会计网络，并针对创建网络和提供服务给予相应扶持。

2012年9月，将“品牌建设”纳入“创先争优十大岗位能手”评选活动，经过自下而上的推选和评选，授予10位同志“品牌建设岗位能手”荣誉称号。

2012年11月，提出了品牌建设工作方案、工作组成立方案，以及下一步工作思路。

2012年12月，委托信永中和会计师事务所进行专题研究，他们建立了会计师事务所品牌建设课题组，郭晋龙同志牵头，承担《会计师事务所品牌建设指导意见》《“十二五”期间会计师事务所品牌建设活动方案》等研究任务。

这次会议是品牌工作组的第一次会议，会议的主要议题，一是讨论《会计师事务所品牌建设工作方案（草案）》，就品牌建设面临的重大问题进行研究，二是就课题组提交的《会计师事务所品牌建设指导意见（框架）（初稿）》《“十二五”期间会计师事务所品牌建设活动方案（草案）》进行讨论和审议。《会计师事务所品牌建设指导意见（框架）（初稿）》要作为全行业参考的文件，是让会计师事务所能够“看得懂、用得上”的指导意见。不能小看指导意见，在过去的这些年当中，中注协出台的指导意见不下十个，在若干重要环节和关头，中注协按照党中央国务院的部署、按照财政部党组和理事会的要求，研提行业发展的战略、举措、理念，实现了语言创新、概念创新、措施创新、体制创新、管理创新。品牌建设是我们推进行业发展诸多措施中新的措施，是在若干重大创新基础上的升华。

三、推进品牌建设要做些什么

第一，首先要做好品牌问题的学习和研究。包括研究品牌的内涵、载体、要素、结构、规律，以及行业品牌、会计师事务所品牌与其他品牌的关系；品牌成长的特性、必备的要素；内在质量、内在追求的外化、宣传、沟通、传递；品牌传播的路径、成长规律；品牌基本理论等。品牌应该是一个内在质量和内在追求的外化，没有内在的要素、内在的追求、内在的精神、内在的质量，就不可能有品牌。光有好东西，酒好不怕巷子深，那也不对。现代化大生产，如果再满足于酒好不怕巷子深，不宣传、不沟通、不传递信息，那么品牌永远是小范围的品牌，成不了国际品牌。研究现代化大生产条件下、信息化条件下的注册会计师行业的品牌问题，是工作组的任务之一。

第二，要多做宣传和指导工作。要把研究成果转化成行业以及广大注册会计师的自觉行动，培养品牌意识，提升品牌建设力度，指导制定品牌战略，推动落实品牌措施。在推广品牌、推广知识、推广技能、提供信息等方面，再下些功夫。

第三，要总结推介品牌建设的成果和经验。比如天职国际会计师事务所，他们在品牌上做了很多工作，他们在用会计师事务所特殊的手段、从特殊的角度来推广品牌，不仅赞助了很多公益活动，还开展了不少专业活动。这些工作给了一个启发，即，会计师事务所作为提供智力服务的专业机构，其品牌建设推广与商业企业的品牌建设不同，有一些会计师事务所已经有品牌建设方面的研究和工作措施，能不能把这些经验做法进行整理、总结、推广，变成注册会计师行业已经开展的品牌建设的成功做法加以推荐。

第四，要培养一批行业品牌建设能手、骨干、专家。培养一批品牌建设能手和品牌建设骨干，这也是庄达先生经常谈到的，能不能在几个大所，或者是有志于此的会计师事务所里选派品牌建设专家来加入工作组。会计师事务所应该有一个专门管理品牌的合伙人，一定要有人来操这个心，一定要有人有这个认识。不可能要求一把手做品牌建设具体的事情，但要知道品牌，重视品牌战略，这才是好的一把手。在培养品牌建设能手、骨干、专家方面，要广泛地团结各方面的力量，整合各方面的资源。

（在会计师事务所品牌建设工作组第一次会议上的讲话，2013 年 1 月 18 日）

第四节
深化认识拓展注册会计师行业新业务

所谓新业务，通俗地说，就是注册会计师该做、能做，但是还没有做的业务。《注册会计师业务指导目录》全面地列举了这些新的业务类型。随着经济社会发展和进步，会不断地衍生出新的鉴证业务和咨询业务。要深化认识拓展新业务的意义，热情做好新业务拓展的工作，为行业更好地发展开拓新的空间。

一、从贯彻落实国办 56 号文件看拓展新业务

国办 56 号文件提出了未来五年乃至更长时间，注册会计师行业加快发展的指导思想、基本原则、主要目标和具体措施，动员全国各个地区、各个部门和各个阶层都来支持注册会计师行业的发展。这体现了党中央和国务院对注册会计师行业的充分认可、高度重视和大力扶持，必将对促进注册会计师行业又好又快发展产生重大而深远的影响。结合注册会计师行业发展的客观规律和面临的机遇挑战，国办 56 号文件从五个方面提出了今后一段时期的发展目标，其中有一个目标就是会计师事务所专业服

务领域大幅度拓展。以拓展注册会计师新的服务领域为培训主题，是落实国办 56 号文件的具体行动。我们要从认真学习领会中央对行业的殷切希望、贯彻落实国办 56 号文件精神的高度来对待今天这个培训。领导有指示，政府有文件，社会各界都有共识，接下去就看我们怎么做了。

以 2000 年为基数，到 2009 年，注册会计师行业收入规模翻了两番多，年均增速超过 20%。其中，2008 年为 310 亿元，比上一年度增长了 12%，2009 年全行业收入为 316.7 亿元，全口径比 2008 年只增长了 2% 多一点，同口径比较也只增长了 5%，行业收入的增速明显放缓，这是为什么呢？总体上看，一方面是受国际金融危机的影响，另一方面是受经济周期的影响。资本市场在过去的 15 年间加速发展，为注册会计师行业带来巨大的发展空间，相对而言证券类业务增长已经到了周期性的拐点，规模较大的上市公司审计业务增幅有所下降。当然，在国际金融危机大背景下，2009 年整个行业收入仍然能够实现增长，已属不易。注册会计师行业收入 2% 的增速，之所以低于 GDP 8.7% 的增速，一个很重要的原因就在于，注册会计师行业是高端产业，会计服务属于高端增值服务，更容易受到金融危机的波及。这里有一个经济逻辑，即，金融危机期间，高端产业受到的影响要比低端传统产业大，越是经济欠发达的地区，以基本需求为主，以传统产业为主，经济体系中高端产品和服务就越少，受金融危机的影响就小，越是高端经济、前沿经济，受到的影响就越大。

一方面，国办 56 号文件要求加快行业发展；另一方面，行业的发展速度却在放缓。如何破解行业发展的难题？其中一条，就是大力开拓注册会计师行业的新业务领域，大力培育注册会计师行业加快发展新的增长点，在服务经济社会发展、履行行业社会责任的同时，实现行业的快速增长。

先看几个数字。2009 年全行业 316.71 亿元的总收入中，审计和验资等鉴证业务占了 83.63%，管理咨询，包括评估和税务，只占 16.37%，这是行业的业务结构现状。在分析增长放缓原因、寻求发展动力和机会的时候，要进行这样的结构分析，看看短板在哪里。可以进行一下国际对比。国际上较为普遍的业务结构是审计服务占40%—50%，非审计服务占50%—60%。也就是说，我国注册会计师行业的业务结构与国际市场的业务结构存在较大差异。差异就是潜力，差异就是机会。

发展非审计业务，也是有可能的。过去五年，全行业收入翻了一番，这是在全国GDP年均增长9%的情况下实现的。未来五年，中国仍将是全球发展最快的经济体，年均增长率有望保持在7%—9%，注册会计师行业整体业务规模有信心再翻一番。特别是，在未来的五到十年，中国经济结构将会发生重大变化，金融、服务产业在整个现代服务业中、在引导中国经济发展中将起到更为关键的作用。具体到微观层面，企业集约化经营将成为主流趋势，企业重组兼并和战略调整将成为必然现象，这是注册会计师行业持续增长的市场背景，我们有理由相信，非审计业务将在未来五到十年中异军突起。

需要强调的是，行业加快发展的内涵绝不能仅用收入来衡量，还要综合考虑其他因素，包括人才培养、职业标准建设、诚信建设、执业质量提升和社会影响力增强等等。但是，上述因素综合作用的结果仍会体现到全行业收入规模上来。如果行业收入没有增长，其他方面的发展就缺少了物质基础和持续发展后劲。所以说，收入增长不是发展的唯一指标，却是发展的标志，也是发展的重要条件。

总之，要达成国办56号文件提出的目标任务，就必须着力研究业务结构调整问题，着手研究拓展新业务问题，充分领会好、实践好、利用好这一难得的政策机遇，在服务经济社会发展和国家建设的进程中，实现注册会计师行业更快增长。

二、从促进经济发展方式的转变看拓展新业务

服务经济社会发展大局，支持经济发展方式转变，也要求加快拓展注

册会计师新业务领域。加快转变经济发展方式是党中央作出的重大战略部署，是当前宏观经济政策的主旋律，是实现我国经济又好又快发展的必然要求，更是贯彻落实科学发展观、解决当前中国经济社会突出问题、全面建成小康社会目标的重要举措。

早在“九五”期间，党中央就提出转变经济发展方式。党的十七大，把转变经济发展方式提到了更高的高度，要求实现三个转变。其中有一个转变就是经济增长由主要靠第二产业带动，向依靠第一、第二、第三产业协同带动转变。要在不断提高第一、第二产业技术水平的基础之上，大力发展服务业。服务业包括三个方面：生产服务、商务服务（包括金融服务）和生活服务。从生产服务来讲，公司治理改进、管理升级、流程再造，需要注册会计师提供咨询服务和解决方案。从金融服务来讲，货币化、证券化、金融化是市场经济发展的必然趋势。随着金融市场的发展和深化，注册会计师的鉴证服务作为广义金融服务的一部分，必然会发挥更大的作用。在生活服务领域，注册会计师同样有发展空间，居民纳税申报、物业管理、社区管理等领域，也需要注册会计师提供鉴证和咨询服务。

三、从解决制约注册会计师行业发展的主要矛盾和突出问题看拓展新业务

市场狭窄，竞争过度，是当前注册会计师行业的突出问题之一。解决这个问题，除了继续加强诚信建设、加强监管、抵制恶性低价竞争之外，很重要的一条，就是拓展新业务。拓展新业务，是实现差异化服务、缓解竞争压力的重要手段。

拓展新业务，是会计师事务所“做精做专”有效途径。相对而言，中小会计师事务所在发展过程中遇到的困难可能更多一些。一是社会认可度相对较低，二是市场空间狭窄。我们注意到，无论是香港，还是美国，中小会计师事务所做审计业务的并不多，更多做的是纳税申报、会计代理、制度设计、公司秘书服务等等。在我们这里，市场还没有开发出来，几千

家会计师事务所都在审计业务领域竞争，自然就会感到业务难做。因此，对于中小会计师事务所来说，发展非审计服务，拓展新业务领域有特殊的意义。

四、从抢抓注册会计师行业难得的历史发展机遇看拓展新业务

注册会计师行业发展路径，从来都不是自己设计出来的，而是市场需求推动的结果。随着生产的集约化，市场组织方式逐渐规模化和专业化。规模化经营就是把原来市场上的交易，变成了一个企业内部的分工协作，降低交易成本。同样的，对于那些不擅长的、没有比较优势的非核心业务进行外包，采用市场化手段，降低了制造成本。公司的组织形式变了，成本结构变了，对服务外包的需求增加了，这是注册会计师咨询业务的成长逻辑。

国有企业也好，民营企业也罢，都需要深化内部管理，都需要聘请专家做事，搞服务外包。以前我们倡导外包，但是很多公司不愿意。有位老总讲，如果我请专家来帮我理财、搞流程设计、制定战略，那不显得我无能嘛？所以宁可自己干，也不请专家。其实，请中介机构、专家来帮忙出主意就能够解决的问题，为什么要自己去做呢？随着经济发展方式转变，企业家的管理观念也在随之转变，“头脑风暴”“借脑融智”已逐步为企业高级管理者接受，这给我们创造了前所未有的机遇，注册会计师行业要善于抓住机遇，练好本事，积极承接外包业务。

我注意到一家国际组织的研究报告，是关于世界投资环境分析的。这份报告说，创办一家企业，香港只需要办一个手续，只需要 6 天；美国办 6 个手续，需要 3 天到 6 天；中国要办 30 多个手续，需要 38 天。这种情况，值得研究。一方面，需要推进政府职能转变，减少行政审批，营造亲商环境；另一方面，这也是拓展非审计服务的领域。外商到中国投资，需要跟工商、海关、税务、外汇、环保、外事、社保部门打交道。会计师事务所

可以受聘担任政府事务顾问，监管事务档案，我给你管着，任何一个政府部门的事，都给办了，这会省了外商和外商投资企业多少的事啊。就我了解，苏州工业园区的会计师事务所已经有很成功的实践。还有就是会计师事务所承接董事会秘书事务，协调安排会议，准备会议材料，编写会议纪要，发布会议公告等等。香港在这方面做的很大。刘仲藜会长在苏北调研时曾提出，注册会计师要做企业的"保姆"。意思是说，会计师事务所要为企业提供全方位的专业服务。我相信，这个市场是很大的。

除了咨询业务，鉴证业务同样有巨大的拓展空间。国家出台了很多政策，在高新科技企业认定、海关外汇监管申报、农村村组民主管理、医疗卫生改革、高校改革、基金会监管、民生福利政策落实等等方面，都需要注册会计师的审计服务，所以新的鉴证业务同样机会很多。另外，内部控制审计业务也值得重视。内部控制审计是上市公司监管创新给注册会计师行业提出的新机遇。内部控制已经成为经济金融稳定、防范风险、防止腐败、提升管理水平和民主政治建设一项重要的管理制度。财政部非常重视内部控制体系建设，在内部控制基本规范里，已经明确要求注册会计师对内部控制进行鉴证，也就是进行审计。中注协正在起草内部控制审计的指南。现在的内部控制审计业务，在很多企业是作为年报审计业务的附带部分，我们希望通过内部控制基本规范的实施，内部控制配套指引的落实，能够把内部控制审计与年报审计明确地独立开来。它们是两种不同的服务，承担不同的责任，面对不同的风险，应该有独立的计费机制。

五、从提高注册会计师自身素质看拓展新业务

为实现新业务拓展在行业的突破，中注协做了很多的努力。研究发展部牵头推进新业务拓展战略的实施，拟制了新业务拓展工作的实施方案，编制了《会计师事务所业务指导目录》，以后会定期更新；继续教育部围绕新业务开发，组织培训，已经明确为2010年的培训重点工作；标准部

围绕新业务开发编写技术指南。还组织了征文活动，在中注协网站开辟了新业务专栏。在2009年理事会会议期间，召开了交流促进会，推荐新业务，讲解新业务，还准备在2010年8月中旬举办拓展新业务论坛。我们也给各个省订立了新业务开发任务，要求每个省至少要开发三个新业务，搞得好的，有奖励。具体措施还包括建立新业务信息库、文件信息库，提供所有新业务开发的各种文件、研究文章、经验介绍，建立会计服务示范基地等等。目前，中注协偕同北京注协、江苏注协，正在与北京金融街商会、苏州工业园区研究建立新业务拓展示范基地。

同行业建设的其他各项工作一样，都需要各方面支持，都有赖于注协的推动，但是说来说去，拓展新业务的主体仍然是注册会计师，主体机构仍然是会计师事务所。这一点，同志们要有基本的认识，不能有依赖心态。同时，要有长期努力的准备，不能指望一抓就灵。

第一，树立主体意识。会计师事务所和广大注册会计师是服务经济发展方式转变、拓展注册会计师新业务领域的主体力量。《注册会计师法》正在考虑修订，其中考虑允许会计师事务所吸收非注册会计师合伙人，目的就是通过这个方式，能够把有其他专长的专家，吸收到会计师事务所合伙人当中来。法律框架很重要，政策措施很重要，但是，要始终明确一条，注册会计师是行业的主人，要充分地倚重和发挥会计师事务所和广大注册会计师主体意识和进取精神。大家不能靠，不能等，要在认识上提高，行动上自觉。

第二，转变职业观念。转变“我是会计师我就干会计，我是注册会计师我只能做审计的观念”。要确立注册会计师是经营管理专家、提供综合方案的专家的定位，确立以审计会计为专长的多面手的观念。要提升技能，提升到以会计、审计、税务、理财等基本技能，兼懂经济、金融、战略、企业、风险、政治、文化、心理的综合型专家的定位上来。

第三，提高学习能力。从只会做会计和审计，提高到在会计和审计的基础上做咨询专家，成为提供企业管理方案的能手，成为企业的“保姆”，就需要全面提升素质。这需要学习。既要学知识，更要学技能；既要学专业，更要学方法。再杰出的专家，也不可能掌握所有的信息、精通所有的领域，但是能够在短时间内把握问题的脉络，设计分析问题的框架，找到解决问题的途径。这就是方法论的价值。

围绕转变经济发展方式、提升经济发展质量这一重大战略部署，注册会计师行业面临极好的机遇，大有用武之地。希望大家携手并肩，共同努力，把拓展新业务领域这样一件服务经济社会发展大局的事情做好，把关乎行业跨越式发展目标能否实现的事情做好，把关乎着行业科学发展、和谐发展的事情做好。

（在注册会计师行业新业务拓展培训班的讲话，2010 年 6 月 28 日。原题《拓展注册会计师行业业务领域 促进经济发展方式转变》）

第五节
积极推进会计服务示范基地建设

过去的一年，全国会计服务示范基地建设取得重大进展，深化了对示范基地建设意义的认识，依赖广大从业人员，回应各地方党政领导同志的重视，把握国家经济社会发展全局，特别是宏观发展政策、区域发展政策和行业发展政策所提供的机遇，不失时机地推进行业发展和示范基地建设，年度工作达到了预期的工作目标。

一、示范基地建设是有效实施注册会计师行业新业务拓展战略的重大举措

理解示范基地建设的意义，需要从注册会计师行业新业务拓展战略

说起。

新业务拓展战略是 2010 年底中注协“五代会”提出的新战略，根本目的就是要把注册会计师行业的业务从主要集中于鉴证业务拓展到管理咨询业务等方面去；从原来专注于公司审计鉴证，拓展到政府、行政事业、科技、社会机构的审计鉴证方面去；从主要专注于国内的审计鉴证服务，拓展到国际审计鉴证服务当中去。

第一，拓展新的服务领域是注册会计师行业应当履行的社会责任。经济社会发展需要鉴证，需要咨询服务。行业有责任服务于国家经济社会发展建设的大局，国家建设发展到哪里，行业的专业服务就应该发展到哪里，国家经济建设、社会文化发展对行业的专业服务有哪些要求，行业就应该满足这些要求，这是推进新业务拓展战略的一个立足点。

第二，行业要发展，要提升发展质量，实现跨越发展，就必须开拓新的服务领域。只有抓住新的增长点、新的市场空间、新的市场机会，行业才能够得到更大的发展。没有了市场、没有了机会、没有了业务，其他的发展要求都会落空。

第三，要解决行业发展的问题，要突破行业发展的瓶颈，也需要开拓新的业务领域。截至 2014 年有 10 万执业注册会计师，将近 30 万从业人员，相对于美国 30 多万执业注册会计师，相对于中国香港一个较小的市场，有几千执业注册会计师来讲，注册会计师队伍仍不算大，但是竞争相当激烈，市场竞争过度成为引发行业当前诸多诚信问题的根源。怎么办？除了讲诚信强监管，就是开拓更多的市场和机会，让大家把注意力转到新的业务上来，转到更有增值潜力的业务上来，就会大大缓解鉴证领域的竞争，就会在服务价格收费上，在专业服务心态上，在整个行业和谐上有极大的改善。

《注册会计师行业新业务拓展战略实施意见》，提出了实施新业务拓展战略的工作思路，概括起来是五句话，创机制，建制度，搭平台，强保障，广推介。

第一，创建联动工作机制，调动行业各个主体的积极性和创造性。制定《服务经济社会发展新领域的新业务拓展工作方案》，形成以服务经济发展方式转变为主线，满足各方专业服务需求为核心任务，中注协、地方注协、会计师事务所和从业人员、市场各方联动的“枢纽型”工作机制。

第二，建立健全政策制度，推动指导拓展新业务工作。围绕贯彻国办 56 号文件和服务国家“十二五”规划纲要实施，以制定行业“十二五”发展规划为总抓手，以《新业务拓展战略实施意见》《新业务拓展工作方案》《注册会计师业务指导目录》、各地新业务项目认领目录、示范基地建设办法及相关管理办法和指南为配套措施，确立新业务拓展战略的制度框架和实施路径，全方位推动新业务拓展战略实施。

第三，搭建创新载体，构建政府、企业与行业服务“供需”对接平台。在深入研究我国经济社会发展战略、区域发展战略布局、产业结构调整和企业转型升级，以及走出去政策方向的基础上，探索创建“会计服务示范基地”，作为新业务拓展创新和“一特三高”（特殊领域、高端需求、高技术含量、高附加值）业务拓展的重要载体及服务需求对接实施平台。

第四，加强人才、标准、技术准备和理论研究，提供新业务拓展的保障支持。大力开展新业务领域专门培训，为战略实施提供人才保障；重点开展新业务项目指南的开发，为战略实施提供业务指导；着力开展新业务重点课题研究，为战略实施提供理论支持。

第五，拓展交流推介阵地，做好新业务拓展做法经验的总结交流。组织全国范围的新业务拓展巡回论坛开展交流、促进、推介活动，并以“新业务拓展网页”为主阵地，联动各地“网上服务平台”，结合报刊杂志等各类媒体，加大对新业务拓展战略实施的宣传动员力度。

建立会计服务示范基地，就是上述工作思路里面的“搭平台”。为注册会计师行业开拓新的业务，与政府部门、与行业组织、与企业、与境内外企业建立合作关系，搭建平台。这就是创建会计服务示范基地的意义所在。

二、会计服务示范基地的“四大平台”作用

落实新业务拓展战略实施方案中“搭平台”的要求，会计服务示范基地，要发挥“四大平台”作用。

第一，推进会计高端服务的推荐平台。要通过这个平台使行业的声音发出去，行业的愿望说出去，行业的能力展示出去，行业的诚意表达出去，行业的成果宣传出去。向社会推介，告诉各行各业，注册会计师能做什么、会做什么。

第二，提升行业服务能力的培育平台。通过培育、培训、引导以及政策的扶持、资助等等，培养一批全面具备提供高端会计服务能力，或各个层次专业服务能力会计师事务所的产业集群。甚至不仅是会计师事务所，律师、投行、评级机构等都能够集聚起来，最终成为一个产业基地。

第三，行业服务与地区需求的对接平台。如果示范基地能够在一个大楼里聚集一批高端的会计服务机构，如果在一个中心街道上建立一批会计服务机构，如果在示范基地的信息宣传栏里面有推介会计服务机构的信息，如果在各种高端活动和座谈会上能够经常有企业家、CFO、政府官员与会计师事务所的负责同志见面交流、互换名片、互动互通，客户才会在需要的时候想到注册会计师，寻求支持服务，也就是使示范基地成为一个对接的平台。

第四，展现行业服务水平和服务能力、推动行业跨越式发展的示范平台。不可能让全国 8 000 家会计师事务所都进入示范基地来，也不可能一夜之间使会计师事务所都具备提供现代服务和创新服务的能力。我们的目的就在于培养先进、发现先进、推介先进、带动后进，共同进步，这就是创先争优的价值所在。希望通过示范基地的建设，培养一批种子选手，培

养一批先进典型，培养一批成熟的示范先锋，然后带动全国 8 000 家会计师事务所、10 万名注册会计师、30 万从业人员按照这个方向去努力。

三、对示范基地建设进展的总体评价

启动会计服务示范基地的建设已经一年，这一年里做了八件事。

第一，健全领导体制。各示范基地和试点项目均建立了领导小组和工作组（办公室），示范基地领导和组织架构基本搭建完成。其中苏州示范基地领导小组成员由工商、税务、海关、审计、国资、创投、中小企业、科技、社会事业、劳动保障等政府 20 个部门组成，在不同领域推进创新业务拓展；沈阳示范基地由市分管领导挂帅，领导小组成员除相关部门负责人外，还由和平区、沈河区、大东区、铁西区、浑南新区、沈北新区等沈阳市所辖各区县政府主要负责人组成，在不同领域和区域推进创新业务拓展。

第二，出台扶持政策。截至目前，各示范基地和试点项目共出台扶持政策文件 52 个，包括资金支持、税收优惠、购（租）房优惠、人才培养引进等方面。其中苏州示范基地建设的各项政府性投入近 8 900 万元，用于基地载体建设、业务经费补助、人才培养和举办各类活动；武汉示范基地设立"会计服务示范发展专项资金"1 000 万元；沈阳示范基地为首批入驻会计师事务所安排房租补贴 700 余万元，辽宁省财政厅也计划为沈阳示范基地提供 3 000 万元扶持资金。

第三，拓展了一批新业务。截至目前，示范基地共开发新领域业务 45 项。高端业务不断开发出来，政府投资绩效评价、公司秘书服务、转让定价、司法鉴定、海关稽查、企业创业顾问、企业安全环保隐患治理资金审计、金融后台服务、基金托管、政府和企业业务外包等高端业务全力推进。走出去业务实现突破，广西示范基地会计服务出口实现"零的突破"，2011 年实现收入 67 万元；云南示范基地会计师事务所跟随中国企业走出去，为缅甸水利工程项目提供服务。“三农”业务深入拓展，河北农发验收审核投资试点项目 25 家会计师事务所 719 人次参与完成 315 个农发项目验收审计，涉及农发资金 22 亿元。

第四，推荐了一批会计师事务所承接新业务。通过综合评价指标体系，推荐进入示范基地开展服务的会计师事务所 178 家，其中，既有从事高端业务、综合业务的大型会计师事务所，也有从事精专业务的中小会计师事务所；既为示范基地提供会计审计鉴证服务，也利用同一品牌下的专业机构为企业提供财税、评估、法律、代账等一条龙的服务。以江苏华星会计师事务所为例，同属华星品牌下的专业服务业有会计师事务所、税务事务所、资产评估事务所、工程造价事务所、财税顾问公司、培训中心等六大经营主体。

第五，推进培养人才的工作。针对示范基地的服务需求，加强人才培养。上海示范基地就金融服务、低碳减排、企业社会责任鉴证等开展专项培训；苏州示范基地 2011 年举办各类培训交流活动 14 场，培训 1 100 多人次；瑞丽试点项目举办针对基层财会人员的培训 5 场，960 人受训；深圳示范基地举办三期海关稽查培训班；南和试点项目举办支农惠农培训，培训乡村财务人员 2 128 名；广西示范基地与广西财经学院开设小语种专业方向，重点培养一批既精通会计审计、熟悉走出去企业在当地情况，又具有外语特别是小语种优势的“三栖”注册会计师。

第六，开展诚信承诺及会计公益活动。上海、天津、福建示范基地通过组织进入示范基地的会计师事务所开展诚信承诺倡议活动，向示范基地政府部门和企业承诺坚持操守、诚信执业；沈阳示范基地采取会计师事务所减免一点、示范基地补贴一点、省级财政支持一点的办法，组织会计师事务所为小微企业及困难企业提供公益财务会计服务，继法律援助之后，注册会计师也开始培育会计援助的“试验田”。

第七，搭建信息服务平台。苏州、上海、深圳、福建、辽宁、湖北示范基地均建成开通“示范基地网上服务平台”，作为服务于各示范基地新业务拓展的信息平台、工作平台、交流平台和宣传平台。沈阳示范基地建立会计远程呼叫服务中心，累计访问量 720 万人次，解答各类问题 1 万余个。

第八，开展了交流促进活动。举办各类宣传推介活动 20 场，逾 2 300 人参加。其中天津示范基地举办推介会，80 多家会计师事务所与 30 多家企业代表进行面对面业务洽谈。北京示范基地召开座谈会，邀请西城区金融办和金融街商会领导与大型会计师事务所及中小会计师事务所联盟代表座谈，为会计师事务所进入金融服务领域搭建交流沟通平台。

会计服务示范基地建设工作启动时间不长，但是已经取得了初步成效。

第一，服务经济建设由浅到深、服务社会政治文化建设从无到有。除服务当地经济发展外，示范基地建设在服务当地社会、政治和文化建设方面进行了有益探索，成为当地政府在新的市场经济条件下创新社会管理、改善市场环境、管理社会事务的重要抓手。

进入福建示范基地的会计师事务所为平潭管委会开发建设重大经济决策提供咨询，为平潭实验区财政投资项目提供基建审核服务，2011 年送审额 49.22 亿元，为平潭实验区驻区 1 500 余家企业提供会计专业服务。上海示范基地进驻会计师事务所服务于上海市重大工程建设，如申嘉湖高速前期费用审计、宜山路改造动拆迁跟踪审计等；服务于民生领域项目，如上海仁济医院财务监理、上海市残疾人联合会财务审计等。北京示范基地创新拓展“保险公估、经纪和代理机构鉴证”项目，2011 年，对 300 多家保险中介机构进行审计。河北涉农资金专项审计和绩效评价、财务公开审计、支农惠农政策培训等，受到上级政府、村干部和农民的一致好评和信赖，从基层组织政权建设角度发挥了注册会计师的作用。

第二，示范基地的业务开拓与创新促进了行业收入增长，推动了服务结构优化。2011 年，行业新领域业务为主体的非审计业务收入预计超过

120 亿元，占行业收入的比重超过 27%，远远优于 2010 年启动示范基地建设时的 16%。

特别是创建会计服务示范基地的 11 个地区，收入增长与结构优化的态势更加明显。收入增长方面，广西、江苏、湖北等地增长率均接近或超过 30%，其中湖北收入增长达到 46.91%；非审计业务比重方面，天津、辽宁、云南等地非审计业务比重均超过 35%，其中云南非审计业务比重达到 55.01%，超过了审计鉴证业务的比重。

以苏州示范基地为例，2010 年示范基地创建，通过明确会计服务外包这一发展定位，2011 年承接新业务项目 1 055 个，较上年增长 124%，实现收入 3 425 万元，较上年增长 150%。

第三，"四个平台"建设缓解了行业过度竞争，提升了服务质量和诚信度。通过全国会计师事务所综合评价选择执业质量好、专业素质强、能够提供高端服务的会计师事务所进入示范基地，拓展重点、高端、前沿新业务领域。如云南示范基地就省国资委招标收费进行磋商，有效遏制了这一领域的低价竞争问题；上海示范基地就驻区企业招标和市财政投资专项资金绩效评价招标进行规范，解决低价招标问题。通过示范基地出台的各类业务规程和收费办法，有效缓解了行业过度竞争、竞相压价的问题。上海、天津、福建示范基地举办诚信承诺倡议活动，提升了会计师事务所的知名度和社会认可度。

第四，宣传推介活动促进了行业与相关方的交流，推动了供需对接。通过开展各类交流促进活动，极大推动了行业与政府部门、企业组织等开展交流，推动了业务供需双方有效对接，提升和扩大了行业影响力。苏州、福建、沈阳、湖北示范基地在网上服务平台中开设"业务对接撮合窗口"，天津示范基地由政府部门牵头，组织企业和会计师事务所面对面洽谈，有效地推动了业务供需对接。

在看到成绩的同时，也应该看到问题。一是发展不够平衡，有的地方进展快一点，有的地方进展慢一点，有的地方合作协议还有待进一步地落实。二是部门之间合作程度也不一样，有的紧密结合，有的比较松散。三是服务需求不够明显，凡是做得好的地方往往当地的服务需求很强烈，政策导向很清楚，把会计服务机构的建设与当地经济社会的政策、改革发展的要求结合起来。四是人才不足还是一个很大的瓶颈。这些都是示范基地建设存在的问题，需要我们认真地加以研究，克服不足，发扬成绩，互相取长补短。

四、建设会计服务示范基地的五大要素

要发挥会计服务示范基地的“四大平台”的作用，从哪里着手呢？结合已有的实践，总结出“五大要素”。

第一，强有力的示范基地建设领导指导体系。这既要有领导小组这样的强有力的领导指导，更要有主管部门、相关部门的重视。要形成领导体制的高度高效，与当地各级领导形成互动，要及时地通报，要赢得支持，要主动找到地区、部门发展战略提供的机会和空间。

第二，与区域、行业、部门的发展战略和现实需求相对接的服务项目体系。要弄清楚当地的发展战略是什么？发展愿景是什么？最缺少什么？注册会计师能做什么？整理出一个目录出来，中注协发布了《注册会计师业务指导目录》，包括289项注册会计师业务。希望在示范基地也做一个指导目录出来，建成一个对接的服务项目体系，这方面可以向苏州学习。

第三，专业功底扎实、服务专长突出的专家培养体系。服务贸易里面一个重要的要素就是人才要素，如果说制造业的核心主要是资金和技术，那专业服务业里面人是第一生产力和核心资本。今天制约着整个会计服务的新业务拓展和示范基地建设的主要障碍是什么呢？就是缺乏高端人才，会计审计方面的专家还有流失，更高层面的战略咨询专家更是屈指可数，所以专家培养体系应当作为建设示范基地的一个重要因素。

第四，与新业务拓展和示范基地建设相适应的专业指导体系。每个示范基地都应该建立相应的专业指导体系，把当地乃至全国知名的专家请过来，把国外的专家请过来，把中央部委专家请过来“会诊”，建立一个专业指导体系或者顾问委员会。宏观指导示范基地建设与新业务拓展的方向重点；中观指导会计师事务所找准市场定位，与服务需求方有效对接；微观指导会计师事务所开展各项业务。

第五，会计师事务所专业品牌推广体系。专业服务最大的价值是品牌、是信任、是认可、是发自肺腑的尊重，没有这一条，专业服务就做不好。所以示范基地建设必须以专业建设为核心，以品牌建设为导向，实现专业建设与品牌建设的互动。要建立品牌推广体系，比如说美国注册会计师协会、香港会计师公会、英格兰及威尔士特许会计师协会都有自己的文化口号。我们也要有中国注册会计师的文化口号。希望示范基地也能如此，做出不同层次的，不同角度的，有地方文化特色的品牌推广口号。

五、会计服务示范基地建设的重点工作

围绕“四个平台”的建设目标和“五大要素”的建设方向，要重点抓好四项重点工作。

第一，进一步落实合作协议和工作方案。落实协议和工作方案是推进示范基地建设的前提。中注协将偕同地方注协，严格履行协议和方案规定的职责，并请有关地方注协持续跟进。对于协议和方案落实确有困难的，可以先易后难，从建立组织架构、开展沟通交流做起，一步步推动协议和工作方案落到实处。

第二，进一步明确各方在示范基地建设中的作用。明晰中注协、地方注协和示范基地签约政府（部门）的工作分工，各司其责、各有侧重、相互合作、统一推进；倚重财政部门在示范基地建设中的作用，财政厅局在落实配套政策、资金，指导行业开展工作等方面发挥着不可替代的关键作

用；推动地方政府更大范围地扶持，包括地方政府在资金、税收优惠、购（租）房优惠、人才引进等方面给予示范基地更大的支持和帮助；争取中央层面的政策和资金支持，中注协将协调有关国家部委，争取将“会计服务示范基地”纳入中央一级的扶持政策和资金支持范围。中注协也正在就做强做大制订扶持措施。

第三，进一步加强对示范基地建设的分类指导。目前，各示范基地处于不同的发展和建设阶段，中注协将根据具体建设情况和基地定位进行分类指导。一类是深入调研。对于刚刚建成的示范基地，或建成后尚未全面运行的示范基地，中注协将协同组织开展针对供需双方的前期调研，磨刀不误砍柴工。调查清楚示范基地现在的具体情况，需求方需要什么服务，会计师事务所能提供什么服务，双方的对接点在哪里，如何推动供需双方对接。这样，示范基地的建设才不会迷茫，才会少走弯路。天津示范基地正在起草《天津滨海新区会计服务示范基地发展规划研究报告》，可以借鉴。一类是探索模式。对于示范基地建设工作思路清晰、工作方法优良、工作成效显著并具有借鉴意义的，中注协将推介这些好的做法经验，探索总结出一套建设模式来，苏州示范基地走在了前头。也期待每个示范基地都能结合自身功能定位和发展实际，走出一条适合自己的道路，创出一种适应自己的发展模式。一类是重点关注。重点关注示范基地建设中的重点焦点项目推进，如重点关注河北南和试点项目在邢台市扩大财务公开试点范围，重点关注沈阳注册会计师公益服务和金融服务后台建设，重点关注武汉东湖综合服务大厅建设，重点关注福建平潭综合实验区大规模政府采购会计服务，等等。

第四，进一步加大对示范基地建设的保障力度。经费保障上，将根据《会计服务示范基地管理暂行办法》，对考核合格的示范基地予以经费奖励，用于示范基地日常管理运行。也鼓励地方注协采取会费返还、专项奖励等方式，希望地方政府（部门）采取税收减免、购租房优惠等措施保障示范基地的良好运行。人才保障上，挖掘服务重点需求和服务短板，开展针对示范基地的专项培训，重点就金融服务、节能减排、企业社会责任鉴证等新业务人才开展专项培养。除此之外，还将结合“三农”领域服务特色，培养一批能够深入田间地头，服务“三农”示范基地建设的注册会计师；结合“走出去”服务领域，继续培养一批既精通会计、熟悉走出去企业在当地情况、又具有外语优势的“三栖”注册会计师。技术保障上，在已经制定发布《企业内部控制审计指引》《节能专项鉴证业务指南》等一系列新型业务领域技术指导规范的基础上，研究制定示范基地特色业务，特别是“一特三高”业务的技术指南。网络保障上，优化示范基地网上服务平台，实现与中注协网站、地方注协网站、示范基地相关政府网站、重点企业与事务所网站网网联通。宣传保障上，着力加强对示范基地建设的推介。

六、会计服务示范区基地建设的方法论

会计服务示范基地联席会议很成功，会期不长，但是内容很丰富，达成了许多共识，明确了工作任务。为了更好地做工作，有一个工作方法问题，这里归纳了“六个找”，作为对进一步做好新业务拓展工作和示范基地建设工作的建议。

第一，在实践中找路径。在会计服务示范基地建设两年中，不时听到有同志反映，说不知道怎么开展工作，牌子挂是挂了，但是具体工作不知道怎么去做，很困惑，甚至还有抱怨。刚才有两位厅领导指出，挂牌容易做事难。这说明在怎么做工作这个问题上有共性。我本人力推会计服务示范基地建设，但是对具体怎么做也没有太多的发言权。但是，大方向是对的，那就是摸着石头过河，把会计服务示范基地建设办成一个思考、实践、探索、提升的循环。不知道怎么做是正常的，说出来也是坦率的，关键是要在明确目标的前提下，大胆地实践，在实践中发现矛盾，解决矛

盾，各个示范基地创造性地开展工作，总结交流，相互启发，形成面上的经验。

第二，在借鉴中找灵感。强调在实践中探索，不是关起门来做事情，也不是自己闷着头去实践。做事情是一个相互学习的过程，包括学习国际经验，示范基地之间相互学习，会计师事务所之间相互学习。提出新业务拓展战略的一个重要背景，就是行业发展遇到了瓶颈，2009 年行业增长率只有 2.5%，远远低于之前年份平均 20% 的增长速度。进一步分析发现，业务收入中，审计业务占 84%，咨询服务只有 16%，国际经验大体是 50% 对 50%。如果把咨询业务发展起来，就找到新的增长点，所以，认识是逼出来的，学出来的。随着经济的复苏，金融危机逐步化解，2010 年增长了 18%，2011 年增长了 20%，其中咨询业务从占比 16% 增长到 27%。所以从借鉴中找灵感找出路，是经过实践验证了的。

第三，在政策中找机会。在粗放式的经济增长背景下，专业服务的重要性体现不出来。中央提出转变经济发展方式、提升经济发展质量，部门、区域、行业都在制定战略和政策，战略和政策就是机会。苏州工业园区提出了发展现代服务业的战略，会计服务就是现代服务的重要门类，会计服务还是其他服务的专业支持力量，相应地，会计服务外包就发展起来了。政府转变职能、优化服务，企业重组，节能减排等政策，都对会计服务提出需求。

第四，在行业中找动力。会计师事务所和广大注册会计师是注册会计师行业的主体，同样也是新业务拓展和会计服务示范基地建设的主体，这既是党的群众路线的体现，也是市场规律的要求。要调动每一个注册会计师、会计师事务所以及会计师事务所主要负责人的积极性。平时我们听到注册会计师们谈困难比较多，主动进取作为的例子少。要通过宣讲、解读、培训、谈话，通过推广典型经验，提升认识，转变观念。要认识到，审计是特许业务，注册会计师是吃了特许制度的红利的，不能总是依赖这个优势，依赖的时间长了，人就懒了，就不进取了。没有会计师事务所和广大注册会计师的主体精神和进取精神，我们干什么事都是事倍功半。

第五，在专业中找底气。相较经济社会发展提供的机会，注册会计师的专业能力还不够。一方面是审计业务、低端业务竞争激烈，相互抱怨；另一方面，高端业务又不能干、不愿意学，这就是矛盾。所以，问题的焦点还是能力不足。要认识到，面对矛盾，抱怨是没有用的，发展的空间是等不来的，要把力量放到抓专业、抓培训、抓人才上，不断提高专业能力，在新业务拓展中解决矛盾，充分用好会计服务示范基地这个平台。注册会计师们要搞好知识更新和能力更新。没有专业能力，就没有底气，也就没有机会。

第六，在认知中找入口。按照国际标准，一个资深注册会计师一小时收费是 300 美元，这还是多年前的数字。我们这里为什么收费这么低呢？我想至少有三个原因，一是跟注册会计师的专业能力不足有关，二是跟知识产品定价过低有关，三是跟招投标制度有关。也就是说，一个是你有没有知识，再一个是愿不愿意给你这个知识定合适的价格，三是注册会计师自己认为知识应当是什么价格。苏州工业园区 20 世纪 90 年代花了 200 万美元搞了一个规划设计，成就了园区今天的格局。将近 18 年前花 200 万美元做规划，应该是一笔大钱了，这就是知识的价值，专家的价值。注册会计师行业要在提高专业能力的同时，多向公众宣传解读专业价值，赢得公众对专业服务价值的认知，促进提高对知识产品的付费。

（在全国会计服务示范基地联席会议第二次会议上的工作报告和总结讲话，2012 年 4 月 21 日）

第六节
实施特殊普通合伙制度　夯实做强做大的微观基础

2010 年 7 月，财政部和国家市场监督管理总局印发《关于推动大中型会计师事务所采用特殊普通合伙组织形式的暂行规定》，启动了大型会计师事务所向特殊普通合伙转制工作。

向特殊普通合伙转制，其意义，堪与脱钩改制相比，是会计师事务所运行机制的又一次革命性的变化。向特殊普通合伙转制，有助于合理界定合伙人权责，激发合伙人诚信执业、勤谨执业的责任心，为会计师事务所做大的同时做强注入制度力量，成为会计师事务所做强做大新的动力。

一、对特殊普通合伙制度的认识

会计师事务所做强做大，做强是关键。做大不容易，做强更难。会计师事务所做强，其基础是人合、智合、心合的文化，其保障是质量控制体系，其标志是审计质量高。

加强会计师事务所内部管理，实现总分所“五统一”，已经喊了很多年，响应者不多。做强做大战略实施方案，强调培育人合、智合、心合的合伙文化，健全会计师事务所质量控制体系，效果也不是非常明显。制度上的原因是明显的，这是因为，会计师事务所实行的有限责任公司制，很难生长出人合、智合、心合的合伙文化，健全质量控制体系的动力不足，进而阻碍了做强做大的效果。有相当一部分合伙人不重视审计质量，对建立质量控制体系不耐烦，觉得碍手碍脚、影响业务成长，最后的结果就是，忽视质量控制体系，片面地追求做大。也有一些合伙人，对做大心存畏惧，担心一旦把规模做大了，合伙人多了，约束不住，审计质量失控。前者热心于做大，没有做强的热情和动力；后者不敢做大，畏惧做大的风险和压力。

特殊普通合伙制度，为在行政责任和刑事责任的基础上强化民事责任约束，提供了法律依据，奠定了注册会计师民事责任法律基础，使合伙人对自己的执业质量负责，同时保护其他合伙人的利益。这就形成了对会计师事务所健全质量控制体系、提高审计质量的倒逼机制，进而在健全质量控制体系的基础上创建品牌，开拓市场，扩大规模。特殊普通合伙转制为会计师事务所做强做大注入了制度力量。

二、积极有为，支持会计师事务所特殊普通合伙转制

从2010年开始，为落实大中型会计师事务所向特殊普通合伙转制、中外合作会计师事务所本土化转制的工作部署，已经在行业层面做了许多工作。

第一，把会计师事务所体制机制问题纳入行业发展规划，重点研究，积极推进。顺应大型会计师事务所向特殊普通合伙转制的要求，2011年9月公布的《注册会计师行业发展规划（2011—2015年）》，将“会计师事务所组织形式、治理机制和管理制度更加科学”作为行业发展的十大目标之一，同时把“加快完善会计师事务所体制机制”作为“十二五”期间的十二项重点任务之一，持续努力推进。

第二，成立“特殊普通合伙转制研究咨询工作组”，研究制订合伙协议范本。2010年10月29日，成立“特殊普通合伙转制研究咨询工作组”，在2005年制订《合伙会计师事务所协议范本》和《有限责任会计师事务所章程范本》的基础上，针对特殊普通合伙在治理机制、法律责任界定、合伙文化建设等方面的问题提出解决方案，于2011年公布《会计师事务所特殊普通合伙协议范本》，规定了会计师事务所合伙协议的必备条

款。经过广泛征求意见，特别是多次协调取得了国家工商部门对文本的认可，解决了原有的几个“范本”打架的问题。

第三，开展专题培训研讨，指导大型会计师事务所特殊普通合伙转制。2010 年以来，结合特殊普通合伙协议范本起草和大型会计师事务所转制，召开会计师事务所负责人座谈会、研讨会、论证会，针对特殊普通合伙的合伙法理、治理结构、决策机制、薪酬分配、责任分担等专题深入研讨。2011 年以来，在年度培训中开设“特殊普通合伙转制高级研讨班”，安排会计师事务所高级管理人员进行专题培训，法律专家介绍法理、解读法条，会计师事务所代表现身说法。

第四，出台政策措施，鼓励引导会计师事务所加快完成转制工作。为深入实施做强做大战略，中注协在 2012 年制订《关于支持会计师事务所进一步做强做大的若干政策措施》，简称为“24 条”。其中，将“支持会计师事务所向特殊普通合伙转制”作为措施之一，提出“对于完成转制的证券期货业务资格会计师事务所，在注册会计师行业领军人才培训班的招生选拔时，给予会计师事务所合伙人推荐人选的名额，在会计师事务所设立高校学生实习基地”。

第五，编制职业责任保险合同范本，促进完善行业风险保障制度与机制。投保职业责任保险，会计师事务所都认为是方向，但是实践中问题也不少，如保险协议条款不合理，买保险容易，但是赔付难，承保范围窄，追溯期短等等，普遍希望在行业层面做推动改善的工作。

为此，把推动完善职业责任保险机制的工作，列入 2012 年行业工作的重点。经过一年的广泛调研，宣传推广以地方注协为单位集体谈判投保职业责任保险的模式。同时，在总结十多年实践的基础上，起草了《会计师事务所职业责任保险合同范本》《会计师事务所集中投保实施办法》，已经印发征求意见。

三、重视与特殊普遍合伙制度相适应的能力建设

制度的本质，是界定权力和责任。制度的价值，在于提供激励和约束。好的制度，就是权力和责任相匹配的制度；好的制度，就是激励和约束相平衡的制度。特殊普通合伙制度，在立法原意上，就是要达到这样的匹配，实现这样的平衡。

立法原意，不等于立法效果。制度出台，并不必然地带来立法机关所期望的制度效应。

《合伙企业法》规定，“一个合伙人或者数个合伙人在执业活动中因故意或者重大过失造成合伙企业债务，应当承担无限责任或者无限连带责任，其他合伙人以其在合伙企业中的财产份额为限承担责任。”其立法原意很明显，合伙人对自己负责项目的审计失败承担无限责任或者连带责任，从而强化对合伙人的责任约束，倒逼其严把审计质量关；其他合伙人的利益不因此受到损害，保护无辜的合伙人。问题在于，在某一个合伙人发生审计失败的情况下，其他合伙人并非毫发无损，除了“以其在合伙企业中的财产份额为限承担责任”外，还要承担信誉损失，极端的情况下，还会面临会计师事务所解散的风险。会计师事务所如果以合伙人对自己的审计失败承担责任为由，对晋升合伙人不严格把关，把不具备合伙人条件的注册会计师晋升为合伙人，或者不重视质量控制体系的建设，把审计项目质量的评价权和控制权放手交给合伙人，不但达不到特殊普通合伙制度倒逼提高审计质量的目的，反而会放大质量控制体系的弱点。因此，特殊普通合伙制度出台，只是会计师事务所机制转换的起点，只是为会计师事务所机制转换提供了可能，效果到底如何，有赖于会计师事务所和每一位合伙人深层次的思考、果断的行动和持久的坚守。

第一，深化认识。结合特殊普通合伙转制，在会计师事务所层面来一次大学习、大讨论。深化对注册会计师审计的公共产品属性的认识，提高

合伙人和注册会计师服务公益的责任心；深化对注册会计师审计质量规律的认识，提高建立健全质量控制体系的自觉性；深化对特殊普通合伙制度的立法意图的认识，提高培育人合、智合、心合文化的紧迫感。

第二，强化风险预期。依法治市、强化监管是资本市场深化改革的大方向。在追究行政责任、刑事责任的同时，追究注册会计师的民事责任，是市场机制深化的大趋势。特殊普通合伙制度与强化监管、落实民事责任，放大了注册会计师执业风险。20 世纪 80 年代在美国发生的针对注册会计师民事责任的诉讼风暴有可能在中国出现。会计师事务所和注册会计师们要克服侥幸心理，强化风险预期，提早行动，提早应对。

第三，健全质量控制体系。会计师事务所质量控制准则，是与注册会计师审计准则并列的一套执业标准。两套标准，各有规范的对象，目的是一样的，就是保障审计质量。相对而言，质量控制准则受重视的程度是不够的，落实得也不够好，这是制约注册会计师审计质量的最大短板。要以特殊普通合伙转制为动力，加快建立健全质量控制体系，并且坚定不移地落实好。

第四，严把合伙人晋升标准。质量控制体系能否有效地落实，有赖于全体合伙人的自觉遵守。否则，质量控制体系再好，也只是纸上谈兵，在审计决策发生意见冲突时，往往不得不在审计质量上放水。所以，合伙人的素质至关重要。要以是否认同合伙文化、认同质量控制标准和审计准则、持久地坚持高质量标准，作为合伙人晋升的标准。以招揽客户能力强、创收能力强作为晋升合伙人标准的做法，是不可持续的。

第五，严把员工招录质量关。审计助理人员是未来的注册会计师，是未来的合伙人。更重要的是，有相当数量的审计失败事件，问题出在审计项目组员工层面。员工的素质，对于审计质量也非常重要。应当把员工招录作为大事来办，不能把员工招录仅仅当作人事部门的事，招录标准要在管理层研究，招录程序要严格遵循，招录质量要严格控制。

第六，保险保障措施要到位。《合伙企业法》规定，“特殊的普通合伙企业应当建立执业风险基金、办理职业保险。”在依法建立执业风险基金、办理职业保险的同时，有些会计师事务所还自建风险准备金，是值得鼓励和支持的。

（在全国证券期货业务资格会计师事务所主要负责人会议上的讲话，2012 年 10 月 31 日。原题《深入实施做强做大战略 支持证券资格会计师事务所提升核心竞争力》）

附录一 答记者问

答《中国会计报》记者问

（2010年9月8日）

话　　题 《注册会计师业务指导目录（2010年）》发布

新闻标题 《经济社会发展到哪里 注册会计师就服务到哪里》

作为贯彻落实国务院办公厅转发财政部《关于加快发展我国注册会计师行业的若干意见》（国办56号文件），推进行业新业务领域拓展工作的重要举措，中注协编订完成《注册会计师业务指导目录（2010年）》。

问：编订《指导目录》的目的是什么？

答：《指导目录》是在行业面临新机遇和新挑战的背景下出台的。当前中国经济正处于发展方式转型升级的变革期，高投入、高消耗、高污染、低产出的粗放式经济增长不可持续。大力发展包括注册会计师行业在内的高端服务业，凭借其改革开放以来积累起来的人才资源和管理资源，为国民经济、政府管理、企业战略等各个层面经济发展方式转变各项举措提供解决方案，同时，作为第三产业，特别是高端服务业的重要组成部分，注册会计师行业健康发展本身就是对经济发展方式转变、经济结构调整的直接贡献。

受到市场分割、路径依赖等诸多因素制约，注册会计师行业现有业务过度集中于包括审计在内的鉴证业务，市场相对饱和，这导致现有市场的过度竞争和竞相压价，执业质量和诚信水平受到威胁。大力拓展各类新业务领域，能够有效增加市场容量，有利于把会计师事务所和从业人员的注意力引导到开发新业务上来，带动服务理念、服务方式和服务结构的转变，促进形成行业新的增长空间。

国办 56 号文件对注册会计师业务领域拓展给予高度重视，把它与会计师事务所的规模结构优化合理、会计师事务所执业环境显著改善、会计师事务所组织形式和治理机制更加科学、注册会计师队伍职业道德水平和专业胜任能力显著提高，作为注册会计师行业未来 5 年发展的五大目标。

实现注册会计师行业未来五年发展目标，本质上是一个高质量发展的问题，是一个提高服务经济社会进步能力的问题。注册会计师行业的业务结构优化、组织形式完善、执业环境改进，以及注册会计师职业道德和专业胜任能力提高，最终都要体现在市场拓展能力和服务经济社会进步的能力上。正是从这个意义上讲，我们把拓展新业务领域置于贯彻国办 56 号文件、实现行业发展目标的突破口的地位，重点推进。

在推进注册会计师行业学习实践科学发展观活动和创先争优活动中，行业党委和中注协特别强调一定要与行业业务发展相结合，解决行业发展的突出问题，最终达到推进行业科学发展的目的。注册会计师行业认真学习实践科学发展观，将大力拓展新业务领域作为学习实践活动整改落实的重要内容，作为创先争优活动的重要领域，形成共识，扎实推进。经过大半年时间的努力，取得了十分明显的进步。可以说，新业务领域拓展工作是在学习实践活动中播种发芽的，将要在创先争优活动中开花结果。

为指导会计师事务所拓展新业务领域工作，中注协于2009年第四季度即着手进行新业务领域拓展工作的系统研究，并于年底的中注协第四届理事会第六次会议期间召开新业务领域拓展交流促进会，受到广泛关注。2010年初以来，《指导目录》经历了酝酿提出、框架设计、形成初稿、研讨修正、公开征求意见、定稿公布等多个阶段。

2010年1月，我们抓住注册会计师行业开展学习实践科学发展观活动的契机，发动全行业开动脑筋，集思广益，形成了《指导目录》的雏形。2月份，从全方位服务经济社会的高站位，组织对注册会计师从事的业务项目进行全面调研、梳理，考虑到各地区、各会计师事务所发展阶段不同，新型业务与旧有业务的界限并不是那么泾渭分明，这个地区的旧有业务，在另一个地区可能是新业务，所以《指导目录》不以新型业务与旧有业务这个结构进行分类，而是以注册会计师服务对象分类，形成了包括253个业务项目的征求意见稿。最后形成的《指导目录》就是在向全行业公开征求意见的基础上定稿的。

问：《指导目录》首次对注册会计师服务项目进行了全方位梳理，在业务分类上是如何考虑的？

答：《指导目录》对目前注册会计师行业为经济社会各个领域提供服务的业务项目，进行了全面的梳理，按鉴证业务和咨询服务业务列示，共11大类262项，几乎覆盖了经济社会生活的所有领域。其中，鉴证业务158项，咨询服务业务104项。这11大类包括：（1）证券和期货相关业务；（2）金融和保险相关业务；（3）国有企业相关业务；（4）外商投资企业相关业务；（5）财政预算资金相关业务；（6）非营利机构及其组织相关业务；（7）其他鉴证业务；（8）管理咨询业务；（9）会计服务业务；（10）税务服务业务；（11）执行商定程序业务。

《指导目录》对每一个服务项目，从法律依据、报告使用者、委托人、专业胜任能力要求、执业准则、业务开展情况等方面进行说明，旨在为拓展新业务领域指明依据、方向、路径和措施。

问:《指导目录》对新业务领域拓展和转型升级有什么意义?

答：一是展示了注册会计师服务经济社会发展的广阔空间。《指导目录》为会计师事务所深入理解行业功能作用、大力拓展新业务领域提供了工作思路，也向政府部门、各市场主体和公众展示了注册会计师为经济社会发展所提供鉴证与咨询服务的全貌，全面反映了注册会计师行业服务经济社会发展的能力和机会。

二是呈现出行业新业务特别是非审计鉴证业务拓展的巨大潜力。《指导目录》反映出注册会计师行业专业服务正在从财务报告的审计、资本验证、涉税鉴证等，向内部控制、管理咨询、并购重组、资信调查、专项审计、业绩评价、司法鉴定、投资决策、政府购买服务等相关业务领域延伸的发展趋势，呈现出未来服务领域、服务层级和服务范围的巨大潜力。

三是提供了注册会计师拓展新业务领域的具体指南。《指导目录》既包括审计业务，也包括非审计业务；既包括依法已经开展的业务，更包括根据市场需要进一步拓展和开发的新业务，还包括国际上已经开展，我们有待开发的潜在业务，为行业进行新业务领域拓展和业务结构调整转型提供了努力方向和重点。

另外，指导目录还为各级注协有重点地组织专业支持服务提供了思路，也为会计师事务所业务部门设置、客户管理和流程控制提供了新框架。

问：除了编订《指导目录》，拓展注册会计师新业务领域，中注协还将做哪些工作？

答：编订《指导目录》是中注协推进注册会计师新业务领域拓展、提高服务经济社会发展的能力的系列措施之一。为贯彻国办56号文件，中注协制定了《关于贯彻落实国务院办公厅转发财政部关于加快发展我国注册会计师行业若干意见的实施意见》，提出将拓展注册会计师新业务领域作为贯彻国办56号文件、加快行业发展的突破口，并制订了《会计师事务所服务经济社会发展新领域业务拓展工作方案》，全面阐述了拓展注册会计师新业务领域的目标、指导思想、具体步骤，对会计师事务所和注册会计师投身新业务领域开发、提高注册会计师服务经济社会发展能力，提出了要求。

除着力编订《指导目录》，我们还开展了注册会计师新业务领域系列课题研究，这些课题已经先后结项，即将公布；在中注协官方网站设立新业务领域拓展大型专栏，跟踪发布新业务领域拓展政策信息和进展信息；联合《中国会计报》和中国会计视野网站开展征文活动；组织各地注协认领新业务领域拓展重点推动项目，发挥注协推进新业务开发的组织优势；组织新业务领域拓展人才培养工作；组织注册会计师和注协同志赴香港交流取经；把新业务领域拓展与行业创先争优活动结合起来，作为会计师事务所党组织、广大党员和全体注册会计师创先争优的重要领域和评价指标；联合中央统战部六局召开党外人士座谈会，征求对注册会计师服务经济发展方式转变的意见；以“拓展注册会计师新业务领域，服务我国经济发展方式转变”为主题举办第四届注册会计师论坛，邀请部委、地方政府、企业界、理论界和实务界代表，就改革开放新举措、区域经济发展战略、产业结构转型升级、企业“走出去”及其对注册会计师服务需求等议题进行宣讲交流，全面展示行业服务经济发展方式转变的决心和能力；偕同北京、广西、江苏注协分别与地方政府和有关部门签署会计服务示范基地合作框架协议，进行重点推动和跟踪指导，着力打造行业新业务领域拓展示范基地。

新业务领域拓展工作，得到各级财政部门的大力支持，得到各地方注协以及行业同志们的积极响应，也得到了商务部、国资委等部门及地方政府部门的大力支持。

在下一步的工作中，各级注协要做好推动改善注册会计师执业环境，包括完善法律制度等方面工作，加强与中央部门、地方政府的信息沟通和政策协调，加强注册会计师专业能力和职业形象的宣传和推广，为新业务领域拓展创造政策条件和市场环境；加强对会计师事务所拓展新业务领域的指导和人才培养，把新业务领域拓展与行业领军人才培养结合起来，把新业务领域拓展列入领军人才培训班的必修课；组建注册会计师新业务领域拓展指导委员会，提高我们指导和推进新业务领域拓展的能力；联合地方注协和地方政府部门，推出一批新业务领域拓展示范基地；研究制订针对新业务领域的专项指南。

答记者问

（2018年5月30日）

话　　题　《2017年度业务收入前百家会计师事务所信息》发布

问：中注协于2018年5月30日发布《2017年度业务收入前100家会计师事务所信息》。这是中注协第15次发布前百家会计师事务所信息。请介绍一下发布前百家信息的背景情况。

答：中注协开展前百家会计师事务所信息发布工作，始于2003年，目的是多措并举推进注册会计师行业诚信建设，提高行业透明度，增进公众对会计师事务所的了解。在过去10多年里，所发布的前百家会计师事务所信息的内容，有过多次改进，大体经历了三个阶段。

第一阶段（2003—2005年），以会计师事务所业务收入作为遴选主指标，同时公布会计师事务所的注册会计师数量、分所数量、分所收入、业务收入增长率、审计收入、兼营收入等6个辅助指标信息。

第二阶段（2006—2010年），出台《会计师事务所综合评价办法（试行）》，选取业务收入、注册会计师人数、培训完成率、领军人才（后备）人数、受处罚和惩戒情况等5个因素，分别赋分，形成对会计师事务所的综合评价得分，公布综合评价得分排名前100家会计师事务所的指标信息，同时公布8个辅助指标信息。

第三阶段（2011—2016年），配合注册会计师行业创先争优活动，修订《会计师事务所综合评价办法》，将会计师事务所综合评价指标所包含的因素，由原来的5个因素扩展为4大类、15个方面、365个项目，面向全行业所有的会计师事务所开展综合评价。各会计师事务所将本所的综合评价得分与同行比较，找出差距，聚焦问题，对照改进，在全行业建立起了“自动比动、对标提升”的机制，在注册会计师行业创先争优活动中发挥了积极作用。在以上工作的基础上，公布综合评价得分排名前100家会计师事务所的信息。2014年和2015年，又对《会计师事务所综合评价办法》进行了简化改进，将综合评价指标所包含的因素缩减归并为10个方面、200个项目。

对会计师事务所进行综合评价，服务行业的创先争优活动，会计师事务所之间相互对照借鉴，是有效的，但是依据综合评价指标得分公布前百家会计师事务所信息，则有一定的不足。主要是综合评价中有许多指标，比如治理、执业质量、人力资源、社会责任等因素在一定程度上依赖主观判断，难以进行准确定量。为此，中注协于2016年底着手研究改进前百家会计师事务所信息发布工作，明确在继续开展会计师事务所综合评价工作，发挥其在会计师事务所创先争优中的“自动比动、对标提升”机制作用、对会计师事务所党建与业务有机结合促进作用的同时，另行制定前百家会计师事务所信息发布办法。《年度业务收入前100家会计师事务所信息发布办法》就是在这个背景下出台的。

问：围绕《2017年度业务收入前100家会计师事务所信息》发布，做了哪些工作？

答：《2017年度业务收入前100家会计师事务所信息》是严格按照

《年度业务收入前 100 家会计师事务所信息发布办法》编制的。具体来说，开展了以下工作：

第一，结合 2017 年度会计师事务所财务报告报备，启动行业管理信息系统的数据整理、更新、核实等工作。这项工作于 2018 年 3 月底完成。

第二，依据行业管理信息系统的数据，提出 2017 年度业务收入前 100 家会计师事务所备选名单，形成基础信息，征求备选会计师事务所是否参加信息发布的意见，并要求对其基础信息进行确认。同时，中注协会同地方注协开展了必要的核实工作。这项工作于 4 月底完成。

第三，5 月 3 日，召开中注协注册委员会会议，就信息发布工作中有关信息的认定口径进行研究处理。中注协根据注册委员会会议精神，形成《2017 年度业务收入前 100 家会计师事务所信息（公示稿）》。

第四，5 月 17 日至 5 月 23 日，在中注协网站进行了公示。根据公示情况，编制完成《2017 年度业务收入前 100 家会计师事务所信息》，履行相关审批程序后正式发布。

问：除了会计师事务所年度业务收入、统一经营的其他专业机构收入，还公布了注册会计师人数、从业人员人数、分所数量、会计师事务所所属的同一国际会计网络和国际会计联盟的成员情况、会计师事务所和注册会计师受到处罚和惩戒的情况。这些信息意义何在？

答：《年度业务收入前 100 家会计师事务所信息发布办法》的指导思想是重在客观反映，把对会计师事务所的评价权，交给市场和公众。所选取的指标，力求体现行业发展正确导向与借鉴国际通行做法相结合，数据主要来源于注册会计师行业管理信息系统，易获取、易核实。

按照业务收入排序来公布会计师事务所信息，是国际上通行的做法。业务收入是反映会计师事务所业务规模的一个维度。至于其他指标，如注册会计师人数、从业人员人数、分所数量，反映的是会计师事务所专业队伍规模以及机构的地域覆盖面；会计师事务所所属的同一国际会计网络和国际会计联盟的成员情况，反映的是会计师事务所在世界范围的服务覆盖面。业务收入连同其他指标，大体上反映了会计师事务所的业务规模和服务能力，但不能跟执业质量直接画等号。

为了准确反映会计师事务所本身的业务规模，《年度业务收入前 100 家会计师事务所信息发布办法》明确按会计师事务所业务收入进行排序，并对会计师事务所业务收入作了严格界定，严格区分会计师事务所业务收入及其统一经营的其他专业机构收入。

在此，我们也想提醒一下，企业在选聘会计师事务所的时候，应当结合需求，综合考量会计师事务所诚信情况、执业质量、服务能力与客户自身需求匹配程度，来选聘合适的会计师事务所。同时，应当理性客观地看待会计师事务受到的处罚和惩戒。会计师事务所受到的某一次处罚和惩戒，大多数与某个审计项目有关，并不意味着会计师事务所执业质量存在系统性风险。客户在选聘服务机构时，要综合考虑其服务能力、执业质量和诚信状况，不宜因其受到过处罚和惩戒，简单搞一票否决，甚至禁止参加投标。

附录二　参考材料索引

1. 《关于推动会计师事务所做强做大的意见》，中国注册会计师协会，会协【2007】33号，2007年5月26日
2. 《关于支持会计师事务所进一步做强做大的若干政策措施》，中国注册会计师协会，会协【2012】164号，2012年6月8日
3. 《关于规范和发展中小会计师事务所的意见》，中国注册会计师协会，会协【2008】98号，2008年12月17日
4. 《会计师事务所品牌建设指南》，中国注册会计师协会，会协【2016】53号，2016年10月31日
5. 《中国注册会计师行业新业务拓展战略实施意见》，中国注册会计师协会，会协【2011】64号，2011年12月15日
6. 《会计师事务所服务经济社会发展新领域业务拓展工作方案》，中国注册会计师协会，会协【2020】10号，2010年2月10日
7. 《中国注册会计师行业会计服务示范基地建设工作方案》，中国注册会计师协会，会协【2011】19号，2011年4月10日
8. 《会计服务示范基地管理暂行办法》，中国注册会计师协会，会协【2011】51号，2011年8月31日
9. 《关于支持会计师事务所扩大服务出口的若干意见》，商务部等九部委，商服贸【2007】507号，2007年12月26日
10. 《注册会计师业务指导目录（2010年）》，中国注册会计师协会，会协【2010】38号，2010年5月13日
11. 《注册会计师业务指导目录（2012年）》，中国注册会计师协会，会协【2011】117号，2011年12月14日
12. 《注册会计师业务指导目录（2014年）》，中国注册会计师协会，会协【2014】28号，2014年5月19日
13. 《会计师事务所审批和监督暂行办法》，财政部令第24号，2005年1月18日
14. 《会计师事务所分所管理暂行办法》，财政部，财会【2010】2号，2010年1月15日
15. 《中华人民共和国合伙企业法》，1997年2月23日第八届全国人民代表大会常务委员会第二十四次会议通过，2006年8月27日第十届全国人民代表大会常务委员会第

二十三次会议修订
16. 《关于推动大中型会计师事务所采用特殊普通合伙组织形式的暂行规定》，财政部，财会【2010】12 号，2010 年 7 月 21 日
17. 《中外合作会计师事务所本土化转制方案》，财政部、工商总局、商务部、外汇局、证监会，财会【2012】8 号，2012 年 5 月 2 日
18. 《大中型会计师事务所转制为特殊普通合伙组织形式实施细则》，财政部，财会【2011】7 号，2011 年 4 月 11 日
19. 《会计师事务所特殊普通合伙协议范本》，中国注册会计师协会，会协【2011】104 号，2011 年 11 月 11 日
20. 《合伙会计师事务所协议范本》，中国注册会计师协会，会协【2005】54 号，2005 年 7 月 17 日
21. 《有限责任会计师事务所章程范本》，中国注册会计师协会，会协【2006】6 号，2006 年 1 月 28 日
22. 《会计师事务所内部治理指南》，中国注册会计师协会，会协【2007】34 号，2007 年 5 月 26 日
23. 《会计师事务所综合评价办法（修订）》，中国注册会计师协会，会协【2011】41 号，2011 年 7 月 22 日
24. 《会计师事务所综合评价办法》，中国注册会计师协会，会协【2014】22 号，2014 年 5 月 13 日
25. 《会计师事务所综合评价办法》，中国注册会计师协会，会协【2015】42 号，2015 年 7 月 1 日
26. 《年度业务收入前 100 家会计师事务所信息发布办法》，中国注册会计师协会，会协【2018】1 号，2018 年 1 月 2 日
27. 《会计师事务所“走出去”非洲考察报告——中注协会计师事务所“走出去”南非、苏丹考察情况及“走出去”下一步工作的思考》，白晓红、杨鸿执笔，载《中国注册会计师行业发展研究资料 2008》，中国注册会计师协会编，经济科学出版社，2009 年
28. 《会计师事务所“走进东盟”研究——中国东盟自由贸易区的建立对我国会计师事务所国际化影响》，白晓红、杨鸿执笔，载《中国注册会计师行业发展研究资料 2010》，中国注册会计师协会编，经济科学出版社，2011 年
29. 《企业社会责任报告鉴证与注册会计师新业务拓展》，沈洪涛，秦信任，载《注册会计师行业发展研究资料 2011》，中国注册会计师协会编，经济科学出版社，2012 年
30. 《在做强做大战略中实现中小会计师事务所做精做专——中注协推动指导中小会计师事务所做精做专工作回顾》，白晓红，苗英华，载《注册会计师行业发展研究资料 2013》，中国注册会计师协会编，经济科学出版社，2014 年
31. 《中国注册会计师行业国际化发展情况综述》，苗英华执笔，载《中国注册会计师行业发展研究资料 2015》，经济科学出版社，2016 年

第八章
注册会计师行业组织建设

经过《注册会计师法》在内的三层授权，
注协具有三重职能，
这就是法律授权的法定职能，
行政授权的委托职能，
行业授权的自律职能。

导 言

注协从诞生的那一天起，就肩负起推进注册会计师行业建设的重任，并为后来的《注册会计师法》所确认，注协因此成为改革开放后最早被赋予法定职能的行业组织。经过《注册会计师法》在内的三层授权，注协具有三重职能，这就是法律授权的法定职能，行政授权的委托职能，行业授权的自律职能。在此基础上，形成了包括考试评价、注册准入、职业标准、继续教育、质量监督、处理处罚、权益维护在内的相对完整的管理和服务职能体系。

注协以服务、监督、管理、协调为宗旨，认真履行三重职能，扎实推进行业改革、发展和建设各项事业。其中，按照中央部署，在各类中介行业中率先组织实施会计师事务所脱钩改制工作，改变由党政部门和机关事业单位发起成立会计师事务所的做法，把会计师事务所改造成为由注册会计师发起、独立承担民事责任的专业机构；承担国务院注册会计师培训工作领导小组办公室职责，扎实推进行业培训工作；承担国务院社会中介机构清理整顿工作领导小组办公室职能；创建注册会计师考试制度，把注册会计师考试打造成为职业考试的一块金字招牌；推进职业标准建设，建立起与国际标准持续趋同的审计准则体系和职业道德规范体系；围绕服务国家建设主题和诚信建设主线，引导注册会计师行业牢记社会责任，诚信执行；提出并持续有效地实施行业发展战略体系；建立行业监管体系，建立并实施会计师事务所执业质量检查制度和行业惩戒制度。

没有一个强大的行业组织，就没有一个强大的行业。注协在推进行业改革、发展和建设事业的同时，认真思考、积极探索自身建设，建立起与其职责功能相适应的治理体系、管理体系、制度体系和工作体系。围绕注协建设这一重大主题，本章讨论了建设一个什么样的行业组织、怎样建设行业组织的问题。

• 按照中国特色社会主义建设总体部署，探索完善行业治理结构，是注协建设的首要任务。实践证明，法律赋权、民主管理、行政监督、党建保障“四位一体”治理结构，是注协有效承担行业改革、发展和建设重任的有力保障。

• 民主管理是注协治理的鲜明特征。行业组织不同于其他类型的组织，行业组织是会员的组织，是全体注册会计师的组织。在党的领导下，开展民主管理，自己的行业自己操心，自己的事情自己负责，行业组织的价值才能真正体现出来。

• 民主管理要有机制保障。会员代表大会是注协的最高权力机构，理事会是全国会员代表大会的执行机构，常务理事会是理事会的授权机构，专门委员会是常务理事会领导下的功能决策机构，专业委员会是常务理事会领导下的专业咨询机构。落实民主管理要求，就要尊重和体现包括会员代表大会在内的各级治理机构的民主决策权威和民主监督权威。

• 怎么“办会”，是认识问题，也是一个规则问题，更是一个作风问题。注协是行业的组织，怎么“办会”，不是注协自己的事，是行业的事，是公众的事。注协怎么“办会”，怎么做事，怎么用权，有示范意义，对行业起“风向标”作用。要求行业做到的事，注协自己首先应当做到。要求行业做到，自己做不到，就没有说服力。要依法“办会”，合规行事；要民主“办会”，尊重广大注册会计师的创业热情，尊重广大注册会计师的民主权利；要开门“办会”，热情地倾听广大注册会计师的呼声，敏感地回应广大注册会计师的诉求；要务实“办会”，听实情，念真经，做实事；要廉洁“办会”，注协行使的是法律和章程赋予的公权力，公权力要为公众服务，公器不能私用。

• 执行力是机关工作的生命线。提高执行力，要有合理的分工，明确的分工，各司其职，才有执行力；要有周密谋划，要搞清楚怎么干、谁来干、按什么时间进程干，什么时候干成，职责和路径清楚，才有执行力；做事要有提前量，避免事到临头，手忙脚乱，有预见力，才有执行力；要有督办，有提示、有反馈、有问责，做事有压力，才有执行力。

• 发挥好党的独特优势，是做好机关领导工作的重大课题。在思想认识上，围绕推进事业发展的内在需求开展党的工作，努力提高做好党建工作的自觉性；在工作落实中，找到发挥党的独特优势的有效方法，使党建与业务有机结合，实现党建工作的长效化、常态化。

实现党建与业务有机结合，要做到“三个尊重”，尊重支部主体地位，尊重党员主体地位，尊重群众主体地位；坚持“五个对接”，组织对接，工作对接，制度对接，活动对接，行业对接。

（2022 年 7 月 30 日）

第一节
注册会计师行业“四位一体”治理结构

把行业组织建设好，并发挥作用，是构建“党委领导、政府负责、社会协同、公众参与”新型社会管理格局的重要环节。行业组织的发展是政府部门转移职能的重要支撑，行业组织是政府部门转移职能的重要承接者；行业组织的主体是行业会员，管理与被管理之间的信息链条短，可以有效减少信息不对称；行业组织是社会矛盾的缓冲器，对于许多社会冲突，如果行业组织出面，能够把矛盾处理在基层；行业组织是国际合作的新兴力量，行业组织参与国际交流能力，是经济全球化条件下一个国家软实力的体现。行业组织的作用，还有很多。

发挥行业组织在社会管理创新中的作用，首先需要把行业组织自身建设好，把行业组织的治理结构设计好。注册会计师作为一个专家行业，如何进行管理和指导，使之规范发展，切实发挥作用，是行业体制建设首先需要解决的问题。经过多年实践和探索，注册会计师行业已经形成了法律授权、行政监督、民主管理、党建保障“四位一体”治理结构。

一、以法律授权为基本形式的职能配置

行业组织要发挥作用，首先要解决职能问题，即，赋予其必要的权力和责任，使之“有事干”“能干事”“干成事”。注协作为行业组织，其职能几经演变，通过三层“授权”，逐步形成了三大职能来源。一是法律授权，《注册会计师法》赋予其资质评价、注册准入、标准制订、监督检查等职能，形成法定职能；二是行政授权，即财政部门党组委托和交办的职

能，形成委托职能；三是行业授权，即《中国注册会计师协会章程》规定的行业管理和服务职能，形成自律职能。

充分的职能赋予，为注协的自身建设和作用发挥，提供了先决条件与法理依据。注协紧紧围绕履行授权职能，先后承担了推动行业全面恢复重建、指导开展“行业清理整顿”、注册会计师“行业人才建设”、推进会计师事务所脱钩改制、实施以国际化为导向的行业发展战略等重大工作任务。在此过程中，行业专业服务体系不断完善，行业发展战略体系稳步实施，行业管理和服务体系日益健全，行业党建工作体系创新升级，国际交往与合作体系趋于成熟，逐步成为运行规范、机制健全、有着良好诚信品牌和社会影响力的专业服务行业。

二、以民主管理为重要特征的决策体制

行业组织是由会员组成的组织，依靠会员开展民主管理，是行业组织运行的内在要求。依靠会员开展民主管理，缩短了信息链条，有效地避免了管理决策中的信息不对称，反应更加灵敏；依靠会员开展民主管理，会员参与规则的制定和监督执行，规则更容易实施到位；依靠会员开展民主管理，组织的运转受到会员直接监督，促进了官员的廉洁和组织运行的效率；依靠会员开展民主管理，行业组织履行职能的经费取自会员交纳的会费，节约了行政成本。

本着民主管理的要求，注协把尊重会员的主体地位、发挥会员在民主决策中的作用，作为其治理结构的核心环节加以坚持，探索行业民主决策组织体系及其运行规律，建立了会员代表大会制度、理事会工作制度、专门委员会和专业委员会工作大纲，赋予不同层次的决策权限、责任义务，建立了以理事会为主体的行业民主决策组织体系。

针对行业组织履行管理职能“有可能导致自我保护”的公众疑虑，防止行业管理中行业利益与公众利益的“利益冲突”，对决策结构进行不

断完善，坚持“开门办会”，倡导公众参与、社会监督，在会员代表大会、理事会及各类专门委员会中均保持了类似于“独立董事”的公众代表，其中，在常务理事会、惩戒委员会等核心机构中，公众代表均占半数以上。这些公众代表来自政府部门、企业界、金融界、学术界、法律界等方面。以上安排，使得从制度上保证了行业决策实现行业眼前利益与长远利益、行业利益与公众利益的平衡。

民主管理体制在行业决策中发挥了重要作用。注协章程制定、管理机构的组建，都由会员代表大会表决；行业发展重大战略的推出，行业建设重大措施的出台，都经理事会或其授权的常务理事会决定；行业各项惩戒措施，都由惩戒委员会作出；注协办事机构定期向理事会报告工作和会费收支，并接受质询。2005 年组建的中注协第四届理事会工作期间，先后组织召开理事会会议 6 次，常务理事会会议 7 次，先后 14 次就重要文件、制度、办法，征求常务理事意见或进行审议，13 个专门和专业委员会召开各种会议 100 余次，充分发挥了各层级民主管理机构的作用。

三、以指导监督为主要内容的行政定位

发挥行业组织的作用，需要处理好与政府职能的关系。创新社会管理，既要避免政府部门事无巨细、包办所有社会事务，又不能放手不管、“授权了事”。对于注册会计师这样一个担负着市场监督主体责任的专家行业来说，处理好行业组织与政府部门的关系，更显重要。

在注册会计师行业管理实践中，探索形成了授权行业组织承担行业管理职能、政府部门履行监督指导之责的管理体制，使政府部门的政策指导优势与行业组织的民主管理优势有机地结合起来，并通过《注册会计师法》规定下来。监督指导职能表现为组织上保证、政策上支持、业务上指导等几个方面。其中主要有，推荐理事会和秘书处官员，委派代表参加理事会、常务理事会；制定出台促进行业发展的政策措施，协调部门扶持和

支持政策；关注行业环境的改善，发挥部门优势，优化行业发展的法律环境、执业环境、税收环境。

为了提升行业队伍发展水平，成立作为国务院部际协调机构的注册会计师培训工作领导小组，凝聚各方合力，加强行业人才培养。为了指导和推进行业中长期发展，财政部制发并提请国务院办公厅转发《关于加快发展我国注册会计师行业若干意见》。为了发挥好行业对企业“走出去”的信息引导、国际鉴证、战略咨询等重要作用，商务部等九部委联合发布《关于支持会计师事务所扩大服务出口的若干意见》。为了发挥在规范和推进行业健康发展中的作用，财政部就加强干部队伍建设专门制发文件，要求各级财政部门高度重视注协干部队伍建设，在行业建设中充分发挥注协的作用。

四、以行业党建为根本体现的政治保障

坚持党对新社会组织的领导，发挥党组织在新社会组织发展中的政治核心作用，既是党的建设在新的历史条件下新的重大课题，也是行业组织履行行业管理职能的政治保障。

注册会计师行业恢复重建之初，会计师事务所是作为政府部门和企事业单位的附属机构来建设的。适应我国市场经济深化和证券市场建设的需要，借鉴国际经验，于20世纪90年代末，会计师事务所实现全行业“脱钩改制”，把会计师事务所从附属机构改造成为由注册会计师发起的独立的专业机构和市场主体。“脱钩改制”后，注册会计师行业在党组织建设上进行了一些探索，部分省市注协和会计师事务所成立了党的组织，尝试开展行业党的建设。

按照党的十七届四中全会关于以改革创新精神全面推进党的建设新的伟大工程的战略部署，特别是胡锦涛总书记关于统筹推进会计师等领域的党建工作和习近平总书记关于以会计师等行业为突破口，以点带面，积

极探索加强新社会组织基层党建工作的重要讲话精神，在中组部的支持和指导下，经财政部党组批准，依托中注协组织结构，成立中国注册会计师行业党委，赋予其“指导和推动行业党建工作”“保证中国注册会计师协会理事会及其秘书处依照法律和协会章程开展工作，促进注册会计师行业健康发展”等职能，并在各省区市和地（市）成立行业党组织，探索建立了“条块结合，充分发挥注册会计师行业党组织作用”的行业党建管理体制，使主管部门的领导优势与行业协会的组织优势很好地结合起来。

行业党组织成立后，把推进会计师事务所基层党组织建设作为首要任务来抓，用不到半年的时间，基层党组织由 774 个增加到 3352 个，使全行业 3 万多名党员纳入会计师事务所党组织，向没有党员的会计师事务所派出党建工作联络员，实现党的组织和党的工作全覆盖。围绕发挥基层党组织的战斗堡垒作用，探索总结了基层党组织发挥作用的领域和途径，即，诚信建设和道德提升的政治引导作用、重大事件和重大冲突的矛盾化解作用、风险控制和质量提高的中流砥柱作用、机构建设和业务发展的凝聚人心作用、队伍建设和人才培养的政治促进作用，得到行业和社会的广泛认可。

行业党组织成立后，按照中央部署，承担了指导全行业开展学习实践科学发展观活动和创先争优活动的任务。行业党委把指导开展活动与指导促进行业加快发展结合起来，与解决制约行业发展重大问题结合起来，有效地推动了行业发展。

在指导开展活动的同时，加强党员教育和管理，针对注册会计师分布广、人员流动频、市场压力大、诚信建设任务重等特征，探索创新党建工作的方式和途径，通过举办党校班、开展党员集中培训和党内外人士联席会议、评先表彰、建立党务业务综合评价体系、推进行业党建和业务制度建设，力求将行业党建系统与行业管理系统结合起来、党员管理与注册管理结合起来、党性教育与诚信教育结合起来、党的思想建设与会计师事务所文化建设结合起来、发展党员与人才培养结合起来，在行业管理和会计师事务所建设两个层面上，切实把党的组织优势、政治优势转化为了业务优势、发展优势，有效地发挥行业党组织在行业科学发展和民主管理中的政治保障作用。

（载《学习时报》，2012 年 1 月 26 日。
原题《探索行业组织服务社会管理创新的途径》）

第二节
在《行政许可法》框架下更好地发挥行业组织的作用

加强注册会计师行业建设、规范注册会计师行业发展，是完善社会主义市场经济体制的重要一环。在 2002 年底注协职能经历了重大调整的背景下，如何更科学地配置行业管理职能，更有效地加强和规范注册会计师行业建设和发展，特别是，在《行政许可法》框架下，既坚持依法行政，又充分发挥注协这个行业组织的作用，是当前急需解决的重大问题。

一、完善社会主义市场经济体制　需要充分发挥行业组织在行业管理中的基础性作用

包括注册会计师行业在内的市场中介行业的管理和发展，是完善社会主义市场经济体制的重要内容。党的十六大、党的十六届三中全会和国务院关于推进资本市场改革开放和稳定发展的若干意见，都强调要充分发挥行业组织的自律管理作用。

第一，政府职能转变、精简行政审批，需要由行业组织承担行业管理

的职能。中央国家机关党的第十三次会议指出，改革逼迫我们尽快培育和发展行业协会，使行业协会的作用真正得到发挥，并承担起政府转移出去的一些职能。今年的政府工作报告再次强调，要加快政企分开，进一步把不该由政府管的事交给企业、社会组织和中介机构，更大程度地发挥市场在资源配置中的基础性作用。

进一步推进政府职能转变、精简行政审批，还权于市场和社会，实现政企分开、政事分开、政社分开，需要由行业组织承担起行业管理的职能。

第二，《行政许可法》的全面贯彻落实，有赖于发挥行业组织的作用。《行政许可法》在规范政府行政许可行为的同时，为行业组织作用的发挥提供了巨大空间和法律支持。

《行政许可法》对是否设立行政许可明确提出了四个优先，其中包括，行业组织或者中介机构能够自律管理的优先，行政机关采用事后监督等其他行政管理方式能够解决的优先。同时明确，法律法规授权的具有管理公共事务职能的组织，在法定授权范围内，可以自己的名义实施行政许可。无疑地，注协就属于法律法规授权的具有管理公共事务职能的组织。四个优先的全面贯彻，需要切实发挥行业组织的作用。

第三，实施人才战略，加快专业人才队伍建设，需要发挥行业组织的主体作用。中央人才工作会议以及加强人才工作的决定，向全党提出了加快人才队伍建设的战略任务。其中，对人才评价机制的建设提出了新思路，即，党政人才由老百姓来评价；经营人才由市场来评价；专业人才由同行来评价。

注册会计师人才作为重要的专业门类，要体现同行评价的要求，需要依靠注协承担注册会计师的选拔、吸收和培养、发展等行业人才建设工作。

第四，注册会计师行业的专业特性，要求行业管理充分倚重注协的专业管理优势。注册会计师行业的管理，应当在有效发挥政府监管威慑力的同时，充分发挥注协的行业管理这一基础性作用。

注协对行业的管理，一是具有突出的专业优势，二是注协履行行业管理职能，对行业的形势和动向更敏感，政策和措施更具针对性、及时性和灵活性，因而更有效率，而且成本较低。

第五，国际经验表明，行业组织履行行业管理职能始终处于行业管理的主导地位。世界各国和地区，无论是大陆法系还是英美法系国家，行业组织履行的管理职能始终处于行业管理的主导地位，即使个别国家在立法上保留了政府的监管职能，但在实际操作中，仍然是通过发挥行业组织的作用来实现的。

我们注意到，安然事件后，美国强化了对注册会计师行业的监管，但并不是由政府直接介入监管，而是成立独立的非政府监管机构，表现出美国政府小心翼翼处理行业监管事务、尽力避免损害行业组织的活力、控制行业管理成本的态度和立场。针对美国的做法，欧洲各国的组织也一再呼吁，要充分发挥行业组织履行行业管理职能的基础性作用。

二、在《行政许可法》框架下，强调依法行政的同时，应当坚持行业组织履行行业管理职能的基本取向

在《行政许可法》框架下，正确处理依法行政和发挥行业组织作用的关系，坚持注协履行行业管理职能的基本取向，就像在做好宏观调控的同时，发挥市场对资源配置的基础性作用一样。

在《行政许可法》框架下，坚持行业组织履行行业管理职能的基本取向，在发挥行业组织的作用上有很大的空间。比如，对于法律已经赋予注协的职能，要充分到位，不断拓展其工作空间；对于法律规定由财政部门行使的职责，在不违反依法行政原则的前提下，应当充分倚重注协作为行业组织的优势和作用；对于法律没有明确规定的行业管理领域，应当充分信赖并尽量交给注协去办。

坚持行业组织履行行业管理职能的基本取向，才能处理好行政部门与

行业组织在管理职能和管理资源上的配置，防止出现双轨并行又相互交叉、相互重叠的局面，更好地匹配注协“服务、监督、管理、协调”的宗旨这一定位。

三、充分发挥行业组织在行业管理中的作用的政策考量

在现行行政许可框架下，如何体现协会自律管理的基本取向，处理好当前行业管理中的具体问题，有以下几点建议。

第一，关于行业监管。在调整注协职能时，已经将注协的案件查处职能移交财政监督检查机构，这是有利于发挥行政监督的威慑作用的。建议在接下来的行业监管的分工和定位上，财政监督检查机构负责案件的查处工作，注协负责行业的日常监督检查工作。

主要考虑是，对全国 4 000 多家会计师事务所进行常规性的普查，所需的专业资源是巨大的。目前，注协已经建立了以帮助教育和督促提高为目的、以必要的惩戒为补充的执业质量检查制度。如果财政监督检查机构再对执业机构开展常规性、覆盖式的检查，势必加剧行业已经面临的多头检查的局面，并且也会给财政监管工作带来极大压力。更重要的是，注协检查注册会计师执业标准的执行情况的职能是写进《注册会计师法》的。

第二，关于独立审计准则。《注册会计师法》规定，中注协拟订执业准则、规则，财政部批准发布。建议财政部将批准发布审计准则作为一个例行的程序性要求，而不作实质性和技术性的审核。

这是因为，中注协拟订独立审计准则，已经建立了非常严密的专家拟订和境内外两个专家组的咨询审议程序，审计准则的起草出台，都要对其专业背景、技术细节以及与相关准则的复杂关联，进行反复研究、论证和推敲。目前，中注协正着力完善审计准则制定机制和程序，正在组建审计准则委员会，由包括财政部门在内的政府部门的代表、行业代表和行业外专家学者组成。如果再采取实质性和技术性审核，一方面专业胜任难度

大，另一方面也有一个工作效率的问题。更为重要的是，注协拟订审计准则，是直接在财政部党组领导下工作的，程序设计和资源配置是有保证的。评价注协工作的权威性，固然要看到注协是一个行业组织这个形式，更要看到注协是在党组的直接领导下工作这个实质。

第三，关于注册会计师注册。《注册会计师法》规定，注协负责注册，报财政部备案。以《行政许可法》为框架，我们可以理解，注协的注册属于法律授权的、由注协实施的行政许可，不能看作是行政许可之前的一个技术环节。

因此，建议改变形式上备案、实际上审批的做法，强化省级注协的注册责任，充分发挥中注协对省级注协注册工作的监督和指导作用。

第四，关于涉外管理事务。中注协作为国际会计师联合会这一国际组织的成员，同时与几十个国家和地区的会计师行业组织保持有密切的合作和交往关系，对于各国和地区会计师行业组织及国际会计师组织的政策变化，以及各国和地区注册会计师资格的准入水平等，都有深入的了解，情况掌握及时、全面，反应灵敏。

为此建议，行业涉外日常管理事务交由注协办理。执业资格互认和考试科目互免的谈判工作，作为市场开放的环节，在国家层面是商务部门统筹，在行业层面，则应当按照国际惯例、对等原则和便利工作的要求，由中注协与境外会计师行业组织对接。

第五，关于信息系统建设。全国注协系统已经制定实施了注册会计师注册、会员诚信档案、业务报备、会计师事务所信息统计等信息系统，形成了比较全面的行业基础信息和特种信息的收集、整理、发布体系。建议在财政部门内部对注协的信息系统实行资源共享，不再重复建立别的系统，既减轻财政支出的负担，也减轻注册会计师和会计师事务所的信息报备负担。

（载《行业发展研究资料》2004年第6期，中国注册会计师协会编。

原题《在现行的行政许可框架下更好地发挥协会作用的建议》）

第三节
怎样办“会”

北京注协会员代表大会将选举产生新一届理事会和秘书处班子，肩负起带领全体注册会计师开创行业建设新局面的光荣使命。打铁还需自身硬。怎样把注协办好，把注协的功能作用发挥好，是摆在新一届班子面前的重大课题。

一、依法办会

注协是注册会计师行业的法定组织，承担着注册会计师行业管理服务的法定职能，依法办会是注协的生命线。依法办会，就是按照《注册会计师法》办会，履行好法律赋予注协的各项职能，管理服务不缺位，推进工作不懈怠。依法办会，就是按照社会组织管理的法律法规规章办会，注协的运行要做社会组织遵法守法的模范。依法办会，就是按照注协《章程》办会，《章程》是注协的组织之“法”，是全体注册会计师的集体之“约”，依章程办会是对注协每一个成员的基本要求。

二、民主办会

“法律规范、政府监督、民主管理、党建保障”是注册会计师行业多年来探索形成的有效治理模式。民主管理是这个治理模式的重要方面，也是注协作为一个社会组织的优势所在。民主办会，就要在党的领导下把民主管理要求体现到注协工作的各个环节，做到民主协商、民主决策、民主监督。民主办会，就要有一套科学完善的议事决策的规则和程序，为民主管理提供制度保障。民主办会，需要注册会计师全体同志热情参与，充分投入，把注协的事当作自己的事来办，不做旁观者，要做主人翁，不泛泛发表议论，要深入研究问题，高质量建言献策。

三、开门办会

注协是注册会计师的组织，注协应当面向注册会计师职业发展要求来办，注册会计师们所思所想，大中小会计师事务所各自面临的困惑和困难，应当成为注协工作的出发点，敏锐把握，热情回应。注协应当面向国家建设各个领域的服务需求来办，充分发挥注协作为行业组织的沟通协调优势和拥有专家资源的优势，紧密跟踪国家改革发展各领域的新需求，广泛听取各行各业对注册会计师行业工作的意见和建议，认真梳理，深入研究，使之转化为注册会计师行业的共同行动，转化为行业服务国家建设事业的专业服务新品种，在服务国家建设中培育行业发展的新动能。注协应当面向公众来办，加强对注册会计师行业价值的宣传和推介，增进公众对注册会计师行业价值的认知和认同，营造更和谐的注册会计师执业环境和更有利的行业发展环境。

四、务实办会

务实办会是良好会风的重要标志，是注协赢得广大会员信任的保证。落实好“服务、监督、管理、协调”的立会宗旨，每一条都要求我们做大量具体细致的工作，需要以务实的精神来做。要牢固树立为行业服务的宗旨，广大会员把大家推选到注协的领导机构和工作机构中，是对大家的信任，不能辜负这份信任。要重视调查研究，通过广泛深入的调研，找到行业的“真”问题和会员的“真”需求。要运用科学的方法来研究问题，找到问题产生的根源和解决问题的有效路径，分清主要矛盾和次要矛盾，分清事情的轻重缓急，分清哪些是注协自己能够解决的问题，哪些是需要协调推动来解决的问题。要注重措施和办法实施效果的研究，实践证明符合行业发展规律的措施和办法，就继续推进，实践表明不适应行业发展要求的措施和办法，就及时调整，在不断适应新情况、解决新问题中推动行业发展不断上新台阶。

五、廉洁办会

注协行使的是法律和章程赋予的公权力，理事会和秘书处等注协治理机构在不同层次上履行着行业管理和服务的职责。要公道正派，正确地行使各项职权。要廉洁自律，严格落实反腐倡廉各项规定，营造风清气正、干事创业的氛围。要更加合理有效地利用会费资源，既要勤俭节约，对于事关行业整体利益和会员整体需求的重要领域也要舍得花钱。

（在北京注册会计师协会第七次会员代表大会上的讲话，2017 年 8 月 31 日）

第四节
提高机关工作的执行力

没有执行力，战略、规划、目标再怎么宏伟，宣誓、口号、表态再怎么响亮，效果都会打折扣。持续推进行业发展，执行力是不可缺少的能力，要把提高执行力作为注协建设的重点任务来办。

一、有执行力才能不忙乱

关于执行力的重要性，可以说出很多道理，可以举出很多例子。针对行业工作的实际，这里重点强调执行力对于创造和谐工作局面的意义。时常有同志反映日常工作量太大，觉得“忙乱”“顾此失彼”“容易起急”。

工作量大是实情，忙也是实情，但是“忙”不一定“乱”，工作量大，不一定就会“顾此失彼”。“忙而不乱”“忙而有序”有赖于很多条件，各级领导干部和全体工作人员作为一个整体的执行力尤其重要。注协工作面对的诉求太多了，忙是常态，更要讲执行力。

二、执行力从明确分工来

要把部室工作职责分解到具体岗位，落实到具体责任人，做到事事有人做，人人有事做，不能有职责分工的真空。遇到领导的批示，遇到上级下达的工作任务，要及时批办出去，不要“砸”在自己手上。通过分工，各司其职，各负其责，做领导的，才能有精力研究问题、指导下级、协调各方。没有清晰的分工，就会一些人“办”、一些人“看”；没有清晰的分工，事情都堆在领导同志自己手上，就难免顾此失彼，没有了身心调整的时间，没有了照应家务的时间，没有了学习充电的时间。

三、执行力从谋划中来

想不明白，就做不利落，所以，谋划很重要。谋划的第一步是弄清楚做事的目的。做文章是我们做工作的重要内容。做文章的目的是什么呢，是提出一个任务、澄清一个事实，还是描述一个战略、论证一个道理，目的明确了，才知道让谁来做、让谁做合适，才知道如何表达、如何论证。

其次，要弄清楚达到目的要经过哪些阶段，涉及哪些环节。比如，需不需要征求意见，需不需要上党委会、办公会，需不需要上常务理事会、理事会，是不是要会签，要不要搞先期调研等。把程序弄清楚，才会心中有数，才不至于漏掉某个环节，才不至于事情该办了，文件该发了，才发现还有很多“法定”程序没走完，要么影响工作按时完成，要么得加班加点。

还要弄清楚，一个决策、一条政策、一次活动，哪些方面的人会赞成，哪些方面的人会反对，反对的原因何在，如何去协调，如何去说服，要不要变通。

谋划还需要沟通。想法是否全面，措施是否可行，要向上级汇报，寻求指导；主动与岗位同志沟通，集思广益，统一思想；与兄弟单位交换意见，避免冲突，争取支持。

四、执行力从提前量来

要对一年的工作，一个季度的工作，一个月的工作，作出计划。什么时候启动，什么时候完成，定出时间表，早计划，早动手。不要等该办事的时候，再仓促上阵。所有工作，都要打个提前量。有了提前量，才能有足够时间去酝酿；有了提前量，才能有足够时间去谋划；有了提前量，即使岗位同志的工作质量一时到不了位，也有时间去讨论和提升。我们不能寄望岗位同志拿出的第一个稿子、第一个方案就成熟，有了提前量，就会有时间去指导完成。有了提前量，还能够通过日常工作程序指导和培养干部。否则，事到临头来不及，逼着领导自己敲键盘，操刀上阵，自己工作累，干部也得不到锻炼。

五、执行力从督办来

督办就是提醒，就是指导，就是扭偏。事情批办出去了，也难免有办不及时的，办不成的，办不好的，办得不对路的，做领导的，就要提醒着办，指导着办。注协层面已有督办系统，运转有效。就部室来讲，大多数部室承担着行业管理和服务的某一方面职责，同样也需要督办。希望各部室也能围绕提醒、指导、扭偏这几方面建立起督办机制。

六、提高执行力离不开提高领导力

领导力和执行力是一体两面，是辩证的统一。相对于部党组和理事会，注协秘书处是执行部门，相对于行业，秘书处有领导职责；相对于秘书处分管领导，部室主任是执行者，而相对于部门的岗位同志，主任是领导者。所以，几乎每个层级的负责人都既是执行者又是领导者，领导力是执行力的组成要素，领导者就是要带领大家去执行。

领导者的责任是以身作则，是引导，指导，是表扬先进、鞭策落后，是肯定成绩、纠正不足，也是培养干部、带好队伍。对部室负责人来讲，提高领导力有一个知人善任的问题，有一个组织和调动积极性的问题，有一个讲原则、树风气的问题，有一个敢于批评和自我批评的问题。要在着力提高执行力的同时，重视提高领导力。

（在中注协部室负责人会议上的讲话，2008 年 12 月 18 日。
原题《贯彻领导讲话精神 加强注协执行力建设》）

第五节
怎样做办公室工作和宣传工作

举办全国注协综合与宣传工作交流暨培训会，目的是总结交流、研究做好注协机关综合与宣传工作，其中包括会刊工作，并围绕这个目的进行培训。

注协工作面对的是一个行业，说千头万绪并不为过，每年还会有一些重点工作和改革项目，综合和宣传工作可能从来没有被列为重点工作，但它的重要性丝毫也不能低估，它在行业工作中起着枢纽作用和传导作用，是举足轻重的。

注册会计师行业发展面临着巨大机遇。履行好服务国家建设这一崇高使命，落实好行业发展五年规划规定的各项任务，对注协工作提出了更高的要求，也对综合和宣传工作提出了更高的要求，要深化认识，提高本领，落实行动，戒骄戒躁，再立新功。

一、加强注协机关干部队伍建设，提高把握新形势、履行新使命、应对新挑战的能力

强大的行业离不开强有力的注协，这是中注协“四代会”总结行业建设和注协工作的六条基本经验之一。强有力的注协的重要标志，就是有一支政治素质高、业务能力强、工作作风好的干部队伍。财政部党组高度重视注协干部队伍建设，2011 年 1 月，财政部制发了《关于进一步加强注册会计师协会干部队伍建设的通知》。就一个部门的干部队伍建设制发文件提出要求，在财政系统是不多见的。举办全国注协综合与宣传工作交流暨培训会，既是注协系统加强综合与宣传工作的要求，也是推进注协干部队伍建设的具体行动。

第一，要增强使命感。随着中国特色社会主义事业深入推进，注册会计师行业越来越重要。要从服务国家建设的高度，认识行业工作，认识注协工作，强化责任心，增进使命感，围绕服务大局、服务公众，提高业务素质，提高业务水平。在贡献行业的过程中实现人生价值。

第二，要提高政策水平。注册会计师行业承担着服务国家建设的重任，相应地，需要注协干部具备一定的政治素质和政策水平，这就要求我们认真学习和熟悉党和国家的方针政策，掌握和精通行业业务理论和行业管理的法律、法规和规范，并用以指导工作。

第三，要培养业务能力。注协机关工作，特别是综合与宣传工作的能力要求是多方面的，起草材料、制发文件、核稿改稿，是做好注协工作的看家本领，也是个细活，是业务能力的重中之重。这就要求我们沉下心来，做一个有心人，干中学，学中干，边干边学，日积月累，定有所成。

第四，要养成良好作风。业务能力是“体”，工作作风是“魂”。有了

好的作风，就像给业务能力安上了翅膀。中注协一直比较重视机关作风建设，上周制发《关于进一步加强注册会计师协会机关作风建设的通知》，目的就是要从各级注协整体上形成优良的作风，把队伍建设好，为承担推进行业建设的重任提供保障。

二、办公室要发挥“协调、统筹、参谋、沟通”作用，打造注协机关高效运转的枢纽工程

不同的机构，不同的部门，办公室的职能表象可能不尽一样，但是在本质上是完全一样的，结合中注协的实践，我总结为“协调、统筹、参谋、沟通”四大作用。

第一，办公室在机关运转中的协调作用。协调是办公室的基础功能，核心是保障机关正常高效地运转。一是要规范工作，加强机关运转的制度建设，梳理工作流程，完善工作机制，自己做好，并且督促其他部门按制度办事、按流程办事。二是要加强审核把关，对办文、办会、办事是否合理、合规、到位进行全面把关，确保事情想得周全、做得周到。三是加强督办落实，对文件部署、会议要求、领导批示等等，要做到事事有登记，对落实过程进行跟踪督办，确保件件有结果。

第二，办公室在重大事项中的统筹作用。注协许多重大事项需要办公室牵头抓总。做好统筹工作，一是要谋划在先，要从行业发展和注协工作全局、工作重点来谋划，把情况摸清楚，把问题分析透，把领导意图领会好，听取各方面的意见和建议，协调达成共识。二是要集合力量，了解全局，掌握进程，善于倾听，博采众长，兼收并蓄，团结大家一起办事。三是要跟踪落实，确保按计划推进工作，事事有着落，件件有结果；要重视发现例外情况，处理突发事件。

第三，办公室在领导决策中的参谋作用。发挥领导决策的参谋助手作用，是对办公室工作更高层次的要求，但又是必不可少的要求。一是要深

入业务，掌握足够的信息，掌握综合和分析方法。二是要见机于先，把事情想在前头，把问题发现在前面。三是要客观公正，不偏不倚，不把自己的得失放在里面，不把自己的倾向隐藏在里面。

第四，办公室在对外关系中的沟通作用。办公室要当好沟通上下、联系左右的桥梁，成为对外交流的窗口。其中要重点发挥好三个方面的沟通工作。一是要加强秘书处与理事会、委员会的沟通，为民主管理和民主决策提供支持。二是要加强与相关部门的沟通，畅通联系渠道。三是要加强与公众的沟通，其中宣传工作要发挥更大的作用。

三、围绕行业发展和协会建设中心工作，提高宣传工作的质量和水平

“纤笔一支谁与似，三千毛瑟精兵”。毛泽东同志以诗人的激情，形象地说明了宣传工作对于夺取革命胜利的重要作用。他还说：“宣传的作用和力量，也就在于它能使党的纲领路线、方针政策、工作任务与工作方法，最及时、最迅捷、最广泛地同群众见面，起到组织、鼓舞、激励、批判和推动的作用。”在他看来，“这是胜利的最基本条件。”从毛泽东同志的论述中，我们不难理解宣传工作的重要性。我们今天面临的是改革开放和建设任务，宣传的条件和手段与过去大大不同了，但道理是一样的。政策、法律、制度、标准、规划、方案、指示，只有武装群众，才能变成引领行业前进的动力和力量，要把宣传工作作为行业工作的内在环节来办。

第一，围绕中心工作搞宣传。当前宣传工作要把深入贯彻“五代会”精神、全面落实“五年规划”、深化诚信建设、深入实施五大战略、加强行业党建、开展创先争优活动，作为重点内容，起到引领方向、凝聚共识、鼓励士气、反映诉求、促进发展的作用。

第二，把宣传工作做成体系。宣传工作是一个体系，宣传工作有自身的规律。一是根据不同的对象搞宣传，政府部门、公众、注册会计师等等，各有不同的关注点，既有共性，又有个性，宣传内容、宣传渠道应当有不

同的安排。要避免不分对象，千篇一律和公式化的表达。尤其是针对公众的宣传，要把行话变得通俗易懂。二是健全宣传渠道，至少包括发布会、通报会、工作简报、情况通报、会刊、网站等行业宣传渠道，财政简报、上报信息等机关宣传渠道，以及报刊、电视、广播等公共媒体渠道，其中，要善于通过公共媒体加强与公众的互动。三是健全岗位责任体系，加强宣传队伍建设，为宣传工作提供强大的人才支撑。

第三，突出高端宣传。宣传工作既要有数量和广度作基础，更要注重质量和深度，不断推进宣传工作高端化。一是要升华宣传主题，要“跳出行业看行业”，从政治经济社会发展全局的高度看待行业工作，从服务转变经济发展方式、加强和创新社会管理、建设诚信社会的高度，谋划宣传主题，找准宣传切入点，强化公众和注册会计师们对注册会计师行业服务国家建设作用的认知。二是宣传渠道高端化，要重视党政报刊、电视台、都市报和网站等公共媒体，内参等无疑是值得重视的高端宣传渠道。三是要树立精品意识，内容要“精”，宣传内容要言之有物、言之有理、言之有据，形式要“精”，题目要抢眼，语言要精当；载体要“精”，设计精美、好看、轻便。

（在全国注协综合与宣传工作交流暨培训会上的书面讲话，2011 年 11 月 4 日。原题《立足岗位长才干 立足本职作贡献》）

第六节
搞好注协干部队伍建设

举办全国注协秘书长领导力培训班，是深入落实《财政部关于进一步加强注册会计师协会干部队伍建设的通知》的具体措施之一。财政部就注协系统干部队伍建设印发通知，体现了财政部党组对注协干部队伍建设的重视。各级注协当前和今后一个时期要持续把干部队伍建设放在重要位置，不断提高干部队伍建设的能力。

一、对注协干部队伍建设情况的评价

为了检验两年来注协系统干部队伍建设的效果，中注协人事部做了一个调研。调研表明，各地财政部门党组对注协干部队伍建设工作是重视的，也是富有成效的。

第一，干部队伍的数量增加。截至 2013 年 5 月底，各省级注协干部职工人数为 683 人，与 2010 年 12 月底财政部发出通知前的 629 人相比，增长了 8.6%。

第二，干部年轻化趋势明显。截至 5 月底，全国注协系统 35 岁以下干部职工比例为 32.3%，比 2010 年 12 月底增加 2.7%。

第三，干部学历结构改善。截至 5 月底，全国注协系统有本科、硕士、博士学位的干部比例分别为 61.3%、14.8%、0.7%，比 2010 年 12 月底分别增长了 1.2 个、1.8 个、0.1 个百分点；中级、高级职称干部职工比例分别为 20.2%、24%，比 2010 年 12 月底分别增长了 1 个、1.3 个百分点。

第四，领导班子结构优化。近几年，省级注协领导班子成员流动力度加大，调出 17 人，调入 57 人。一批学历高、能力强的干部进入注协班子，优化了省级注协领导班子结构。

二、进一步抓好干部队伍建设

火车跑的快，全靠车头带。注协是注册会计师行业的火车头，推动注册会计师行业健康快速发展，就要把注协建设好，把注协干部队伍建设好。要以服务国家建设的责任感和使命感，认真总结两年来贯彻落实财政部通知精神的实践经验，发扬成绩、克服不足，进一步在干部队伍结构改进上下功夫，把注协打造成能征善战、务实高效、勤政廉洁的执行机关。

第一，狠抓注协班子建设，提升班子的战斗力。注协领导班子是注协机关的主心骨，注协建设和行业发展需要有强大的班子带头。一方面，注协班子需要配齐，行业工作点多面广，如果班子力量不足，就承担不起指导行业工作的重任。另一方面，班子结构要配合理，既要有懂行政管理方面的班子成员，又要有专业性比较强的班子成员，还要有懂党务工作的班子成员。此外，秘书长们要强化抓班子、带队伍的意识，着力提高自身的领导力。中注协近年来每年都举办全国注协秘书长领导力培训班和境外培训班，目的就是打造能力突出、廉洁高效的注协领导班子，以此来带动和推动注协干部队伍建设和各项工作。

第二，抓好注协干部队伍的思想作风建设。注协干部要讲政治、讲纪律、讲信念。要加强理想信念教育，要认识到注册会计师行业的重要性，注册会计师独立审计是市场监督体系重要的制度安排，注册会计师行业也是党建创新的一个试验田，注协干部政治建设很重要。要进一步激发每一个注协干部的自豪感、责任感，立足注协和行业工作的实际，做到尽职尽责，对党的事业负责，对行业负责，对公众负责。

第三，在干部管理上下实功夫。要以公允的用人态度、科学的用人制度、正确的用人标准，在干部教育培训体系、考核评价机制、奖励激励制度建设等方面继续下功夫，持续完善干部管理的制度和程序。

第四，重视干部的培养提升。过去两年，我们在注协干部培养方面做了不少努力，比如，重新启动了全国秘书长境外培训班，将行业培训向注协干部开放，面向注协干部组织专门培训等等，取得很好的效果。初步统计，两年来，各地注协累计推荐 999 人次参加中注协举办的培训班，累计推荐 826 人次参加财政厅局举办的培训班。各地注协要继续加大对干部的培养力度，要舍得在干部培养上加大投入，为注协培养新人，为行业培养新人。

（在全国注协秘书长领导力培训班的讲话，2013 年 7 月 25 日）

第七节

机关工作要发挥党的独特优势

发挥党的独特优势是做好一切工作的根本保证，机关工作当然也不能例外。依靠什么发挥党的独特优势，怎样发挥好党的独特优势，这是做好机关领导工作的重大课题。这就要求在思想认识上，围绕推进事业发展的内在需求开展党的工作，努力提高做好党建工作的自觉性，在工作落实中，找到发挥党的独特优势的有效方法，使党建与业务有机结合，实现党建工作的长效化、常态化。

一、发挥党的独特优势是推进事业发展的内在需要

机关工作，少不了定制度、立规矩、下命令、定职责、分任务、搞考核、发奖金、提职务、行赏罚等行政措施。定制度、立规矩这些约束措施，难免“条文”化、“冷”面孔，发挥党的政治优势，做好思想政治工作，能够把硬约束变为软激励，激发广大党员干部依法办事、依规行事、创造性工作的内在自觉；发奖金、提职务这些行政手段固然能够调动党员干部的工作积极性，发挥党的组织优势、开展党的活动，创先进、争优秀、尚荣誉，能够在更高境界、更加常态地调动大家干事创业的积极性；下命令、定职责、分任务等行政命令固然是推动工作落实的必需环节，发挥党的制度优势，开展批评和自我批评，开展民主决策、民主监督，有助于群策群力、凝聚共识，同心协力做工作；注册会计师审计是市场监督体系重要的制度安排，关乎市场诚信生态、金融安全大局，要求我们从服务国家建设的高度来研究问题、制定政策，发挥党的密切联系群众的优势，坚持开门

办会、民主办事，尊重广大注册会计师的主体精神和决策地位，使政策制定更符合行业发展实际，更能得到广大注册会计师的真心拥护；注册会计师行业有自身的专业特点和职业发展规律，发挥党的理论优势，以中国特色社会主义理论引领行业发展方向，能有效保障行业发展与经济社会发展的总体要求相适应，据以认识发展主题、坚持发展主线和实践发展路径。总之，发挥党的独特优势，是更好地履行行业管理和领导之责、推进事业发展的内在需要。

二、发挥党的独特优势要做到“三个尊重”

党建的目的就在于培养党员、教育党员、约束党员、服务党员，发挥党员的先锋模范作用，带动广大干部群众投身事业，成就业绩，使党建成为推动业务发展的政治动力。搞好党建，首先要解决党建的主体和动力问题，否则党建和事业发展就成为无源之水，党建对业务的促进和保证作用也就无从谈起。为此，要坚持“三个尊重”。

第一，尊重支部主体地位。如何处理好党委与支部的关系，是注协机关领导工作面对的一个实践问题。在党建实践中，大家认识到，党委抓工作，既不要做“二传手”，满足于发文件、转文件，又要避免“越俎代疱”，把支部职能范围的事情都给做了。为此，党委制发《关于加强和改进党支部建设的意见》，对怎么建设支部、怎么指导支部、怎么考核支部、怎么发挥支部的作用，进行了阐述。一是明确支部权利，引导各支部按照党章规定、上级党组织要求和自身实际，自主开展活动；二是赋予支部责任，强化支部班子建设，明确支部书记职责，引导支部带好队伍、做好工作；三是给予支部支持，将支部党建工作经费列入预算，为支部活动提供条件，鼓励支部在“七一”等重要纪念日开展活动，激发支部活力；四是加强工作指导，指导支部思想、组织、作风、制度建设，并制定支部工作考核办法，切实发挥党委的领导、指导、监督、考核、激励作用的同时，尊重支部主体地位，激发了支部工作活力，支部工作呈现出新气象。

第二，尊重党员主体地位。党组织由党员组成，没有每个党员的使命感、责任感和主体精神的发扬，党组织就变成了空架子，更谈不上发挥作用。党组织引领党员干部投身事业，不能片面地把党员当成命令的对象，必须尊重并引导他们，强化使命感和事业心。只有把党员教育好、引导好，使每一个党员都动起来，党的工作才有基础、才有动力、才有资源。为此，做到“三有”。一是“党员心中有党员”。要让每个党员时刻牢记自己是党员，是举过拳、宣过誓的，是有过庄严承诺的。通过印发党员名册、组织党员再宣誓、开展党员创先争优承诺、树立党员先锋模范岗，切实让党员时刻提醒自己，牢记共产党员身份，树立先进队伍一分子的意识，自觉做到严于律己，体现先进性，维护好党员形象。二是“组织心中有党员”。布置年度工作、遇到急难险重任务、启动重大工作时，党委和支部都会对党员提要求、发号召，组织全体党员共同想办法、挑担子。党员工作做得好，党委及时表彰，党员遇到困难，党委主动关怀，提供物质支持和精神温暖。三是“群众心中有党员”。坚持开门办党务，只要不涉及党内秘密，属于党务公开范畴的党内事务、党内工作和重大活动，都要让群众知晓；在开展党员亮明身份、党员创先争优承诺、党员先锋岗亮牌示范等创先争优活动时，都动员群团组织参与；在召开民主生活会时，都听取群众意见和建议；召开党员会议时，都邀请群众参加。通过活动的开展和引导群众参与，让群众感觉党员的存在，进一步观察党员、了解党员、评价党员，使党员在群众监督中更好地发挥先锋模范作用，在业务工作上创先争优赢得认可与信任，在与群众的交往和学习中进一步增进感情、密切关系、形成工作合力。

第三，尊重群众主体地位。“一花独放不是春，万花齐放春满园”。党员只是干部队伍的一部分。事业发展归根到底要依靠广大干部群众完成，通过党员先锋模范作用带动全体员工去完成。为此，在引领党员发挥先锋模范作用的同时，更加尊重群众在事业发展中的主体地位，更加注重激发和调动群众干事创业的热情。比如：在工作决策和推进中，注重听取广大群众意见，调动党外人士和工青妇组织积极发挥作用；在党员培养中，重视从优秀员工中发现和培养苗子；在机关文化建设方面，注重以人为本，实行人性化管理，坚持尊重群众、依赖群众、肯定群众、抬举群众、成就群众，不冷落任何一个群体，不放弃任何一个员工，让每个人都有发挥和展示长处的机会，从而激发了群众的自尊、自强、自爱之心，与党员一起创先进、争优秀，涌现出许多先进典型。

三、发挥党的独特优势要做到"五个对接"，确保党建与业务结合到位

发挥党的独特优势，必须紧紧围绕中心，找准促进事业发展的切入点和结合点，做到党建和业务工作的有机结合。包括组织对接、工作对接、制度对接、活动对接、行业对接在内的"五对接"工作法，从不同主体、不同环节、不同维度、不同时点，把党建和业务工作结合起来，实现党建促业务、促发展的机制化、动态化和长效化。

第一，组织对接。基层组织是党的全部工作和战斗力的基础。党委把组织建设作为加强机关党建工作的首要任务，并与行业组织体制相协调，使党建与业务结合、机关党建与行业党建结合、党建与群建结合首先在主体上实现。

- 注协机关与行业党委对接。为探索推进行业党的建设，完成创新社会组织党建的任务，将主管部门的领导优势与注协的组织优势结合起来，依托注协机关建立全国行业党委，注协领导干部与行业党委成员交叉任职，行业党委办公室与注协党委办公室合署办公。
- 业务部室与党支部设置对接。针对跨部室设立党支部存在的"主题确定难、时间协调难、业务结合难、工作考核难"的"四难"问题，优化支部设置，将支部建在业务部室，实行部室主任和支部书记"一岗双责"；

在干部职工岗位配置时，保证各部室党员数量比例，便于组建支部和发挥党员作用；选优配强支部书记，任用部室负责人充分考虑其政治素质和组织能力。

支部建在部室，部室主任兼任支部书记，为支部工作提供了有效的组织支撑。支部书记兼部室主任，可以把党务工作思路、党建工作部署与部室业务工作、干部队伍状况放在一起，通盘考虑，统一规划，把党务工作要求渗透到业务工作的各个岗位和环节。有的支部开展“一评二述三公示”活动，每周组织党员干部学习业务，每月坚持点评、评议，并对评比结果进行公示；有的支部把创先争优要求贯彻落实到各个岗位和环节，党员带头钻研业务，积极地为部室建设和业务工作出点子、提建议、做表率。

• 党群组织对接。充分信任和倚重工青妇组织，发挥其纽带和助手作用。选配党员骨干担任工青妇组织负责人；加强对工青妇组织的领导，听取年度工作总结、审定年度工作计划、点评活动报告和总结；在落实党建活动任务时，委托工青妇组织承办部分活动，并鼓励和支持其围绕党建任务自主开展活动。

做到党群组织对接，党委对群团组织做到“三个真”，真重视，真倚重，真支持，有效地激发了群团组织的活力。工会每年都组织政治理论、经济形势、理论政策、业务技能、健康保健等方面的员工教育讲座，开展春季采摘、秋季竞走活动，元旦、春节、重阳节等节假日，走访慰问退休老同志和病困群众活动；团支部创办《青春之歌》刊物，开展“团支部访谈司局长”团课活动、“立足岗位争创优秀青年”主题实践活动、“明于心、践于行”主题团日活动、“书韵飘香——向青年同志荐书”活动、“凝聚你我、乐在自然”拓展训练活动和青年帮厨活动；每年八一建军节，举办复转军人座谈会、重回军营等活动；妇委会组织开展“巾帼创先”主题实践等活动。在党委的领导和推动下，群团组织营造了健康向上的文化氛围，丰富了党建与业务结合的渠道，扩大了党建工作影响，为和谐机关建设增添了活力。

第二，工作对接。工作对接的核心在于，使党建与业务在规划、部署、实施、督导、考核等各个环节上结合起来，实现党建与业务的动态结合。

- 党政联席“同部署”。建立党务业务联席会议制度，共同学习重要文件、研究重大问题、部署重大任务；建立工作进展相互通报制度，党委会上通报业务工作情况和党员表现情况，业务会上通报党建工作情况；制定长期规划、年度计划、专项规划时，注重党建与业务在承担主体、时间安排、重大口径等方面的协调；行业发展规划中明确党建任务。

- 党务业务“同督办”。将党建工作作为业务督办系统的一个子系统，党建工作与业务工作一样，进入文件运转系统，动态跟踪，限时办结，定期通报。

- 党员和群众“同承诺”。将承诺对象从党员扩大到群众，相互监督、相互鼓励、共同提高；结合业务工作开展定期组织承诺评议活动，将职工工作打算与个人承诺相结合，职工工作评价与个人践诺相结合，部室负责人点评和群众评议相结合，实现创先争优活动全员参与。

第三，制度对接。制定制度规范，充分体现党的要求，使党建制度与业务制度在所规范的对象、规范的业务、规范的标准上衔接起来，实现党建与业务结合的长效化。

- 考核制度相衔接。实行党建和业务联述联评联考，季末年终，处级以上领导干部在秘书长办公会上述职，员工在本部室述职；述职会上，每个人既汇报业务又陈述思想、作风、廉政表现；民主生活会上，党员群众对党员领导干部业务和党建工作开展情况进行评议；季度和年终进行业务考核时，将党建工作作为重要考核指标。

- 表彰制度相衔接。依托业务上的季度考核办法，建立“创先争优示范部室”“党员先锋岗”“员工示范岗”表彰制度，每半年，由秘书长办公会根据业务考核结果向党委推荐候选人，党委参考秘书长办公会推荐意见，结合候选人的党内表现，授予荣誉称号和流动红旗，使党内表彰建立在业务考核奖励的基础上，只有业务和政治表现双优的部室和个人才能获奖，正确地引领了创先争优方向。

• 廉政制度相衔接。坚持业务拓展到哪里，廉政制度就延伸到哪里，明确执业质量检查人员“九不准”，实行考试工作人员报备和回避，公开廉政监督电话和邮箱；党办统筹机关廉政和行业廉政工作，对上级的廉政部署主持落实，对部室的廉政流程设计进行指导，对业务工作中的廉政要求加以监督；建立廉政风险防控制度，并与业务风险点同查找、同防控，针对不同岗位的思想道德风险、制度机制风险、岗位职责风险共查找 231 个风险点，制定 1 464 项风险防控措施。

这里举一个制度对接的成功例子，这就是，在建立包括周工作记录制度、月度总结制度、季度考核制度、奖励惩戒制度在内的业务考核制度的基础上，建立了党建和业务工作“联述联评联考”制度，形成了“述职述党建”“评议评党建”“考核考党建”机制。在按季度综合工作业绩和党建工作情况，评选优秀部室、优秀员工之后，秘书长办公会向党委推荐创先争优“示范部室”“党员先锋岗”“员工示范岗”名单，党委研究认定，授予流动红旗。过去两年中，分别授予示范部室 16 部次、党员先锋岗 28 人次、员工示范岗 6 人次。获得荣誉的部室和干部职工政治上扛红旗、得荣誉，物质上拿奖金、得实惠，制度对接优势得到充分发挥，成为中注协创先争优活动中一个叫得响、受欢迎的制度品牌。

第四，活动对接。以积极负责的态度开展中央和上级党组织推进的重大政治活动，把落实中央和上级党组织推进的重大政治活动作为解决行业和机关主要矛盾和重大问题的契机，不折不扣完成规定动作，丰富多彩搞好自选动作。

• 在学习实践科学发展观活动中，开展“行业发展大讨论”“我为行业发展献一策”等活动，围绕行业发展存在的突出问题，出台做强做大和做精做专并举等文件，指导行业科学发展，实现行业规模结构、地区结构、业务结构的合理布局。

• 在创先争优活动中，创新“三评三树一公开”载体，实行领导点评、群众测评、季度考评相结合，选树示范部室、党员先锋岗、员工示范岗，公开先优事迹，对考核得分低、分类定级低的支部和个人进行谈话提醒，激励先进，鞭策落后。

• 抓住财政部部署开展“薪火相传”活动的契机，针对新入职年轻同志越来越多、吃苦精神淡化的新情况，开展理想信念、优良作风和工作本领“三传承”活动，邀请老领导、老同志讲创业故事，退伍军人讲军旅生涯，举办行业传统和革命历史报告会，开展青年帮厨、学习大课堂、外派学习培训、老员工与新入职员工传帮带活动，感受创业维艰，体会奉献光荣。

举一个活动对接的成功例子。在学习实践科学发展观活动中，针对注协各部门反映的推动行业发展“问题找不准、措施定不实、行业少共鸣”的情况，组织干部走出机关、深入基层调查研究，听取注册会计师对推动行业科学发展的意见和建议；把行业同志请到机关来，举办行业科学发展问题与对策研讨班，现场找问题、现场定措施，让行业同志带着问题来、带着办法回。通过请进来、走出去的办法，找准制约行业科学发展的20个突出问题。针对这些问题，广泛征求意见，加强研讨论证，提出了59条解决措施，出台26个规范性文件，使学习实践活动有力地促进了注协机关和全行业对科学发展观的学习、领会和落实。

第五，行业对接。把行业党建作为大局来服务，把机关党建延伸到行业党建中去，在推进行业党建和创先争优各项活动时，在机关先行先试，作好表率。

• 保障有力，自觉承担行业党建之责。承担起行业党委办事机构的职责，在人力资源、财务资源、业务资源上充分保证；注协党委班子成员担任行业党委委员，分别负责行业党建某一项或几项职责；将行业党建任务分解到注协部室，分头推进；对行业党建工作进行督导检查、通报公示、经费补贴、定期考评、表彰奖励。

• 先行先试，为行业党建作表率。党建新举措先在机关试行，然后推广到行业去；行业党建新要求，机关党建先走一步，探索经验，作出表率。

• 讲求实效，结合行业业务开展行业党建。针对会计师事务所内部治理薄弱、信息技术应用水平不高的问题，结合建立创先争优长效机制的任务，先后开展制度建设年、机制建设年、网络建设年等主题活动，抓住了行业发展的主要矛盾和薄弱环节，显著地提高了注册会计师行业的发展质量。

举一个行业对接的成功例子。围绕开展创先争优活动，行业党委在全行业组织开展“制度建设年”主题活动，机关党委针对会计师事务所反映的制度建设“缺少范本、缺少指导”等突出问题，在注协机关率先部署制度建设年的工作。一方面把行业制度建设年要求落实到注协机关制度建设工作中，对注协机关管理制度进行全面梳理、补充和完善，形成了包括11类79项制度的内部规范体系，为地方注协和会计师事务所开展制度建设作表率，提供借鉴；另一方面向全国各级注协和会计师事务所提供行业制度建设指导目录，发布指导意见，举办制度建设年工作交流推进会，指导各地注协制定修订制度808项，指导会计师事务所制定修订制度57 089项；汇编成行业制度全编，包括22类、178项制度，计500万字。行业制度建设年活动达到了预期目的。

（在中央国家机关支部工作法推进会上的演讲，2012年8月31日）

附录一 答记者问

答《中国会计报》记者问

（2010年10月31日）

话　　题　中注协第五次全国会员代表大会即将召开

新闻标题　《立足新起点 放飞新希望》

中注协第五次全国会员代表大会即将在2010年11月25日至26日召开。中注协第四次全国代表大会召开五年来，注册会计师行业业务收入从2004年的154亿元发展到2009年的317亿元，五年翻了一番；2004年有8家会计师事务所年业务收入过亿元，2009年有34家会计师事务所年业务收入过亿元；会计师事务所在海外设立分支机构或者成员机构有62家。从主要是法定审计业务，到开发出各类新业务；建立起独立审计准则体系，并与国际标准持续全面趋同；培养高端人才、国际化人才初见成效。注册会计师行业发展呈现新气象，登上新台阶。

会议筹备工作进展如何？怎样评价过去五年工作？未来五年工作怎么做？中注协五代会即将召开之际，中注协秘书长陈毓圭接受了中国会计报独家专访。

问：这次大会是在怎样的经济社会发展背景和行业发展背景下召开的？大会的主要任务是什么？

答：当前世界经济发展已经进入了一个关键时期。有限的地球资源不足以长久支撑经济发展，世界各国各地区不改变经济结构而仅仅依赖于贸易保护，对谁都不利；金融发展独立于实体经济发展、以财富转移代替财富创造的经济运行模式不能持久；靠货币投放、放任金融创新会给经济发展埋下隐患。全球金融危机已经给我们提出了警告。二十国集团匹兹堡会议提出的构建促进经济“强劲、可持续和平衡”增长的框架建议，反映出对全球经济发展的一种新认识。无论发达经济体，还是发展中经济体，都在寻求经济转型之路。

注册会计师行业向来是经济发展、结构演进、监管体制安排中的重要角色。在全球经济转型的大背景下，更好地发挥注册会计师行业的作用，应当受到更多的重视。加快会计审计标准的国际趋同，提升注册会计师队伍执业水平，完善注册会计师行业的监管体制，提高金融市场透明度，是金融监管嬗变的题中应有之义。在服务金融发展和金融改革中，注册会计师行业应当有更多的作为。

作为高端服务业的重要组成部分，注册会计师行业的发展本身，就是对产业结构调整的直接贡献。服务业特别是高端服务业起点还比较低，以注册会计师行业发展的现有基础，如果能够得到进一步的快速发展，对高端服务业发展是一个积极的推动。同时，注册会计师行业作为专家行业，有责任也有能力为各类产业的调整升级提供专家咨询服务，发挥融资、投资、并购以及风险控制的智库功能。

全国会员代表大会是注协的最高权力机构，承载着规定行业发展方向、规划行业发展思路的重任，更是行业依法实行民主选举、民主决策、民主管理、民主监督的深刻体现。本次代表大会是在行业巩固学习实践活动成果，全面开展创先争优活动，深入贯彻落实国办56号文件精神的关键时刻召开的。党的十七届五中全会胜利召开，审议通过《中共中央关于制定国民经济和社会发展第十二个五年规划的建议》，描绘了我国在新世纪第三个5年经济社会发展的宏伟蓝图，为注册会计师行业规划未来5年发展，进一步明确了方向。

本次大会就是要进一步深刻分析行业发展面临的形势，积极把握机遇，沉稳应对挑战，进一步推进行业科学发展。本次大会承担着贯彻十七届五中全会精神，全面总结过去6年工作，谋划行业未来发展方向，确立行业发展目标任务的重要使命，开好本次大会对行业今后的发展有着重要的指导作用，责任重大，使命光荣。大会的召开，将是行业跨越式发展的新起点，肩负新使命，承载新希望，实现新进步。

问：目前大会的筹备情况如何？

答：《中国注册会计师协会章程》规定，全国会员代表大会每5年召开一次。中注协第四次全国会员代表大会于2004年11月在北京召开，至今已过5年。鉴于2009年行业各方面工作头绪多，任务繁重，经中注协理事会批准，第五次全国会员代表大会延期至2010年召开。经报财政部党组同意，中注协将于2010年11月25—26日在北京召开第五次全国会员代表大会。大会将审议中注协第四次全国会员代表大会以来的行业工作报告和未来五年工作建议，选举产生新一届领导机构，组建专门（专业）委员会，审议《中国注册会计师协会章程（修订稿）》，新颁授一批名誉会员，并将首次授予一批会员资深会员称号。

大会筹备工作得到财政部党组的高度重视。中注协成立了工作组，负责大会的筹备工作。目前，各项工作已进入倒计时。

问：中注协“四代会”以来的6年，是行业把握机遇、快速发展的6年，行业发展取得显著进步。您能否概括一下这6年的行业工作？

答：“四代会”以来，在党中央和国务院的重视关怀下，在财政部党组和第四届理事会的正确领导下，以及相关部门和广大会员的支持配合下，中注协紧紧围绕“四代会”确定的行业建设指导思想和发展目标，深入贯彻落实科学发展观，始终坚持以维护公众利益为宗旨，以诚信建设为主线，以国际化发展为导向，制定实施行业发展战略，贯彻落实国务院办公厅转发财政部《关于加快发展我国注册会计师行业的若干意见》，着力提升行业发展质量，带领全行业积极服务于我国经济社会的发展。6年来，通过行业发展战略的深入实施和各项改革创新工作的大力推进，行业规模进一步壮大，执业质量和职业道德水平进一步提高，国际化程度进一步深化，行业服务经济社会发展的能力以及行业的社会地位和国际影响力有了显著提升，注册会计师行业在服务经济社会发展的过程中，实现了与中国经济的共成长。

回顾6年来的行业工作，中注协积极探索行业管理的规律，丰富和完善注协管理和服务职能，建立完善了行业管理和服务的“十大体系”。具体来讲包括，以服务经济社会为导向的鉴证服务体系，以胜任能力为导向的考试评价体系，以严把“门槛”为导向的注册准入体系，以国际趋同为导向的执业标准体系，以终身学习为导向的继续教育体系，以诚信道德和执业质量为导向的监督检查体系，以会计师事务所“走出去”为导向的国际合作体系，以做强做大为导向的发展战略体系，以政治保证为导向的党建工作体系，以服务监督管理协调为导向的行业组织体系。

我认为，行业管理和服务“十大体系”的建立形成，是行业健康、快速发展的基础工程，是“四代会”以来最重要的成果，也是新一届理事会推动行业继续前行的坚实基础。

问：行业发展离不开强有力的行业组织，中注协在行业发展进程中发挥着重要作用。您对正确认识注协职能和发挥注协作用有哪些体会？

答：“四代会”深刻总结了行业恢复重建以来行业发展的6条基本经验，其中非常重要的一条就是行业发展离不开强有力的行业组织。要顺利推进行业建设事业，注协处于十分重要的地位。只有首先把注协建设好，才能切实承担起推动指导行业发展和行业管理服务的责任。财政部领导多次强调，要发挥好注协在行业发展中的“司令部”“火车头”作用，对注协工作寄予厚望。

把注协建设好，首先要对注协的职能定位有全面准确的认识。注协的使命，就其职能赋予来说，有三个方面。一是《注册会计师法》赋予的职能，即法定职能，如考试、注册、批所备案、标准制订、监督检查等。二是财政部门党组委托和财政部门领导交办的职能，即委托职能。注协成立以来，先后承担了行业法律法规起草、会计师事务所准入审批和执法检查、脱钩改制等重要工作；先后承担了全国注册会计师培训工作领导小组办公室、国务院清理整顿经济鉴证类中介机构领导小组办公室和全国会计师事务所学习实践科学发展观活动指导小组办公室的工作；当前还承担着中国注册会计师行业党委办公室和财政部创先争优活动领导小组注册会计师行业指导办公室工作。三是章程赋予的职能，即自律职能，主要表现为章程规定的行业管理和服务职能。将行业管理和服务职能交给注协来办，既体现了各级领导对注协的高度信任，同时也是经济鉴证类中介行业监督管理体制的重大创新和成功探索。注协要不辱使命，尽职尽责，以改革创新的精神，把科学发展观落实好，把行业规划制定好，把行业发展战略实施好，切实实现行业跨越式发展的目标。

问：对于行业未来的发展，对于广大注册会计师，您有哪些新的期待？

答：经过全行业的共同努力，6 年来注册会计师行业发展取得显著进步，行业面貌、执业水平和社会形象有了新的改善和提高，成为市场经济诚信链条上的重要一环。然而，行业建设的任务仍然很重，行业科学发展也还面临许多困难和挑战。高端人才缺口还很大，做强做大还需要进一步深化，国际化发展才起步，新业务领域拓展也才刚刚破题，注协管理和服务的科学化精细化水平仍需要进一步提升，行业发展还不能完全满足经济社会发展的要求。这都需要我们不断总结经验、解放思想，以二次创业的精神扎实推进行业建设工程。

当前，行业发展既有国办 56 号文件这样的政策机遇，也有转变经济发展方式这样的战略机遇，更有创先争优活动这样的政治机遇。党的十七届五中全会描绘了我国在 21 世纪第三个 5 年经济社会发展的宏伟蓝图。注册会计师行业要紧紧把握这些机遇，充分发挥首创精神和进取精神，勇敢探索、先行先试。我相信，未来的 5 年，在财政部党组和新一届理事会的正确领导下，注册会计师行业全体从业人员必将奋勇争先，开拓进取，推动行业科学发展再上新台阶，为经济社会全面进步作出新贡献。

附录二 参考材料索引

1. 《中国注册会计师协会章程》，中国注册会计师协会，会协【2018】34 号，2018 年 8 月 24 日
2. 《关于行业突发事件应急工作程序的暂行规定》，中国注册会计师协会，2002 年 6 月 14 日
3. 《关于改进和加强协会管理和服务工作的意见》，中国注册会计师协会，会协【2008】99 号，2008 年 12 月 18 日
4. 《关于建立行业重大问题研讨解决制度的通知》，中国注册会计师协会，会协【2010】11 号，2010 年 2 月 12 日
5. 《注册会计师行业重大事项报告制度》，中国注册会计师协会，会协【2011】40 号，2011 年 7 月 15 日
6. 《关于进一步加强协会规范化建设若干事项的通知》，中国注册会计师协会，会协【2012】209 号，2012 年 9 月 21 日
7. 《中国注册会计师协会会费管理办法》，会协【2018】33 号，2018 年 8 月 29 日
8. 《中国注册会计师协会工作人员廉洁自律若干规定》，中国注册会计师协会，会协【2010】87 号，2010 年 11 月 8 日
9. 《财政部关于进一步加强注册会计师协会干部队伍建设的通知》，财政部，财人【2011】13 号，2011 年 1 月 24 日
10. 《关于进一步加强注册会计师协会机关作风建设的通知》，中国注册会计师协会，会协【2011】94 号，2011 年 10 月 26 日
11. 《政府转变职能要充分发挥行业协会的作用》，李建兴，《人民日报》，2003 年 12 月 19 日
12. 《对注册会计师行业“一业多会”的思考——以英国会计行业为例》，唐建华执笔，载《中国注册会计师行业发展研究资料 2016》，经济科学出版社，2017 年
13. 《探索社会组织党建与业务发展结合之路——记“中央国家机关优秀党务工作者标兵”陈毓圭》，吕凤茹，《紫光阁》2011 年第 11 期
14. 《财政部中国注册会计师协会党委“五对接”工作法》，载《机关支部工作法》，中

共中央组织部组织二局、中央国家机关工委组织部编，人民出版社，2012 年
15. 《中国注册会计师协会党建见闻》，夏祖军，《紫光阁（增刊）》，2012 年 8 月
16. 《引领青年干部践行社会主义核心价值观——来自财政部中国注册会计师协会的实践》，陈毓圭，《紫光阁》2014 年第 8 期

第九章
注册会计师行业党的建设

党员带头讲诚信，带头讲质量，

面对急难险重冲在前头，

会计师事务所的发展

自然就如虎添翼。

抓党建，

是注册会计师行业持续健康发展的需要。

导 言

注册会计师行业恢复重建后的很长一个时期，会计师事务所都是挂靠在党政部门和企事业单位的，用今天的话说，是体制内的。1998 年至 1999 年两年里，会计师事务所陆续完成脱钩改制，成为由注册会计师发起设立、自主经营、自担风险的市场主体。在会计师事务所脱钩改制的时候，没有明确党员新的隶属关系，党员关系有的转入街道社区，有的转入人才中心，也有不少留在自己的“口袋里”。在这期间，有个别地方，成立了注协党委，做管理教育行业党员的工作，对新形势下的行业党建工作进行了有益的探索。中注协非常重视这个问题，开展调研，组织研讨，主动走访中组部，寻求政策指导。

党的十七大以后，党中央部署社会组织党建工作。在党的十七届四中全会上，胡锦涛同志要求“统筹推进会计师行业等领域党建工作”，2008 年 2 月 19 日，习近平同志在全国组织工作会议上提出，“要以行业规模较大、业务主管部门明确、工作基础较好的律师、会计师行业为突破口，探索加强社会组织基层党建工作。”2009 年 10 月，中央组织部和财政部党组联合制发《关于进一步加强注册会计师行业党的建设工作的通知》，探索和推进注册会计师行业党建工作。

党建工作管理体制是注册会计师行业探索和推进行业党建工作首先面临的课题。注册会计师行业管理具有“条条”的特点；行业党员跨地域执业多，流动性大；注册会计师是专业人士，知识层次高，有共同的职业诉求。基于以上认识，开始探索自上而下建立行业党组织、“条块结合，充分发挥行业党组织作用”的行业党建工作管理体制。

2009年10月，中国注册会计师行业党委成立，到当年年底，各省区市行业党组织均告成立，有注协的地市也成立了地市行业党组织。中国注册会计师行业党委负指导和推动全行业党建工作之责，发挥主导作用。各地财政部门和行业党委在推进行业党建工作中发挥主渠道作用，同时紧紧依靠地方党委的领导，在会计师事务所日常党务工作开展、政治和组织资源分配等方面，主要通过“块块”推进，形成“条块”合力。通过以上设计，形成了既有纵向垂直领导、又有横向沟通协作、自成系统的注册会计师行业党建工作管理体系。

行业党委成立以后，围绕发挥会计师事务所党组织战斗堡垒作用和党员先锋模范作用，在持续推进会计师事务所党组织建设的同时，积极探索会计师事务所党组织的功能定位，全面开展行业党员发展、教育和管理工作。围绕发挥党组织在行业发展中的政治引领作用，组织学习贯彻中央精神，指导谋划行业发展大局；组织全行业参加学习实践科学发展观活动、创先争优活动和党的群众路线教育实践活动，学用结合，着力破解发展难题。围绕行业党建与业务发展结合的要求，以机制建设、体制建设、制度建设、诚信建设、人才建设等主题，开展主题年活动。

党建工作管理体制的创新取得成功，党建促进行业发展的探索取得成效，注册会计师行业党建被誉为社会组织党建的一面旗帜。

在会计师事务所这样的社会组织开展党的建设，是党的建设新的领域，“条块结合，充分发挥行业党组织作用”的行业党建工作管理体制是党建工作的重大创新，是党的创新理论在注册会计师行业的成功实践。本章所记录的，是在推进注册会计师行业党建过程中对于为什么要抓行业党建、怎样抓行业党建、怎样抓行业统战工作、怎样做好会计师事务所党组织的书记、行业里的共产党员如何增强党性、怎样办党校等等问题的思考。

- 党建是注册会计师行业健康发展的政治资源。中国共产党是中华民族的先锋队，共产党员是中华民族的优秀分子，行业党建工作搞好了，党组织有活力了，党员的先锋模范作用就发挥出来了。党员带头讲诚信，带头讲质量，面对急难险重冲在前头，会计师事务所的发展自然就如虎添翼。抓党建，是注册会计师行业持续健康发展的需要。

• 会计师事务所党组织的功能定位。会计师事务所是社会组织，也是非公经济，会计师事务所党组织的功能定位与行政事业单位、国有企业不同。把握住这个不同，是正确地定位会计师事务所党组织功能的第一步。中央关于非公企业党建工作的意见明确，非公企业党组织是党在企业中的战斗堡垒，在企业职工群众中发挥政治核心作用，在企业发展中发挥政治引领作用。中央这一政策阐述，为正确地定位会计师事务所党组织的功能提供了依据，这就是，会计师事务所党组织的功能在于“政治保证、业务促进”。

• 会计师事务所党组织书记怎样抓党建。书记抓党建，既难又不难。抓党建，不像抓行政、抓业务那样有人财物手段，这是难的地方。党建工作是政治工作，掌握了政治工作的精髓和方法，不为物质条件局限，反而不难。

会计师事务所党组织的书记怎样抓党建，是一个方法问题。有四条非常重要，就是“两围绕”“两立足”。一是围绕贯彻中央统一部署抓党建。贯彻中央统一部署，既是基层党组织的政治责任，也是会计师事务所健康持续发展重要的政治保障。二是围绕促进业务发展抓党建。会计师事务所党组织的功能是政治保证和促进发展，并不具体抓业务，党组织的功能发挥好了，其作用超过直接抓业务，比如，把握住正确的经营方向，坚持诚信，就是正确的方向，公平竞争就是正确的方向，防范风险，就是正确的方向，再比如，组织党员发挥先锋模范作用，党员带头攻坚克难，队伍带好了，事业自然会有好的发展。三是立足解决突出问题抓党建。党建工作是有制度和标准的，要对照制度和标准找差距，填平补齐党员教育、管理和约束各环节的短板，全面发挥党组织战斗堡垒作用和党员先锋模范作用。四是立足思想政治工作抓党建。抓好政治学习和党性教育，提升党员的党性修养；做好会计师事务所管理层的思想政治工作，督促管理层提高把握大局的能力和贯彻落实党的方针政策、遵纪守法的自觉性；敏感地把握和传递职工群众的愿望、诉求和建议的信息，提高管理层制定发展政策的针对性。

- 探索党建与业务的有机结合。提出党建与业务的结合这个命题，主要是针对党建与业务“两张皮”的现象说的，也就是，就党建抓党建，党组织和书记的眼里没有业务的概念，没有事业发展的概念，甚至没有人的概念，眼里只有党内制度、文件、表格和会议，党建工作被程式化。做到党建与业务的有机结合，既要解决认识问题，也要解决能力问题。认识上，要深化理解党建工作的政治内涵，能力上，要掌握党建政治内涵的实现形式。眼里没有人，不成其为政治工作，脱离了人的发展和事业发展的政治工作，不是成功的政治工作。通过党的组织建设和功能的发挥，引领事业发展的正确方向，发挥党员的先锋模范带头作用，促进事业发展的速度和成效，这是检验党建与业务是否有机结合的重要标志。

（2022 年 8 月 1 日）

第一节
注册会计师行业党建的实践——谁来抓

注册会计师行业是一个新兴行业。会计师事务所属于新型的社会组织，虽然是体制外，但具有显著的社会性和公益性，不是一般意义上的经济组织、民营企业。在注册会计师行业开展党建工作，既不同于国有企业党建工作，更不同于行政事业单位党建工作，是党建的一个新领域、新任务。这就要求我们必须把握行业特点、立足行业实际，重在创新，首先是组织创新，解决“谁来抓”的问题。

一、注册会计师行业党建工作的起点

第一，从发展历史看，行业恢复重建时，会计师事务所挂靠党政部门和企事业单位，作为事业单位管理。适应市场经济发展需要，注册会计师行业于1998年率先在全国专业服务行业中完成脱钩改制，成为由注册会计师发起设立、自主经营、自担风险的市场主体，在党组织关系与原挂靠单位脱钩的同时，没有明确新的隶属关系，由会计师事务所相继转入街道社区、人才中心，不少党员的组织关系留在自己的“口袋里”。由于党组织隶属关系五花八门，存在着管理主体不明、职责分工不清，谁都在管、谁都管不到位等问题，全行业党的工作缺乏统一的组织和指导，“散、软、乱”困扰着行业党建工作的开展。

第二，从推进动力看，党的十七大以来，党中央高度重视社会组织党建工作。胡锦涛同志在党的十七届四中全会上对统筹推进会计师行业等领域党建工作提出明确要求。2008年，习近平同志在全国组织工作会议上提出，要以行业规模较大、业务主管部门明确、工作基础较好的律师、会计师行业为突破口，探索加强社会组织基层党建工作。从2008年开始，财政部党组配合中央组织部进行了深入调研，在此基础上，于2009年10月两部联合制发了《关于进一步加强注册会计师行业党的建设工作的通知》（组通字〔2009〕49号），开始按照行业系统探索和推进行业党建工作。

第三，从管理体制看，注册会计师行业的管理体制是，财政部门依法对行业进行监督、指导，注协在财政部门党组领导下根据法律授权、政府委托和章程规定承担行业管理服务职能，对会计师事务所和注册会计师进行行业管理。31个省区市均有省级注协，一些地市也有注协，已经形成了比较规范健全的行业"条条"管理体制。这种管理体制能够超越属地局限，具有整体调控能力和统一的权威性，能够有针对性地对行业进行事前事中事后的监管；能够做到信息共享、业务协同，具有统一思想、政令畅通、步调一致的体制优势。行业管理体制优势，能够为行业党建工作提供很好条件。

第四，从行业特性看，行业点多线长面广，全国8 300多家会计师事务所地域分布、发展水平不尽均衡，机构管理比较分散。会计师事务所产权的私有性质、体制的合伙性质，使其各方利益关系相对复杂，面对激烈的市场竞争，生存压力大，从业人员业务工作繁忙。党员及从业人员跨地域执业较为普遍，流动频繁，加之知识层次高，思维活跃，职业诉求多元，在党员管理上有一定的难度。按"条条"开展党建工作及政治活动便于与业务工作结合，形成协调互促机制。

二、依托行业组织的优势，创新行业党建工作组织体系

立足行业党建工作的特点，把财政系统的领导优势与注协系统的组织优势结合起来，自上而下成立了全国和省级行业党组织，探索建立了"条块结合，充分发挥行业党组织作用"的行业党建工作管理体制，使行业党建工作有了明确的责任主体，理顺了行业党建上下工作关系。

第一，依托注协成立行业党组织。2009年10月，在中央组织部指导下，成立了财政部党组领导下的中国注册会计师行业党委。2009年底各省区市也比照这一模式，依托注协成立了行业党组织，有注协的地市也成立了地市行业党组织。各省（区、市）以及经济较发达、会计师事务所和从业党员较多的199个地市均成立了注册会计师行业党委（党总支），直接管理会计师事务所党组织。

第二，强化中国注册会计师行业党委的指导职能。赋予中国注册会计师行业党委指导和推动全行业党建工作的职责，发挥其主导作用，做到既是"司令部"，站位高、判断准、谋划好；又是"发动机"，直接动员部署、组织实施、抓细抓实各项工作；还是"集成器"，积极寻求地方党委、组织部门的支持指导，整合财政及注协等各方工作力量。

第三，协调地方党组织和有关部门，形成条块合力。各地财政部门、行业党委在推进行业党建工作中发挥主渠道作用，同时紧紧依靠地方党委的领导，积极寻求地方组织部门、统战部门、党工委的支持和指导，在会计师事务所日常党务工作开展、政治和组织资源分配等方面，主要通过"块块"推进，努力形成"条块"合力。这样，就形成了一个既有纵向垂直领导、又有横向沟通协作、自成系统的注册会计师行业党建组织体系。

三、按行业理顺会计师事务所党组织和党员隶属关系

行业党委成立后，中国注册会计师行业党委书记与各省区市注册会计师行业（协会）党委书记、各省级行业党委书记与地市财政局局长分别签订"注册会计师行业党建工作目标责任书"，行业党委委员对尚未成立行业党委的省区市行业党建工作包干推进，要求在2010年6月前实现党的组织和党的工作"全覆盖"，2010年底实现党组织关系和党员关系"双理顺"。

第一，以会计师事务所为单位建立党组织。按照"党支部建在所里、党小组建在项目上"的要求，凡是有3名以上正式党员的会计师事务所，都

建立党组织；规模大、党员多的会计师事务所，把党小组建在项目组上，适应员工长期出差在外的实际。党员不足 3 人的会计师事务所，按照“地域相邻、便于管理”的原则，建立联合党支部。到 2011 年 6 月，会计师事务所党组织从 2009 年 10 月之前的 1 032 个增加到 3 352 个，其中联合支部 750 个，党组织覆盖了有党员的 4 985 个会计师事务所，向所有无党员的会计师事务所派出党建工作指导员或联络员，实现了党的组织和党的工作在行业的“全覆盖”。

第二，理顺党组织和党员关系。在会计师事务所从业的党员，其组织关系转入所在会计师事务所党组织，不够建立党组织条件的会计师事务所党员，按照“就近管理、方便活动”原则，将组织关系转至联合党组织。到 2010 年底，把会计师事务所党组织隶属关系和行业党员组织关系全部接转到了行业内，实现了党组织和党员组织关系的两个应转尽转，实现了“双理顺”，从全国到地方，从行业到会计师事务所，行业党的组织体系已经基本形成。

第三，夯实行业党组织管理基础，实现动态全覆盖。在实现“全覆盖”“双理顺”的基础上，在行业管理信息系统增设了党务管理子系统，把党员流动管理纳入注册会计师的注册、年检和转所等工作之中，实施行业党建信息季度统计通报制度，实现行业党员和党组织信息的动态管理，保持了动态全覆盖。截至 2015 年 9 月 31 日，全国有会计师事务所党组织 3 444 个，党员 38 186 人。

四、全面建立行业统战和群团组织和工作体系

相对于全行业超过 30 万的从业人员，3.5 万名党员所占比例毕竟不大，非党员群体占比重大。中国注册会计师行业党委积极推进行业统战、工会和团建工作，努力在“横向”上拓展行业党建工作的宽度和广度，发挥党建带群建、群建促党建的优势，扩大党在行业的影响力。

第一，建立健全行业统战工作体系，加强行业统战工作。2011 年，中

央统战部、财政部党组联合印发《关于加强注册会计师行业统战工作的意见》(统发〔2011〕15号),指导、支持注册会计师行业统战工作。各级行业党组织专门设立统战工作部门或专职工作岗位,大型会计师事务所明确专人负责统战工作,实现统战工作在行业的"全覆盖"。建立行业代表人士数据库,发现和跟踪培养行业代表人士;建立行业提案(议案)、建议交流平台,支持行业代表委员参政议政发挥作用。行业党组织积极加强与各级党委及统战部门汇报沟通,行业统战工作初步形成了地方党委统一领导、统战部门牵头协调、财政部门党组指导、注册会计师行业党组织具体负责、会计师事务所党组织广泛参与的行业统战工作组织体系。行业内有各级人大代表、政协委员814人,其中全国人大代表、政协委员6人。行业代表、委员立足行业实际,围绕突出问题深入开展调研,向有关方面反映行业诉求,推动行业发展问题解决,成为优化和改善行业执业环境的重要力量。

第二,推进行业工会建设。2012年,全国总工会、财政部联合制发了《关于加强注册会计师行业工会建设的通知》(总工发〔2012〕5号),推动行业工会建设。已有9个省份成立了省级行业工会,有1 448家会计师事务所设立了工会机构。行业各级工会组织积极开展活动,帮助从业人员解决切身利益问题。比如,海南省行业工会设计了行业工资专项集体合同,并实现了在全省会计师事务所的全覆盖,很好地保障了从业人员合法权益,得到海南省工会的高度评价。部分会计师事务所工会积极推动会计师事务所管理层推行"带薪休假""所龄奖励"制度,提高员工待遇,为行业和谐发展、诚信执业营造良好氛围。

第三,建立健全行业团的组织建设,加强行业团建工作。2012年7月,经共青团中央批准,中国注册会计师行业团委成立。行业团委成立后,大力推进行业团建工作。目前,除西藏外,全国各省区市均已成立行业团组织,1 358家会计师事务所成立了团组织,行业团员总数31 797人。行业各级团组织广泛开展"青年文明号"创建活动、"行业青年专家服务团"等活动,组织行业青年学习贯彻党的方针、政策，用社会主义核心价值体系教育行业青年，用先进文化影响行业青年，把他们紧密地团结和凝聚在党的周围。

（在中央组织部“社会组织党建工作专题培训班”的讲稿〈第一部分〉，2015 年 10 月 19 日）

第二节
注册会计师行业党建的实践——持续抓

持续加强行业党的建设，体现全面从严治党的要求，重在落实责任，实现常态长效。推动责任落实，必须有可操作的办法和措施，以制度机制来保障行业党建工作规范化、常态化、长效化。

一、完善行业党建领导责任制度机制

第一，落实领导责任。认真落实 2009 年中组部组通 49 号文件精神，各级财政部门党组织每年听取本地区行业党建工作报告，研究行业党建工作，指导制订行业党建工作发展规划计划。各级财政部门一把手积极承担领导责任，深入调查研究，大力指导支持，在重大活动开展时亲自动员部署。各级财政部门党组织委派分管行业工作的领导兼任行业党委书记，增强了行业党委工作效能。在会计师事务所，倡导党员主任会计师兼任党组织书记，党员管理层人员和党组织班子成员双向进入、交叉任职，实现了真正意义上的“一肩挑”。

第二，坚持“省级抓、抓省级”“书记抓、抓书记”的领导体制和工作机制。省级注协在行业管理中职能最为健全，人员配备相对充足，工作抓手较多，在行业发展中处于承上启下的枢纽地位。把省级行业党组织作

为关键层级，赋予工作权责，履行当地行业党建工作组织者、执行者、指导者的职责，并加强考核评价和督促指导，坚持“省级抓、抓省级”。同时，把行业各级党组织书记作为关键责任人，确立了“书记抓、抓书记”的领导体制和工作机制。

二、完善行业党建基础保障制度机制

第一，建立健全经费保障机制。制发文件，形成了行业“会费补一点，党费返一点，会计师事务所筹一点”的党建经费保障机制。过去 5 年中，中注协通过“以奖代补”方式向各省级党委拨付党建经费补助 3 000 多万元。2014 年，省级行业党组织筹集党建经费 1 447 万元。全国会计师事务所党组织中，有活动场所的达 93%，有经费保障的达 86%，党费收缴正常的达 97%。

第二，建立健全人员机构保障机制。省级以上行业党组织基本都设立行业党委办公室，省级财政部门高度重视行业党委办公室建设，为行业党委办公室配备专门党务工作者，公开选聘专门人员补充行业党务工作者队伍，有的省份还增加了行政职数。目前省级以上行业党组织有专职党务工作者 70 余人。

第三，营造良好党建工作氛围。把行业党建写入注协章程，部分会计师事务所把党建工作写入会计师事务所合伙协议。每三年开展一次支持党建工作党外合伙人评选表彰，将党外人士作为行业代表人士进行培养。这些做法激励和调动了会计师事务所各方的积极性，营造了良好的党建氛围。

三、完善行业党建监督考核制度机制

第一，开展省级党组织考核评价和点评。制定实施省级行业党组织考核评价办法，有 7 类 35 项量化考核指标，每年对省级行业党组织工作进行考核评价；依据考核结果，在全国行业党委扩大会上对省级行业党组织年度工作进行点评，并以“以奖代补”方式向省级行业党组织拨付行业党建专项补助资金。

第二，建立健全对会计师事务所党组织工作考核制度。各省级行业党组织通过制定会计师事务所党建工作考核办法、文明会计师事务所创建办法、示范党组织评选管理办法等，或者将党建工作纳入会计师事务所综合评价，加强对会计师事务所党建工作考核管理。同时依据考核结果，授予会计师事务所不同类别或星级，向社会公开，供社会选择会计师事务所服务参考。吉林等省还将考核结果与会计师事务所从事业务范围直接挂钩，传导压力，形成党建工作“硬抓手”。

（在中央组织部“社会组织党建工作专题培训班”的讲稿〈第二部分〉，2015 年 10 月 19 日）

第三节
注册会计师行业党建的实践——怎么抓

党建工作的要义，在于紧扣行业建设实际，引领事业发展的正确方向。会计师事务所在体制外，如何引领发展方向？首先要紧扣业务实际，从战略层面找准行业系统党建与行业发展的结合点，把党建工作与业务工作有机结合起来，切实把党的优势转化为发展优势，创造出为广大从业人员所认可的工作实绩。行业党建能不能与业务结合好，能不能促进行业科学发展，直接决定着行业党建工作是否有吸引力、影响力和生命力。

一、以贯彻落实中央精神为契机引领谋划发展大局

贯彻落实中央精神，既是基层党组织的政治责任，也能够保持行业党

建工作的正确方向，为发挥党建工作实际效能提供保证。为此，把学习宣传贯彻中央精神作为推进行业业务工作的思想保障和精神动力，在中央召开重要会议、作出重大决策部署或者中央领导同志作出新的重要批示之后，及时部署全行业学习，结合行业发展实际，组织理论研讨班、研修班，就行业发展重大问题，先后 3 次联合中央党校党建部、光明日报等单位，召开行业发展理论研讨会，引导全行业联系行业实际，深入领会习近平总书记系列重要讲话精神和中央文件精神，增进对党和国家方针、政策的认识和了解，树立高度的政治意识、大局意识、核心意识、看齐意识，指导谋划发展方向，制定发展战略。

第一，在学习贯彻中央精神中把握发展机遇。围绕学习贯彻党的十八届三中全会全面深化改革的重大战略部署，深入分析行业发展的新机遇，研究提出具体对策，把握资本市场改革、商事登记制度改革、转变政府职能给行业发展带来的新业务；围绕学习贯彻构建开放型经济新体制、建设开放型经济强国，特别是大力推进“一带一路”倡议的新形势，加强政策协调，加强与“一带一路”沿线国家和地区会计职业组织联系和沟通，为会计师事务所“走出去”搭建平台，支持会计师事务所“走出去”拓展国际执业网络，承接国际业务，服务中国企业走出去。

第二，在学习贯彻中央精神中寻求解决问题的动力。围绕学习党的十八届四中全会推进全面依法治国的重大战略部署，结合行业实际，协调推进完善行业发展法律制度，综合治理行业不正当低价竞争。再比如，围绕学习贯彻中央《关于构建和谐劳动关系的意见》，号召会计师事务所及党组织依法经营依法办事，了解员工所思所盼，关注员工所困所忧，解决员工普遍关心的问题，建立健全人力资源管理体系，构建和谐劳动关系。

二、以全党集中性政治活动为动力破解发展难题

2009 年 9 月，中央决定把会计师事务所从非公有制经济组织和社会

组织中单列出来，参加第三批学习实践科学发展观活动。这是注册会计师行业第一次作为一个独立的系统，参加党的重大集中性政治教育活动。以此为起点，注册会计师行业作为独立系统参加创先争优活动、教育实践活动等历次集中政治教育活动。

在这些活动中，在加强和改进行业党建工作的同时，重视推进业务建设，把加强行业党建作为推进行业发展的政治保障和动力，全面梳理行业发展和党建工作中遇到的问题，找准主攻方向和发力点，着力破解制约行业科学发展的突出问题，提高行业服务经济社会发展的能力。

在学习实践活动中，搜集梳理大小会计师事务所发展不均衡、会计师事务所治理不完善等影响行业科学发展的重大问题，制定了 26 个业务规范性文件，对行业职业道德、执业质量、内部治理、执业环境等进行了有力规范。

在创先争优活动中，着眼于对会计师事务所评价指标单一、方法不科学、激励引领会计师事务所发展方向不力等问题，分大中小型会计师事务所和合伙人、注册会计师、一般从业人员六类主体，从业务和党建的 16 个方面，设计 1 561 个量化指标，建立起一套创先争优综合评价指标体系，并据此按年度对会计师事务所进行综合评价。各级行业党组织和注协对评价结果进行复核并分级逐步公开，在全国范围、各省份范围树立不同层次的先优标杆，引导和督促会计师事务所和从业人员正确认识和评价自身水平，寻找自身差距，明确努力方向，推动解决会计师事务所发展大而不强、大而不优的问题。

在党的群众路线教育实践活动中，调研梳理出会计师事务所党员从业人员作风方面存在突出问题的 13 种表现，对照查摆自身问题，引导处理好会计师事务所党员合伙人与员工群众的关系，处理好会计师事务所管理层与员工的关系，处理好会计师事务所与公众的关系，重点推动解决了员工反映强烈的收入分配、人才培养和使用、业务承接、执业质量等方面的突出问题，促进会计师事务所和谐发展。

三、以开展行业主题年活动为平台推进中心工作

开展行业主题年活动，是中国注册会计师行业党委与中注协为实现党建与业务在日常工作中有机结合，发挥党建促业务、促发展的优势，在党建机制上的有效探索。

2009年全面加强行业党建工作以来，立足行业实际，以战略性、创新性思维科学谋划，坚持每年一个主题，先后围绕体制、机制、制度、网络、诚信、人才队伍、国际化发展等七个方面开展主题年活动，以主题年活动为平台，把行业党建与行业发展的中心工作有机结合起来，使得行业党建工作一年一个重点，一年一个台阶，年年出新，每年目标明、思路清、效果实，更加显著地发挥了党建促发展的作用。

在2011年开展的行业“制度建设年”主题活动中，根据行业党建发展的新形势、新要求，进行顶层设计、制度创新，全国行业党委和注协层面制定制度36个，修订制度27个，最终形成了500万字的行业制度体系，各地方层面制定（修订）808个；会计师事务所层面制定35 463个，修订21 626个，建立起现代会计师事务所管理制度、新型行业管理和服务制度、改革创新的行业党的建设制度，基本形成了行业发展和党建工作新型制度规范体系，实现了行业党建制度导先、制度导优、制度导善。

2014年行业“人才队伍建设年”主题活动，把党管人才的优势与行业人才队伍建设结合起来，发挥党建对行业人才队伍建设的引领作用和政治保证作用，进一步强化人才是行业立业之本的理念，进一步完善行业人才培养体制和机制，开展“送教西部”“送教中小所”活动；引导东中部地区注协主动与中西部地区“结对共建”；促进地方注协和会计师事务所积极推进大学生实习基地建设；推动18个地方注协设立人才培养专项基金，重点支持行业高端人才培养；指导会计师事务所建立健全人力资源管

理体系。

主题年活动促进整合了行业发展资源，带动了行业中心工作的开展，促进了行业发展战略持续深化。83.1% 的从业人员认为党组织对促进会计师事务所发展作用较大。从行业收入看，全行业业务收入从 2009 年的 317 亿元增长到 2014 年的 604 亿元，翻了近一番。超过 10 亿元的会计师事务所由 2009 年的 4 家发展到 2014 年的 12 家，其中超过 20 亿元的会计师事务所 6 家，超过 30 亿元的会计师事务所 3 家。

大型会计师事务所跨境服务能力有效提升。19 家会计师事务所加入国际会计网络，会计师事务所在境外设立分支机构、成员机构或联系机构 90 家，实现了中国香港、美国、东盟、西亚等境外市场的业务拓展。四大国际会计公司中国成员所之外有两家会计师事务所进入全球会计联盟排名前 20 名。

（在中央组织部“社会组织党建工作专题培训班”
的讲稿〈第三部分〉，2015 年 10 月 19 日）

第四节
注册会计师行业党建的实践——抓什么

加强党的建设，关键在基层，重点在支部。会计师事务所党组织作为行业党组织的最基本单元，承担着推动党的路线方针政策以及行业党组织部署落地生根的重要责任。注册会计师行业党建始终把夯实基层基础，加强会计师事务所党组织建设，发挥党组织和党员先进作用，作为行业党建的重点任务，使基层党组织成为落实党的路线方针政策和各项工作任务的坚强战斗堡垒。

一、加强党员队伍建设，提升素质能力

第一，抓会计师事务所党组织书记队伍建设。基层党组织搞得好，关键是有一个好的带头人。注重从会计师事务所党员负责人或党员合伙人中选拔党组织书记，倡导党组织书记和主任会计师“一肩挑”。从2010年起，每年举办中央党校中央国家机关分校注册会计师行业骨干进修班，选拔会计师事务所党员骨干进行为期三个月培训，目前共举办6期，毕业学员164人。每年举办会计师事务所党组织书记能力提升远程培训班，对3 400余名会计师事务所党组织书记进行“一竿子到底”培训，切实培养一支有威信、高素质的书记队伍，充分发挥他们对行业党建工作谋划、组织、发动、贯彻、落实的关键性保证作用。

第二，抓行业党员的教育管理。就做好发展党员工作、加强党员教育管理等制定完善10多项规章制度，使行业党员队伍建设各项工作都有章可循。持续开展“双培工程”，重点在合伙人、业务骨干中发展党员。2014年，行业新增入党积极分子1 039人，新发展党员496人。建立了“分级负责、分类培训、上下联动、全面覆盖”的统一轮训制度，每年对全体党员轮训一遍。2014年，各省级行业党组织共举办培训班144个，培训党员1.14万人。会计师事务所党组织也普遍举办形式多样的党员教育活动，实现了对行业3.8万名党员培训教育的全面覆盖。结合行业注册管理信息系统，严格党员组织关系接转，加强党员管理，确保每一位党员都参加党的组织生活，接受党组织的教育、管理和监督。探索规范党员廉洁执业制度，对受到行政处罚、行业惩戒党员给予相应的党内纪律处分。

第三，发挥党员先锋模范作用。会计师事务所普遍开展“党员诚信先锋岗”“党员责任区”“党员突击队”等活动，开展“践行科学发展，争做诚信模范”倡议活动，向社会公开承诺执业质量，积极服务发展、服务社会、服务群众，激励党员在任务面前敢于担当；在难题面前敢于冲锋；在

矛盾面前敢于碰硬；在成绩面前敢于突破，充分发挥党员先锋模范作用。

二、探索发挥作用途径，更好凝心聚力

第一，探索会计师事务所党组织的功能定位。会计师事务所党组织的探索成果可以概括为，处理好与管理层的关系，坚持增强政治功能，以服务为重点，团结服务群众，支持指导发展，发挥政治核心作用。从实际效果看，不同会计师事务所侧重点有所不同，有发挥参谋助手和保障作用突出的，有树立正气、化解重大矛盾、协调各方关系显著的，有“内外兼修”做得好的，对内引领思想，服务党员员工，服务发展，对外服务社会、回报社会，履行社会职责。

中国注册会计师行业党委总结这些探索成果，把会计师事务所党组织作用定位为“政治保证、业务促进”，具体阐述为**“六保证、六促进”**：保证党的路线方针政策和上级党组织决策决定的贯彻落实，结合会计师事务所客观实际，促进科学发展；保证国家法律法规的遵守，结合会计师事务所执业质量控制，促进规范发展；保证党的思想建设成果的有效作用和影响，结合会计师事务所诚信建设，促进文化发展；保证党员发展教育管理服务工作的开展，结合会计师事务所业务培训，促进人才成长；保证会计师事务所相关各方的合法权益，结合强化治理，促进和谐发展；保证会计师事务所党员履行权利和义务，结合品牌建设，促进持续发展。功能定位的逐步清晰，为会计师事务所党组织发挥作用明确了方向。

第二，选树典型示范引路。在较大规模的政治活动和专项工作的推进中，选树一大批典型引路，充分发挥先优典型的示范效应，带动和推进会计师事务所党建工作。先后挖掘行业内不同层次、不同类型、不同领域的先优典型 1 400 多个。

在全行业开展总结和提炼会计师事务所支部工作法活动，指导会计师事务所对好经验好做法进行充实完善和总结提炼，将零星的实践系统

化，有益的经验方法化，着力提升会计师事务所党组织工作的科学化水平，提升服务能力和水平。2013 年总结提炼推广 7 个支部工作法，2014 年系统选树推广 34 个不同层面、不同环节和领域的会计师事务所支部工作法。利用简报、网络等媒体，在行业内外大力宣传，弘扬典型，示范带动会计师事务所党组织建设。

第三，加强党组织自身建设，发挥战斗堡垒作用。各省级行业党组织制定会计师事务所党组织党建工作手册，具体指导党建工作。严格落实“三会一课”制度、党性定期分析等制度，严肃党内政治生活，提高党内政治生活的政治性、原则性、战斗性。每年末组织员工以“背对背”方式，对党员特别是党员合伙人进行民主评议，将评议结果反馈合伙人，督促党员，特别是党员合伙人更加自觉地增进同员工沟通，主动听取员工的意见建议，做好思想政治工作，提高党组织在会计师事务所和群众中影响力、凝聚力，更好发挥党组织战斗堡垒作用。

三、多措并举，整顿软弱涣散会计师事务所党组织

第一，持续开展分类定级活动。不少省级行业党组织建立会计师事务所党组织分类定级标准，按照巩固先进、推动一般、整顿后进的要求，定期对会计师事务所党组织进行评价定级。根据分类定级结果，对较差和一般级次会计师事务所党组织分别下发整改通知书、提高建议书。同时，开展“回头看”，抓好整改落实，促进晋位升级。

第二，重点抓小扶弱。各级行业党组织和注协通过组织干部职工开展“手拉手、面对面、心连心”走基层活动，通过严格执行会计师事务所党组织按期换届提醒制度，以及年末参加会计师事务所党组织民主生活会等方式，及时掌握小型会计师事务所党支部、联合党支部情况，督导加强党支部建设，发现软弱涣散的，进行跟踪整顿。

2009 年以来，会计师事务所党组织建设取得显著进步，受到社会各

界的广泛关注和赞誉。在建党 90 周年之际，有 3 家行业党组织被中央授予“全国先进基层党组织”称号；行业内有 20 多个党组织和个人受到省级党委及有关部门表彰。2012 年“七一”前夕，行业内有 6 个党组织和 1 名党员在全国创先争优表彰大会上受到表彰；有 32 个单位、16 名个人被省级党委及其组织、党工委等部门授予各种荣誉称号。行业内有 1 人当选党的十八大代表，1 人当选团中央委员。10 名注册会计师荣获“全国优秀会计工作者”荣誉称号和“全国五一劳动奖章”。近年来，行业每年都有一批党组织和党员受到省级以上部门表彰。

（在中央组织部“社会组织党建工作专题培训班”的讲稿〈第四部分〉，2015 年 10 月 19 日）

第五节
会计师事务所党组织如何开展党的工作

习近平总书记强调，基层党组织搞得好，关键是有一个好的带头人。2010 年以来，我们坚持每年举办会计师事务所党组织书记能力提升远程培训班，“一竿子到底”对全国 3 400 名会计师事务所党组织书记进行培训。

当前，全国上下正深入学习贯彻党的十八届四中全会精神和习近平总书记系列重要讲话精神，贯彻落实全面从严治党要求。中国注册会计师行业党委扩大会议对在新的起点上深化行业党的建设作出具体部署，要求以习近平总书记关于党的建设重要讲话精神统领行业党的建设，以促进行业科学发展为目标深化行业党的建设，以夯实基层基础为重点深化行业党的建设，以党组织书记队伍建设为抓手深化行业党的建设，以制度机制建设为保障深化行业党的建设，使行业党建继续走在社会组织前列，探索新形势下社会组织全面从严治党新路。

行业党建的新形势新要求新部署，为基层党组织做好党建工作指明了方向，也对思想方法和工作方法提出了更高要求，探索如何做好新形势下党建工作，是摆在基层党组织面前的重大任务。

一、把握大势，服务大局

围绕党和国家工作大局来开展工作，是基层党组织工作的基本定位，也是履职尽责的前提。作为党组织“一把手”，一定要高度重视在全局下谋划和推动工作，要善于观大势、谋大事，正确判断形势，结合工作实际，找到服务全局工作的切入点，做到因势而谋、顺势而为。要紧紧围绕大势、服务大局来加强沟通，积极争取上级党组织的指导，争取有关部门的关心帮助，争取会计师事务所管理层的大力支持，有效推进工作、化解矛盾，切实发挥会计师事务所党组织作用。

把握大势，就要深入学习贯彻党的十八届四中全会精神和习近平总书记系列重要讲话精神，以及行业党委扩大会的要求，深入把握全面深化改革、依法治国，党要管党、从严治党的新精神、新论断、新要求，不断把思想和行动统一到中央部署上来，突出会计师事务所党组织的政治属性，发挥会计师事务所党组织政治作用和战斗堡垒作用，来谋划会计师事务所党建工作思路，不断创新行业党建的新举措。

二、突出重点，求真务实

关于基层党组织建设，中央作出了一系列部署，全国行业党委扩大会紧密结合行业实际，围绕重点对会计师事务所党建工作提出一系列要求。作为会计师事务所党组织书记，要落实好这些要求，既要注重统筹协调，更要牵到“牛鼻子”，在严肃党内政治生活和组织生活、强化党组织的服务功能等重点工作上下功夫，推进重点工作不断取得突破，以此牵引和带动全局工作。

推进会计师事务所党的建设，一定要发扬务实的作风，重实干、出实招、求实效。要坚持从实际出发谋划每一项工作，不提不切实际的目标要求，务必使各项措施都符合实际、切实管用。要加强调查研究，坚持问计于党员、问计于员工、问计于客户，集中各方智慧，不断完善党建工作思路。一分部署，九分落实。对于作出的部署，要坚持一张蓝图绘到底，用新的思路、新的举措，一步一个脚印把各项任务落实好，脚踏实地地把既定目标和发展蓝图变为现实，切实干出成效来。

三、改革创新，下移重心

行业党建工作要直面挑战，重在改革创新。经过前几年努力，行业解决了组织上建党的问题，但思想建党、制度治党的任务还十分繁重。特别是行业党员工作场所的高度分散性、党组织管理党员的跨地域性、党员在不同执业机构的高流动性等职业特征，对会计师事务所党建工作提出了不少挑战。这就要求我们继续以改革创新精神深化会计师事务所党的建设。推进会计师事务所党建工作改革创新，要坚持问题导向，树立强烈的问题意识，善于发现问题，敢于直面问题，着力解决问题；就要对会计师事务所党建存在问题进行系统梳理、深入研究，一个一个攻克，一项一项破解。

巩固行业教育实践活动成果，践行群众路线，也要求我们创新方法，将工作重心下移，走进党员群众，依靠党员群众，为会计师事务所、为党员群众办实事解难事。不能让党建工作成为只是书记的事、成为只是党组织班子成员的事，不能只是学学习、开开会。从实践来看，会计师事务所党组织针对党员群众实际需要，从解决会计师事务所党建存在具体问题着手，探索了不少简便易行、广受欢迎的党建工作方法和活动载体，提供了参考借鉴。比如，江苏、江西等省区市会计师事务所党组织结合培训活动，组织党员员工互查工作底稿，评选优秀底稿，共同总结底稿中存在问题，开展集中培训，取得很好效果。上海、河北等省区市会计师事务所开展“重走长征路”“重走赶考路”等红色教育活动，浙江省部分会计师事务所党组织开展红色之旅骑行活动，广受好评。北京、云南等省市会计师事务所党组织在每年春节等重大节日开展走访慰问困难党员活动，为因病致贫的员工组织捐款、献爱心，增强了党组织的凝聚力。信永中和会计师事务所党组织开发员工民主评议党员和合伙人系统，毕马威会计师事务所党组织开发党员网络投票系统等创新做法，提升了组织活动的便捷性，增强了党员的归属感，取得了积极成效。

四、从严要求，强化约束

全面从严治党是党的十八大以来以习近平同志为核心的党中央管党治党的重要理念、治国理政的鲜明特征。习近平总书记指出，世间事，做于细，成于严。从严是我们做好一切工作的重要保障。共产党人最讲认真，讲认真就是要严字当头，做事不能应付，做人不能对付，而是要把讲认真贯彻到一切工作中去，作风建设如此，党的建设如此，党和国家一切工作都如此。一切何必当真的观念，一切干一下得了的想法，一切得过且过的心态，都是对党和人民事业有大害而无一利的，都是万万要不得的！

把从严要求落到实处，首先要改变抓党建同抓发展相比要虚一些，不容易出显绩，一年开几次会布置一下就可以了，不必那么上心用劲等错误认识。会计师事务所党组织书记要牢固树立党建的政治保证意识，要深刻理解做好党建工作不仅是义务，更是促进发展的政治资源，是推动思想上统一认识、促进关系上实现和谐、营造良好发展氛围的重要力量。党建资源是整合财务、人力、信息等资源，形成发展合力的软实力。会计师事务所党组织书记一定要牢牢树立这一意识，做到真信、真用，以思想的自觉带动行动自觉，真正把党要管党、全面从严治党方针贯彻到工作全过程和各方面，落实到严肃党内政治生活和组织生活中去，落实到广大党员干部的教育管理中去，以强队伍、扬正气、治歪风，解决党组织软弱涣散问题。

把从严要求落到实处，必须从严执行制度，增强制度的约束力。制度的生命力在执行，执行的要害在严格。有制度必须执行、执行必须严格、违反制度必须追究，不能“缩水”、更不能“放水”。否则，“一处弛则百处懈”，再好的制度，也会成为纸老虎、稻草人，不仅不能发挥预期作用，反而会带来许多消极影响，造成人心涣散，丧失精气神。

五、率先垂范，树立榜样

率先垂范是领导工作的基本政治品格和素质要求。“先正其身，不言而化。”凡事都是这样，上有所好、下必甚焉，上面松一寸、下面松一尺。领导只有率先垂范、做出样子，要求别人才有底气、严格管理才能服众。作为党组织负责人，一定要强化带头意识，学理论、干工作、改作风、抓落实，都要有“向我看齐”的勇气、当以身作则的模范。一定要有讲求认真、敢于担当的精神气概。我们都有这样的体会，工作能不能干好、党和群众是否满意，说到底，要看是不是讲认真、敢负责、勇担当。这是党性原则问题，也是关系能否干好工作的大问题。会计师事务所党组织书记一定要视责任重于泰山、对工作尽心竭力，形成忠于职守、坚持原则、认真负责、吃苦奉献的风气。

（在会计师事务所党组织书记能力提升〈远程〉培训班上的讲话，2014 年 10 月 27 日。原题《把握新形势新要求 以科学方法推进会计师事务所党的建设》）

第六节
全面推进注册会计师行业青年工作

五四前夕，我们召开注册会计师行业“五四”表彰暨行业青年文明号创建经验交流推进会，目的是表彰先进，总结经验，全面推进行业青年工作。行业团委成立以来，扎实推进注册会计师行业团的建设和青年工作，涌现出一批先进青年集体和个人，在青年文明号创建、全国优秀团组织和个人的“选树”等工作中都取得一定成绩。刚才，团中央城市青年部部长杨松同志讲话，强调了群团组织的政治性、先进性和群众性，对行业团的建设和青年工作提出了更高要求，我结合几年来参与推进行业团的建设和青年工作的实践，谈谈认识。

一、做好青年工作要紧扣国家建设和事业发展主题

习近平总书记多次讲到：“青年兴则国家兴，青年强则国家强”“青年是标志时代的最灵敏的晴雨表，时代的责任赋予青年，时代的光荣属于青年”。“五四”时期，青年人高举“爱国、进步、民主、科学”旗帜，推动了马克思主义在中国的传播；革命战争时期，青年人为人民解放抛洒热血，为建立新中国贡献青春和生命；建设时期，青年人开疆辟壤、奋发图强，为建设社会主义新中国贡献智慧和力量；改革开放时期，青年人锐意创新、积极进取，为民族复兴、国家富强、人民幸福作出贡献。青年是最富有朝气和梦想的一代，始终是推动社会进步的基本力量。

第一，做好青年工作是党对注册会计师行业的重要要求。群团工作是党的事业重要组成部分，是党治国理政的一项经常性、基础性工作，是党

组织动员广大人民群众为完成党的中心任务而奋斗的重要法宝。广大青年是全面建成小康社会、坚持和发展中国特色社会主义的基本力量，是全面深化改革、推进全面依法治国、巩固党的执政地位、维护国家长治久安的基本依靠。共青团的特殊定位，就是为党培养中国特色社会主义事业建设者和接班人，这是党交给共青团第一位的任务。

团的十七届五中全会向全团提出要求，要自觉在党和国家事业发展的大背景下理解和把握党中央关于加强和改进党的群团工作的意见，要从巩固和扩大党执政基础的高度，更好地团结带领广大青年，听党话、跟党走。注册会计师行业青年是青年群体的重要部分，是服务国家建设的重要力量，做好行业青年工作是党中央的要求，也是行业发展的需要。

第二，做好青年工作是谋划行业长远大局的重大考量。青年是国家的未来，也是行业的未来，行业青年的面貌决定着行业未来的面貌。注册会计师行业是高端服务业重要组成部分，注册会计师独立审计是经济监督体系重要的制度安排，经过30年的发展，注册会计师行业在维护市场经济秩序等国家建设各项建设事业中发挥着越来越重要的作用。新的经济发展形势、政府职能转变、社会管理创新等国家建设各项事业对注册会计师行业和注册会计师队伍提出了更高更多的要求。另一方面，注册会计师队伍的规模和素质还有相当的差距。推进行业建设事业，提高注册会计师队伍整体水平，关键在青年人才。要把做好青年工作，促进注册会计师成长成才，作为谋划行业大局、行业长远的重要考量。

第三，做好青年工作是推动行业发展的重点任务。青年注册会计师是注册会计师人才队伍的中坚。综合排名前100家的大中型会计师事务所中，35岁以下青年占行业从业人员的比例超过70%。青年注册会计师处在行业工作第一线，是行业建设和发展力量最积极、最活跃、最有生气的力量，也是值得信赖、堪当重任的一代。做好行业青年工作，把青年注册会计师团结起来，培养好，服务好，无疑是推动行业发展的重点任务。

二、做好青年工作要针对青年的思想实际和工作实际

抓好群团工作，注重青年思想引领，服务党和国家大局，把群团组织建设地更加充满活力、更加坚强有力，使之成为推进国家治理体系和治理能力现代化的重要力量，是党中央和团中央对青年工作的总体要求。行业团委成立以来，在团中央的热情支持和行业党委的直接领导下，在非公组织团建工作上积极探索、勇于实践，取得一定成效。接下来要进一步深化认识，总结经验，把握规律，推动青年工作上新台阶。

第一，做好青年工作要注重引领青年思想。注册会计师行业团建及青年工作始终弘扬共青团“党有号召，团有行动”的光荣传统，始终围绕“服务国家建设这个主题和诚信建设这条主线”，注重行业青年的政治思想引领。行业各级团组织认真组织行业青年学习领会党的重大方针政策、加强理想信念和革命传统教育，通过开展形式多样、符合青年特点的各类活动，引导行业青年增强中国特色社会主义的道路自信、理论自信、制度自信、文化自信，坚定跟党走。要把注册会计师行业各级团组织打造成凝聚行业青年跟党走的“桥头堡”、引领行业青年投身行业发展的“指挥部”、创新行业团建工作体制机制的“主阵地”，弘扬诚信文化和社会主义核心价值观的“先锋队”。

第二，做好青年工作要注重提升青年能力。注册会计师行业是一个对道德水平、知识层次和专业胜任能力要求很高的行业。行业各级团组织始终把加强培养青年职业精神、职业技能和综合素质作为工作的着力点，围绕行业特点设计活动载体和工作载体，通过讲座、培训、活动、竞赛等形式，大力培养、保持、提升行业青年的执业能力，满足青年人提升执业能力的诉求和职业发展需求，为行业青年实现职业梦、行业梦加油添柴，将职业梦、行业梦汇入中国梦的美好憧憬之中。

第三，做好行业青年工作要注重解决青年的实际问题。行业青年除了

面临青年群体普遍存在的收入低、生活压力大等共性问题，注册会计师职业特性还带来出差多、加班时间长、婚恋难、发展空间窄等特殊问题，从而带来思想上这样那样的困惑。行业各级团组织要正视这个现象，树立服务意识，急青年所急，想青年所想，认真倾听青年呼声，协调解决行业一线青年工作和生活上的困难，依法维护青年正当权益，为青年办实事、办难事，寻找服务青年的抓手和推手，把行业各级团组织建成“青年之家”，当好行业青年的“服务员”。

第四，做好行业青年工作要注重发挥榜样力量。榜样的力量是无穷的。行业各级团组织要努力营造人人争先进、当先进、学先进的氛围，积极弘扬榜样力量。大力实施把优秀青年骨干培养成团员和党员，把青年党员和团员培养成业务骨干的“双培工程”，积极发展优秀行业青年加入团组织，向党组织推荐优秀团员成为党组织发展对象。要通过举办各类评选活动，选树先优典型，大力表彰和宣传，以榜样的力量示范、引导、带动行业青年共同进步，努力当好行业青年成才的“园丁”。

注册会计师行业目前有 6 家会计师事务所青年集体荣获全国青年文明号，37 家会计师事务所青年集体荣获省级青年文明号，142 家会计师事务所团组织荣获省级以上五四红旗团支部、五四红旗团委，256 名青年荣获省级以上五四奖章、优秀团员、优秀团干部、岗位能手、最美青工等称号。行业群团工作启动时间不长，有这样的成绩，很不简单。我们要珍惜这些成绩，发扬好这些成绩，使榜样的力量在全行业青年中发扬光大。

三、做好青年工作要发挥和动员各方力量

今年是“十三五”开局之年，新形势、新任务对注册会计师行业发展和行业青年工作提出了新的机遇和挑战。行业各级党团组织和会计师事务所都要肩负起新形势下，发展好行业、服务好国家建设事业的光荣使命。做行业青年工作，行业团组织是主体，但也离不开方方面面的支持和

指导，要广泛沟通交流，发挥好、动员好各方面力量，协力做好行业青年工作。

第一，行业各级党组织要切实加强对行业共青团工作的统一领导。党的领导是做好行业共青团及青年工作的根本保障，行业各级党组织要负起政治责任，加强对行业共青团组织的政治领导、组织领导，把党的理论和路线、方针、政策贯彻落实到团的工作各方面、全过程，把共青团建设纳入党建总体部署。要始终以真信任、真倚重、真支持的态度支持行业各级团组织做好行业青年工作和团建工作；要加强对团组织工作理论政策的学习研究，切实保持和增强团组织的政治性、先进性、群众性；要用先进的思想、文化、理念指导行业青年工作，引导行业青年增强政治意识、家国意识和责任意识，使行业青年成为有理想、有担当、重大局的时代青年。

第二，行业各级团组织要发挥团的凝聚作用。行业各级团组织要坚持正确的政治方向，自觉服从党的领导，贯彻党的意志和主张，在思想上、行动上同党中央保持高度一致，按照上级党团组织的要求履职尽责、建功立业；要思路开阔、开拓进取、着重引领，带领行业青年持续走在时代前列；要深入青年、求真务实，与行业青年心连心、同呼吸、共命运；要切实强化服务意识，坚持眼睛向下看，面向行业青年，为青年排忧解难，服务资源向青年倾斜，充分调动行业青年的积极性、主动性、创造性；要把团组织建设得更加充满活力、更加坚强有力、更加具有凝聚力。

第三，会计师事务所要发挥培育青年的基础作用。会计师事务所要关心青年、培养青年、成就青年，加大对青年工作的支持和保障力度；要在机构的机制建设上提供保障，主动关心了解青年人的生活工作需求，结合业务发展需要，制定符合青年人职业发展需要的培养规划，设计能够留住青年的薪酬考核体系，为青年人设置成长成才、晋职提升的通道；充分激发青年人的工作积极性和主观能动性，保护青年的合法利益和权益，形成青年注册会计师健康成长、会计师事务所健康发展的双赢局面。

第四，广大青年要发扬成长成才的主体精神。青年是成长成才的主体，也是建功立业的主体。团建工作和青年工作是不是有效，最终有赖于广大青年主体精神的发扬。希望行业青年同志牢固树立专业报国的志向，怀抱专业报国的热情，立足岗位，成长成才，干出无愧于青年注册会计师称号的闪光业绩。

一是要树立理想、志存高远。人是要有精神的，这个精神，就是心中有理想、有志向，为人类进步事业作贡献。要胸怀理想，在理想的指引下做好每一天的工作、做好每一件事情，做一个目光远大的人；要树立正确的世界观、人生观、价值观，做一个高尚的人；要自觉践行社会主义核心价值观，严修身、重德行，做一个有道德的人。

二是要脚踏实地、开拓创新。注册会计师工作是专业工作，是为公众提供诚信价值的工作，严谨认真的工作态度、一丝不苟的工作精神是做好专业工作、取信于公众的基本要求，咨询服务要把合规放在第一位，职业判断要客观公允，方案和建议要言之有据、言之有物，所有这一切，离不开脚踏实地。注册会计师事业是发展中的事业，发展离不开创新。要认识形势，放眼大局，自觉树立“创新、协调、绿色、开放、共享”的新发展理念，紧盯国家建设“五位一体”总体布局，把握政策要求和市场需求，持续开拓专业服务新的领域，在全面服务国家建设事业和公众利益的同时实现青年注册会计师自己的职业发展目标。

三是要专业精进，提高能力。青年成长成才的标志，是思想品德好、职业精神强、专业能力好。要对照注册会计师胜任能力框架找到专业知识和专业技能的薄弱环节，强弱项，补短板，不断优化专业知识结构，全面提高专业服务技能；要在全面提升胜任能力的同时，根据自己的专业兴趣和现实条件，选好、练好自己的专长，做到一专多能，不做“万金油”；要在重视提高专业能力的同时培养战略规划能力、经营管理能力、组织协调能力，按照注册会计师行业和会计师事务所新一代领导者的标准实现能力的全面提升。

（在注册会计师行业“五四”表彰暨行业青年文明号创建经验交流推进会上的讲话，2016 年 4 月 28 日。原题《激扬青春 铸造辉煌》）

第七节
怎样做注册会计师行业统战工作

习近平总书记在中央统战工作会议上的重要讲话和《中国共产党统一战线工作条例（试行）》是指导新形势下统一战线事业发展的纲领性文件，为扎实推进各领域统战工作提供了根本遵循。会计师事务所作为新的社会组织重要组成部分，注册会计师作为新的社会阶层人士和知识群体，在中国特色社会主义事业建设中发挥着重要作用，做好注册会计师行业统战工作和党外知识分子工作，是行业党的工作重要领域。

一、做好行业统战工作，必须坚持党的领导这一根本

习近平总书记指出，做好新形势下统战工作，最根本的是要坚持党的领导；统战工作是全党的工作，必须全党重视，大家共同来做；领导统战工作的能力，体现了党组织的执政能力。中国注册会计师行业党委把行业统战工作摆在重要位置，加强领导，健全机构，推动工作落实。

第一，思想上高度重视。中央统战部、财政部党组 2011 年联合制发《关于加强注册会计师行业统战工作的意见》。财政部党组每年听取行业党建和统战工作汇报，提出要求。行业党委将统战工作纳入重要议事日程，党委工作征求党外同志意见，接受党外同志评议。行业党委指派一位副书

记分管统战工作。

第二，组织上持续强化。在全行业建立各级党组织的基础上，设立统战工作的专职部门，要求各省行业党委设统战工作岗，指导大型会计师事务所明确专人负责统战工作，使统战工作在工作机构、人员配置上得到保障。行业党组织加强与各级党委及统战部门汇报沟通，行业统战工作初步形成了地方党委统一领导、统战部门牵头协调、财政部门党组指导、注册会计师行业党组织具体负责、会计师事务所党组织广泛参与的统战工作组织体系。

第三，工作上健全机制。中国注册会计师行业党委将统战工作职责纳入对地方行业党组织考核指标体系，将统战工作纳入会计师事务所综合评价指标体系，将各地统战工作落实情况纳入行业党建季度统计通报系统，初步形成了工作有部署、实施有检查、年终有考核的工作机制。

二、做好行业统战工作，必须突出发挥党外代表人士作用这一重点

习近平总书记强调，党外代表人士工作的重点是科学使用、发挥作用；要改进工作方法，高度重视和做好新经济、新社会组织中知识分子工作，引导他们发挥作用。我们认识到，做好统战工作，发挥好党外代表人士作用，既是落实中央要求的政治责任，也为推动行业发展、实现行业进步提供动力。具体来说，做到三个“真”。

第一，真支持，落实代表人士在参政议政过程中“有为”。制定《联系服务注册会计师行业代表人士工作规程》，建立“注册会计师行业提案、议案、建议交流平台”。定期联系代表人士，了解情况、征求意见；定期发送文件资料，提供信息，为代表人士准备提案议案、建言献策，提供支持和保障。行业全国人大代表和政协委员就经济和民生等领域提出的议案提案，得到有关部门和媒体的关注，有的还得到中央领导同志的重要批示。

第二，真信任，落实代表人士在参与行业建设中“有位”。安排行

业党外代表人士担任各级注协副会长，担任理事会、常务理事会、专门（业）委员会委员，会计师事务所合伙人委员会中也有意识安排党外代表人士，凝聚共识，优化决策。发挥行业代表人士，特别是行业中代表委员的作用，反映行业的诉求，提高公众对行业的认知。通过代表人士的积极推动，一些长期困扰行业的问题正在得到解决。

第三，真倚重，强化代表人士在承担公共事务中“有责”。加强思想引导，助推能力提升，使行业代表人士成为践行社会主义核心价值观和注册会计师职业道德的表率，做履行责任、回报社会的模范。组织行业代表人士“同心·注册会计师服务团”“行业青年专家服务团”，深入创业企业孵化基地、小微企业以及西部地区等开展帮扶活动，免费提供专业服务，以专业优势服务社会，履行社会责任。

三、做好行业统战工作，必须把握代表人士培养这一关键

习近平总书记指出，党外代表人士工作的关键是加强培养，提高素质。只有把培养这个基础性工作做扎实了，更多的优秀人才才能脱颖而出。在行业统战工作实践中，依托行业管理体系，着力完善代表人士发现、培养工作体系，具体有三个“坚持”。

第一，坚持择优遴选入库。建立行业代表人士数据信息库。坚持“政治坚定、业绩突出、群众认同”的标准，指导行业各级党组织根据专业结构、年龄梯次、地区分布等因素，“海选”行业党外代表人士后备队伍，确保关注到各个层面崭露头角的党外人士，保证后备队伍数量充足、结构合理。

第二，坚持持续跟踪培养。每年举办行业党外代表人士培训班，对党外代表人士及后备人选进行培训辅导。推荐人选参加统战部新的社会阶层人士培训班和联谊交友活动，推荐参加行业领军人才培训，帮助加强能力建设，重点强化理想信念教育，提高政治把握能力、参政议政能力。

第三，坚持实践锻炼提升。推荐行业党外代表人士参加会计师事务所执业质量检查、行业课题研究和调研活动，择优推荐党外代表人士到政府部门挂职、到国际会计职业组织任职，为代表人士成长成才创造更多学习锻炼的机会。

（在中央统战部“党外知识分子工作领域学习贯彻中央统战工作会议和《中国共产党统一战线工作条例〈试行〉》精神”会议上的发言，2015 年 6 月 16 日）

第八节
怎样办行业党校

举办注册会计师行业党员骨干进修班，是探索注册会计师行业党的建设一大成果。2010 年创办首期班，已经持续举办 5 期，有 144 人结业。结业学员普遍反映，经过 3 个月住读培训，理想信念更加坚定、党性修养得到加强、理论水平明显提高。要总结进修班的办学实践，领会中央对党校工作的新要求，深化对党校的认识，思考怎么把党校办得更好。

一、党校姓党，要围绕党性教育这个根本目标

党校因党而立、为党而办，是培训轮训党员干部和理论干部的主渠道，是党的思想理论建设的重要阵地，是党员干部加强党性锻炼的熔炉。来到党校，很重要的任务就是接受党性教育，提升党性修养，强化共产党人应有的世界观、人生观、价值观。要通过学习，接受党性教育，加强党性锻炼，培育形成过硬的党性，校正人生的坐标和方向，更好地体现共产党员的模范带头作用，努力成为有道德、有情操、有追求的人。

习近平同志在兼任中央党校校长期间，强调干部教育培训中“理论教育是根本，知识教育是基础，党性教育是关键”。要按照中央党校关于加强党性教育的新要求，抓住党性教育这个关键，抓好督促引导，使学员们补足精神之“钙”，培育思想之源，在党性修养上有一个质的提升。

二、党校是校，要引导学员从工作模式转换到学习模式

学员同志来自行业一线，长期从事注册会计师行业工作，面对的任务很专业，项目一个接着一个，心思都在服务客户上。到了党校，需要尽快把精神状态调整过来。党校工作要在促进学员转换状态上下些功夫，使得在意识上、在生活上、在日程上从工作模式调整到学习模式。同学们首先要转换话语体系，掌握好深度思考的工具，学会使用矛盾的概念、发展的概念、辩证的概念、一般与特殊的概念、现象与本质的概念，去思考、去表达、去交流。其次是要提升思维层次，学会在哲学层次去观察、用政治经济学理论去分析、用中国特色社会主义理论去思考。转换话语体系，提升思维层次，不是去背几个概念，也不是脱离实践去空谈，而要透过现象看本质，从纷繁复杂的生活中寻求规律，从当前困难中探索走向未来的道路，把一个行业一个机构的前途置于中国特色社会主义事业框架中去定位。

三、党校当“研”，要指导学员把研究问题贯穿于学习全过程

学知识是学习的初级状态，运用知识去分析矛盾解决问题才是学习真正的价值所在，用理论去指导实践才是学习的终极目的。要把研究问题贯穿于党校学习的全过程。办党校的要义之一，就在于引导学员形成研究问题的意识、学会研究问题的方法、找到研究问题的方向。当前行业发展存在若干瓶颈问题。作为一名共产党员，不应当满足于抱怨、止步于矛盾，而是要直面问题，勇敢地面对矛盾，思考问题的来龙去脉，找到症结何在，从哪里着手解决。比如，当前突出问题是业务收费低，那就要看到，注册会计师

提供的是专业服务，是知识服务，收费低反映的是市场对专业服务的定价能力还不高，同时也反映了注册会计师专业服务是不是物有所值，在看到国外同行收费高的同时他们的专业服务价值也相对要高。循着这样的认识，就很容易知道要从两个方面去解决。一是改进招投标制度，对专业服务采取不同于货物服务的招投标办法，而不能搞“价低者得”，同时要改进公司治理，提高股东和公众对聘用注册会计师的话语权，而不是由管理层来聘任注册会计师；二是我们自己要努力提高专业服务的价值，使审计和咨询有更多的知识含量，仅仅因为财务报表审计是法律规定的，审计程序仅仅是走个过场，就不可能定更高的价，甚至因为留下隐患还要付出代价。

四、党校要“管”，教学管理工作要敢较真、强督导

党性强不强，要体现在日常工作和生活的方方面面。党校是一个纯粹的政治生活环境，身边都是党员，是提升党性水平、考察党性强不强的试验场。遵守党校的纪律和规则，是考察党性强不强的重要标志。进修班的组织员和班主任处于教学管理一线，在联系、管理、服务学员方面负有重要责任。根据进修班的办学规模和住读特点，配备了相对稳定的组织员和班主任。希望组织员和班主任强化责任意识，在日常教育管理和服务的过程中，对教学管理工作讲认真、对不良苗头倾向敢较真，督促学员严格遵守学习纪律、课堂纪律、考试纪律、请假纪律，对违反纪律和规定的学员，该提醒的提醒、该批评的批评、该通报的通报，落实好从严管理学员的责任。在对学员同志提要求、做规范之前，首先要明确“上位法”要求，清楚上级“提倡什么、反对什么”“该做什么、不该做什么”“能做什么、不能做什么”，坚决落实上级要求，不给任何人搞特殊、开绿灯。

（在注册会计师行业党员骨干进修班〈第六期〉
开班式上的讲话，2015 年 4 月 21 日）

附录一 答记者问

答《光明日报》记者问

（2011 年 6 月 25 日）

话　　题　注册会计师行业党建

新闻标题　《让党旗在新经济组织高高飘扬：来自注册会计师行业的报道》

问：为什么要在注册会计师这个新兴经济组织开展党建？

答：1998 年全国会计师事务所与挂靠单位脱钩后，会计师事务所由事业单位变成了自谋生路的社会中介机构，党组织也随之与挂靠单位脱离关系，行业党员“找不到家”，一些人成为“口袋党员”“隐形党员”。在会计师事务所这个新经济组织，党建以前确实是薄弱环节。但不能忽视的是，注册会计师又是高学历、高素质、高技术人才汇集的行业，从业人员众多，行业具有很强的知识性、技术性特征，是推进经济社会和谐发展的重要一环。所以，在这一新经济组织，党的声音、党的建设、党的领导不能丢。2009 年 9 月，中央要求统筹推进律师、会计师行业等新经济组织的党建工作。我们抓住这一契机，迅速实现党的组织和工作在行业的全覆盖，教育广大党员和从业人员树立理想信念，树立正确的价值观，引导他们从思想上树立诚信执业的理念，实现行业又好又快发展。行业从业者纷纷道出了“有家感觉真好”“有党的领导真好”的真诚心声。

■数据

目前，中国注册会计师协会推动建立了唯一一家全国性行业党委——中国注册会计师行业党委，成立会计师事务所党组织 3 552 家，3.3 万名党员组织关系接转到行业党组织。近一年来，全行业发展党员 400 多名，递交入党申请书从业人员超过 3 500 名，掀起了入党热潮。

问：注册会计师行业是维护市场经济秩序和社会诚信的重要链条。您也曾提出，社会组织党建必须是业务驱动的。那么，该如何实现党建和业务比翼齐飞？

答：注册会计师被称为“经济警察”、社会诚信的“守望者”，对维护市场经济秩序和社会诚信尤为重要。对会计师来说，除了用专业技能服务社会，良好的社会信誉更是如其生命一样重要。在实际工作中，我们始终把党员思想教育工作放在突出位置，并融入到业务工作和诚信教育之中，延伸到广大从业人员中，使广大党员重新找到组织。行业党组织建立之初，我们就提出会计师事务所基层党组织功能定位：诚信建设的政治引导作用、重大事件和重大冲突的矛盾化解作用、风险控制和质量提升中的中流砥柱作用、会计师事务所发展中的凝聚人心作用、人才成长中的政治促进作用。这一定位有效引导了基层党组织建设。但社会组织党建工作不同于机关党建。推进社会组织党建必须围绕行业中心工作来开展，以业务来驱动。为避免党建“两张皮”“一阵风”等问题，中国注册会计师协会具体指导建立了包括 1 561 项指标的会计师事务所综合评价指标体系，全面推进新型行业管理和服务制度、现代会计师事务所内部治理制度、改革创新的行业党建制度三大类型制度建设，以党建助推行业实现跨越式发展。

■数据

在行业党建的有力促进下，2010 年，内地 12 家大型会计师事务所获准从事 H 股企业审计资格；10 家大型会计师事务所完成特殊普通合伙组织形式转制；全行业 2010 年实现收入 375 亿元，增长 18%。

附录二　参考材料索引

1. 《关于进一步加强注册会计师行业党的建设工作的通知》，组通字【2009】49号，2009年10月14日
2. 《中共财政部党组关于成立中国共产党中国注册会计师行业委员会的通知》，财党【2009】29号，2009年10月15日
3. 《注册会计师行业党内重大事项报告规定（试行）》，会行党【2011】13号，2011年6月1日
4. 《中共财政部党组关于印发〈关于进一步深化注册会计师行业党的建设工作的指导意见〉的通知》，财党【2016】43号，2016年6月2日
5. 《关于建立中国注册会计师行业党委委员 中注协党委委员行业党建工作联系点的通知》，会行党【2016】7号，2016年8月5日
6. 《关于加快会计师事务所党组织建设工作的通知》，会行党【2009】4号，2009年11月15日
7. 《关于选好配强会计师事务所党组织书记的通知》，会行党【2010】3号，2010年1月28日
8. 《会计师事务所党建工作指导员管理办法（试行）》，会行党【2010】8号，2010年3月12日
9. 《关于进一步加强注册会计师行业党建经费筹措和使用管理的通知》，会行党【2010】10号，2010年3月17日
10. 《关于印发〈注册会计师行业（协会）党组织考核评价办法（修订）〉的通知》，会行党【2013】4号，2013年11月12日
11. 《关于公布会计师事务所支部工作法评选结果的通知》，会行党【2015】6号，2015年3月18日
12. 《关于扎实做好会计师事务所党的组织和工作覆盖工作的通知》，会行党【2017】1号，2017年1月11日
13. 《关于做好注册会计师行业发展党员工作的通知》，会行党【2010】2号，2010年1月18日
14. 《关于加强注册会计师行业党员教育管理工作的意见》，会行党【2010】9号，2010

年 3 月 17 日

15. 《关于开展 2015—2017 年度注册会计师行业先进党组织和优秀个人评选表彰活动的通知》，会行党【2017】6 号，2017 年 2 月 24 日
16. 《关于大力推进注册会计师行业学习型党组织建设的指导意见》，会行党【2010】22 号，2010 年 9 月 13 日
17. 《注册会计师行业"学党章党规、学系列讲话，做合格党员"学习教育的指导意见》，财政部，财党【2016】41 号，2016 年 5 月 18 日
18. 《关于推进注册会计师行业"两学一做"学习教育常态化制度化的指导意见》，财政部，财党【2017】35 号，2017 年 5 月 28 日
19. 《中央统战部 财政部党组关于印发〈关于加强注册会计师行业统战工作的意见〉的通知》，统发【2011】15 号，2011 年 12 月 6 日
20. 《关于印发〈中央统战部新的社会阶层人士服务团——注册会计师行业代表人士服务团工作规则（试行）〉的通知》，会行党【2019】12 号，2019 年 10 月 22 日
21. 《关于在注册会计师行业开展统战工作实践创新基地建设的通知》，会行党【2019】14 号，2019 年 12 月 24 日
22. 《关于加强注册会计师行业基层工会建设的通知》，中华全国总工会，总工发【2012】7 号，2012 年 1 月 9 日
23. 《关于印发中国注册会计师行业团委〈关于集中推进注册会计师行业团的组织覆盖和工作覆盖的工作方案〉的通知》，会行党【2016】9 号，2016 年 10 月 28 日

第十章
注册会计师行业建设
——经验与启示

科学地制定、持续地实施行业发展战略体系，

已经成为中国特色社会主义理论

在注册会计师行业的成功实践。

第十章
注册会计师行业建设
——经验与启示

科学地制定、持续地实施行业发展战略体系，

已经成为中国特色社会主义理论

在注册会计师行业的成功实践。

导 言

到 2022 年，注册会计师行业已经走过 42 年的光荣历程。以重大事件和重大转折为标志，可以把这 42 年划分为 5 个阶段。

1980 年至 1991 年，是注册会计师行业的恢复重建阶段，1980 年 12 月 23 日这一天，财政部印发《关于成立会计顾问处的暂行规定》。在此前后，第一家会计师事务所成立，接着是注册会计师执业规范陆续推出，验资、报税、查账业务陆续展开。

1991 年至 1998 年，是注册会计师行业的规范发展阶段。标志性事件，是 1991 年第一次举办注册会计师考试，改变考核认定注册会计师的办法。也是在这个期间，出台《注册会计师法》，推出审计工作规则和职业道德规范，清理整顿注册会计师行业秩序。

1998 年至 2004 年，是注册会计师行业的体制创新阶段。标志性事件是会计师事务所脱钩改制，用两年时间使会计师事务所在“人事、财务、业务、名称”四个方面与挂靠单位彻底脱钩，改制成为注册会计师为主体，“自我发起、自主经营、自担风险”的专业服务机构。也是在这个时期，注册会计师行业形成了以诚信建设为主线的工作思路，完善行业治理结构，创立会计师事务所执业质量检查制度。

2004 年至 2016 年，是注册会计师行业的国际发展阶段。标志性事件是启动实施注册会计师行业做强做大战略，把服务中国企业和中国资本“走出去”作为会计师事务所做强做大的标志，同时启动注册会计师人才战略和职业标准国际趋同战略这两个配套战略。以信息化战略和新业务拓展战略这两个配套战略的推出为标志，形成行业发展战略体系。

2016年开始，为注册会计师行业的职业建设阶段。标志性事件，是“十三五”期间行业发展五年规划把职业化列入行业发展四大目标之首。2018年开展“职业化建设”主题年活动，推进注册会计师考试质量保证体系改革，出台注册会计师执业质量监管的若干重大措施，进一步落实注册会计师执业责任。

注册会计师行业从最初服务于外商投资企业，到服务于国有企业改革、资本市场建设，再到服务中国企业和中国资本走向国际市场，直到当前全面服务经济、政治、社会、文化、生态建设各个领域，成绩和贡献，可圈可点，注册会计师行业不愧是中国特色社会主义事业不可或缺的建设力量。在这个过程中，也有过困惑，有过教训。本章旨在总结注册会计师行业建设的基本经验，探索注册会计师行业建设的基本规律，从经验和教训中得到启示，端正继续前行的方向，积聚继续前行的力量。

• 牢牢把握服务国家建设这个主题和诚信建设这条主线。方向明，事业兴。服务好国家建设这个大局，既是注册会计师行业的政治责任、社会责任和道义责任，也是行业持续健康发展的力量之源。注册会计师行业每一次大的创新、大的转型、大的飞跃，都源于国家建设进程中制度创新、治理创新和管理创新提供的机遇和动力。历史经验表明，坚守注册会计师行业的制度价值、专业价值和社会价值这些核心价值，注册会计师行业发展之路，就会越走越宽；相反，忘记了注册会计师行业的核心价值，只看到注册会计师自己的就业价值、商业价值、财富价值，最终会失去这个行业存在的价值。

注册会计师独立审计是市场监督体系重要的制度安排，制度安排的逻辑起点是增信；注册会计师专业服务是高端服务业的重要门类，高端服务的逻辑起点是增智。增信也好，增智也好，基础在于诚信，诚信就必然地成为这个行业的基石。回看历史，有许多会计师事务所和注册会计师，坚持诚信执业，越来越为公众所信任，也有少部分会计师事务所和注册会计师，不讲诚信，常常面临公众的质疑。坚持诚信建设这条主线，不应当是高大上的组织倡导和可有可无的口头宣言，而已经是在一个不算太短的历史时期被一再证明的铁的定律。

- 持续实施注册会计师行业发展战略体系。战略锁定目标，战略决定方向，战略规定路径。注册会计师行业从 2004 年开始实施会计师事务所做强做大战略、注册会计师人才战略和职业标准国际趋同战略，已经持续 17 年，从 2010 年开始实施信息化战略和新业务拓展战略，形成行业发展战略体系，也已经持续 12 年。行业发展战略提出以后，一年接着一年干，一届接着一届干，久久为功。科学地制定、持续地实施行业发展战略体系，已经成为中国特色社会主义理论在注册会计师行业的成功实践。战略凝聚共识，战略协调行动，战略整合力量，注册会计师行业有充分的理由把行业发展战略体系持续地实施下去，与时俱进，不失时机地实现战略创新和战略升级。

- 充分尊重全体注册会计师和广大从业人员在行业发展中的主体地位。内因是决定事物变化的根据。跟其他各行各业一样，立法规范、监督矫正、政策支持、战略引导，无疑都是非常非常重要的。但是，更要看到，注册会计师行业是全体注册会计师和广大从业人员的行业，发展的动力在全体注册会计师和广大从业人员，发展的责任在全体注册会计师和广大从业人员，发展的利益在全体注册会计师和广大从业人员。要把立法规范、监督矫正、政策支持、战略引导，建立在充分尊重全体注册会计师和广大从业人员主体地位的基础上，相信注册会计师们是有意愿把事情办好的，相信注册会计师们是有动力不断深化对自身权利和义务的认识的，相信注册会计师是有自觉在正反两方面的经验中矫正自己的行为的。因此，推进行业建设各项工作，都应当建立在尊重全体注册会计师和广大从业人员主体地位的基础上，针对注册会计师职权和责任的立法，要公允公正，尊重注册会计师职业判断的权威，给行业发展以恒久的信心；针对注册会计师执业行为的监管，要理性稳健，不头痛医头，脚痛医脚，给注册会计师以合理的预期；鼓励行业发展的政策措施，要适当有度，不拔苗助长，行业发展没有到那个程度，政策工具的激励效果往往达不到预期，政策工具用完了，看不到效果，就会失望，引发抱怨，政策用过了头，还会引发政策投机；引领行业发展方向的战略，要实事求是，不提跳起来也够不着的目标，不提再怎么努力都达不到的要求，不提超出战略制定者资源条件的承诺。

• 不断完善注册会计师行业“法律授权、民主管理、行政监督、党建保障”“四位一体”治理结构。治理决定权力的边界、责任的落实，治理保障功能的实现、作用的发挥。

法律对注册会计师行业的授权，有两个层次，一是对会计师事务所和注册会计师的授权，只有会计师事务所才能审计，注册会计师必须加入会计师事务所；二是对注协的授权，注册会计师必须在注协注册、必须加入注协，注协制订职业标准，负监督实施之责。

法律对注协的授权，不是对注协机关的授权，而是对注协作为一个行业组织的授权，民主管理就必然地成为注协有效地履行法定职能的机制形式。

主管部门对注协和注册会计师行业的监督，是法律规定的，是必要的。用权必受监督，这是社会治理理论有关分层授权的体现。

党的领导是中国特色社会主义的本质特征。注册会计师行业是中国特色社会主义事业重要的建设力量，注协在党的领导下履行法定职能、委托职能和自律职能，会计师事务所在党的领导下合法经营、诚信经营、专业经营，注册会计师在党的领导下合法执业、诚信执业、专业执业，党员注册会计师以合法执业、诚信执业、专业执业的模范行动，在群众中发挥表率作用。

历史经验证明，注册会计师行业“法律授权、民主管理、行政监督、党建保障”的“四位一体”治理结构，清晰地规定了各个主体的权力与责任、功能与作用，这是一个成功的治理设计，应当继续坚持，不断完善，发扬光大。

（2022 年 7 月 31 日）

第一节
注册会计师行业发展五个阶段

中国注册会计师制度诞生于20世纪初，当时主要服务于蓬勃兴起的民族工商业发展需要。中华人民共和国成立之初，注册会计师行业在国民经济恢复中发挥了积极作用。之后，随着实行高度集中的计划经济，注册会计师行业一度中断。

党的十一届三中全会作出改革开放的历史性决策，我国进入“对外开放、对内搞活”的新时期。伴随着改革开放和社会主义市场经济体制建设的历史进程，注册会计师行业得以恢复重建，随着经济社会发展的步伐成长，有了今天崭新的面貌。总结历史，注册会计师行业发展经历了恢复重建、规范发展、体制创新、国际发展阶段，目前处于职业建设阶段。

一、恢复重建阶段（1980—1991年）

党的十一届三中全会以后，在对外开放与对内搞活、经济改革与国企转型的背景下，为适应外商投资企业发展、股份制试点和国有企业改革的需要，遵循注册会计师行业发展规律和国际惯例，我国恢复重建了注册会计师制度。财政部负责注册会计师制度恢复重建和注册会计师行业发展工作，开展了考核认定注册会计师、审批成立会计师事务所、举办注册会计师考试、推进行业法律制度建设、制定职业标准、成立行业组织等一系列行业建设工作。标志性事件是财政部印发《关于成立会计顾问处的暂行规定》，在这之前，已经有地方尝试设立会计顾问机构，提供会计咨询和查账服务。

第一，采用考核办法认定注册会计师。1980 年 12 月，财政部印发《关于成立会计顾问处的暂行规定》，标志着中国注册会计师制度的恢复重建，同时规定采取考核的方式，从已取得会计师、高级会计师职称的财务会计人员中，考核认定注册会计师。1986 年 7 月，国务院颁布了《注册会计师条例》，成为新中国颁布的第一部注册会计师行业管理行政法规，其中明确规定采取考试和考核相结合的方式授予注册会计师资格。1987 年 3 月，财政部发布《注册会计师考试、考核暂行办法》，提出了筹备注册会计师资格考试的初步设想，规定每年或每两年举行一次注册会计师考试或考核，并成立了财政部注册会计师考试委员会，领导注册会计师考试相关工作。

第二，以“挂靠”方式举办会计师事务所。财政部《关于成立会计顾问处的暂行规定》指出，各省市根据需要和现有条件逐步设立会计顾问处，承办会计公证、咨询等业务。之后，“会计顾问处”改称“会计师事务所”，仍由主管单位发起设立，相对于主管单位，会计师事务所是挂靠性质的附属机构。

第三，制定法规制度支持恢复重建注册会计师制度。《注册会计师条例》，对注册会计师考试、注册、业务范围、工作规则、会计师事务所的机构性质等作出规定。1988 年 11 月，国务院颁布《中华人民共和国审计条例》，规定了社会审计组织的法律地位和业务范围。《注册会计师条例》等法规制度的实施，对于规范刚刚恢复的会计市场秩序，保护注册会计师依法执业，约束注册会计师执业行为，具有重要的推动作用和积极意义。

第四，成立注协承担行业管理职能。20 世纪 80 年代后期，注册会计师行业已经初具规模。借鉴市场经济国家对注册会计师行业的管理模式，建立注册会计师行业组织，已经成为改革开放和行业发展的迫切需求。1988 年 11 月，中国注册会计师协会成立。随后各地方相继组建省级注册会计师协会，为促进行业发展奠定了组织基础。

上述措施立足国情和现实需要，推动行业在人员队伍、执业机构、立法保障和管理组织 4 个方面加快发展。到 1991 年，全国有会计师事务所 459 家，注册会计师 6 722 人，承办“三资企业”纳税申报、查账、验资、外汇收支报表审查等业务，在吸引外资、优化市场环境等方面发挥了积极的促进作用。

二、规范发展阶段（1991—1998 年）

1990 年 11 月和 1991 年 7 月，上海证券交易所和深圳证券交易所相继成立。1992 年春天，邓小平同志发表“南方谈话”，解决了中国经济体制改革发展的方向问题，同时也为深化会计改革创造了良好的环境。1992 年年底，党的十四大明确了中国经济体制改革的目标是建立社会主义市场经济体制，提出“以公有制包括全民所有制和集体所有制为主体，个体经济、私营经济、外资经济为补充，多种经济成分长期共同发展”。

随着改革开放的持续深入和建立市场经济体制目标的确立，尤其是企业制度的变革和资本市场的发展，市场经济体系的逐步完善对注册会计师行业发展和执业人员素质提出了更为迫切的需求，要求注册会计师行业在制度基础、体系结构和市场环境等方面走规范化、法治化发展轨道，同时行业也出现了弄虚作假、执业质量不高等无序现象。有鉴于此，注册会计师行业开展了规范市场秩序的工作，同时加强法治建设和人才建设，推动行业规范发展。其中的标志性事件，就是建立注册会计师全国统一考试制度。

第一，建立注册会计师全国统一考试制度。1991 年，建立注册会计师全国统一考试制度并首次举办注册会计师全国统一考试，拉开了通过规范、严格的考试渠道认定注册会计师的序幕，明确了注册会计师的衡量标准，规范了行业人才选拔和培养工作，为注册会计师专业化、规范化发展奠定了坚实的人才基础。

第二，制定注册会计师职业标准。1991—1993 年，中注协先后发布检查验证会计报表规则等 7 个执业规则。在此基础上，1994 年，成立中注协独立审计准则组，参照国际惯例研究制定中国独立审计准则，先后制定实施了 6 批共计 48 个审计准则，基本形成包括独立审计基本准则、职业道德基本准则、质量控制基本准则、后续教育基本准则，以及具体准则和实务公告在内的注册会计师独立审计准则框架体系，为规范注册会计师执行审计业务，提高执业质量和队伍素质，维护公众利益，发挥了重要作用。

第三，开展注册会计师行业人才培养。国务院高度重视注册会计师行业人才培养工作，并将行业人才培养工作提升到战略发展的高度。1994 年，国务院办公厅印发《关于大力开展注册会计师培训工作的会议纪要》，成立由财政部、国家计委、国家发展和改革委员会、国家体改委、国家教委、人力资源和社会保障部、审计署、中国人民银行八个部委领导组成的注册会计师培训工作领导小组，决定筹建 3 个注册会计师全国培训中心，先后在 23 所高校设立注册会计师专业方向。1995 年，行业制定实施《注册会计师后续教育培训制度（试行）》，全面推进注册会计师继续教育，提高注册会计师专业胜任能力和职业道德水平，逐步形成了行业人才培养机制、继续教育组织体系和后备人才培养模式。

第四，完成注册会计师行业立法。1993 年 10 月 31 日，第八届全国人民代表大会第四次会议审议通过《注册会计师法》，对注册会计师资格取得、会计师事务所设立、业务范围、执业准则、法律责任以及注册会计师协会职责作出规定，全面规范注册会计师行业的建设发展，使注册会计师行业成为最早拥有专门立法的专业服务业，标志着注册会计师事业进入了法治化的新时期，是我国注册会计师事业发展史上的重要里程碑。

第五，规范会计市场秩序。1995 年 6 月 19 日，经国务院批准，中国注册会计师协会与中国注册审计师协会联合，组成新的中国注册会计师协会，对社会审计行业实行统一管理，开创了统一法律规范、统一执业标准、统一监督管理的行业发展新局面。1993—1998 年年底，根据国务院领导关于“做扎实工作，整顿会计师行业”的指示精神，围绕“清师、清所、清业务”三方面任务，清理注册会计师队伍和会计师事务所执业资质。同时，制定发布注册会计师注册办法、任职资格检查办法、会计师事务所审批和监督办法、分所设立办法等制度，建立健全了行业管理规范体系。

三、**体制创新阶段（1998—2004年）**

1997年，党的十五大宣告确立社会主义初级阶段基本经济制度，强调坚持和完善社会主义市场经济体制，使市场在国家宏观调控下对资源配置起基础性作用，强调坚持和完善对外开放，积极参与国际经济合作和竞争。2002年，党的十六大提出建设完善的社会主义市场经济体制和更具活力、更加开放的经济体系的战略部署，要求进一步深化经济体制改革，进一步克服影响我国社会生产力发展的体制性障碍，不断为经济发展和社会全面进步提供强大动力。

破解市场经济发展的体制性障碍成为时代主题，迫切需要建立以市场配置资源为主的管理体制，建立合理的所有制结构，营造非公经济发展的良好环境，转变政府职能，等等，实现体制创新。这一时期，资本市场逐步完善，市场经济要素活力迸发，个体经济、私营经济、外资经济迅速发展，对会计审计服务的需求显著增强，会计信息需要公开，审计质量需要提高。为了适应社会主义市场经济体制改革的新形势，注册会计师行业通过会计师事务所脱钩改制、完善行业管理体制、建立行业监督检查机制和确立诚信建设主线等方面创新体制机制，进入体制创新激发行业发展活力的新阶段。其标志性事件，就是会计师事务所脱钩改制。

第一，会计师事务所脱钩改制。注册会计师行业恢复重建时，会计师事务所挂靠于党政机构、企事业单位，作为事业单位来管理。随着经济体制改革的深化，客观上要求对会计师事务所的挂靠体制进行改革和创新。1998年至1999年年底，注册会计师行业在专业服务诸行业中率先完成脱钩改制，会计师事务所实现了与挂靠单位在“人事、财务、业务、名称”四个方面的彻底脱钩，改制成为以注册会计师为主体发起设立的“自我发起、自主经营、自担风险”的独立专业服务机构。

第二，完善行业管理体制。为了适应会计师事务所脱钩改制后的新形势，注册会计师行业积极探索和完善管理制度和运行机制。2003 年 6 月，中注协制定发布《关于加强协会自律管理体制建设的指导意见》，建立以理事会和常务理事会为核心的决策组织体系，以会员为中心的行业管理服务职能体系，以及以秘书处为主体的执行体系，注重发挥会员代表大会、常务理事会、理事会、专门（专业）委员会等行业组织机构的决策管理职能。

第三，创新行业监督检查机制。为了加强行业管理和监督，各级注协推进行业资格管理、执业质量监督等行业监管制度创新，逐步建立起包括注册会计师年检制度、上市公司年报审计监管和业务报备制度、谈话提醒制度、会计师事务所执业质量检查制度、行业惩戒制度等在内的行业监管制度体系。2004 年 3 月，中注协发布《会计师事务所执业质量检查制度（试行）》，对会计师事务所实行 5 年一个周期的全面检查，教育和惩戒相结合，督促会计师事务所提高执业质量。同时把证券、期货、金融行业审计作为执业质量检查的重点，建立上市公司年报审计业务报备及分析制度，形成对上市公司审计事前、事中、事后相结合的监管机制。

第四，确立诚信建设主线。2002 年，确立了以诚信建设为主线的行业工作思路，将行业的人才建设、标准建设、继续教育、执业质量监管等各项工作纳入诚信建设的框架，建立行业诚信信息监控系统，将注册会计师执业经历、奖励惩罚等情况向公众开放。树立“诚信为本，操守为重，坚持准则，不做假账”的行业理念，塑造“独立、客观、公正”的职业形象，发布《诚信建设纲要》，实施注册会计师诚信宣誓制度。

四、国际发展阶段（2004—2016年）

进入21世纪，经济全球化进程加速，全球经济格局深度调整。在中国加入世界贸易组织后，“走出去”成为中国企业的重大取向，境外上市、对外投资、对外贸易加速了中国经济与世界经济的融合。2003年，党的十六届三中全会对新时期经济体制改革作出新的部署，建设统一开放、竞争有序的现代市场体系和促进经济社会可持续发展机制，完善社会信用制度，增强企业国际合作和国际竞争的能力。

经济社会改革的深入推进，市场经济体系的逐步完善，客观上要求经济发展方式向全面、协调、可持续发展方向转变。作为市场经济的主体，企业经营将逐步由粗放式、资源消耗型向集约化、科技进步型转变，企业发展应承担更多的社会责任，企业信息必须更加完整、透明、开放。这些都要求注册会计师行业的发展必须面向世界、面向未来，为经济转型服务，为企业“走出去”服务。2008年全球金融危机爆发后，高质量的会计信息和审计鉴证的重要作用受到国际社会的空前关注，将注册会计师审计维护市场经济秩序的重大作用提到前所未有的高度。

在这一背景下，中国注册会计师行业提出了以国际化发展为导向的战略框架。2004年11月，中注协第四次全国会员代表大会强调坚持以诚信建设为主线，以国际化发展为导向，启动实施人才培养、职业标准国际趋同、会计师事务所做强做大等行业发展战略。2010年11月，中注协第五次全国会员代表大会将新业务拓展和行业信息化纳入行业发展战略，包括五大战略在内的行业发展战略体系宣告形成。几年间，行业紧紧围绕服务国家建设这个主题，以诚信建设为主线，瞄准国际化发展的目标，开展了以五大战略为引领的行业建设工作。

第一，会计师事务所做强做大战略。一方面，支持大型会计师事务所规模化发展和国际化发展，服务中国企业“走出去”战略；另一方面，支持中小会计师事务所做精做专，提升注册会计师审计专长和专业服务能力。

2007 年 6 月，中注协发布和实施《关于推动会计师事务所做强做大的意见》《会计师事务所内部治理指南》，全面指导会计师事务所做强做大战略实施。2007 年 12 月，国务院九部委联合发布《关于支持会计师事务所扩大服务出口的若干意见》，支持有条件的会计师事务所积极“走出去”，建立国际化服务网络，树立国际化品牌，服务中国企业“走出去”战略。2012 年 6 月，中注协发布《关于支持会计师事务所进一步做强做大的若干政策措施》，向符合条件的会计师事务所发放奖励补助资金，支持会计师事务所做强做大。在此基础上，发布会计师事务所章程（合伙协议）范本，推动会计师事务所内部治理机制建设；制定实施《关于提升注册会计师行业服务金融业发展能力的若干意见》，推动会计师事务所提升高端服务能力。同时，积极推动和指导中小会计师事务所做精做专，发布《关于规范发展中小会计师事务所的意见》。

随着做强做大战略的实施，会计师事务所跨境服务能力得到提升，到 2013 年，已经有 19 家会计师事务所加入国际会计公司，70 家会计师事务所在境外设立分支机构、成员机构或联系机构 90 家，实现了中国香港、美国、东盟、西亚等境外市场的业务拓展。

第二，人才培养战略。2005 年 6 月，中注协发布《关于加强行业人才培养工作的指导意见》，即人才培养“三十条”，全面指导行业人才战略实施。2006 年 9 月，修订发布《中国注册会计师继续教育制度》。2007 年 10 月，制定发布《中国注册会计师胜任能力指南》，为推进行业人才教育、选拔、培训等工作及相关制度的改革完善，提供了重要的理论基础和路径指导。2007 年，设立注册会计师全国统一考试英语测试。2009 年 3 月，财政部修订完成《注册会计师全国统一考试办法》，对考试制度进行改革，将注册会计师考试划分为专业阶段考试和综合阶段考试。2011 年 12 月，发布《中国注册会计师行业人才发展规划（2011—2015 年）》，明确行业人才建设的指导思想、总体思路和发展目标。2012 年 6 月，制定《注册会计师考试实行计算机化考试实施方案》，实施注册会计师考试计算机化改革。

加强继续教育，重视注册会计师胜任能力的培养，注重提高职业判断能力，通过选拔培养领军人才带动整体素质水平的提升；加强行业后备人才队伍培养，选拔高等院校注册会计师专业方向学生赴境外会计师事务所实习，举办注册会计师专业方向院校师资培训班。

经过多年的实践，已经形成以“三十条”和行业人才工作五年规划为指导，以《中国注册会计师胜任能力指南》为理论基础，包括注册会计师考试、培养行业领军人才、支持培养行业后备人才，分阶段、分层次、点面结合的人才培养机制。在考试选拔方面，成功举办注册会计师考试 22 次，累计 415 万人报名参加，188 万人次取得单科合格成绩，17.8 万人取得全科合格证书；实现考试国际化，先后在中国香港、比利时布鲁塞尔、中国澳门设立考场。在高端人才培养方面，自 2005 年起，以国际化人才培养为重点，实施行业领军（后备）人才培养工程，截至 2013 年共选拔培养 10 批 279 名行业领军（后备）人才，培养熟悉国际商务规则、适应国际审计环境的国际化专业人才和管理人才。国际化人才培养方面，2006 年至 2013 年，与 2 家境外会计职业组织作出考试科目互免安排，支持和资助 112 名注册会计师通过联合培养项目取得境外执业资格；通过在中国香港、中国澳门设立中国注册会计师考试考场，在比利时布鲁塞尔设立中国注册会计师考试欧洲考区，吸引国际化人才加入中国注册会计师队伍。后备人才培养方面，2005 年至 2013 年，选拔 9 批共 777 名注册会计师专业方向优秀学生赴境外实习，连续举办 9 期注册会计师专业方向院校师资培训班，培训师资 280 多人次、建立了教学质量评估制度，进而建立起行业后备人才培养机制，不断提高注册会计师专业方向院校教学质量，培养国际化后备人才。

第三，职业标准国际趋同战略。建立完善以《中国注册会计师执业准则》《中国注册会计师职业道德守则》为主体的职业标准体系，与国际标准持续全面趋同。

2006 年 2 月 15 日，发布包括 48 项审计准则的新的审计准则体系，标志着我国已经建立起适应市场经济发展要求、与国际趋同的审计准则体系。国际审计准则理事会与中国审计准则委员会签署联合声明，宣布中国审计准则与国际审计准则实现趋同。2010 年 11 月，财政部发布新修订的审计准则，保持与国际审计准则的持续全面趋同。2009 年 10 月，中注协发布《中国注册会计师职业道德守则》和《中国注册会计师协会非执业会员职业道德守则》，实现了与国际会计师职业道德守则的全面趋同。2011 年年初，欧盟通过决议，确认中国审计监管体系与欧盟审计监管体系等效。2013 年，中注协翻译出版《国际审计准则》和《国际职业会计师道德守则》中文译本，推进中国大陆及香港、澳门、台湾地区会计语言精准化、标准化和通用化。中国会计审计准则改革，被誉为发展中国家和经济转型国家的典范，受到国际会计师联合会、世界银行等组织的高度认可。

出台《企业内部控制审计指引》及配套实施意见，出台《高新技术企业认定专项审计指引》《医院财务报表审计指引》《基金会财务报表审计指引》《外汇收支情况表审核指导意见》《外商投资企业外方权益确认表审核指导意见》以及 6 项审计准则问题解答等一系列审计指引和指导意见，建立起覆盖新型业务领域的职业标准和专业指导体系。

第四，新业务拓展战略。建立会计服务示范基地和会计服务试点项目，推动区域经济发展和会计服务拓展。发布《注册会计师业务指导目录》，对注册会计师业务项目进行全面梳理和持续更新。

2009 年 10 月，国务院办公厅转发财政部《关于加快发展我国注册会计师行业的若干意见》（国办发〔2009〕56 号），这是新时期、新阶段指导注册会计师行业中长期发展的纲领性文件，体现了国家对注册会计师行业发展的高度重视，为加快行业发展提供了新的政策机遇。以此为动力，注册会计师行业把服务经济社会转型升级、提升行业服务效能、积极拓展行业服务新领域，作为行业跨越式发展的突破口。2010 年 8 月起，中注协偕同地方注协，与地方政府、政府部门、行业组织等合作，围绕国家重点领域、重点区域、重点项目，先后创建了苏州工业园区特色会计服务等 11 个会计服务示范基地和河北农业综合开发项目监督检查等 3 个会计服务试点项目。2010 年 9 月起，中注协定期发布《注册会计师业务指导目录》，对注册会计师行业为经济社会各个领域提供服务的业务项目进行全面梳理和持续更新。

《注册会计师业务指导目录（2014 年）》所列注册会计师业务项目共计 436 项，其中鉴证业务 271 项，相关咨询服务业务 165 项。新业务拓展战略服务经济社会发展的效果逐步显现，拓展了包括新型鉴证业务、战略咨询业务在内的各类新领域业务，增加了专业服务市场容量，一定程度上缓解了当前行业过度竞争、竞相压价等问题，有效建立起新的业务增长点。

第五，行业信息化战略。打造符合审计准则要求、体现风险导向审计理念的大型会计师事务所审计信息系统，建设行业管理信息系统，持续建设完善行业共享服务知识库，推动中国注册会计师行业紧跟信息时代发展步伐。

中注协“五代会”决定实施行业信息化战略，将其作为行业未来 5 年的核心任务和行业实现跨越式发展的战略支点。2011 年 10 月，《中国注册会计师行业信息化建设总体方案》出台，计划用 5 年时间，“2011 年制定规划、2012 年建设系统、2013—2015 年整合应用”三步走，实现行业信息化接近或达到国际水平，促进行业跨越式发展和服务经济社会能力的整体提升。2012 年 2 月，《中国注册会计师行业信息化建设主要工作任务分解表》《中国注册会计师行业信息化应用功能描述》和《中国注册会计师行业信息化建设指南》等配套文件公布，标志着行业信息化战略实施措施到位。2012 年 12 月，完成行业管理信息系统（二期）建设，提升了行业管理和服务效率。2012 年起，中注协先后组织建成了法律法规库和经济数据库，免费为全国 8 000 余家会计师事务所和地方注协开通法律法规库，为证券期货业务资格会计师事务所配发 1 500 个经济数据库端口账号。2013 年 4 月，启动网络信息安全升级改造项目，用两年时间使信息系统达到国家安全等级保护三级标准。2013 年 10 月，完成全国注协系统高清视频会议系统建设。2014 年 1 月，中注协指导用友公司开发的大型会计师事务所审计软件正式推出。

2009 年 10 月 15 日，财政部党组决定成立中国注册会计师行业党委，作为全国第一家全国性专业服务行业党委，成为社会组织党建重要的体制创新。2009 年以来，习近平、李克强、李源潮等中央领导同志先后多次作出重要批示。2012 年 4 月，习近平同志作出重要批示，要求注册会计师行业要“紧紧抓住服务国家建设这个主题和诚信建设这条主线”，对行业科学跨越发展提出了新期望和新要求，为行业发展指明了方向。

五、职业建设阶段（2016 年—）

注册会计师行业从 2004 年部署实施做强做大战略、国际趋同战略和人才战略，到形成国际化为导向、做强做大为主体战略的行业发展战略体系，历时愈十年，成效卓著，但同时，注册会计师行业专业服务能力与公众对注册会计师执业质量和高端服务的期待和需求相比，仍然存在很大差距。注册会计师行业认识到，相对于上规模、扩市场、定制度、立标准，注册会计师能力的提升和素质的提高，是一件更艰巨、更持久的任务。注册会计师行业还认识到，除了注册会计师行业，还有注册会计师职业这样一个重要的存在，两者是互为表里的，行业是表，职业是里，一个好的行业的背后，必定有一个好的职业。要在继续推进注册会计师行业建设的同时，以职业化理论为指导，推进注册会计师职业的建设，以职业建设来支撑和充实行业建设。

习近平总书记十分重视干部和人才队伍的专业化和职业化建设，对各行各业和各类人才的专业化和职业化都有重要论述。2017 年 7 月 14 日，习近平总书记在全国金融工作会议上指出，“要加强外部市场约束，提高会计、审计等机构自律性、公正性和专业化水平”。习近平总书记的重要讲话，既指出了注册会计师行业的主要矛盾，也指明了注册会计师职业化建设的方向。2021 年 7 月 30 日，《国务院办公厅关于进一步规范财务审计秩序促进注册会计师行业健康发展的意见》（国办发〔2021〕30 号）出台，尖锐指出会计师事务所“看门人”职责履行不到位、行业监管和执法力度不足等问题，要求切实加强会计师事务所监管，遏制财务造假，有效发挥注册会计师审计鉴证作用，提出了规范财务审计秩序的系列措施。

注册会计师行业认真学习领会习近平总书记的重要讲话精神和国务院部署，高度重视注册会计师行业存在的职业化和专业化程度不足的矛盾，全面部署和推进注册会计师职业化建设的工作，注册会计师行业发展进入了职业化建设新阶段，其标志性事件，就是“十三五”期间行业发展规划把职业化确定为四大目标之一，列为四大目标之首。

第一，把职业化置于“十三五”期间注册会计师行业发展四大目标之首。2016 年 12 月 15 日，《注册会计师行业发展规划（2016—2020 年）》公布，明确了职业化、国际化、信息化、市场化“四大目标”。作为“四大目标”之一，为什么职业化建设标志一个新阶段的开始，而其他三大目标不是呢？其实，这个问题不难回答。国际化和信息化是行业发展战略体系的组成部分，明确国际化、信息化两大目标，是上一个阶段，即国际发展阶段的延续和深化，市场化呢，它所要解决的是建设注册会计师专业服务有效市场，是执业环境建设的概念，它不足以标志一个新的发展阶段的开始。

《注册会计师行业发展规划（2016—2020 年）》对职业化建设目标作了这样阐述，“职业化是注册会计师行业作为专业服务业的本质特征。职业精神的养成和坚守是职业化的核心，专业能力的培育和保持是职业化的基础。要把职业价值观、职业道德和职业态度的养成贯穿到学历教育、资格考试、继续教育、监督检查等行业工作的各个领域，把专业能力的培育作为行业工作的重中之重，把专业精神融合到注册会计师职业精神中，全面提高注册会计师队伍对职业精神的认同，使追求和实践职业精神成为每一个注册会计师的自觉行动。”

第二，中注协“六代会”重申职业化建设任务。2018 年 6 月 26 日召开的中注协“六代会”指出，要坚持问题导向，以诚信建设为主线、以增强专业服务能力为重点、以职业化建设为核心、以严格行业监管和优化行业发展环境为保障，推进行业高质量发展。

第三，围绕职业化建设任务持续开展主题年活动。2019 年 4 月 17 日，《注册会计师行业“职业化建设年”主题活动实施方案》公布，明确在 2019 年以职业化为主题，开展注册会计师行业主题年活动。其中指出，通过开展主题年活动：（1）深化对注册会计师职业化的认识。深入领会注册会计师是专家职业的职业特性，深入领会注册会计师行业是专业服务业的行业定位，深入领会诚信建设是注册会计师行业建设主线的重大命题，准确把握新时代国家建设对注册会计师职业新的要求，积极探索注册会计师职业发展规律，增强广大从业人员投身职业化建设的紧迫感和自觉性；（2）明确注册会计师职业成长的方向。增强从业人员对职业精神的广泛认同，使广大从业人员认识到，注册会计师审计是市场监督体系重要的制度安排，维护公众利益是注册会计师行业的天职，先有公众利益，后有行业利益。使广大从业人员认识到，职业知识是执业实践的基础，职业标准是执业活动的准绳，职业判断能力是注册会计师核心能力，自觉地对照注册会计师胜任能力框架和审计标准、职业道德标准，找到自身在胜任能力上的差距，补短板，强弱项，全面提高职业胜任能力，明确正确的职业成长方向；（3）促进注册会计师行业制度的创新。研究把握注册会计师职业化对制度建设的新要求，对考试制度、注册制度、继续教育制度、执业质量检查制度等行业管理服务制度进行分析梳理，对有效体现职业化要求的制度，严格落实，对不适应职业化要求的制度，探索改进。会计师事务所要按照职业化建设的要求，对机构治理、经营管理、质量控制等管理制度进行分析甄别，填平补齐，改进完善。

接着是在 2020 年 4 月 27 日，发布《注册会计师行业“质量管理提升年”主题活动实施方案》，开展以质量提升为主题的主题年活动。《方案》指出，要集中解决影响行业发展质量和服务质量的突出问题，建立健全质量保障制度机制，扩大高质量服务供给，促进行业优质高效发展，进一步提高公众对行业服务能力和服务质量的认可度，提出了“质量管理标准进一步强化；会计师事务所质量管理进一步改进；行业质量监管进一步加强；自律监管体系进一步完善”四项任务。

第四，把注册会计师和非执业会员作为一个职业来建设。2019 年 1 月 14 日，中注协会员发展工作推进会召开。会议指出，做好会员发展工作，建立会员服务体系，是注册会计师职业化建设的制度条件，要推进入会流程再造，便捷会员入会，改进行业制度，强化会员服务，提高会员身份的吸引力。全面做好非执业会员的发展和服务工作，是新时代注册会计师行业服务国家建设新的需要，是推进注册会计师职业化新的举措，要把会员发展和服务工作办成“职业化建设年”主题活动中出彩的工作。

第五，把职业化建设延伸到注册会计师考试这个入行环节。2019 年 1 月 15 日，深化注册会计师考试质量保证体系改革专题研讨会召开，强调职业化建设要从注册会计师入行阶段开始，要从提高注册会计师考试质量开始，发挥考试引领注册会计师职业成长的作用，在注册会计师考试中强化专业理论和职业精神的考察，重申和落实注册会计师考试命题的职业导向、原理导向、考生友好导向“三个导向”原则。

第六，持续改进审计准则和职业道德守则，强化对注册会计师职业道德、职业怀疑、职业判断等职业行为的规范和指导。2019 年 12 月 31 日，中注协就注册会计师职业怀疑、函证等发布指南，明确注册会计师遵循职业道德基本原则和保持职业怀疑的关系，强化要求注册会计师在整个审计过程中保持职业怀疑，克服认知偏差，对舞弊风险和迹象保持高度警惕。2020 年 11 月 19 日，修订完成会计师事务所质量管理系列准则，既体现持续国际趋同的原则，对会计师事务所质量管理中存在的突出问题也有很强的针对性。其中，针对会计师事务所“一体化”方面存在的突出问题，质量管理相关准则明确要求会计师事务所建立并严格执行完善的一体化管理机制，实现人事、财务、业务、技术标准和信息管理五方面的统一管理，对于合并的分所（或分部）也不应当例外。再如，针对会计师事务所合伙人轮换“流于形式”的问题，质量管理相关准则明确要求会计师事务所应当建立并完善合伙人轮换机制，明确轮换要求，确保做到实质性轮换，并通过建立合伙人服务年限清单等方式，对轮换情况进行实时监控等。

（对《注册会计师行业发展的四个阶段》一文的增订。《注册会计师行业发展的四个阶段》，载《中国注册会计师行业发展研究资料 2008》，2009 年）

第二节
注册会计师行业建设基本经验

中注协成立已经 16 年，全国特别代表大会已经过去 8 年，注册会计师行业发展和注协建设取得了很大成果。回顾和总结行业发展与注协建设走过的道路，有几条基本经验。

一、行业发展应当始终坚持以维护公众利益为根本宗旨

公众利益是行业利益的源泉，不把维护公众利益作为前提，就会失去

公众的信赖，就谈不上行业的发展。

从 20 世纪 90 年代初的长城事件到世纪之交的银广夏事件的教训，都证明，行业一旦偏离了维护公众利益的轨道、单纯追逐执业机构的个体利益，都将使行业的发展受到重挫。

在困难和挫折面前，我们及时反思和改革，积极开展清理整顿，加强行业诚信建设，使行业获得新生，重新赢得党和政府以及公众的信赖。

不难看到，在立足于维护公众利益的同时，积极参与社会公益事业，对于提升行业的社会形象也产生了积极效果。2002 年，全行业开展了“关注未来，救助孩子”慈善捐助活动，全行业先后捐助善款近 700 万元，居各行业之首，得到社会各界的高度赞扬，充分展现了行业良好的职业素养和社会责任感。

注册会计师行业的未来发展应当继续坚持以维护公众利益为根本宗旨，正确处理行业利益和公众利益的关系，在维护公众利益的前提下谋求行业利益。

二、行业发展得益于中央重视和各级政府部门的支持

注册会计师行业有今天的发展成就，得益于党中央和国务院高度重视，与改革开放事业密不可分，与社会主义市场经济体制建设密不可分，与各级政府部门的大力支持密不可分。

《注册会计师法》是我国最早也是为数不多的社会中介行业的专门立法。党的十五大从政治体制改革和民主法治建设的高度提出要培育和发展社会中介组织，党的十六大、党的十六届三中全会和四中全会以及国务院关于推进资本市场改革开放和稳定发展的意见，都一再明确要大力发展会计师事务所等社会中介组织，为行业的规范发展提供了有力的法律支撑和政策扶持。

党中央和国务院领导对注册会计师行业的建设有过许多重要指示和批

示，为行业的建设和发展指明了方向。各级财政部门也为行业建设和注协工作的开展提供了有力支持。政府其他部门对注册会计师行业的理解和支持，对于解决行业发展中的困难，改善行业执业环境，都提供了有力的指导、支持和帮助。

三、行业发展得益于积极地对外开放与借鉴

注册会计师行业恢复重建只有短短24年的历史。在这24年里，注册会计师行业能够取得如此迅速和规范的发展，能够跻身于世界会计师舞台，也得益于我们积极主动并不断坚持对外开放和科学借鉴。

通过开放市场和对外交流合作，我们不失时机地采取“请进来”“走出去”的方式，加强注协与各国和地区以及国际职业组织的交流，虚心学习和借鉴行业管理经验；加强执业界之间的交往与合作，在世界范围内吸收最先进的审计理念、技术、方法和管理经验；积极参与国际职业组织的事务，履行国际义务，也提升了行业形象和国际影响力，为执业界的对外交往和合作创造有利条件。

四、行业发展一刻也不能放松队伍素质建设

注册会计师行业之所以能够在社会主义市场经济中占有一席之地，源于市场对注册会计师专业能力和职业道德素质的信任。队伍素质是行业存在和发展的支柱条件。

近年来，行业作用的凸显和社会地位的提升，既有市场需求的因素，更离不开自身素质建设的加强，离不开我们围绕提升队伍素质在考试、培训、年检、监管、标准、职业道德和诚信建设等方面所做的努力。

队伍知识结构、年龄结构的改善，以及职业道德、诚信水平和执业质量的提高，使得这个行业逐步发展成为受人信赖、受人尊重的行业。

五、行业发展需要尊重规律　不断进行体制创新和制度创新

注册会计师行业在我国是一个新兴行业，社会主义市场经济体制建设也有一个不断健全完善的过程。在这种形势下，行业发展没有固定模式可以照搬，更不能因循守旧、止步不前，需要积极探索、总结规律并不断创新。

行业的清理整顿工作、脱钩改制工作，以及行业诚信建设和管理服务体制建设，都是在不同的历史条件下解决行业现实问题而进行的工作创新，并取得了积极成效。

掌握并尊重行业发展的规律，使我们取得巨大进步。在前进的过程中，我们也曾因为没有把握住规律，走过一些弯路。

行业未来发展和注协的工作是动态向前的，不可避免会遇到许多新困难、新问题，需要随着行业的发展和形势的变化，不断探索和总结，与时俱进，积极推进体制创新和制度创新。

六、行业发展离不开强有力的行业组织

国际经验和我国实践表明，一个强大的行业离不开一个强有力的行业组织。

在财政部门的重视和支持下，各级注协的机构建设、队伍建设、功能建设，得到稳步加强，注协的行业管理服务功能得到有效发挥，注协在考试、培训、标准、监管以及行业研究和发展探索等方面所做的工作，对于推进行业的健康发展都发挥了至关重要的作用。

广大会员的积极参与和大力支持是注协工作的基础。政策、标准、制度的科学性，以及政策、标准和制度的落实，完全有赖于广大注册会计师和会员的大力支持和积极参与。注协未来的各项工作、各项决策，也依然离不开广大注册会计师和会员的理解和支持。只有把广大注册会计师和会

员的力量凝聚在一起，才能给注协以不断的动力源泉，持续不断地推动这个行业健康向前。

（在中注协第四次全国会员代表大会上的工作报告〈部分〉,2004年11月1日）

第三节
注册会计师行业建设要处理好六个“关系”

中注协“四代会”总结了行业恢复重建24年和注协成立16年的六条基本经验。在过去六年里，面对新的发展阶段和新的发展形势，注册会计师行业坚持和发扬这些基本经验，同时有一些新的认识，具体来讲，就是要处理好六个方面的关系。

一、处理好行业发展与经济社会发展互生互动的关系

注册会计师制度是市场经济的产物，服务于经济社会发展，随着经济社会的发展不断完善。因此，过去几年我们特别强调，行业发展要始终着眼于经济社会发展，要紧密服务于经济社会发展，关注、顺应并满足经济社会发展不同时期的需求，在更好地服务经济社会发展的过程中，体现和实现行业的价值，赢得行业更好的发展机会。比如，为了更好地服务企业“走出去”和中国经济国际化发展，我们推进职业标准国际趋同和会计师事务所做强做大战略；为了应对国际金融危机，我们充分发挥自身的专业优势，为国家重大经济政策的落实到位、为市场信心的有效提升提供服务；为服务经济发展方式转变，我们积极研究医药卫生体制改革等各项改革工作对行业服务的新需求，大力拓展新的业务领域，推进行业转型升级，发挥对其他产业转型升级和各项改革的促进和保障作用，等等。实践充分

证明，注册会计师行业只有积极主动适应中国经济社会发展的节奏，才能更好地服务经济社会发展，与中国经济社会共成长。

二、处理好战略规划与重点突破的关系

行业发展要制定长远目标，发挥战略规划的引导作用。同时，战略规划的实施是一个长期的工程，在这个过程中，需要找准行业发展的关键点，重点突破，通过局部的突破带动整体的发展。

“四代会”确定了行业发展的系列战略、指导思想和发展目标，以此为依据，我们进一步明确了行业发展的“战略路线图”，即“一个目标、两个市场、三大战略、四大支柱”。这是因为，系列战略涉及面广，工作内容多，难易程度不一，其中有的是牵一发动全身带有全局意义的重点，需要集中精力重点突破，比如，作为专家行业、智力密集型行业，率先从人才培养着眼取得突破，改变行业发展人才匮乏的局面；有了人才还要有高质量的职业标准，因此，我们实施职业标准国际趋同战略，实现了职业标准的国际化。在人才和标准取得突破的同时，大力推动会计师事务所做强做大和“走出去”，全面提升行业服务经济社会发展的能力和国际竞争力。一步一个脚印，由点及面，逐步逼近“四代会”提出的战略目标。

三、处理好做强做大与做精做专的关系

经济社会发展是多元的，注册会计师行业的服务对象也是多元化的，既有大型特大型企业，也有中小型企业。因此，行业的发展要与经济社会发展的规模、结构保持平衡，才能更好地为经济社会发展服务。

行业恢复重建 30 年，完成脱钩改制 10 年，行业的服务能力相比经济社会发展的步伐仍然滞后，服务大型企业的能力，特别是服务“走出去”企业的能力尤显不足，这是当前行业发展面临的主要矛盾。因此，着力实

施会计师事务所做强做大战略，满足中国经济提升国际竞争力的需要。同时我们也认识到，中小会计师事务所的规范发展，也很重要，中小会计师事务所的规范发展，是满足多层次多样性需求的关键。因此，我们在推动会计师事务所做强做大的同时，十分关注中小会计师事务所的规范发展，出台了《关于规范和发展中小会计师事务所的意见》，积极引导和支持中小会计师事务所做精做专。大型会计师事务所做强做大，中小会计师事务所做精做专，将促进行业规模结构合理优化、区域分布协调发展，更好地为经济社会发展服务。

四、处理好国内发展与国际发展的关系

会计市场是我国最早对外开放的市场之一。中国经济的国际化程度不断加深，日益要求注册会计师行业国际化发展，提升行业国际竞争力。包括二十国集团在内的全球各国领导人达成共识，要求会计行业加强国际协调，在世界经济发展中发挥更重要的作用。

6 年来，我们统筹国际国内两个市场抓发展。一方面以国内市场为基础，狠抓职业标准执行和行业监管，提高服务质量，拓展服务领域，推进转型升级，全面服务经济社会进步；另一方面以国际化为导向推进行业建设，改革注册会计师考试制度、大力培养国际化人才、积极推进职业标准持续全面的国际趋同、着力推动会计师事务所“走出去”、积极参与国际会计行业事务，使得行业的国际影响力和竞争力日益增强。国内市场的稳固发展，能够为国际市场的发展打下坚实的基础；国际市场的有效拓展，能够大力提升行业发展的国际空间，服务中国企业走出去，并可以更好地提升服务国内市场的能力。基于中国市场与国际市场日益融合的现实，没有国际市场的发展，国内市场也会失去，只有两者相互促进，协调发展，才能实现国际国内两个市场的双赢局面。

五、处理好业务发展与行业党建的关系

加强行业党建是行业科学发展的坚强政治保证，认真践行党的创新理论成果、贯彻落实党的路线方针政策，可以保证行业发展的正确方向；充分发挥会计师事务所党组织的战斗堡垒作用，可以促进会计师事务所科学发展、和谐发展；充分发挥行业党员的先锋模范作用，可以带动行业诚信建设和人才队伍建设。

在推进会计师事务所学习实践活动和创先争优活动过程中，我们特别强调活动的开展一定要与行业业务发展相结合，促进解决行业发展的突出问题，推进行业科学发展。我们加强行业党建，充分发挥党组织的战斗堡垒作用和党员的先锋带头作用，建立业务整改长效机制，用党建促进业务建设，切实做到党建和业务“两手抓、两促进、两提高”，取得突出成效，得到中央领导同志的充分肯定和行业同志们的广泛好评。

六、处理好加强政策指导与发挥行业主体精神的关系

把握行业发展的方向，对行业发展给予指导，加强服务和管理，是行业科学发展不可缺少的组织条件。但是也要看到，会计师事务所、注册会计师和广大从业人员是行业科学发展的主体力量。政策的扶持、组织的推动，都是外因，外因通过内因才能发挥作用。

在行业工作中，我们特别注重通过推动制度的完善和环境的改进，为行业发展提供良好的空间；采取多种形式为会计师事务所搭建供需双方合作交流的平台；更多地运用指南、指导性文件引导行业加强机制建设，6年来发布了包括治理、联合合并和业务领域拓展等方面在内的20余项指南、指引和意见。同时，鼓励、倡导和激发会计师事务所及注册会计师的首创精神和进取精神，比如，在继续教育方面，通过机制创新实现“要我学”向“我要学”转变；在治理方面，通过制度引导实现“资本主导”向

"智力主导"转变；在新业务领域拓展等方面，鼓励机构和地区大胆探索、先行先试。实践证明，广大注册会计师的主体精神、发展热情、创新潜力，是行业持续发展的基础动力。

（在中注协第五次全国会员代表大会上的工作报告〈部分〉，2010 年 11 月 25 日）

第四节
注册会计师行业建设要做到四个"始终"

中注协"四代会"总结了注册会计师行业建设六条基本经验，"五代会"指出注册会计师行业建设应当处理好六大关系。回顾"五代会"以来注册会计师行业建设实践，我们进一步认识到，注册会计师行业建设要做到四个"始终"。

一、始终围绕服务国家建设这个主题，坚持正确的发展方向

方向明，事业兴。服务好国家建设这个大局，牢牢把握服务国家建设这个主题，既是注册会计师行业的社会责任所系，也是行业健康快速发展的力量之源。注册会计师行业作为专业服务业，是建设中国特色社会主义的有生力量，要自觉服务于国家建设"五位一体"总体布局和"四个全面"战略布局，自觉实践新发展理念，深入推进行业党的建设，持续拓展新的服务领域，不断扩大专业服务在部门、产业、区域、业态的覆盖，不断提高服务质量和水平。

二、始终围绕诚信建设这条主线，坚持社会主义核心价值取向

诚信是社会主义核心价值观的道德要素，也是注册会计师行业的基石，

是行业的安身立命之本。在注册会计师行业建设中，我们把诚信建设作为行业建设的主线来坚守，持续加强行业诚信形象的锻造和推介，增进市场和公众对行业的专业倚重和道德信赖。要在全行业进一步加强社会主义核心价值观教育，坚持诚信建设这条主线，使行业发展走得更稳、更远。

三、始终坚持一张蓝图绘到底，持续实施行业发展战略体系

以国际化为导向、以做强做大为目标战略的行业发展战略体系，是实现行业跨越发展的蓝图，引领着行业发展不断取得新进步。几年来，我们持续推进做强做大和国际化建设，出现了一批为大型企业提供综合服务的会计师事务所，涌现了一批具有国际影响力、在国际会计网络排名中榜上有名的会计师事务所。做强做大非一日之功，需要作长期努力。要以钉钉子的精神，持续实施行业发展战略体系，一以贯之，不松劲，不偏离，与时俱进，不断取得新成效。

四、始终把握行业工作的针对性，坚持问题导向，久久为功

问题导向是重要的工作方法。只有始终坚持问题导向，深入研究行业存在问题的性质，梳理导致这些问题的原因，有针对性地提出解决问题的路径，厘清解决问题的责任主体，才能使行业建设的各项工作更具有针对性。不冒进，不松懈，锁定目标，齐抓共管，久久为功，解决问题才有希望，行业的美好未来才有希望。

（在中注协第六次全国会员代表大会上的工作报告〈部分〉，2018 年 6 月 26 日）

附录一 答记者问

答 HKICPA A Plus 杂志专访

（2011 年第 7 期）

话　　题　注册会计师行业国际化发展

新闻标题　CICPA Chief Chen Yugui on Chinese Accountants' Journey to the World Market

Braving the rain

In the second part of a series exploring the development of the Chinese accountancy profession, Chinese Institute of CPAs Secretary-General Chen Yugui talks to Helen Luk in Beijing about overcoming the obstacles mainland accountants face in going international.

Looking across the big conference room in the Chinese Institute of CPAs' office in a new commercial building, Chen Yugui marvels at the breakneck pace of development of China's accountancy profession over the past decade – much like the speed at which high-rises have sprung up all over Beijing.

"I recently visited our former secretary-general and he told me that in 1993, the total revenue of the whole profession was only 80 million yuan," Chen tells A Plus in an interview. "That figure grew 100 times to eight billion yuan in 2000 and then soared to 32 billion yuan at the end of last year."

The staggering growth in numbers would be enough to celebrate this

November – the 22nd anniversary of the Chinese institute's founding.

"At every key development stage, our profession played a facilitating role," says Chen. "We were first set up to serve foreign enterprises, and then the state-owned enterprises that underwent corporatization. Many of them later sought listings on the Shanghai and Shenzhen stock exchanges, and we became their auditors, so that makes us an integral part of the state economy."

Going international

Despite the rapid progress the profession has made, mainland accounting firms remain geared towards the domestic market, and they now desperately need to internationalize for one purpose: to grow in tandem with mainland enterprises seeking accounting, consulting and advisory services for the exploding number of overseas investments and acquisitions they have been making in recent years.

"One of the challenges the profession faces is that our service capabilities cannot yet satisfy the demands imposed by the development of China's economy and enterprises," he says.

For one, Chen says the profession is too reliant on assurance, which brings in 90 percent of total revenue, as an income generator, and its 92 000 CPAs have yet to boost their ability to offer non-assurance services.

"We hope to equalize the ratio of assurance and non-assurance revenue to 50:50 in eight years," he says.

"The government is demanding that domestic enterprises speed up their restructuring to cut down their reliance on resource consumption and achieve growth through high value-added services," he says. "Correspondingly, our CPAs need to enable this change with our professional expertise by helping companies reduce costs and streamline management and production processes. But their capability in these areas is not yet strong enough."

Under the existing mechanism, before an accounting firm can branch into services such as valuation, tax or construction audits, the accountants have to take more exams and obtain additional specialized professional qualifications and licenses. The different service lines also come under the jurisdiction of different regulatory bodies, complicating compliance.

"This significantly hikes up a firm's operating and compliance costs, which affects them in further developing their auditing services and increases the entry barrier," Chen says. "We are actively exploring measures to solve this problem."

Training talent

While many Chinese banks, manufacturers and other enterprises have already entered the international capital markets, Chen says "the quality of our CPAs remains uneven. We don't have enough professionals who can offer international services, such as international accounting and auditing, consulting, restructuring and international trade advisory."

As a start, CICPA is planning to strengthen training to boost the number of accounting "leading-talents"（领军人才）– top professionals who possess technical and management expertise – from 169 now to 1 000 in the next five to 10 years. These leaders will be pivotal in pushing forward the development of large Chinese accounting firms, elevating the quality of the whole profession and expanding business offerings.

"We have already done a lot in bringing our auditing and accounting standards as well as ethics code in line with international standards," he says. "The second step is to train and monitor our CPAs in accordance with these standards. This is the most important policy for us. For example, all CPA firms now have to undergo practice review every five years and those auditing for listed companies will be reviewed every three years – this is in line with international practice."

To broaden accounting practitioners' horizons and cultivate high-quality professionals, CICPA sent 442 accounting students for training to firms in the U.S., the U.K., Australia, Singapore, Canada, Hong Kong and other developed countries and regions since 2006. It is also collaborating with top-tier accounting bodies such as the Hong Kong Institute of CPAs to help

Chinese CPAs attain overseas practice licences, offering study subsidies to those who successfully pass the exams. So far, 193 are studying for the Hong Kong Institute's qualification programme (with 11 of them qualified) , and 394 are studying with The Institute of Chartered Accountants in England & Wales, 52 of whom have qualified as associates, or ACA.

Domestically, the Chinese institute has revamped its examination format this year, changing from five to six papers and introducing a final exam, after taking into consideration the practice of other developed countries and regions. Chen explains that the exam will focus more on the candidates' professional judgment and on case studies, testing their ability to handle real–life auditing, accounting and other issues related to the profession – a departure from a strong emphasis on testing their knowledge of facts and policies in the past. "Our goal is to make our exam internationally recognized," he says.

Chen acknowledges that English remains a great barrier for many Chinese CPAs hoping to gain overseas qualifications. In order to beef up their language proficiency, the Chinese institute has added some English questions to each of the six papers and the final exam: Candidates can score an additional five bonus points if they correctly complete the English multiple choice questions and another 10 points in the English comprehensive questions.

"We will gradually increase the proportion of English questions until they reach a significant level," he says. "This is good news for the exam takers from Hong Kong."

Strengthening ethics

Chen says there is growing awareness among mainland accountants of the importance of ethics. "Our CPAs now realize that without public trust, the profession will have no future," he says.

CICPA has taken active steps to strengthen ethics education – revising its ethics code three times in recent years – and to tighten regulation by penalizing firms that violated practice rules.

"Overall, ethics awareness has risen a lot, but we still need to further improve our accountants' understanding of ethical issues so that they won't make a mistake because they don't realize it's a problem.

"Systemic accounting fraud, that is, actively helping clients to manipulate the numbers, is now very rare. But there are other cases where the accounting firms don't follow all the proper auditing procedures required because they are rushing to complete a job within a short time as opposed to a more reasonable timeframe, or (where they) irresponsibly sign off audit reports. We need to tighten monitoring in this regard," he says.

Chen says, the Chinese institute has also cracked down on companies that replace auditors without sufficient grounds (what it calls "炒鱿鱼，接下家").

"We have been monitoring situations where the client tells the auditor, 'If you are not obedient, you are fired.' We will observe the replacement audit firms and make sure that they will stand their ground like their predecessors. If they don't follow the rules, we will monitor them. The measure has so far been very effective in curbing these incidents," he says.

During the January to April auditing period every year, Chen says CICPA publishes a weekly report called Audit Express, which lists the companies that have replaced auditors and names their new auditors.

"We make this public knowledge so that everybody can see it and the companies will know that we will penalize irresponsible behavior," he says.

CICPA found that among listed companies who replaced their auditors, the percentage of those receiving qualified audit opinion from their successor auditors (13.8 percent in 2008; 14.4 percent in 2009) was higher than the overall average percentage of listed companies receiving qualified audit reports (6.8 percent in 2008; 6.7 percent in 2009).

"There are many reasons for the listed companies to change their auditors, and clients' attempt for opinion shopping from auditors is only one such reason. But the above percentage comparison shows that although pressured by the clients, the successor auditors persisted in adhering to the auditing and ethics principles, and still issued the same qualified audit report as their predecessors did," Chen says.

Thinking big

China's cabinet, the State Council, has outlined in a policy statement its big plans for the accounting profession: to build about 10 large and 200 medium-sized competitive home-grown accounting firms over the next five years (see interview with the Ministry of Finance's Liu Yuting in A Plus's June issue) .

Achieving this goal, Chen acknowledges, is going to be an uphill battle. "Given the potential of China's economic growth and the volume of its capital, the nation should be able to support its own international accounting network – maybe not in five to 10 years, but in 20 years, 30 years? China has the right conditions to make this happen, although the process of building an internationally recognized brand and an international network is going to be very tough, both in terms of initial investments and efforts in moving from a familiar market to an unfamiliar one," he says.

One impetus that can propel this forward, he stresses, is support from Chinese entrepreneurs. "To drive the growth of a market, demand must be strong. Many Chinese enterprises don't seek help from their accountants when they have financial reporting, foreign currency and other business development problems. It is not a common practice yet. We need to improve our service quality so that it becomes a necessity for entrepreneurs to bring along our accountants when they do business," Chen says.

Expansion strategy

In the domestic market, the mainland accounting firms underwent rounds of mergers and acquisitions in recent years, leading to the emergence of a number of nationwide accounting firms. Many local firms, such as Zhongrui Yuehua and Shu Lun Pan CPAs, opted to join an international accounting alliance as part of their growth strategy, while ShineWing built its own brand.

Chen says either development model is fine as long as it can help the firms reach the eventual goal of providing international services to Chinese enterprises. "While a local firm can leverage the support provided by an outside network to help it speed up its internationalization, it also needs to make sure it can contribute to the alliance by helping them build a stronger China presence," he says. "This is what we hope to see."

Chen says the Chinese institute is studying ways to help mainland firms grow "bigger and stronger" by giving them support in terms of, for example, staff training and market opportunities if they reach a certain scale and meet certain requirements. "We will be very cautious in deciding what support the firms will get in order not to upset the level playing field," he says.

While the Big Four still dominate the international services market in China, he says this phenomenon is changing. Though still uncommon, some local Chinese accounting firms are following their clients overseas, offering them auditing, and mergers and acquisitions advisory services.

"In 2009, 16 of our local firms' annual revenue exceeded 300 million yuan and the best local firm ranked in 872 million yuan. The top international firm had revenue of around 2.6 billion yuan. So the gap is narrowing," he says.

The Big Four are operating in China under joint venture licences, which will expire in 2012. The Chinese government is keen to push all CPA firms to switch to a limited liability partnership model widely practised in the West.

"Moving to a limited liability model will facilitate further consolidation among China's accounting firms and boost their competitiveness," Chen says.

附录二　参考材料索引

1. 《在中国注册会计师协会第四次全国会员代表大会上的工作报告》，陈毓圭，2004年11月1日，《中国注册会计师》，2004年第11期
2. 《注册会计师行业近六年工作的回顾与未来五年的建议——中国注册会计师协会第四届理事会工作报告》，陈毓圭，2010年11月25日，《中国注册会计师》，2011年第1期
3. 《中国注册会计师协会第五届理事会工作报告》，陈毓圭，2018年6月26日，《中国注册会计师》，2018年第7期
4. 《在国际会计舞台发出"中国声音"》，屈涛，《中国会计报》，2014年4月11日
5. 《百年追梦谱华章——中国注册会计师行业史料陈列馆建设纪实》，杨智杰，钟陵强，《中国注册会计师》，2017年第9期

附 录
名词、名称、人名中英文对照表

A

安然/安隆 Enron

澳大利亚特许会计师协会 Institute of Chartered Accountants in Australia, ICAA

B

巴塞尔银行监管委员会 The Basel Committee on Banking Supervision, BCBS

保险监管机构国际组织/国际保险监管机构协会 International Association of Insurance Supervisors, IAIS

必须 must

标准会计惯例 standard accounting practices

C

《财务报表编制与列报框架》 Framework for the Preparation and Presentation of Financial Statements

采用 adoption

D

《大型会计师事务所审计方法的发展》 Developments in the Audit Methodologies of Large Accounting Firms

德豪 BDO International

E

二十国集团 G20

F

方中 Mark Fong

非执业会计师 non-practicing accountant

非执业注册会计师 non-practicing CPA

G

公共会计师 public accountant

工商界职业会计师 professional accountants in business

公众利益监督委员会 Public Interest Oversight Board, PIOB

公众利益实体 public interest entities

公众问责 public accountability

国际财务报告准则 International Financial Reporting Standards, IFRS

国际货币基金组织 International Monetary Fund, IMF

国际会计教育准则 International Accounting Education Standards, IAES

国际会计教育准则理事会 International Accounting Education Standards Board, IAESB

国际会计师联合会 International Federation of Accountants, IFAC

国际会计师职业道德守则　International Code of Ethics for Professional Accountants, The Code
国际会计师职业道德准则委员会　International Ethics Standards Board for Accountants, IESBA
国际会计与报告标准政府间专家工作组　Intergovernmental Working Group of Experts on International Standards of Accounting and Reporting
国际会计准则　International Accounting Standards, IAS
国际会计准则理事会　International Accounting Standards Board, IASB
国际会计准则委员会　International Accounting Standards Committee, IASC
国际审计准则　International Standards on Auditing, ISAs
国际审计准则委员会　International Audit and Assurance Standards Board, IAASB
国际证监会组织　International Organization of Securities Commissions, IOSCO
国际合作项目（澳洲会计师公会）　International Partnership Program,IPP
关系密切的家庭成员　immediate family member

H

核数师　auditor
很可能/可能　probable

J

继续职业教育　continuing professional education
价格的可比性（认定补贴和倾销）　price comparability（in determining subsidies and dumping）
将会/将　would
金融稳定理事会　Financial Stability Board, FAB
金融稳定论坛　Financial Stability Forum, FSF

K

柯安彤　Anton Colella
库柏/马尔可姆·库柏　Malcolm Cooper
会计师　accountant
《会计在东亚金融危机中所起的作用：应当吸取的教训》/《会计披露在东亚金融危机中的作用及应吸取的教训》　The Role of Accounting in the East Asian Financial Crisis: Lessons Learned

L

联合国贸发会议　United Nations Conference on Trade and Development, UNCTAD
洛克尔/马丁·凡·洛克尔　Martin Van Roekel
罗瑞贝德国际会计网络　Russell Bedford International, RBI

M

美国证券交易委员会　US Securities and Exchange Commission, SEC
美国注册会计师协会　American Institute of Certified Public Accountants, AICPA
明晰项目　Clarity Project

N

《内地与香港关于建立更紧密经贸关系的安排》　Closer Economic Partnership Arrangement, CEPA

O

欧盟理事会　Council of the European Union
欧洲委员会　Council of Europe

P

帕玛拉特　Parmalat

普拉达/迈克·普拉达　Michel Prada

Q

七国集团　G7

趋同　convergence

S

审计的经营风险法　Business Risk Approach to Auditing

审计师　auditor

史迪文/尼尔·史迪文森　Neil Stevenson

市场经济地位/市场经济条件　Market Economy Status, MES

施尔德/阿诺·施尔德　Arnold Schilder

世界会计师大会　World Congress of Accountants, WCOA

世界经济论坛/达沃斯论坛　World Economic Forum, WEF

世界贸易组织　World Trade Organization, WTO

世界贸易组织协定　World Trade Organization Agreements, WTOA

世界银行　The World Bank

世通　WorldCom

实质重于形式　substance over form

受托人（国际财务报告准则基金会）　Trustees of the IFRS Foundation

T

泰迪/戴维·泰迪　David Tweedy

唐纳森/威廉·唐纳森　William Donaldson

特雷/斯图亚特·特雷　Stuart Turley

特许会计师　Associate Chartered Accountant, ACA

特许公认会计师公会　Association of Chartered Certified Accountants, ACCA

X

协调　harmonization

Y

亚洲-大洋洲会计准则制定机构组织/亚大会计组织　Asian-Oceanian Standard-Setters Group, AOSSG

应当/将　shall

应该/应　should

英格兰与威尔士特许会计师公会　Institute of Chartered Accountants in England and Wales, ICAEW

应有的关注/合理注意/勤勉尽责　due care

Z

真实与公允　true and fair View

职业　profession

职业标准　professional standards

职业化　professionalization

职业怀疑　professional skepticism

职业精神/职业性/专业性/专业主义　professionalism

职业谨慎　professional prudence

职业会计师　professional accountant

执业会计师　practicing accountant

职业判断　professional judgement

执业注册会计师　practicing CPA

资质认定项目　Qualification Program, QP

《中国会计和审计评估报告》/《中国——标准和规则遵守情况报告：会计与审计》　China-Report on the Observance of Standards and Codes（ROSC）: Accounting and Auditing

专家职业　profession

专业人士　professional

庄达　Jonathan Geldart

后　记

我对注册会计师行业的认识，起点是很低的。大学的时候没有学过审计学，至多是读过会计学教材的最后一章——会计检查。研究生的时候，旁听李成章教授的审计学课，没有坚持听完，留下印象比较深的，是审计独立性三角模型。听杨时展先生讲审计学，用的是英文的影印教材，因为没有这方面的基础，又无意于将来做这方面的工作，学得很不深入。

记得是 1985 年的暑假，从武汉回家路过南京，看望当时在江苏省审计厅工作的詹从才同志，见到他所在的工交审计处一位姓龚的同事。后来得知，他全名叫龚乐。龚乐同志听说我在读会计学专业的研究生，就伸出拇指和食指打出“八”的手势，操着上海人特有的两个重音说出“八大”两个字音，我甚至都不知道他说的是什么。詹从才同志当时介绍说，龚乐同志是龚清浩教授的儿子。我就想，出身会计世家，又是做政府审计的，说的应当是审计方面的事吧。在做这个后记的时候，我电话问了詹从才同志，得知龚乐同志现在生活在澳大利亚。推算起来，他应当是年近八旬的老先生了。对这位“两字”之师，我祝他老人家健康长寿。

知道国际会计公司这一说，乃至大致地知道“八大”，是我在 1986 年到财政部工作以后。记得有一个场景，某一天的中午，在财政部食堂排队买饭的时候，会计司四处的年轻同事张国俊跟我提到毕马威，这是我第一次听到这个名字，当时竟然联想到“弼马温”这个近音词，觉得毕马威这个名字很有趣。

我跟注册会计师行业是有缘的。20 世纪 80 年代，财政部跟英格兰与威尔士特许会计师公会达成合作意向，派干部去英国考察注册会计师行业和金融市场，为那个时候还没有成立的中国注册会计师协会培养干部。会计司魏克发司长热情向部里推荐，派我随当时任会计司四处副处长的潘晓江同志去英国执行这个考察任务。那个时候，出国跑一趟，哪怕只是出去几天，都是一件稀罕事儿，而这趟任务一去就是半年，我又是入职财政部不满一年的年轻人，所以不要说是在会计司，就是在财政部，都是一件不小的事情。在 1987 年 5 月至 10 月约半年的时间里，我们俩去了英国的很多地方，英伦三岛都走到了，几乎访遍了伦敦金融城的每个角落，还访问了位于比利时的欧盟总部。当地人介绍我们的时候，称我们是 senior administrators of the prospective CICPA，意思就是“将来会有的中注协”的高级官员。那是我第一次接触“prospective”这个英文单词。有缘的是，2002 年初我真的到中注协做了秘书长，成为名副其实的 senior administrator。尽管这里面有巧合的成分，但是在我把这段经历告诉身边朋友的时候，大家仍然为财政部提前 16 年为某个岗位培养干部感到惊讶。

在英国近半年的时间里，我们考察了包括考试、培训、监管、维权等注册会计师行业工作的方方面面，走访了议会以及工商部等部委，金融、保险、证券、实业、律师、精算等行业组织以及公司企业和专业机构，虽然是走马观花、浮光掠影，但是直观印象非常强烈。当时接触到的 true and fair view、standard accounting practices、profession、continuing professional education 这些概念，为我后来思考注册会计师行业的底层逻辑，提供了有价值的线索。不久前，我跟证监会一位年轻同事通电话，他正在香港做为期一年的工作交流，他说一年时间快到了，感叹时间太短，我就跟他讲，年轻人要多看，看到就是得到，因为将来有足够的时间去消化。这个认识，很大程度上得自于我年轻时候的经历。当然，这是题外话了。

1991年，我在会计司受命执笔《会计改革纲要》，其中有一章讲注册会计师行业，那是我第一次直接面对注册会计师行业改革发展这个话题。1998年，为庆祝中华人民共和国成立50年，项怀诚部长主持编写《新中国财政50年》和《新中国会计50年》两本书，我执笔任务中有《新中国会计50年》的最后一章——“新中国会计发展展望”，其中当然也要展望注册会计师行业。当时我还想，针对注册会计师行业未来的这些话，说得合适吗？能够实现吗？后来发生的事，真是应验了那句俗话，“谁出主意谁负责”。成书不到三年，我就到注册会计师行业工作了。

再说句题外话，在我的工作经历中，还有不少“谁出主意谁负责”这类尽显“无奈”的例子。1988年底，财政部启动会计准则的制定工作，我当时作为会计司会计准则组“五老二小”七人中的两个年轻人之一，执笔起草会计准则制定工作方案。方案搞出来了，接着就是按照方案去写基本准则。到1992年，基本准则做完了，又执笔起草制订具体准则的工作方案，再按照这个工作方案写具体准则，直到离开会计司去中注协工作。后来做注册会计师行业做强做大战略方案、职业标准国际趋同战略方案、行业发展五年规划等等，也都是这么个路子。当然，说这些经历是出于“无奈”，实为戏言。其实，能够把一件件事情从做方案到最后做成，并不是每个人都能有的幸运。只是从这样的经历中，我更加体会了“话不能乱讲”这个浅显的道理，经常提醒自己，口号要落地，政策要落准，制度要落实。

我对注册会计师行业的认识，是不断深化的。这本书里，好些话题都不止对应一篇文稿，从中能够直观地看出认识上的变化和深化。

初到行业工作的时候，我是把它作为一个部门工作来看待的。不久后便发现，这不是一个部门，这是一个行业，是一个面，是一个立体，是一个系统，做行业领导工作既要面对这个行业内部的所有矛盾，也要面对这个行业与经济社会生活方方面面的广泛联系，需要全局思维和系统思维，更需要主动精神和担当精神。

同样是初到行业工作的时候，注册会计师行业同时面对三大挑战。一是国内外先后曝出多个审计失败案件，使得注册会计师行业无论是在国内还是在国际，其公众形象都落到了谷底，面对“人人喊打”的局面。二是会计师事务所完成脱钩改制不久，合伙人之间、合伙人与注册会计师之间的磨合还没有完成，许多人心里面还存着一个“谁怕谁”“谁领导谁”的问题。内部矛盾必然地转化为外部矛盾，“谁对审计质量负责”的问题受到的关注反而少了。同时，脱钩改制的时候，许多人掏空家底做了创业资本，“脱贫致富”的愿望十分强烈，一定程度上冲淡了质量意识。三是注协从创建开始就承担的部分行业管理职能被分离出去，注协面临干什么、往何处去的问题。

应对这些挑战，对内聚拢行业的人心和机关干部的人心，对外树立行业的形象，必须有掷地有声的“口号”才行。这就是“以诚信建设为主线的工作思路”“以注册会计师为中心的完整的行业管理服务体系”这两个提法的背景。

“口号”聚拢人，也鼓舞人，但是，要使它成为有持续号召力的行动的向导，就必须落地，必须有可以着力的抓手。为此，做了两件事。一个是抓“炒鱿鱼、接下家”，抵制上市公司炒坚持原则的会计师事务所的“鱿鱼”，遏制会计师事务所不顾后果“接下家”的投机主义倾向。二是建立会计师事务所执业质量检查制度，改变行业监管只是查办案件的局面，形成全覆盖、周期性、常态化的监管机制。这两大措施果断推出，很快见到了成效，直到今天，仍然在发挥作用。

会计师事务所执业质量检查制度初创的时候，主要是针对注册会计师审计项目的质量，也就是“查项目”，相对于过往的查办案件，也就是“查案子”，无疑是一个重大突破。随着监管工作的推进，进一步认识到，审计工作是团队工作，是高度依赖于系统环境的工作，这个系统环境就是会计师事务所的质量控制体系。审计项目是树木，质量控制体系是生态，生态良好，才能长出优质的树木。对质量控制体系进行检查，促进形成良好生态，就为审计项目这一棵棵树木创造良好的生长环境。基于这个新的认识，于2011年改革执业质量检查制度，重点检查会计师事务所质量控制体系，实现了从“查项目”到“查系统”的升级。

把注册会计师行业建设聚焦到注册会计师职业建设上，也是源于对行业本质的认识的更新。

注册会计师行业是一个完全由注册会计师这个专家职业支撑的行业，注册会计师职业是注册会计师行业生产力的全部。这是注册会计师行业作为专业服务业，与工商产业的显著区别所在。注册会计师职业建设，不是注册会计师行业建设若干领域之一，而是这个行业建设的出发点和落脚点，在极端的意义上讲，两者甚至就是同义语，注册会计师考试是“职业”考试，注册会计师注册是“职业”准入，注册会计师行业标准是“职业”标准，注册会计师行业监管是“职业”监管，注册会计师行业组织是“职业”组织。注册会计师行业建设，要聚焦于注册会计师职业建设，要以职业化理念、理论和原则，指导注册会计师行业建设。

所谓职业，就是具备同样的知识结构、同样的职业技能、同样的职业精神，担负同样的职业使命的专家群体。“化”者，普遍之谓也，所谓职业化，就是这个职业的每一个成员，都逐步认同这样的职业精神，逐步具备这样的知识结构，逐步掌握这样的职业技能这样一个过程。注册会计师行业当前面临的诸多矛盾，从内因上讲，都是源于注册会计师职业发展不足的矛盾，注册会计师还不够“职业”，离“化”的标准还有相当的差距。

“十三五”期间行业发展规划，把注册会计师职业化作为行业发展四大目标之首，把2018年确定为职业化建设主题年，就是基于对注册会计师行业本质新的认识，基于对注册会计师行业主要矛盾新的判断。同样是基于这样的判断，我把职业建设认定为注册会计师行业进入新的发展阶段的标志。

我对在注册会计师行业工作的经历，是充满感激的。我的职业生涯后半部分接近 20 年的时间，做的都是注册会计师行业的工作，其中在证监会工作这段不算长的时间，做的是资本市场会计监管工作。感谢财政部党组、证监会党委和各任领导，以及历届理事会和常务理事会的信任、支持和指导，使我有可能在一个比较长的时期里贴近地观察一个行业的曲折成长，多维度地认识这个行业与经济社会生活和国家建设事业各个领域深层次的关联，深入地理解制约这个行业发展的内外部矛盾，深层次地参与推进这个行业的建设工作，从而有可能在“交换、比较、反复”中不断地矫正认识、修正错误、创新实践。

我要感谢在行业工作时的历届领导班子同志。我初到行业工作的时候，是班子中最年轻的，其他同志都是“50 后”，甚至是“40 后”。即使是在后来的工作中，班子里也有比我年长得多的同志。带领一众老大哥老大姐工作，对一个年轻“班长”来说，往往是一个不小的挑战，但是我所收获的，却是他们巨大的包容和有力的支持。他们是董新钢、李爽、刘萍、郭建新、王丽然等同志。

我要感谢中注协、地方注协、证监会相关部门及会计条线的同事们对我工作的热情支持和无保留的配合。特别是在中注协，我甚至无法想象，他们忍受同一种领导风格长达十数年，是如何挺过来的。我要郑重地对他们说，我是领情的。

我要感谢注册会计师行业全体同志的热情支持。群众是真正的英雄。全体注册会计师和广大从业人员是行业建设的主体力量。全体注册会计师和广大从业人员热情持久的创业创新实践，是我理解行业建设规律的认识之源，是我参与行业建设事业的信心之源。

我要感谢中组部、统战部、共青团中央、全国总工会、中央国家机关工委、民政部、商务部等部委和各级领导同志。他们认真落实中央部署，指导建设注册会计师行业这块社会组织党建的试验田、新的社会阶层人士统战工作的试验田、社会组织团建和工会工作的试验田、中央国家机关党建的试验田、社会组织创新的试验田、发展服务贸易的试验田，引领了注册会计师行业发展正确的政治方向，激发了全体注册会计师和广大从业人员作为中国特色社会主义建设者的自豪感、责任感和巨大的发展热情，也增强了行业全体同志把这个行业建设好的信心和决心。

我要感谢媒体的朋友们，他们是注册会计师行业乃至我本人的益友和诤友。媒体及时而客观的报道，激励和警示了注册会计师们，更为我本人观察这个行业、思考这个行业的建设问题提供了不可替代的、有价值的信息。

我要特别感谢在中注协工作期间的最后一届班子同志。这届班子成员的年龄比较接近，在一起工作的时间相对比较长，攻坚克难的任务特别重，左右为难的事情特别多，这段时间班子合作共事的经历，使我深深地体会到什么叫齐担当、同苦乐、共荣辱。他们是杨志国、梁立群、蔡晓峰、杨晨辉等同志。

这本书表达的思想、观点和主张，是在与周围同事们切磋讨论中形成的，是在与行业内外、境内外同志和朋友的学习交流中形成的。我要感谢他们。

书中收录的好些文稿，得到中注协和证监会会计部同事以及好些朋友直接间接的协助，有的同志提供了文稿的初稿，有的同志提供了背景材料，有的同志审订校改了这本书的终稿，有好些同志提供了工作协调方面的支持。他们是（姓氏笔画为序）：

万俊杰、于帅、马圆、王凤兰、王廷梁、王凯、王京石、王诗仪、王珺、王鑫、石磊、叶欣、白晓红、丛晓华、丛涛、冯毅、司文彬、刘刚、刘伟、刘栩、刘晓莲、刘晓彤、刘渝、齐飞、齐振梅、江医、许宁、孙光耀、孙国红、孙建立、孙铁军、芮怀涟、杜晓锋、杜斯媛、李光辉、李华磊、李丽、李茂龙、李杰、李迪、李顺成、李娜、李振华、李海军、李超、李博、李善婧、李静芳、李聪、向晓晖、杨文风、杨志国、杨晨辉、杨鸿、吴苏妍、吴俊慧、吴耀姝、邹晖、冷继凤、汪六七、宋祉健、张一喆、张文、张文娟、张龙平、张冰、张良、张妍、张建凉、张革、张素青、张翠萍、张馨艺、张鑫、陈广垒、陈龙伟、陈曦、邵楠、苗英华、易琮、易雄军、罗梅、岳颂、金瑶、周京、周诗洋、周艳、周萍、郑婉伊、赵兰芳、赵际喆、赵彦、赵洛萍、赵晓玲、胡邦栋、胡天伊、段姝、姜芳凝、姚冬萍、都琳、贾蓉、夏虹、倪鹏翔、徐泽洪、殷德全、高缘、高魁、郭芮、唐建华、袁小叶、常先启、常志安、梁立群、梁晶、蒋圣华、蒋伶倩、韩潇、程宇冉、傅绍正、鲁冰、童朋方、曾铁兵、甄玉晗、虞凤贤、蔡晓峰、颜世强、潘泽明、穆博、薛大伟。

恕我不能列全他们的名字，不能一一注明他们的贡献。

感谢中国财政经济出版社副社长蔡丽兰同志、金融分社社长郁东敏同志、编务胡雪滢同志。她们三位热情、认真、专业的工作，为这本书增色很多。

最后，我要感谢我的家人。全家人的理解和支持，使我能够心无旁骛地工作和思考。我常常因为加班不能按时回家，甚至因为忘记了提前告之他们，一家人等着我吃晚饭。我清楚地记得，有一天在我匆匆跨进家门的时候，母亲说："我知道，事情不做完，心里就不舒服。"我不知道的是，她这样说，是因为看到我不安的神色，想宽慰我的心，还只是自言自语，发个感慨。因为她自己就是这样的人。母亲已经故去 10 年了，我非常怀念她。

我已经离开工作岗位，离开注册会计师行业，但是仍然关注着这个行业哪怕是很小的一点动静。我会继续关注这个行业的发展，为这个行业、为在这个行业各个领域认真工作着的朋友们祝福。

此为后记。

陈毓圭

二〇二二年十二月三十一日